조영출 전집 2

시와 산문

지은이

조영출(趙靈出, Cho Young-chul) 1913년 11월 충청남도 아산에서 출생하였다. 9세에 아버지 별세로 가세가 기울어 어머니와 함경남도 석왕사에 의탁하였다. 금강산 건봉사로 출가하였으며 안변 석왕사 보통학교를 졸업하였다. 건봉사 장학생으로 보성고보와 와세다대학교를 졸업했다. 1934년 『동아일보』 신춘문예에 시 「동방의 태양을 쏘라」와 대중가요 〈서울노래〉가 동시에 입상하였다. 이후 약 150여 편의 시와 550여 곡의 대중가요를 발표한 시인이자 작사가·극작가·연출가로 활동하였다. 김기림으로부터 '도회의 시인'으로 평가받는 한편, 대중가요 〈선창〉, 〈낙화유수〉, 〈꿈꾸는 백마강〉 등은 식민지 대중을 위무하며 애창곡이 되었다. 해방 직전 제3회 연극경연대회 참가작으로 〈현해탄〉을 공연하였다. 해방 후 조선문학가동맹에 가입하고 주로 연극 활동을 했다. 이때 〈독립군〉, 〈논개〉, 〈미스터 방〉, 〈위대한 사랑〉 등을 썼다. 1948년 말 월북하여 북에서 교육문화성 부상, 예술총동맹중앙위원회 부위원장 등을 역임하며 북한의 혁명가극 창안에 참여하였다. 1988년 월북예술가 해금조치에 따라 그의 작품들도 해금되었다. 향년 80세로 1993년에 운명하였다.

엮은이

정우택(鄭雨澤, Jeong Woo-taek) 성균관대학교 국어국문학과 및 동 대학원을 졸업하였고, 현재 성균관대학교 교수이다. 저서로는 『한국 근대자유시의 이념과 형성』, 『한국 근대시인의 영혼과 형식』, 『황석우 연구』 등이 있고, 논문으로는 「아리랑 노래의 정전화 과정 연구」, 「현대시와 아리랑」, 「근대적 서정의 형성과 이별의 양상」 등이 있다. 최승구, 주요한, 한용운, 이상화, 이장희, 임화, 이서해, 조영출, 서정주, 이육사, 윤동주, 박인환, 이병철, 한하운 등에 대한 시인론을 썼다.

주경환(朱景煥, Joo, Gyeong-hwan) 호는 청은(靑垠). 1942년 경상북도 상주 함창 출생으로 함창중고등학교를 중퇴하였다. 조영출의 차녀 조혜령의 부군이며, 전라남도 화순에 거주하고 있다.

근대서지총서 04

조영출 전집 2 시와 산문

초판 인쇄 2013년 11월 1일 초판 발행 2013년 11월 10일
지은이 조영출 엮은이 정우택 주경환 펴낸이 박성모 펴낸곳 소명출판 출판등록 제13-522호
주소 서울시 서초구 서초동 1621-18 란빌딩 1층
전화 02-585-7840 팩스 02-585-7848 전자우편 somyong@korea.com 홈페이지 www.somyong.co.kr

978-89-5626-923-8 04810
978-89-5626-442-4 (세트)

값 47,000원

40세 무렵의 조영출

조영출 부부와 큰딸 용희. 1944년경

부인 장연옥 여사. 1940년경

송년통일음악회(1990.12.10) 행사 때 상봉한
새어머니 김관보 여사와 조혜령(차녀)

사위(주경환)와 차녀(조혜령) 부부

노년의 집필 모습

애국열사릉의 묘지

북한 가족들

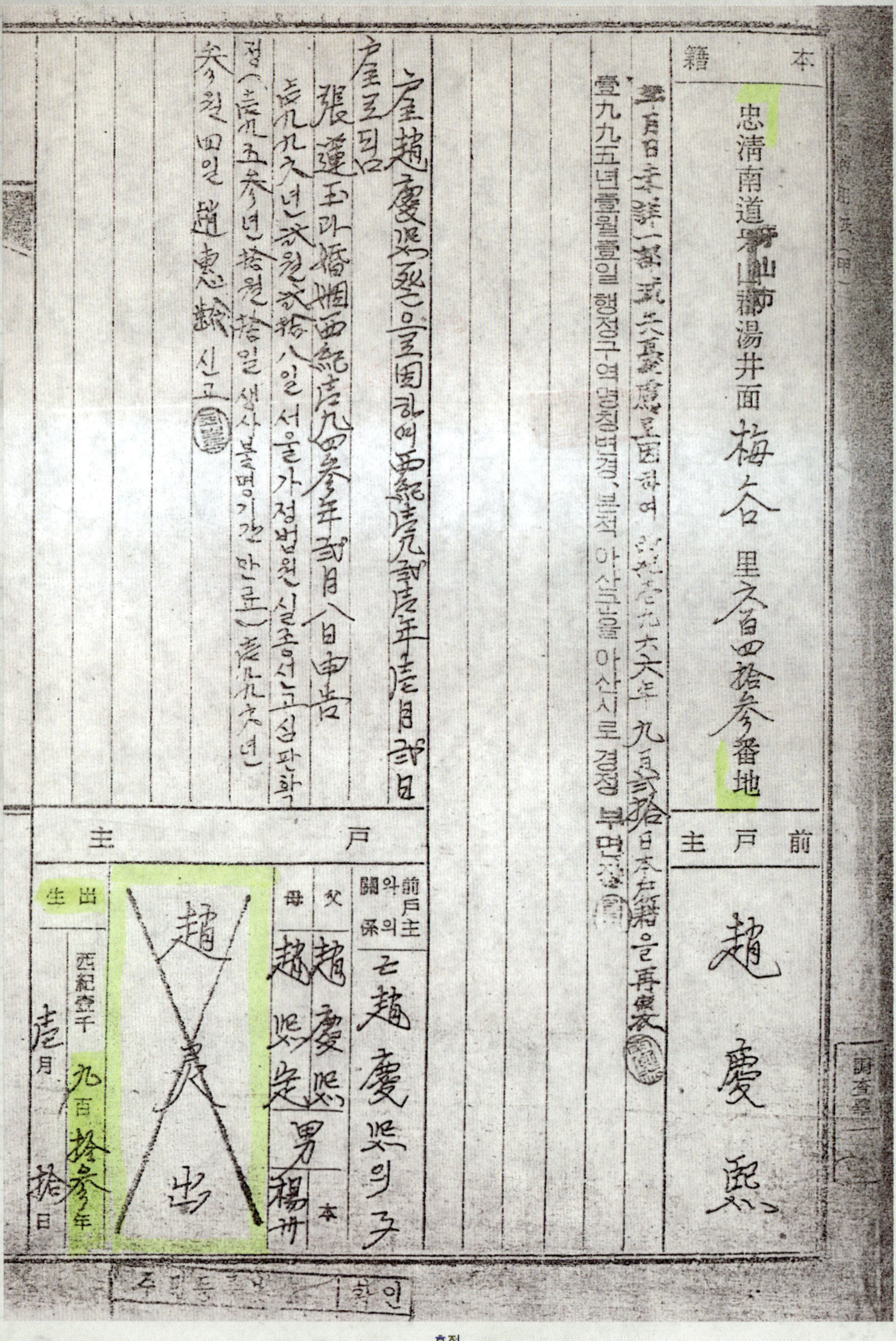

本籍 忠清南道牙山郡湯井面 梅谷里 百四拾參番地

[illegible] 壹九九五년壹월壹일 행정구역명칭변경, 본적 아산군을 아산시로 경정 부면장 (印)

前戶主 趙慶熙

張蓮玉과 婚姻 西紀壹九四參年貳月八日申告

壹九九六년貳월貳拾八일 서울가정법원 실종선고 심판확정 (壹九五參년拾월拾일 생사불명기간 만료) 壹九九六년 參월 四일 趙惠齡 신고 (印)

戶主

前戶主와의 關係: 亡趙慶熙의 子

父 趙慶熙 母 [illegible] 男 本 楊州

出生 西紀壹千九百拾參年壹月拾日

호적

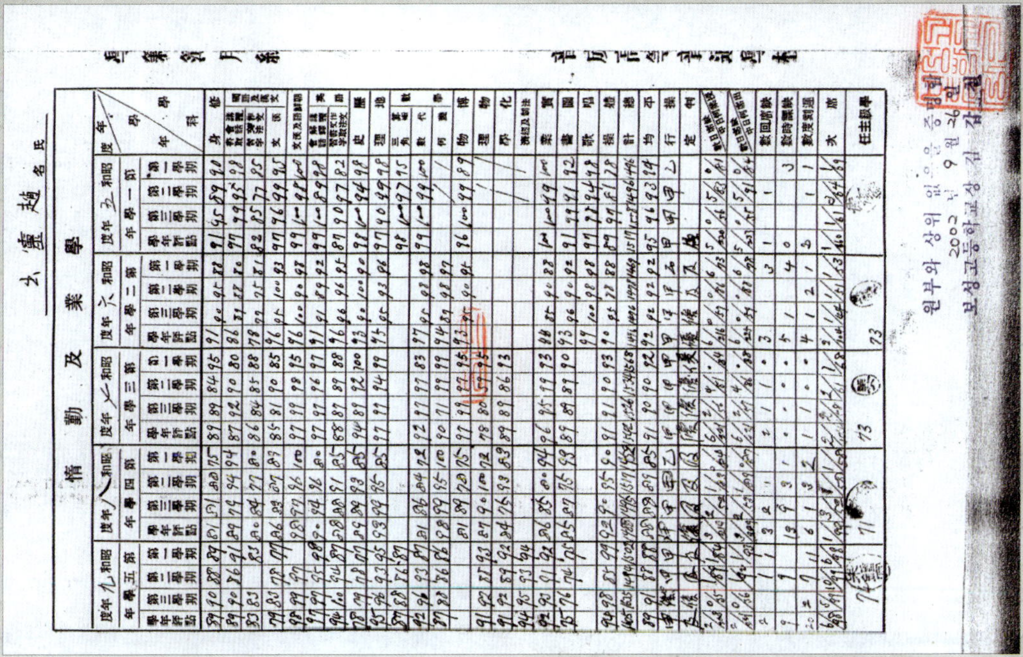

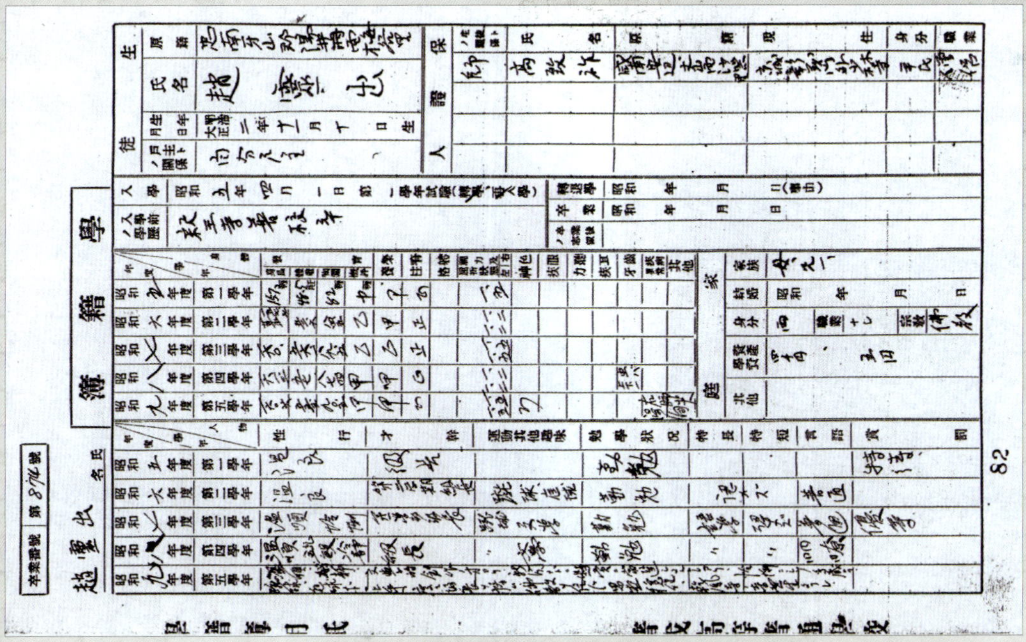

보성고등보통학교 성적부(위)와 학적부(아래)

보성고보 졸업앨범(1935)

와세다대학 재학시절

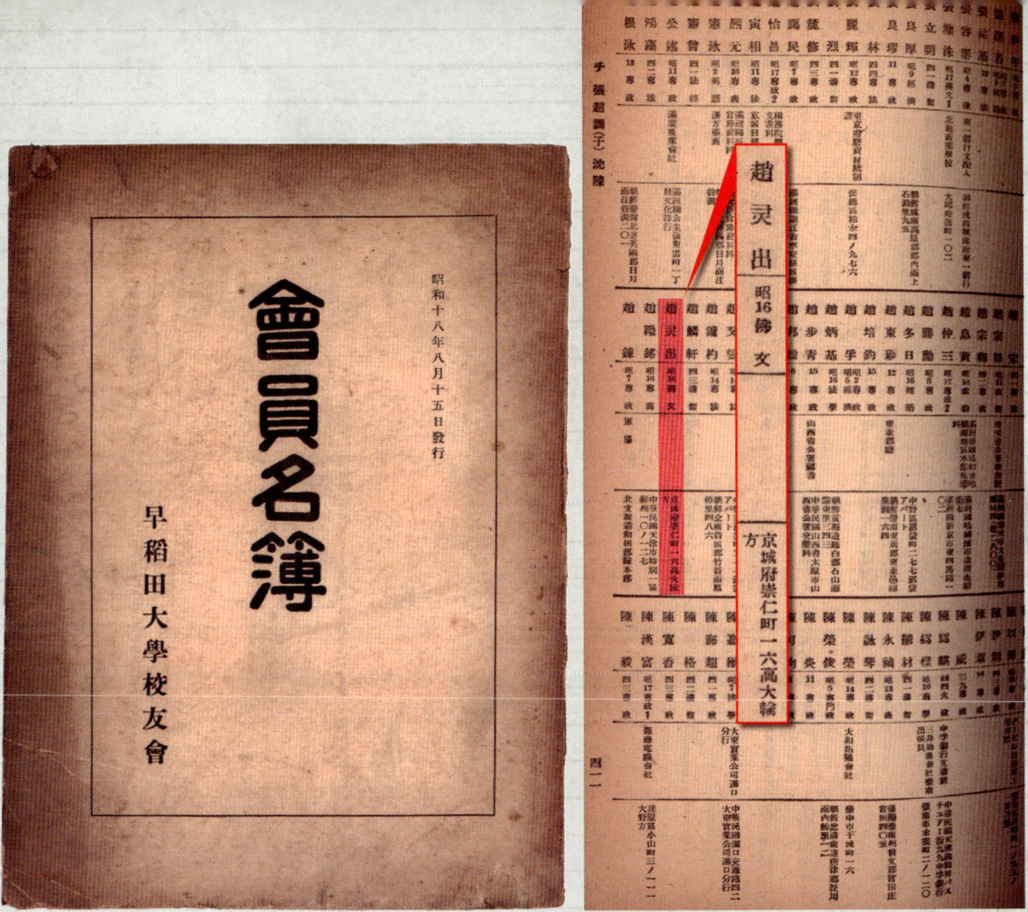

와세다대학 회원명부(1943)

2000.1.1 건봉사 입구에 세워진 시와 노래비 앞(왼쪽)과 뒤(오른쪽)

『조령출 시선집』, 1957.6.25

비극 『순애계도』, 1943.8.20

북에서 간행된 조영출의 저술들

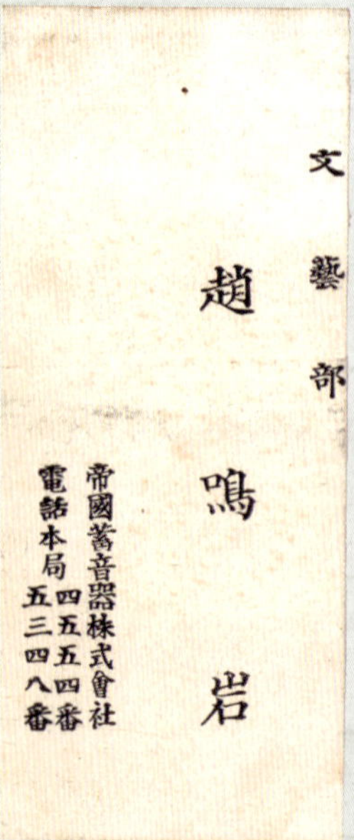

제국축음기(주) 재직 시절 명함

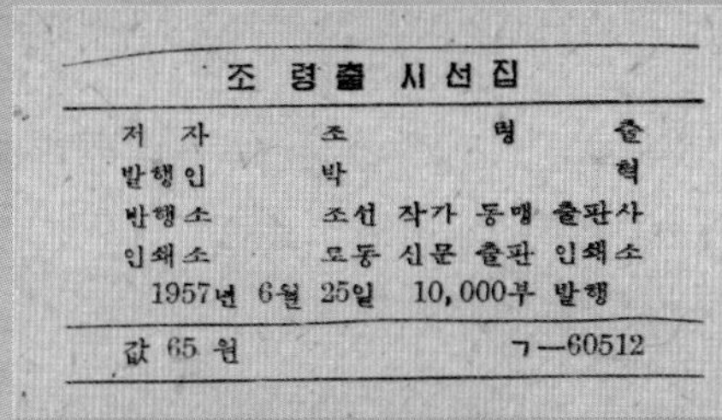

조령출 시선집

저 자	조 령 출
발행인	박 혁
발행소	조선 작가 동맹 출판사
인쇄소	로동 신문 출판 인쇄소

1957년 6월 25일 10,000부 발행

값 65 원 ㄱ—60512

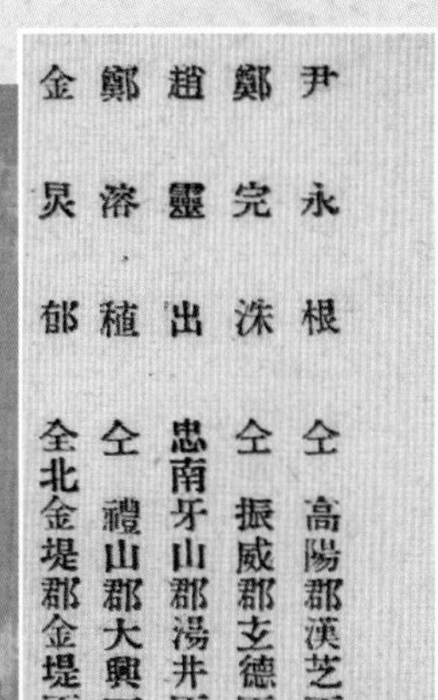

四四
尹永根 仝 高陽郡漢芝面新堂里三一
鄭完洙 仝 振威郡玄德面黃山里
趙靈出 忠南牙山郡湯井面梅谷里
鄭溶稙 仝 禮山郡大興面薪東里
金炅郁 全北金堤郡金堤面堯村里

『이습회명부』, 보성고등보통학교

November　新女性

苦悶

趙靈出

平和는 屈從이나은 선물이엿지요
「타임스」는 우리를 거리로불넛습니다
그러길내 우리는 두주먹을쥐고 거리로 나아갓지요
온갓 因襲의 빗장ㅅ문을 열어제치고──

손아귀에 맷치는 땀──
젓가슴에 흘으는 피──
오! 우리는 거리에서 開拓者의 노래를 불넛습니다
푸른 大空아래 自由를 울불으지젓습니다

그러나「타입쓰」는 僞善者이엿지요
自由는 文明이싸은 늙흔墻壁우에부드처 으슥어젓습니다
거리에는 우리들의 검은 그림자는
誘惑의 뭇빗에 휘말려 한쯧각 商品이되엿지요

異域의검은 들창밋헤서 울고
쓰듸쓴술잔우에 찬우슴을 치고
──(이거리저거리에서 붉은석를쿨며 입술을색무나니)──
검은 煙突아래 피를吐하며 世上을 咀呪하나니

아! 우리들의自由는 그누가 쌔아서갓습니까
우리들의사랑엔 그누가 商標를 붓첫습니까
우리들의땀은 그누가××××니까

동무여! 울음을것자
가슴에 알오삭여진 哀想의멜로듸에 몰울지르자
그리고 ××××
××× ××× 殉敎者가되자

=(一九三三·一〇·三〇)=

「고민」(『신여성』 1933.11)

내마음엔 ─눈 물 이 날 여─

폴·베르레─느 原作
趙靈出 譯

거리에 비오듯이
내마음엔 눈물이 날인다
슯음은 무슨까닭에
내마음을 파고드나

땅에두 집웅에두
간얇흔 비ㅅ소리
피곤한 마음을 위해
오오 욥조리는 비ㅅ발이여

답답한 마음속엔
력없이 눈물이 날인다
뭐냐 무슨 모함이냐
이 喪禮는 까닭이 없고나

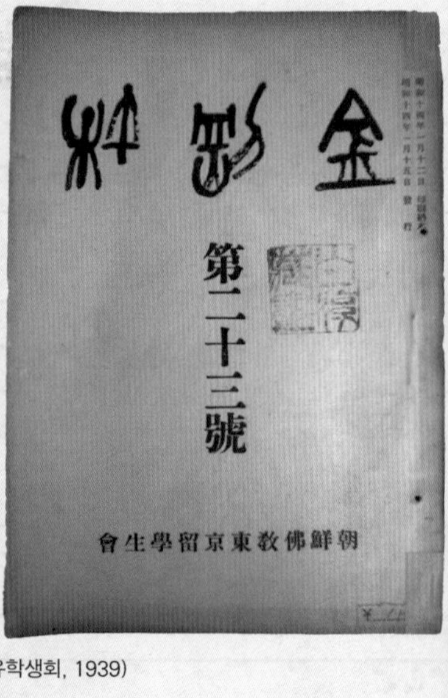

「내 마음엔 눈물이 날여」(『금강저』 제23호, 조선불교동경유학생회, 1939)

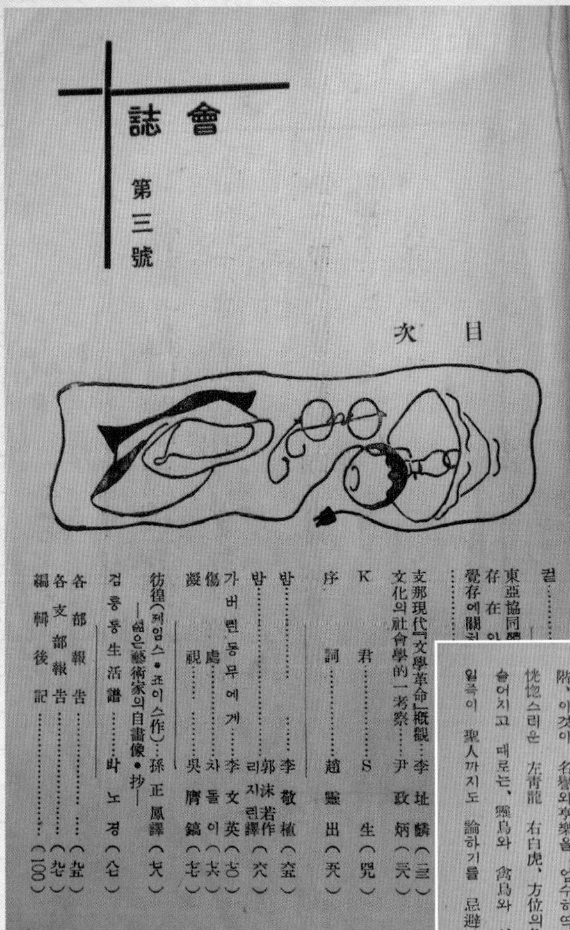

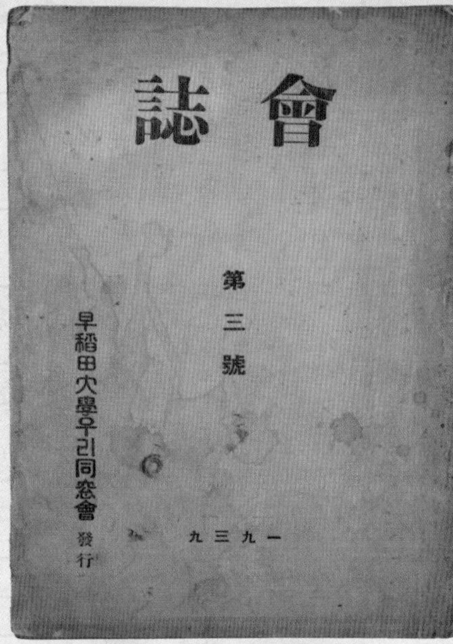

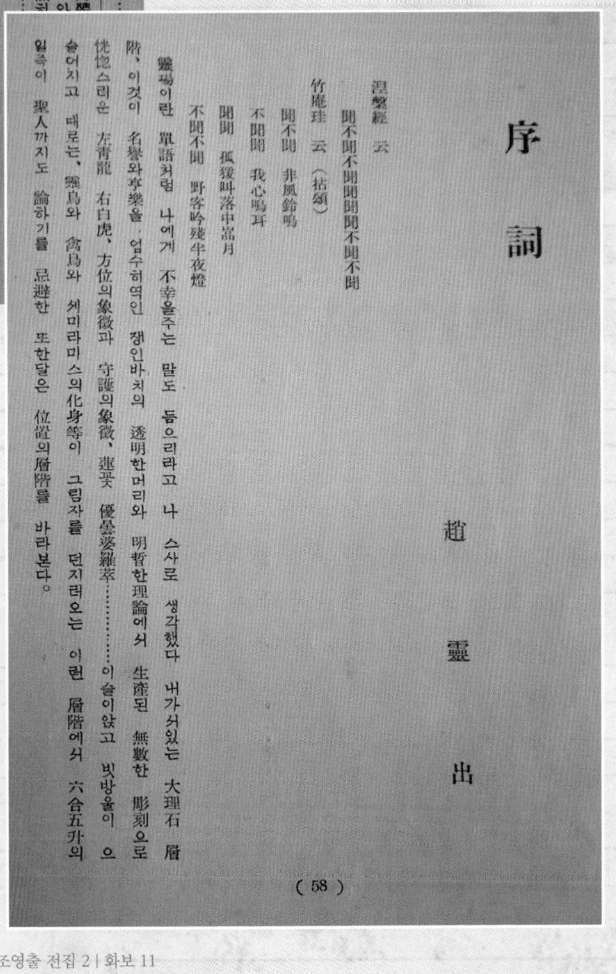

「서사」(『회지』 제3호, 와세다대학우리동창회, 1939)

국 문 독 본

…벼 리…

1재ㅅ과 아름다운 풍경…………박 태원(朴泰遠)…1
2재ㅅ과 쥐ㅅ불…………이 기영(李箕永)…3
3재ㅅ과 우유…………이 효석(李孝石)…6
4재ㅅ과 바다…………이 태준(李泰俊)…8
5재ㅅ과 강물은 바다로 흐른다…조 영출(趙靈出)…11
6재ㅅ과 산…………김 유정(金裕貞)…14
7재ㅅ과 향촉 올리며…………유 열(柳烈)…15
8재ㅅ과 의사 안중근…………박 태원(朴泰遠)…17
9재ㅅ과 재외혁명 동지 환영문…이 태준(李泰俊)…19
10재ㅅ과 화랑도…………백 수(白樹)…22
11재ㅅ과 눈을 뜨자…………심 청전(沈淸傳)…25
12재ㅅ과 잔치…………한 설야(韓雪野)…27
13재ㅅ과 일초 일목에의 사랑…조선일보(朝鮮日報)…30
14재ㅅ과 맘…………노 산(鷺山)…31
15재ㅅ과 김 옥균 선생…………김 기진(金基鎭)…34
16재ㅅ과 번역 시…………서호주인(西湖主人)…35
탑골 공원…………문 일평(文一平)…36
선덕 여왕…………이 은상(李殷相)…38

5재ㅅ과 모든 강물은 바다로 흐른다 조 영출

모든 강물은
바다로 흐른다
백두산 위에 떨어진 비ㅅ방울이
바다로 흘러가는 그 이치를 아느냐 오· 동무여·
조선 인민이여·
우리는 서른 여섯해ㅅ동안
무서운 악몽「惡夢」에 눌면 살아왔다
할 말을 못하고
쓸 말을 못쓰고
우리 부형「父兄」이
남편이
귀한 아들이
피 흘린 몸으로 돌아올ㅅ적마다
처참한 형터에서 백골「白骨」이 되어 올ㅅ적마다
이 원수가 누구냐고
소리쳐 울어본 일이 있느냐·
그러나 봄은 오고 가을은 오고
북망 묘지「北邙墓地」에 봄풀은 해마다 푸르고
고향 뜰 앞에 봉숭아는 해마다 피어있어
금수 산천「錦繡山川」의 모든 강물은
바다로 흘렀다

…〔11〕…

4279. 5. 25 박음
4279. 5. 26 냄

중등 국문 독본 값 20원

엮음……유 열
내는곳……한얼몯음 학생동무사
박은곳……부산시 본정 3의1 동홍서적인쇄주식회사
파는곳……부산시 본정 3의1 학생동무사

『중등 국문독본』 상, 한얼몯음학생동무시, 1946

근대서지총서 04

조영출 전집 2

시와 산문

The Complete Works of Cho Youngchul Vol.2 : Poems and Essays

정우택 · 주경환 엮음

소명출판

※일러두기

1. 이 책은 현재까지 확인된 조영출(조중연, 조명암, 조령출)의 모든 시와 산문을 수록하였다. 김다인의 글도 수록하였다. 1950년 이전까지 조영출에 대한 자료도 포함하였다.
2. 이 책의 차례는 조영출의 시와 산문, 조영출에 대한 자료로 배열하였고, 날짜순으로 정리하였다.
3. '시'는 원문의 표기, 기호, 띄어쓰기 및 행갈이를 그대로 따랐다.
4. 『조령출 시선집』(평양 : 조선작가동맹출판사, 1957)을 원문 그대로 수록하였다.
5. '산문'·'관련 자료'의 경우 맞춤법, 띄어쓰기는 원문 그대로 두되 기호는 통일하였다. 글명은 「 」, 신문·잡지·책명은 『 』, 공연·노래명은 〈 〉, 대화·인용은 " ", 생각·강조·행사명 등은 ' '로 통일하였다.
6. 원문에서 원래 삭제된 곳은 '×' 표시로 하고, 원문 판독이 불가능한 글자는 '□'으로 표시하였다.
7. 판독불능이지만 추측되는 바는 '□[-편자]'로 표시하였다.
   예) 네乳房의□[觸, 線-편자]
8. 참고사항은 각주로 표시하였다.

모든 분들께 감사하며

탄신 100주년을 맞아 전집을 내면서

장인이신 조영출(명암) 어른의 탄신 백주년에 즈음해 『조영출 전집』을 간행하게 되어 유족을 대표해 그간 애써주신 모든 분들께 깊이 감사드리며 스스로 축하하는 바입니다. 이로써 장인어른이 살아생전 남기신 저작들에 대한 정리가 어느 정도 완료되었다고 생각되며, 이 모든 것은 어느 다른 사람이 아닌 장인어른 당신의 커다란 축복이라 생각합니다.

저희는 장인어른이 1948년 초겨울 월북하신 이후의 소식을 전혀 모르고 있었습니다. 그러다가 평양에 살아계신 것을 알게 된 때가 1990년 겨울이었습니다. 남과 북이 분단된 지 반 세기가 지날 무렵이었지요. 그 해는 유별나게 남북 간에 화해하는 분위기가 조성되고 문화교류가 통일음악회라는 이름으로 성사된 해였습니다.

1990년 12월 18일자 『동아일보』에서 남측예술단을 환영하는 옥류관 만찬장에서 당신이 쓰신 「동방의 태양을 쏘라」는 시를 낭송하셨다는 기사를 읽었습니다. 그 기사를 접했을 때 제 처의 심정이 어떠했을지 저로서는 도저히 헤아릴 수 없었습니다. 장인어른이 월북하던 해 제 처는 세 살배기였고, 6·25가 나자 장모님마저 월북하면서 셋째 딸 중 둘째인 제 처만 할머님께 떼어놓아 처는 다섯 살 때 고아가 된 몸이었지요. 생존해 계시다는 놀라운 소식을 접한 몇 년 후인 1993년 5월 8일, 장인어른께서 지병으로 평양 자택에서 작고하셨다는 신문 기사를 보았습니다. 그 파란만장한 세월 속에서도 큰 고초 안 겪으시고 자리를 지키시며 조용히 천수를 다하신 것이 다행스럽고 안도하는 마음이 들었던 기억이 납니다.

이후 한 번 뵈옵지도 못한 장인어른을 찾는 일이 시작되었습니다. 장인어른의 시 한 편, 가사지 한 장, 연극 등 관련 자료가 하나둘씩 쌓이게 되었고, 그것이 어느 새 즐거움이 되어 컴맹인 저를 도서관으로, 자료가 있는 곳으로 재촉하였습니다. 20여 년 동안 그 길을 가면서 장인어른과 저는 깊은 정이 들고 말았습니다. 장인어른의 홍복인지 좋은 인연들이 모이고 모여서 오늘 이렇게 전집을 내게 되니 만감이 교차하며 그동안 도움을 주신 고마운 분들의 모습이 주마등처럼 지나갑니다. 조금 장황할지 모르겠습니다만 고마운 그 분들을 이 자리에 밝혀 그 간의 마음의 빚을 조금이라도 덜어내고자 합니다.

KBS '가요무대' 자문위원을 지내셨으며, 항상 〈울며 헤진 부산항〉의 2절 가사를 읊조리며 가사의 문학성에 감탄을 금하지 않으셨던 김점도 선생님 — 병환 중이신 선생님의 쾌유를 기원합니다 —, 애써 수집했던 자료를 기꺼이 내어주셨던 『대전일보』의 김재근 기자님, 자료 수집과 해금에 힘써주신 신나라레코드 정문교 사장님, 평소 자문은 물론 이번에 가요작품집 발간 축사까지 써주신 가요평론가 박찬호 선생님, 가요평론가 이준희 선생님 등등 머리 숙여 감사드립니다. 2003년 『조명암 시전집』을 간행하여 조영출 연구에 귀중한 출발점을 마련해주신 영남대 이동순 교수님과 일제 말기 가요극 〈춘향전〉과 해방 직후 대본 〈위대한 사랑〉 등 귀한 자료를 제공해주신 (재단법인)아단문고에도 깊은 감사를 드립니다.

이렇게 많은 분들의 관심과 노고 끝에 장인어른의 자료들이 수합될 무렵 몇 년 후 탄신 백주년이라는 사실을 알게 되었고, 근대서지학회와의 만남 이후 전집의 간행을 생각하게 되었습니다. 장인어른이 졸업하신 보성고등학교를 찾아가 국어교사 오영식 선생을 알게 되었고 그것이 인연이 되어 자료의 도움은 물론 전집 간행의 엄두를 내게 되었습니다. 우선 근대서지학회 회원들을 통해서 귀한 자료를 구할 수 있었습니다. 그동안 찾지 못했던 몇 편의 시작품을 찾을 수 있었고, 가요작품들도 확인할 수 있었습니다. 특히 춘천에 계신 김현식 회원은 와세다대학 조선인동창회 『회지』에 실린 「서사(序詞)」와 김다인 명의의 〈순애계도〉를 찾아주셨고, 박성모 회원은 평양에서 나온 『조영출 시선집』 등을 제공해주셨습니다. 그리고 장인어른께서 여러 분야에 걸쳐 활동하셨기 때문에 어느 한 사람의 연구자가 전집을 꾸미는 데에는 어려움이 많았는데 수집가와 연구자들의 모임인 근대서지학회에는 다양한 분야의 관계자들이 있어 총무인 오영식 선생의 주선으로 소중한 분들을 만나 전집을 내게 되었습니다.

산재되어 있던 작품들을 모아 처음으로 희곡작품집을 만들어주신 중앙대학교 박명진 교수님과 그 작품 입력에 도움을 주신 조현준 님(중앙대 국문학과 석사)께 감사드립니다. 현대시와 평론, 수필 등을 총망라해 묶어주신 성균관대학교 정우택 교수님과 원문 입력을 도와주신 오혜진 님(성균관대 국문학과 박사수료)께도 깊은 감사를 드립니다. 그리고 가요 부문을 새롭게 묶어주신 단국대학교 장유정 교수님! 고맙습니다. 이 세 분 교수님들은 장인어른과 저희들의 은인이십니다. 더불어 近代書誌叢書의 한 책으로 낼 수 있도록 허락해주신 근대서지학회 전경수 회장님께도 깊이 감사드리며, 전집의 출판을 기꺼이 맡아주신 소명출판의 박성모 대표님과 공홍 부장님을 비롯한 모든 직원께도 감사의 마음 전합니다.

1997년 봄, 운영하던 공장을 정리하고 국회도서관을 찾기 시작하여 지금까지 통일원자료실, 국립중앙도서관, 신문사 자료실 등을 전전하며 장인어른을 찾아다녔습니다. 이제 눈도 어두워졌고 기력도 예전만 못해졌습니다만 그 많은 시간 동안 장인어른을 만나왔기 때문인지 생전에 한 번 뵙지도 못한 어르신과 너무도 많은 정이 들었다는 생각을 하게 됩니다. 이다음에 저 건너에 가서 뵙게 되면 "우리 사위 어서 오시게. 그간 노고가 많았네! 고마우이!" 하시며 술 한 잔 내려주지 않으실까 혼자 생각해 봅니다.

끝으로 장인어른의 탄신 백주년을 맞이하여 전집 간행에 성원을 보내주시고 도움을 주신 많은 분들께 다시 한 번 저희 두 사람 진정 감사한 마음으로 합장 올립니다.

2013년 10월
딸 조혜령
사위 주경환

차례_

발간사 3

1부 시

가을_『回光』, 1929.3 17
님오라불으네_『新女性』, 1932.2 18
밤_『朝鮮日報』, 1932.5.4 19
思君_『萬國婦人』, 1932.10 20
이洞窟안을 거니는者여-慶州石窟庵_『新東亞』, 1932.12 21
魔都의 蒼穹에 흘러가는朔月이어_『全線』, 1933.2 23
낡은骸骨을 혀집으며-피식은 노래 불으는 者여_『佛靑運動』, 1933.2 25
北國의눈벌에_『佛靑運動』, 1933.2 27
凝視_『全線』, 1933.5 28
눈물의 埠頭_『新女性』, 1933.9 29
田園風調_『新女性』, 1933.9 30
젊은詩人의 狂想曲_『朝鮮日報』, 1933.9.10 31
어버이에게 올리는 詩_『朝鮮日報』, 1933.9.19 33
國境의 小夜曲_『新女性』, 1933.10 35
짓밟힌女人의 悲哀_『新女性』, 1933.10 36
苦悶_『新女性』, 1933.11 37
人間_『朝鮮日報』, 1933.11.7 39
GO STOP_『朝鮮日報』, 1933.12.2 40
東方의 太陽을 쏘라_『東亞日報』, 1934.1.1 42
서울노래_『東亞日報』, 1934.1.3 44
嘆息하는街路樹_『朝鮮日報』, 1934.1.25 46
銀盤우에 날개를 편 젊은 人魚들_『東亞日報』, 1934.1.30 48
都城의 밤에 異狀잇다_『形象』, 1934.2 50
海底의 幻像_『形象』, 1934.3 52
靑春曲-젊엇슬 때여_『別乾坤』, 1934.4 54
봄ㅅ비_『新女性』, 1934.4 55

斷片_『中央』, 1934.4 56
파잎_『東亞日報』, 1934.4.3 57
綠色의 3時_『朝鮮日報』, 1934.4.6 59
危險信號_『朝鮮中央日報』, 1934.4.7 61
埠頭업는 새벽의港口_『朝鮮日報』, 1934.4.11 63
默禱_『朝鮮中央日報』, 1934.5.17 65
鴨綠江_『東亞日報』, 1934.5.27 66
南浦의 悲歌_『朝鮮日報』, 1934.5.30 67
無題_『朝鮮日報』, 1934.5.31 68
開拓者_『新東亞』, 1934.6 69
骸骨과薔薇_『新東亞』, 1934.6 70
追憶의 小夜曲_『東亞日報』, 1934.6.1 71
平原_『中央』, 1934.7 72
燈籠의 航路_『朝鮮日報』, 1934.9.6 73
銀河水_『東亞日報』, 1934.9.7 74
亞細亞의 狂想_『朝鮮詩壇』, 1934.9 75
創造의길_『朝鮮詩壇』, 1934.9 77
追憶의建築_『新東亞』, 1934.10 78
夜頌_『新東亞』, 1934.11 79
黃金村_『中央』, 1934.11 80
都城의 밤－三行詩_『朝鮮日報』, 1934.11.2 81
暴風과 眞珠_『新人文學』, 1934.12 83
航路－惠化聖林을떠나며_『東亞日報』, 1935.3.5 84
보헤미안_『朝鮮中央日報』, 1935.12.4 86
밤_『東亞日報』, 1935.12.19 87
Nostalgia_『朝鮮文壇』, 1936.1 89
第三海峽_『朝鮮日報』, 1936.1.25 90
北行列車_『朝鮮日報』, 1936.3.3 92
꿈_『朝光』, 1936.7 94
마담 • •_『朝光』, 1936.7 95
마을停車場_『朝光』, 1936.9 96
칡넝넝_『朝光』, 1936.11 97
붉은날개의傳說_『朝光』, 1937.5 99
太陽의墓地_『朝鮮日報』, 1937.6.8 101
꼿알범 (上)_『朝鮮日報』, 1937.7.6 103
書齋_『朝鮮文學』, 1937.8 105

蜃氣樓_『東亞日報』, 1938.10.2　107
내마음엔 눈물이 날여_『金剛杵』, 1939　109
運命章_『女性』, 1939.1　110
瞑想하는조악돌_『東亞日報』, 1939.6.21　112
薔薇의 喪禮_『朝鮮日報』, 1939.6.30　114
寂滅寶宮_『草原』, 1939.9　115
清風의 箱子_『人文評論』, 1939.12　117
遺言書_『草原』, 1940.3　118
琉璃의房_『人文評論』, 1940.5　120
白燭의深夜_『人文評論』, 1940.8　122
民俗詩抄 남사당篇 (1)－남사당_『每日申報』, 1941.9.7　123
民俗詩抄 남사당篇 (2)－小鼓춤_『每日申報』, 1941.9.9　125
民俗詩抄 남사당篇 (3)－상무춤_『每日申報』, 1941.9.13　126
民俗詩抄 남사당篇 (4)－무둥춤_『每日申報』, 1941.9.18　127
民俗詩抄 남사당篇 (5)－少年_『每日申報』, 1941.9.20　128
民俗詩抄 남사당篇 (6)－風俗_『每日申報』, 1941.9.25　130
學びの窓巾_『朝光』, 1943.12　132
山水の匂ひ_『國民文學』, 1944.2　135
모든江물은 바다로 흘은다_『新文藝』, 1945.12　138
슬픈 歷史의 밤은 새다_『藝術運動』, 1945.12　142
총총이 배긴 별들아_『文學』, 1946.2　144
파랑새나보내주렴_『獨立新報』, 1946.11.13　146
鮑石亭에서_『詩歌集 아름다운 江山』, 1946.12　148
그리운 거리에서_『新天地』, 1947.2　149
共和國_『年刊 朝鮮詩集 一九四六年版』, 1947.3　151
山으로간 나의 아들아_『文學藝術』, 1950.6　153
가슴에 끓는 피로서－당의 용사들이여_『文學藝術』, 1951.5　157
나의 편지_『문학예술』, 1952.5　160
강변에서_『문학예술』, 1953.1　166
영웅들의 기념탑－조선 인민군에게 드리는 노래_『8·15해방8주년 기념시집－위대한 승리』, 1953.9　172
영생불멸의 쓰딸린이시여_『쓰딸린의 깃발』, 1953.12　177
쓰딸린 거리에서_『조선문학』, 1954.7　181
영웅 도시의 아침_『조선문학』, 1955.5　185
북조선으로!_『서정시 선집』, 1955.6　188
백림이여－독일에서_『조선문학』, 1955.10　194
친선의 잔을 든다－독일에서_『조선문학』, 1955.10　198

시인에게 영광을–독일에서_『조선문학』, 1955.10 201
당의 부름을 받고_『당의 기치 높이』, 1956.3 203
위대한 날의 노래_『조선문학』, 1956.5 206
영원한 사랑아_『조선문학』, 1957.11 210
만경대에 드리는 노래_『조선문학』, 1962.6 213
해도 십 년, 별도 십 년–총련 창립 10주년을 맞이하여_『조선문학』, 1965.5 217
수령이시여 만수무강하시라!_『조선문학』, 1968.1 220
먼 대양과 대륙의 끝에서도_『조선문학』, 1970.4 230
천년을 살아도 만년을 살아도_『조선문학』, 1972.4 233
철령이라 높은 고개_『조선문학』, 1981.1 237
조선의 태양우러러–공화국창건35돐경축 군중시위광장에서_『조선문학』, 1984.6 238
력사의 자욱앞에서_『만민의 축원』, 1987.4 243
시를 쓰고싶었노라_『조선문학』, 1989.2 246
자랑스럽게 피여있다!_『음악연구』, 1989 251
잊을수 없는 영광의 그날_『조선문학』, 1990.7 256
송시비_『향도의빛발아래』, 1999.3 262

2부 시집 『조령출 시선집』, 조선작가동맹출판사, 1957

서문 265

■ 북조선으로 267
령을 넘어–항일 투사의 한 분을 생각하며 268
한 자루 백묵을 쥐고 270
조국을 지키리라 272
산으로 간 나의 아들아 275
북조선으로 279

■ 나의 편지 285
락동강 전선 286
이 밤도 기적이 울린다 289
잊을 수 없는 이야기 292
가슴의 끓는 피로써 말하노니 295
나의 편지 297
강변에서 302

가을의 노래 308

▪ 탄의 노래 313
영웅의 탑 314
선광장에서 316
단야장의 처녀 319
광산의 『호랑이』—어느 한 착암수를 노래함 321
탄부와 신부 323
탄의 노래 325
나의 마음은 날은다 327
푸른 하늘에 취해 보자 329
가야금 (시조) 331
복 받은 땅에 (시조) 332
헌화가—별곡체 333
애급의 신화 335

▪ 독일 방문 시초 337
국경의 봄 338
백림이여 340
친선의 잔을 든다 344
깃발 아래서 347
쉴러의 집을 찾아 350
시인에게 영광을—독일 시인 쉴러 기념일에 352
탑지기 로인의 이야기 354
선물 357

▪ 목련화 361
어버이에게 올리는 시—어느 한 녀인의 노래 362
젊은 시인의 광상곡 364
동방의 태양을… 366
인간 368
바닷가에서 369
향수 370
밤 371
북행 렬차 372
목련화 374

해당화 376
청풍의 산협 378

3부 산문

海濱의 斷想_『佛青運動』, 1932.10.25 381
慶州巡禮記-옛달울을 찾어서 (一)_『佛教』, 1933.4 384
慶州巡禮記-옛달울을 찾어서 (二)_『佛教』, 1933.6 391
慶州巡禮記-옛달울을 찾어서 (三)_『佛教』, 1933.7 399
序詞_『會誌』, 1939 407
演劇의 大衆化_『自由新聞』, 1947.1.4 414
朝鮮樂劇界의 回顧-四七年을 보내면서_『映畵時代』, 1947.11 416
劇場의 文化的 使命_『朝光』, 1949 419
시집 『강철의 대오』에 대하여 (신간평)_『조선문학』, 1954.8 423
시 형식의 다양성-제二차 작가 대회를 앞두고_『조선문학』, 1956.8 430
서로 만나자_『조선문학』, 1956.9 439
연암의 위대한 작가 정신을_『문학신문』, 1957.2.28 447
연암의 사실주의적 형상력-「량반전」을 중심으로_『조선문학』, 1957.3 450
창극을 발전시키는 길에서_『문학신문』, 1958.1.23 459
무용 예술의 새로운 성과-〈옥란지의 전설〉을 보고_『문학신문』, 1958.5.1 462
새로운 경지_『조선문학』, 1958.11 466
가요 창작에 대한 나의 소견_『문학신문』, 1959.5.31 474
영웅적 시대가 낳은 위대한 예술_『조선예술』, 1960.10 481
언어의 세련성_『문학신문』, 1962.7.24 487
창극 〈홍루몽〉 창조에서 얻은 경험-〈홍루몽〉을 창극화하면서_『문학신문』, 1962.12.21 491
극 예술 발전과 친선의 공고화-연극 〈네온등 밑의 초병〉을 보고_『문학신문』, 1963.10.25 494
혁명적인 작품 창작을 위하여 사상 미학 교양 사업을 강화하자!_『문학신문』, 1964.11.24 501
위대한 태양아래_『조선문학』, 1967.11 509
〈피바다〉식 혁명가극의 탄생_『조선예술』, 1978.9 517
은혜로운 당에 영광을_『조선예술』, 1980.10 525
조선의 별, 위대한 태양을 우러러_『조선예술』, 1981.4 533
압록강 기슭에서_『조선예술』, 1981.12 540
친선의 나라 중국을 찾아서_『조선예술』, 1983.10 548
승리의 신심 드높이_『조선예술』, 1985.8 556
민족의 력사와 대중가요 ① 잊을수 없는 가요들에 대한 범죄적위조행위 562

—정지용과 가요 〈그리워〉_『朝鮮新報』, 1988.3.18
민족의 력사와 대중가요 ② 잊을수 없는 가요들에 대한 범죄적위조행위 568
—〈목포의 눈물〉의 작사자는 누구인가_『朝鮮新報』, 1988.3.24
민족의 력사와 대중가요 ③ 잊을수 없는 가요들에 대한 범죄적위조행위 571
—민족의 넋을 지켜보려고_『朝鮮新報』, 1988.3.25
민족의 력사와 대중가요 ④ 잊을수 없는 가요들에 대한 범죄적위조행위 574
—〈인도의 달밤〉이 〈신라의 달밤〉으로_『朝鮮新報』, 1988.3.28
민족의 력사와 대중가요 ⑤ 잊을수 없는 가요들에 대한 범죄적위조행위 577
—금지된 가요들_『朝鮮新報』, 1988.3.30
민족의 력사와 대중가요 ⑥ 잊을수 없는 가요들에 대한 범죄적위조행위 581
—량심과 가요_『朝鮮新報』, 1988.4.1
민족의 력사와 대중가요 ⑦ 잊을수 없는 가요들에 대한 범죄적위조행위 585
—글을 마감하면서_『朝鮮新報』, 1988.4.4
위대한 령도, 불멸의 업적—새로운 극작술을 마련해주시며_『문학신문』, 1991.11.8 588

4부 관련 자료

1933년의 詩壇의 回顧와 展望 (五)_金起林, 『朝鮮日報』, 1933.12.12 597
歌劇 〈假面舞蹈會〉—國都劇場(寶城前)_광고, 『東亞日報』, 1946.5.27 599
〈項羽와 虞美人〉—中國古典抒事詩_광고, 『東亞日報』, 1946.5.27 600
〈論介〉를 보고_文生, 『自由新聞』, 1946.10.11 601
〈偉大한 사랑〉—3·1記念 演劇祭, 本社 後援 26日부터 國都에서_기사, 『自由新聞』, 1947.2.21 602
〈청사초롱〉 公演—樂劇 中堅 總動_기사, 『京鄕新聞』, 1947.4.6 603
情緒 樂劇에 喝采_기사, 『京鄕新聞』, 1947.4.9 604
佛敎藝術同盟結成_기사, 『京鄕新聞』, 1947.8.1 605
佛敎藝盟 映畵 製作_기사, 『自由新聞』, 1947.8.3 606
고전에 충실하자—조령출 작 〈창극 춘향전〉에 대하여_『문학예술』, 1953.1 607
『조 령출 시 선집』을 읽고_김학연, 『조선문학』, 1958.1 611
조령출동지의 서거에 대한 부고_기사, 『노동신문』, 1993.5.9 623

해제 624
명암 조영출 연보 672

1부_ 시

가을

趙重連, 『回光』 창간호, 朝鮮佛敎學人聯盟, 1929.3

뜰앞에 해죽해죽 九秋月 누른菊花
바람에 간들간들 고흔香氣 흣날려라
우리도 알뜰한님뫼시고 이盛饌을 맞고지고

떠러지는 잎새마다 가을빛 무르녹고
춤추는 가지마다 自然味 노래하니
夕陽에 재넘는가마귀 제흝오 슯어를

님오라불으네

趙靈出,『新女性』, 開闢社, 1932.2[1]

풀냄새 그윽한 잔듸에 누어
흰구름 흘으는 하늘을 보며
　　님오라 휫파람 애닯이 부노니
　　님이여 이소리 듯는가 — 마는가

×

뻑국새 울고나(飛)는 재우헤서서
꼿업시 쌔더간 들길을 보며
　　님오라 노래를 구슯이 불으노니
　　님이여 이노래 듯는가 — 마는가

×

잔물결 찰삭대는 江가에 안저
해지는 저江의 나는새 보며
　　님오라 피리를 꼿업시 부노니
　　님이여 이가락 듯는가 — 마는가

×

南海의 椰子樹 그늘에 숨어
속삭이는 사랑이 하어이 달길내
　　피는꼿 이靑春 짓밟으오니
　　님이여 — 이한을 어데다 풀리

1 '特輯 愛讀者欄 詩歌九篇'이라고 명기되어 있다.

밤

趙靈出,『朝鮮日報』, 1932.5.4[2]

밤! 밤이란來日의黎明을 準備하는偉大한때이다 人間의 安息의복음자리인것이다
누구는폭은한寢臺에누어자고 그누구는길가 쓸어기통압헤서 쉼을맛는다고하는 머리압흔矛盾덩어리의話題는 덥허놋코밤이란 人間으로하야금 싸홈을中止함은 聖스러운刹那의延長이라고보고십다
그러나그것은 子正을넘은三四時頃인새벽머리의 짤은時間에局限된것이다 초저녁부터밤중까지의시히는人間으로서 가장잘人間性을 發揮하는때이다 二十世紀의 機械文明을 自慢하는都市의에로景은 電光이눈을쓰는때로부터開幕이된다『네온싸인』이 머리를 헤트리고잇는『애스펠트』우으로 小市民의令孃들의굽놉흔신이뒷둑거리며지내가고 짝을지어가지고단니는젊은사람들의크림냄새가풍긴다 카페에선 째즈 가흘어나오고『웨트레스』의음탕한 노래가흘러나온다
都大體 에로그로에都城
이조그만한 長安을통트러보면얼마나만흔犯罪의물결이犯濫하랴
그러고이검은밤에도 雙色의굵은線이對峙하고 잇슴을볼것이다 룸팬의慘憺한場面도이밤이래야 비로소열리는것이다
오호 밤의複雜함이여!
밤이여! 어서물러가라 그리하야來日의黎明을가저오라
(下略)[3]

---

2 '학생란'에 '普成高普 趙靈出' 명의로 실려 있다.
3 원문의 표기이다.

思君

趙靈出,『萬國婦人』창간호, 三千里社, 1932.10

東離에 숨은菊花 피어다시 시들만것
옵아 가신님은 千里박 구름임을
바람에 숫입이지자 내눈물도 지옵네

○

그山이 千이런들 그물이 萬이런들
기럭이 등을밀어 가자면 못가련만
지척에 둔님이오라 이애더욱 어이네

○

삽작문 고히열고 드시는 님에반겨
맨발로 뜰에날여 덤비다 쑴을깨어
쌘쑴이 안탁가운마음에 벼개안고울엇네

一九三二・九・一一

이洞窟안을 거니는者여
慶州石窟庵

趙靈出, 『新東亞』, 東亞日報社, 1932.12

이 石窟안을 들어가는이여
懊惱를 잊으려는者는 이洞窟안을 거닐어라
自己를잊고 드문眞樂에 웃으려는 者는 이洞窟안을 건일어라
窒息된 實現에서 새로운 憂慮를 사려는 者는 또한 이洞窟안을 건일어라

吐含山넘어 山ㅅ기슭에 고히 잠들이진 石窟
山언덕에 바야흐로 물으녹는 丹楓
아! 옛光輝를 잊지못하는 歷史의 피눈물이여

곰팡내나는 過去의 氣息이 흘으는
永遠의沈默에 눈감어버린 이洞窟안을 들어가는니여
그沈默에서 偉大한脈搏을 들으려는者는 이洞窟안을 건일어라
新羅의 큰呼吸을 마시려는者는 이洞窟안을 건일어라
過去는 죽엇느니라
輝煌하든 文化의넋도
한쪽악 瓦片에 —
찬피 흘으는 曲線에 숨어있을 따름이다
現在도 죽은상 십흐니
아 아득한 未來여

낡은空氣에 오즉藝術만이 빙긋—이 웃는 이洞窟안을 들어가는니여

무덤에 피는꽃과같이
다시 향그러워 지려는者는 이洞窟을 주먹쥐고 건일어라
곱다란 그曲線엔 久遠의眞理의 脈動이푸들거리고

우듬언이앉은 石佛의 차듸찬視線은
참다운 삶의巡禮者의 코ー스를 갈으키리니
이洞窟안을 들어가는니여
自己를 불살으고 새로운自己를 알녀는者는
이洞窟안을 감히 건일어라

一九三二・一〇・五
於石窟庵

魔都의 蒼穹에 흘러가는朔月이어

趙靈出, 『全線』, 赤壁社, 1933.2

倫落의 거리 —
魔都의 蒼穹에 흘어가는 朔月이어
世紀의 복장을치며 서드르는 이거리의 電光에 쌍을 파뒤집어도 시원치안을 嫉視를 흘이는구나
온갓 罪惡의 魔都
廢墟의 이슬에 피이난 힌송이쏫이언만
치는 颱風에 거듭 거듭 시들어 가느니
날카로운 魔都의神經은 녹쓴칼날에 앙바듬치는구나
魔都의 蒼穹에 흘어가는 朔月이어
太陽을기다리는 초조스런운 마음에 구름을 것엇차는 朔月이어
억울한 退軍의나팔에 업들어저 흘인 눈물이
험긴 城밋봄풀에 젓어 지는새벽이슬 이되는것을
西海ㅅ 바다를 두다리며 鬱憤에 우다우다 멧번을 젓는야
대들색 한아이 남엇스라만
南北荒原의 쌍쎄기를 파뒤지는 니어
괭이 쑷에 눈물이팩히고 한숨이 솟아나지 안드냐
秋風에 넘실거리는 싸우의 벼이삭들이
방울쌈을 씻는너의들에게 차듸찬嘲笑를 쌤지안드냐
魔都의 心臟에 주둥이를 대고 빨아먹는 者여
蒼穹에 흘어가는 朔月의 매서운 눈초리를 보는가?
鋪道에 썰어틀인 칼웃음은 電光에 짓밟혓스나

歷史에서 주덩을치고 일어슬 새靈의 힘이야 힘이야 살어지랴

魔都의 蒼穹에 흘어가는 朔月이어

어서 이거리의 불을 쓱여라

어서 힘지친무리의 心臟에서 힘의眞理를어다오

魔都의 상파다군이를 아작아작 씹어벌여라 (略)[4]

生의 ×命의 울엉찬 怒號가 달녀 나오리니

동무여! 깃버할지어다

魔都의蒼穹에 흘어가는 朔月이어

맘놋고 새地軸에 幸福을 부을 지어다 (끗)

4 원문의 표기이다.

낡은骸骨을 헤집으며

피식은 노래 불으는 者여

趙靈出, 『佛靑運動』, 朝鮮佛敎靑年總同盟, 1933.2

A

큰뫼 적은뫼 달려오다 우둑〳〵서서 연기뽑는 저녁 마술의 낮은굴뚝을 굽어볼때 검정 까마귀의그림자 추녀끝에 올으락 나리락 牧羊者의 피리ㅅ소리 옛품을더듬다 살아저 가외다

B

봄풀 시들어지고 금ㅅ잔듸 벌에 울음뿜는 가을무덤을 파놓고
낡은 骸骨을 헤집으며 피식은 노래불으는니어내 — 맥빠진 마슬處女ㅅ드라면 그대들 노래에끌니어 눈물흘니고 貞操 받혓스련만도
요행이 가레잡고 땅파는 억센 남정네이길래 알아채고 비우섯지?

C

그대들 아름다운노래—骸骨ㅅ속에서 파내는노래.
埃及의 피라미트속에 숨은 노래인가 中原의 萬里長城 구비구비에 숨은 노래인가 이결에의精華 石窟菴[庵-편재]에 숨은 노래인가 — 아하 그대들의 노래는
아름다운 무지개박힌泉地에서 흘어나오는仙女들의 노래 — 至上의藝術.
— 그러나 피식은 動脈의힘없은 멜로듸임을 엇저랴

D

輝煌한 海邊의蜃氣樓에서 낡은傳統의 젓대를 불며

밤이면 한울의 별꽃을따려 幻虛의 塔머리로 기여 올으는 그대들—
그대들은 꿈머리ㅅ마테 허트러진 藝術의갈기〳를 것잡으려 自我의心臟에 화살을 꼽지않엇는가?

E

그렇다 낡은骸骨을헤집으며 불으는 피식은노래—藝術.
무덤우에 빛엇다 사라지려는 저녁
재넘는 해의 웃음을 보는가?
멋없이 앉어 응얼대는 그대들의 머리우에 그웃음은 싱거운蔑視를좍々 뿌리나니자최도없이 날러가는 가마귀떼의 죽엄을 豫告하는 울음 또한 그대들가슴에 달려드는구나

F

아하 어리석은 그대들이여!
검정 구름ㅅ장은 西北한울에서 散兵線을치고 颱風은 南쪽바다끝에서 進軍을 始作햇다
넋잃고 낡은 骸骨을 헤집으며 피식은노래불으는者여!
어서 옷자락에 받어안은 낡은 藝術의魂을 내던지고
그대들의 피식은 노래를 이地軸에서 걷어가거라
어서 곰팽이쓴譜表를 찢어버리고
일어서가거라—물러서 가거라
오오 가엽슨 存在 들이여!

北國의눈벌에

趙靈出,『佛靑運動』, 朝鮮佛敎靑年總同盟, 1933.2

얼어붙은 한울에서 쫓겨 떨어지는
눈 地平線 겾은언덕을 뭇질으고 달려드는 바람의 입뿌리에 휘말려
憂愁의 애스빨트를 두다리노라
悲哀에 잠깂은 大地를 들부시노라

北國의 눈벌에 ―
한울의 反逆者 따의 反逆者
애련한 봄의幻想을더듬다 말러빠진 나무ㅅ가지의 구차한 꿈을 蹂躪하며
한울과 따 사이에 움직이는 虛僞의 찰난한빛을 휘갈기며
地平線에서 地平線으로 달음질처 가노라높은 怒號를 힘차게 뿜으며 달음질처가노라
아하! 그의終局은?
大地 戰慄의끝은?

凝視

趙靈出, 『全線』, 赤壁社, 1933.5

무거운 沈默우에 고요히흘러가는 凝視
뭇빗이날뛰는 現實의 관역판을 뚜러지게보는 凝視
성낸 獅子의 눈瞳子가티 불이이는 凝視
幻虛에 우줄거리는 봄의멜로듸를 뭇질으는 凝視

×

아 — 새벽한울을 박차고 달려드는 젊은 이날의 凝視를……
五月의 勇躍을 안고
뭇 憤怒의 불길로
病든 「밤」의 自畵像을 불살러 벌일
칼날가티 빗나는 이 凝視를 보는가

×

極光이 유난이도 번뜻인다
海岸을 다리는波浪이 유난이도 소리처 운다
大地를 덥허눌은 煙幕이 툭터저 간다
오! 이凝視압헤
人間이몃萬年동안을두고 빗처낸 이 큰아큰 凝視압헤
地震計의 指針은 驚異에 울고

째는 사나운 音響을더듬어가며
變節의 偉太한告白을 쓸여한다

눈물의 埠頭[5]

趙靈出,『新女性』, 開闢社, 1933.9

비에 저즌 海棠花 붉은 마음에
맑은 모래 十里ㅅ벌 追憶은 이네

한 옛날에 가신님 행여 오실까
비나리는 埠頭에 기다립니다

저녁바다 갈매기 쉼가튼 울음
배ㅅ沙工의 노래에 눈물집니다

이가슴에 타는불 실줄 몰으는
埠頭우에 빗 소리 쉽기도 하네

잇지못할 옛사랑 눈물 이런가
외로워라 이한몸 어데로 가리

5 원문이 수록된 매체의 목차에 '小曲'이라는 양식명이 명기되어 있다.

田園風調[6]

趙靈出, 『新女性』, 開闢社, 1933.9

—春—

조이밧 씨뿌리고 지름길로 가노라니
보리 푸르른데 종달새 날드군요
날다간 구름에올라 울음뭇고 오드군요

—夏—

비것친 밧두둑에 김장씨앗 뿌려두고
저즌 치마폭에 오이짜서 담노라니
구구새 山숩헤울다 섧게울다 가드군요

—秋—

울밋헤 菊花짜서 머리에 고히꼿고
단풍닙 헤처가며 새암물 뜨느라니
牧童애 夕陽을지고 소를몰고 오드군요

—冬—

기나긴 밤깁히 님대신 눈이와요
고초당초 시집사리 쉼가튼 생각에
기름ㅅ불 독가노흐며 긴한밤을 새우지요

一九三三・八・一

---

6 원문이 수록된 매체의 목차에 '小曲'이라는 양식명이 명기되어 있다.

젊은詩人의 狂想曲

趙靈出,『朝鮮日報』, 1933.9.10

젊은 詩人의 붓끗테
自由에 苦待하는 人間—
嘆息의 거문고ㅅ줄을 더듬는 무리의
식어진 마음의情緖를 그리다 미칫 사외다

찌저진 原稿紙쪽
狂人의 젓가슴가티 후들거리는 붓끗
붓끗테 질질 흐르는 붉은피
—心臟이 말럿구나
오!그누가 피를 쎄아서갓늬
『곳드』의銅像이 下水道로 굴러갓거든
오! 네마음ㅅ들창을열고 太陽을 바더 드릴줄 니젓느냐
×살스런『팟시스트』는
머리에 가시冠을 트려 소래처 부르짓는다

自由란 거미줄에얼킨 나븨의 깃이외다
正義란 ××에피는 붉은꼿송이외다
奴隷解放은 欺瞞의붉은술ㅅ잔에 빠저죽고
肉慾은
저울때 우에 黃金을 올려노코
偉勳의 月桂花는

悲鳴을 알외우고 넘어진 兵丁의 풀은嘆息에 시드러 지외다

黎明 —
抵抗과 피의 긴밤이 샐때
밝는 새날의 舖道우에
젊은詩人의붓끗과 凱歌를아로삭이노니
嘆息의 구름 다리는 —
褐色『샤쓰』의 그림자는 —
亡命의 埠頭의 붉은 가죽가방은 어둠에잠겨 이고장 關門을 떠나가고
先驅者의 塑像은
젊은市民의 힘찬노래에 빙긋이 웃사외다

어버이에게 올리는 詩[7]

趙永出,[8] 『朝鮮日報』, 1933.9.19

어버이여!
바람이 불고 비가나리외다
大地우에 흐터진구름이 다시 몸부림치외다
소삽한 버스름길을 걸어간님을 염녀하는 마음 사시나무가티 떨리며 조바슴치외다

◇

바위에 부드치는 물결인마음
千갈내 萬갈내로 으스러지고 헤여지느니
荒灘의 님의길에 바람이 잣슬싸
國境의 검은밤이 고요나 할싸

◇

어버이여!
한울은울고 쌍은 움즉이고
님의「레포—」를 기달이는 ××의마음은 활활 타느니
어이 내홀로 님을 背叛하릿까 님을 이즈릿까

◇

어버이의 不孝라 이몸을 짜려보소
어버이의 離反者라 이몸을찌저보소

---

7 이 시는 조선문학가동맹 시부위원회에서 편찬한 『年間朝鮮詩集』(아문각, 1947, 305~306쪽)에 재수록되었다.

8 '趙永出'이라는 이름을 썼다는 점이 특기할 만하다.

아하 그러나 어버이의 道德의쇠사슬은 녹쓸고 썩엇느니
어버이의 倫理는 이날의가슴에타는 불길압페 재가되느니
落日에 피눈물을 흘리는 나의心琴우에
어버이의 맥풀닌 발소리가 사모칠 쑨이외다

◇

어버이여!
새로운 指示가 ××의 한울에 무지개를 박노니 鬱憤의 지름길을 버서나
바람불고 비날니는 님의소삽한길을 念慮하는 이자식의가슴우에
慰安의 따스한 손길을 언저주시사이다
— 내자식아! 내— 너를밋는다 라며 —

一九三三·三

國境의 小夜曲

趙靈出, 『新女性』, 開闢社, 1933.10

國境에 밤이짓터 江물이 자네
스산한 밤ㅅ바람에 달빗도 자네

江건너 마슬의 개울음도 슯흔밤
나그네 외론넉이 눈물에 젓네

南쪽은 내고향 北쪽은 異域
國境에 지는꿈은 스산도하네

님실고 살아진배 물새가 울면
離別이 눈물이라 수건이 젓네

가을ㅅ밤 지는닙은 이마음이지
외로움에 울며불며 江물에 쓰네

國境에 밤이지터 총ㅅ소리 잘때
異域의 안악네의 꿈결이 곱네

一九三三・九・二四

짓밟힌女人의 悲哀

趙靈出, 『新女性』, 開闢社, 1933.10

씨저진 窓들에 달빗이 새고
가을ㅅ밤 벌에울음 이슬에 저저
ᄭᅳᆫ허진 거문고ㅅ줄에 얽혀 웁니다

벼개우에 허터진 검은 머리는
긴한밤 긴설음 눈물에 저저
가시가튼 세상의 원한이 됩니다

가슴에 멍이틈고 입술이 째어지고
짓밟힌 이마음에 핏물이 흘읍니다
섯불은 사랑으로해 한生涯가 헝클어 젓습니다

으슬어진 眞珠알에 찬꿈이 지면
아득한 꿈길우에 비가 옵니다
설음이 구름이되여 비를날여 줍니다

靑春이 앗갑다해 덤빌것이 안입니다
날쒸는 나븨깃이 ᄭᅩᆺ가시에 찟깁니다
ᄯᅢ아닌 서릿발알애 발벗고 울게됩니다

一九三三・九・二四

苦悶

趙靈出, 『新女性』, 開闢社, 1933.11

平和는 屈從이나은 선물이엿지요
「타임스」는 우리를 거리로불넛습니다
그러길내 우리는 두주먹을쥐고 거리로 나아갓지요
온갓 因襲의 빗장ㅅ문을 열어제치고—

손아귀에 맷치는 땀—
젓가슴에 흘으는 피—
오! 우리는 거리에서 開拓者의 노래를 불넛습니다
푸른 大空아래 自由를 울불으지젓습니다

그러나 「타임쓰」는 僞善者이엿지요
自由는 文明이싸은 놉흔墻壁우에부드처 으슬어젓습니다
거리에슨 우리들의 검은 그림자는
誘惑의 뭇빗에 휘말려 한쪼각 商品이되엿지요

異域의검은 들창밋테서 울고
쓰듸쓴술잔우에 찬우슴을 치고
—(이거리저거리에서 붉은씌를풀며 입슬을깨무나니)—
검은 煙突아래 피를吐하며 世上을 咀呪하나니

아! 우리들의自由는 그누가 빼아서갓습니까

우리들의사랑엔 그누가 商標를 붓첫습니까
우리들의쌈은 그누가××××니까

동무여! 울음을것자
가슴에 알오삭여진 哀想의멜로듸에 불을지르자
그리고 ××××
××× ××× 殉教者가되자

一九三三・一〇・三〇

人間

趙靈出, 『朝鮮日報』, 1933.11.7

階段 저 — 미테
뭇 그림자는 얼은거리외다
빗과 빗의 恍惚한 交響이 平和의『멜로듸』를역다 힘짓처 누엇사외다

刼의 밋바닥에서 구을러오는 宣言 —
虛僞와 野慾의 空間을 뭇질으나니
뭇 그림자
階段을밟고 올나갓사외다 —
살아젓 사외다
只今은 沈默 —
陰謀의바람이 階段 저 — 밋틀 지나가고
빗만 한줄거리 未來派의 畵幅을 아로삭이외다

아하 開闢前의 沈默이 터지려는 이제 —
뭇 그림자는 어대로 갓는가?
힘의太陽을 삼키려 갓는가?
亡滅의 무덤을 더듬으러 갓는가?
아하 刼은 — 空間은
큰아큰『퀘스촌』을물고 戰慄하는구나

一九三三・九・二四

GO STOP

趙靈出, 『朝鮮日報』, 1933.12.2

GO STOP —
이곳은 抒情詩人의 달빗도 업는거리
暗黑은 電光에 逐放이되고 얼빠진나그내街路樹도 사랑을속삭이는거리

安樂倚子 —
地軸의맥을집허보는 黃金指環의힌손까락은 香爐에이는
풀은 煙氣와가티 搖動하느니
野慾의검은心臟도 恐怖의얼룩이진鍵盤을 눌읍니다

五色이 알옹진 들창에
(그것은 二十世紀의 고마운 恩德이외다)
騷亂한 喊聲이 威脅을안고달려드느니
— 世紀는 죽엇다
— 죽은 世紀의 송장을 내노라.

검은 굴뚝 —
이거리心臟우에 뿌리를 박은 굴뚝.
煙氣는 離叛者의 회ㅅ파람을 치며
同志인 하늘의구름을 차저가외다
(보기십[실–편자]흔 五色『네온』을 暴風雨는 휘갈겨 버릴 터이지)

GO · STOP —

(그러나 그것은 均衡을 일혓사외다)

거리는 W · E · N · S —

한쏫은『벨사이유』宮殿에로

또한쏫은 『시베리야』牢獄에로……

『네파—트』는 부질업는 虛榮에 고개를 힘썻처들잇고

下水道는 원통한줄임에 힘업시 누엇사외다

摩天樓에 벽ㅅ돌을 싸어올린손들은 무엇을하노

人造人間의 GO · STOP · 은 미들것이업사외다

『아스팔트』를 다지든 억센 발들은 무엇을하노

××『라디오』의放送은 듯기도 실사외다

오즉 溶解가 잇슬뿐이니

再結晶이 잇슬뿐이니

(先驅者의試驗管은 벌서그것을證明해 노앗다)

얼빠진 『라심판』을 十字街에 못박자

一九三三 · 二 · 二 · 夜

東方의 太陽을 쏘라[9]

趙鳴巖, 『東亞日報』, 1934.1.1

東方이 얼어붙엇다
太陽의 붉은피가 얼어붙엇다

젊은이어 — 이고장百姓의 아들이어!
손에든활살을 힘주어 쏘아 보내라
太陽의 가슴의 붉은피를 쏘아 흘이라
百姓이 光明에 굼줄이고
江山의 줄기줄기 숨죽어 누윗으니 —

허물어진 옛터
님의 꽃닢 하나 둘 —

아 젊은이 들아
陷穽에빠진 獅子의咆哮만이
光明잃은譜表우에 달음질칠 이날은 아니다

화살을 쏘라
東方의太陽을 뽑아내라
피끓는心臟에 불을 붙여

9 원문에 '新春懸賞文藝當選 新詩'라고 명기되어 있다.
이 시는 개작되어 「동방의 태양을」이란 제목으로 『조령출 시선집』(1957)에 수록되었다.

낡은烽火ㅅ재우에 높이 들고서서
山과들 곳곳에 이날의 레포를 알외우자

一九三三・一二・二〇

서울노래

鳴巖, 『東亞日報』, 1934.1.3[10]

漢陽城 옛터전
　　옛날이 그리워라
無窮花 가지마다
　　꽃닢이 집니다
漢江물 푸른줄기
　　五百年 꿈이자네
앞南山 烽火불도
　　꺼진지 오랩니다
　　　(二行畧)[11]

鍾소리 슬어진밤
　　나그네가 웁니다
밤거리 서울거리
　　네온이 아름답네
街路樹 푸른닢에
　　노래도 아리랑—
사롱 레스토랑

---

10 원문에 '流行歌', '(佳作)', '禁無斷作曲吹入'이라고 명기되어 있다. 이 작품은 안일파 작곡, 채규엽 노래의 음반으로 개작・제작되어 1934년 콜롬비아레코드사에서 음반번호 40508로 발매되었다.

11 원문의 표기이다.

술盞에 띠운꽃닢
옛날도 꿈이어라
追憶도 쓰립니다
꽃피는 三千里
잎트는 三千里
亞細亞의 바람아
서울의 꿈을깨라

嘆息하는街路樹

趙靈出, 『朝鮮日報』, 1934.1.25

지나간날의 눈물과 웃음의 꿈 쪼각들이
밤의面紗布를드리운 거리우에 흐들흐들덜[떨—편자]어집니다

머—ㄴ 航路.
港口의구차한손님 — 街路樹 여윈팔우에 안기느니 늙은 鍾 귀먹은 港口의 젓가슴 —
젓가슴에 부여앙긴 아스팔트의私生兒들은 虛榮의 젓꼭지를 밟니다
憂鬱을몰르는 조용조용한시냇물의이약이도업고 풀은뫼울창한森林의神秘를傳해주는
조그만 새색기도 업습니다
밤마다散步의풀은언덕길을걸어오는별들의 銀빗놀애를눈감고 생각하느니
恍惚한 일뉴민에이손의 가느단팔들이
街路樹 호리호리한허리를휘감고
술盞에빠저죽은 사랑의청승마즌놀애와 양키들의
狂的인째쓰의 어질어운交響이 날애를 폅니다
놉고나즌들창에서 行人의가슴으로 —
街路樹 식은神經의즐거리에 날러가 안습니다

情熱에불붓는 都城의 無數한 눈들
— 그러나 철업는 젊은樂天者의淫奔한눈들
오오 地獄과天堂의入場券을 파는 무수한 눈들은

구차한 抒情詩人 — 街路樹의 기 — ㄴ行列미테 구비처 흘읍니다
街路樹 — 그는 그들의 故鄕에서쫏겨난 가련한 族屬입니다
쇠로만든怪物들이미처날뛰는 驚異의나라에팔려온 가여운 賣春婦의行列
입니다
— 아프리카를 떠나간 니그로 (中略)[12]
— 春 夏 秋 冬
아아 開化한 街路樹의 嘆息이여
이거리 아스팔트에呻吟하는 逐放된 젊은넉들이여

一九三四・一・一一・夜

12 원문의 표기이다.

銀盤우에 날개를 편 젊은 人魚들

鳴巖, 『東亞日報』, 1934.1.30

코바르트하늘의 한날帝王의 빛나는 화살이
靑春의끝모를喜悅을물고 銀盤우에무수히 꽂혓다

얼어붙은 겨울의 思索. 憂鬱 —
白蠟을씹는 느긋느긋한 生의惓[倦-편자]怠를 벗어저나온 人魚들의 亂舞 여

銀盤우에 날뛰는 開化한 白魚들이어
世紀의가슴은 카나리아의 歌手를 抱擁한다
지극히뜨거운熱情으로 얼어붙은 創造의손들을 녹이련다

五色빛蜃氣樓의 처마끝에매달려 幻虛의둥즈리를트는 철없은 제비들의 粉칠한 마음들
大空의검은주리개가 좀먹은心臟을물고 조그만 그림자를던지는 들窓앞에서서 무엇을 보늬
지금 저 — 銀盤우엔 새로운譜表들이 젊은人魚들의 빛나는 발톱으로 아로사겨진다
푸를 목도리
붉은 목도리
바람은 그네들의 불붙는마음을 훗날리고 잇다

職場에서 學窓에서

或은 樂園洞 國境의 東쪽거리에서
季節을 輕蔑하는 水仙花들이 날개를펴고 나왔다
明朗한 하늘과땅 그사이에 希望의붉은 피가넘쳐흐는 조그만心臟들을찬
人魚들이 날뛰고 잇다
础 — (그러나 우리는 無條件하게 기뻐하기는싫다)

世紀여 너는 너의診斷의손으로 날개를편水仙花들의가슴을 어루만저보라
銀盤우에달리는 人魚들의 힌 두乳房사이를 더듬어보라
아! 나는 가슴을 조인다
太陽으로부터 世紀의레포가 검은旗幅으로써 들려지지않기를 기다린다

一九三四・一・二七

漢江에서 金起林氏의詩「날개를 펴렴으나」를 생각하며

都城의 밤에 異狀잇다

趙靈出, 『形象』 창간호, 新興文化社, 1934.2

달음질처 가는 풀은돗
그러나 떠나온港口도없고 떠나갈 浦口도 없나니!
오!타임의 속임없는 航海여
밤—
조그만섬들의 無數한 燈臺ㅅ불
難破를몰으는 船夫의꿈은 아루코—루에서젖어 오늘도 鋪石우에 밋글어저 흘러 가느니
바다의妖婦는 풀은팔과 붉은팔들을 내저으며 蠱惑의휘파람을 치위다
차듸찬 石膏像의女人을안고 心臟을비어내는 이바다의 젠틀멘
「마—스」의奸夫를둔 自稱마리아들의 高潔한 貞操
오!成吉思汗의검은피가 용소슴치는 손박만한 版圖여
都城의검은怪物은 무엇을싫고 달음질 치는가
아 우리들의님은 어느길에서 튀어저나오려노
밤—열두時가 넘은거리
魔手의狂亂이 굵은리즘의 세레나드를 짓밟는 거리
이거리에도 잠의 폭은한것은 덥히여가외다
不安의벼겟모수리에 安息의꿈은 엉기여가외다
높다란빌딩 음전스러운巨軀도 검은그림자를 넘겨틀인채 잠들어 가느니
電線도 잠이드외다
共同便所의 또아도 잠이드외다
그러나 잠든少女의가슴과도같이 都城의 그어느곧에도 뛰는곧이 있나니

(그렇다 지터가는都城의밤에 異狀있다)

一九三四・一

海底의 幻像

趙靈出,『形象』, 新興文化社, 1934.3

×

千키로혹은 萬키로 메—돌
깊이몰을海底에 움직이는 電車 自働車
잡혀온 捕虜들인 電信柱의 行列
유리알같이 말간肉體 크레오파토라의 後裔들

×

오라잇 ……………… 天堂
오라잇 ……………… 地獄

×

지금 스팔타의勇士들은 二十世紀 바—에서 流行歌를불은다
이곳은 熱病에 죽어넘어진 太陽의붉은얼골이 높달안 굴뚝끝에 걸여있다

×

붉은 꽃
풀은 꽃
海底에沈沒된 뭇船舶 — 빌딩의 몽농한骸骨들
幽靈의 輕快한노래가 海氣의닢々에 무지개를 박느니
驚異의 이끝에도 虛僞가 숨어흘은다

×

— 의붉은劃을 硏究하는 늙은學者 下水道의黎明을 생각해오는 勞働者
낡은다락의 거미들은 不景氣에 새로운 方法論을 쓴다
그래서 새로운戰策의 거미줄은 東便에읽는다

×

海底의 危險信號

젊은마음에서 젊은마음에로 빗나는

來日에上演될 씨나리오를쓴 그들의 危險信號다

×

오라잇 — 世紀末

오라잇 — 오오 피묻은 創造의손들이 祝杯를드는酒幕

이렇듯 海底의動物은 죽은太陽의 世界에서 逃避를의논한다

오오 灰色빗 神經質에 呻吟하는

都城의 幻像이여

一九二四・一・一八

青春曲

젊엇슬 때여

趙靈出, 『別乾坤』, 開闢社, 1934.4[13]

A

젊엇슬때여 즐거워(울다)라
三千里하늘에 붉은피 흐른다
이 가슴에
아 북소리 둥 둥 둥
노래 하자
해쓰는東方에 우슴이 오련다

B

젊엇슬때여 질거워(울다)라
三千里 하늘에 무시개 흐른다
이 마음에
아 鍾소리 딩 딩 딩
노래 하자
꼿피는 이때에 사랑이오련다

---

13 개벽사 주최 유행소곡 공모 입선작이다. '流行小曲 第二回 當選發表 入選 第二席(流行歌)「青春曲」'.

봄ㅅ비

趙靈出, 『新女性』, 開闢社, 1934.4

봄ㅅ비! 沈默의밤을 고요히흔드는 수집은 손님의 녹크
追憶의 문을닷고 創造를말음새하든 손님의訪問이외다

낙수ㅅ물 줄욱줄욱. 나는 생각을 도살이노니
애끗한 봄의作曲에서 잇젓든 내 동무한아를 차젓사외다

밤! 汽笛이 멀리사모처간 내 마음의 들창에선
이제빗나는 핏방울들이 구을러 떠러지외다

貴한손님이여! 내 붓끗에다 안소
그래도 못밋어웁다면 내 가슴에다 뻬드를베프릿까

구차한살님에 피가흘은봄 그것은 三年 그리고 五年이외다
내 찌저진들창을 쏘매주는 봄의기달임이얼마나 질우햇더뇨

이제 무덤에로 돌아간××의 짜님이오섯사외다
屈從의쓴술에醉한 젊은이들이여! 어서 그대가슴에다 사랑의씨앗을 뿔이소서

斷片

趙靈出,『中央』, 朝鮮中央日報社, 1934.4

좀먹은薔薇의 한닢 두닢
부스러진 太陽의 한쪽 두쪽
녹쓴 琵琶줄의 藝術의 斷片
放浪의 나그네는 오늘도 娑婆의寢床에서
眞理의試驗管을 골으다 힘지처누었읍니다

풀은 무덤
붉은 무덤
墓地의밤은 女神의살결같이 보드랍건만
온갓魔呪에썩어진 문骸骨들의 풀은 노래들이
白痴와같이 變節을몰으는 달빛알에 수산하게도흩어집니다

검은그림자의 洪水
軍神의晩餐會에 招待받은 젊은兵士의여윈亡靈들의 行列
「하느님」의屍體하나 路邊에 뒤둥그러저 있으니
오오 敗殘한 歷史 쓸아린幻像의 끊어진 토막토막이어

파잎

趙靈出,『東亞日報』, 1934.4.3

파잎, 憂鬱의 同伴者여
곰실곰실일어나는 푸른煙氣는
내 마음의 慰安의손들이엇나니
그래도 너는 많은幻像을 지니엇드라
아아 가슴에 불을지르고간 매운 노래들이 퍼지는 追憶의 黃昏이어

오오 사랑의 카나리아가떠나간 山숲의寂寞
새암물은 아즉도 悲哀를 물고 남실남실 흐른다.
잃어진時節을 그리는 눈물이어
내 마음의 孤寂의 딸들이어

이제 酒幕의燈불이 밤을 글어안는다
썩은 나무등걸에앉어 나는 내孤寂을 글어안는다
가기싫어 발버둥치는 불상한女人을 구지 쫓을랴
悲哀가 내 마음을안고 칼을 든대도…….

어둡다 갈길이 아득해진다
가슴에 燐光이 흐른다 오오 希望의 抗爭이어

파잎, 너는 가장賢明한 스승이엇나니
곰실곰실 일어나는 푸른煙氣는黎明의노래를 記憶 햇드구나

아니다 적어도 너는 先驅者의示訓을읽는입이드라
그러길래 나는孤寂을안고 이길을 떠날련다
오오 世紀의 漂浪이어!

綠色의 3時

趙靈出, 『朝鮮日報』, 1934.4.6

綠色의 驚異
나는 灰色빗冬眠이 굼을거리고달아난 記憶을 女人의 눈속에서 생각한다
椰子樹의 더운이약이가 烽火ㅅ재우에서 낫잠을잔다드라
그래도 綠色을조와하는바람은 여름의흰꿈을 街路樹 寢室에서 씻는다 하
느니
線과 圓과 그리고 切線
— 엷은 牛乳빗바다의 綠色 커—브
都城의제비여 너는 가장 영리한 數學者인 綠色詩人이엇다
샐러리맨의 午後의倦怠는파입의 곰실거리는 煙氣다
鍾閣, 룸펜의검은그림자는襤褸한心臟에서 綠色을 찻는다
알콜에젓은 危險信號
出發을 알외우는 午後의 綠色旗幅
시베리아 저 森林의湖水밋헤 에덴이 파뭇긴
3時는 안이엇만
魔女의肉線에 地獄의검은노래가 숨어흘으는 3時는 안이엇만
오오 狂人의都城의出發은 信號는
綠色의假面인 綠色의스파임을 그누가 알랴
나는 綠色의先驅者를 위해 조그만墓地를 屋上庭園우에 두고왓다
지금쯤은 輕薄한女人의발밋테 밟히는 原稿紙의悲鳴이 잇슬것이다
抹殺
— 飛躍의 발뒤꿈치.

苦悶의午後. 나는 綠色의3時를듯는 鋪石을 헤엄처간다
太陽의詩와 밤의××이 내 구두뒤축에서 綠色으로 으슬어지는 奇蹟에 휘파람을치며 간다
오오 綠色의3時여 내마음의부즐업슨 狂想의 一秒여

一九三四・四・二・朝

危險信號

趙靈出, 『朝鮮中央日報』, 1934.4.7

붉은薔薇의 달콤한웃음이
한닙 두닙
黃金빛 화살에 꾀인채 날른다
젊은이여 가슴을 꼭 다더라
—봄 봄 봄 봄

봄의 電波가 흘은다
에레베타의 젊은 꿈이
비누ㅅ물 방울을 타고 풀은 가슴에 날른다
紅色 파라솔

마네킹의 바닷빛 스카—트
아 벽돌 물이 든 人魚들의 입술
— 그들은 街路樹의鋪石을 헤엄치는 水泳選手다
사나희들의 눈속으로 헤엄처가는 魚族이다

아스팔트엔 많은 屍體들이 굼을걸인다
아즉도 그의 코에선 놀애가 빠저 나온다 오오 무수히 구을러가는 레루 우
의 心臟들이어
제비는 가장 이날의 先覺者이었다
그렇다 봄은 봄은 봄은 봄은

뾰족한 구두
납작한 구두
그리고 煙突의嘆息 繼續되는 奇蹟의 봄이다

一九三四・三

埠頭업는 새벽의港口

趙重連, 『朝鮮日報』, 1934.4.11

고닯은꿈의 푸른깃이 아즉도 心臟을안고 비틀거릴때
새벽나드리에 새삼스리우는窓박 빗소리를 듯습니다
꼬우요 — 港口입니다날입시다
이곳엔 埠頭도 업습니다
꼿다발을안고 마저주는니의검은그림자도 업습니다
倦怠에넉시풀린 한낫燈ㅅ불만이 賣淫女의웃음기튼빗을 되는대로 흘니고
잇습니다

窓박게 새벽 大地우에
길일흔『캐라방』의女人가티 훌적훌적 울고가는 새벽 비!
怜悧한 펜과原稿紙쪽은
創造의恍惚한마음에서 자비스러운詩人의손을 기달이고 잇습니다
저벅 저벅 —— 그들의빗나는 발ㅅ소리.
새벽ㅅ港口에나린 나그네들이여!
잠시 빗낡은꿈의 쪼각쪼각이
그득찬 가죽가방을 날여노코
온갓빗에 얼눅이진 마음ㅅ바다에로 저—行進하는 무리의 발ㅅ소리를 불
러드리라
지내온 여러港口. 뭇豫言을속삭이든 女人들의幻像이 아롱저잇는 검은 눈
瞳子들을덥고
그리고 생각해 보라

그들은 무엇을 찾어가는지?
어데로 가는지?

오! 새벽입니다
눈뜬 어린이에게 젓을주어야 할 새벽입니다
呻吟하는이들의 가슴우에
한잔의 붉은포도酒나마 기우려주어야할 새벽입니다 그러나
戰爭과平和는 각각 싯푸른 沈默의빼드를떠나
웃음과울음의『또아』를잡고나아가는 새벽입니다(끗)

默禱

趙靈出, 『朝鮮中央日報』, 1934.5.17

沈默이차저온 오늘밤의 우리집은
가장 騷亂햇다 일음도몰을 챗죽이 心臟을멧번이나 휘갈겻더뇨?
나는 지금 壁우의걸린 한폭의그림을본다
—아라스카의處女 氷原에 업듸려 默禱를 올리는 處女들.
왜 나는 나의 핏망울들을 못살게구뇨?
왜 나는 나의 神經球들을 괴롭게구뇨?
自然! 오오 너는 지극히거반한 不自然이엿다
너는 眞理라는 탈(假面)에서 타고남은 情熱우에 불을 질으려 하는구나
너는 얼마나 詩에서 네純感을 구지사양햇더뇨

(中略)[14]

아아 나는내過去아페 무릅을꿀코안저 뉘우친다

아라스카의 處女여 네乳房의□[觸, 線—편재]과가튼 깨끗한 純感에로 함께 돌아가자
네 머리숙인 高潔한 默禱의 王國에로 함께 돌아가자

一九三四・三・一五

14 원문의 표기이다.

鴨綠江

趙靈出, 『東亞日報』, 1934.5.27

沈默 새벽의沈默이 안개를 그러안고
江물 한줄기꿈을 싸고 도나니
白頭의 간밤이야기가 이 물결에 잠기엿으리
흘러간 二千年 高句麗의옛꿈이 잠기엿으리

이제 네 가슴에 부여안긴 船舶의 돛들이어
海洋의 거센愛撫를 記憶하는 마음들이어
水鳥의 눈물겨운 울음은 어디갓니
威化島의 옷깃을닮아 안개밑에 숨어갓느냐

東海의 풀은寢臺를 떠나온 太陽의 스떽[펙?—편자]롤이
江물에 잠긴설음을 한오리 두오리 낚어주노니
아! 이江을건느는나그네 이물에씻기운 핏방울들이여
××과××의 分水嶺에서 너는 무엇을하니

오호, 말없이흐르는江물에 가슴이제리다
流浪의쓴꿈이여 언제나이고잔 關門에 쇠소리흩어지랴

南浦의 悲歌[15]

趙鳴岩, 『朝鮮日報』, 1934.5.30

애타는 이가슴을 바닷물에 씻으리
씻어도 불이일면 울어 보오리

바닷가 모래우에 그일흠을 쓰건만
물결이 슴여들어 지워 갑니다

애닯흔 지난날의 매즌꿈을 이즈리
갈맥이 등에실허 띄워 보내리

南浦에 고기ㅅ배는 저녁마다 들건만
한번간 나그네ㅅ밴 안이 듭니다

감돌아 저섬가에 흐터지는 구름에
떠나간 그사람을 불러 봅니다

15 원문의 제목 앞에 '新歌謠'라는 양식명이 명기되어 있다.

無題

趙靈出, 『朝鮮日報』, 1934.5.31

나를 퍽 미워하는 녀석
그녀석을위해 향불을 내마음 祭壇우에 피우노라

孤寂이 정성스리 씻어주고간 花瓶우에
곱게 피여난 눈물의꽃닙플 뉘가슴에 흐리리

그대여 香煙을좃차 아름다운 무지개를 들러 오지안으려나
못견듸게 괴로운 이꿈쪼각을
저 쪽빗 한울미테 무더주지 안으려나

그다지 미울탁시 잇단말이오
빠ㅡㄹ간 핏방울들이 시들어가는 悲哀 오오 病床의 悲哀여

슬어진 그날 그날은 追憶의들창에서 노래를 잇지안코 불으건만
내 希望의별꼬리가 아즉도 내마음 祭壇우에 燭불이되여 타건만

오호 人生의 航路여
여웨가는 손목을잡고 나는 몸서리치노라

一九三四・五・八

開拓者

趙靈出, 『新東亞』, 東亞日報社, 1934.6

[검열로 활자를 뭉그러뜨려 1행 삭제—편자]
새벽大地의 呼呼
地平線을 튕긴 굵다란 멜로듸.
이제 어미니는 우지안는 꾀꼬리한마리를 하눌우에 놓와 보냅니다.
金빛날개의 부슬어진 쪼각들이 내 東편들창에 붙읍니다.

휘파람—
질거히 들려오는 門밖 발소리의 伴奏—내마음바다에 갈아앉은 歡喜의 붕어색기들이
꼬리를치며 떠올읍니다.
아! 幸福이어! 아즉도 너는 내글ㅅ자없는 푸린트에서 살아지지를않엇더냐?

봄의 사랑은 바다빛 보자기
天使의딸들이 그우에 꿈을놓(織)고 갑니다 그러나 저어편 언덕을쌓은 마음들은 밤.
샜것 울다 갔느니
눈물의 쓰듸쓴沈默은 구지닫은 幸福의문앞에서 몸부림치다 갔습니다.
[검열로 활자를 뭉그러뜨려 이하 2~3행 삭제—편자]

一九三四・三・一五

骸骨과薔薇

趙靈出,『新東亞』, 東亞日報社, 1934.6

죽엄. 너는 人間을 씹어먹는 惡魔.
骸骨을안고 히히웃는 너의웃음은 薔薇의 것이라 더라.

太陽의 스펙톨을 너는 지극히미워하더라 그래도 너는 非戰論者의 화살을
꺽는 革命家의 안해더라.

暴風이친다 내조고만집의 기둥이 문허진다.
星辰의退却. 日記帳의 平和가 책갈피에서 솔이처 운다.

가여운 나의處女는 구름을안고 얼골을갈인채 歸鄕을 한다.
섧은離別에 눈물도없이 노래도없이 조그만 未練의 발자욱도 없다.

너는 그때 角笛를불며 서서히 걸어가더라 두갈래 길에서.

喜와悲의 競賣는 가장 어리석은것만 人間은 으흐 骸骨과 薔薇.
꽃닢이 푸들들 들날으는 火葬場이여! 世紀여!

一九三四・三・一五

追憶의 小夜曲[16]

趙鳴岩, 『東亞日報』, 1934.6.1

슬어진 옛꿈을 눈물에 더듬어
찬이슬 새벽풀에 맺어나 두오리
하롯밤 그일이 구름 같구나
젊은이의 노래도 한때이든가

銀河水 물결에 노래를 찾으리
시드는 꽃품안에 이설음 묻으리
浦口에 離別도 옛말 같구나
임자잃은 이밤은 울고만 싶네

문어진 옛城에 흐르는 달빛은
千萬年 두고 두고 이야기 하련만
덧없은 세월이 물결 이오라
가신님의 青春도 시들엇으리

16 원문의 제목 앞에 '新歌謠'라고 명기되어 있다.

平原

趙靈出, 『中央』, 朝鮮中央日報社, 1934.7

平原, 내 崎嶇한 삶을 얼마나 비웃엇나뇨
올몽졸몽한 山들의 哀愁를 너는 퍽도 싫여하드라
이곧 저곧에 흩어진 森林의 무리들
아아 오늘도
地平線을 듸々고 넘어가는 夕陽의 붉은 빛을 안고
鄕愁의 풀은煙氣를 뿜는구나

네 가슴에 구비구비 돌아간 길
그길을딿아 異國의 쓰거운 흙내음새를 맛고간 나그네
이제 黃昏의女神이 밭고랑에서 灰色빛 날개를 펴련다
그의 애틋한音律의 구름쪼각이 갈아앉는곧도
밭고랑이란다

기름진 乳房
네 아름다운 蠱惑이 얼마나 많은피를 졸랏더뇨

좁은가슴을 찌개여 그대앞에 울고십다
가깝한 삶에 부닥긴 마음의 입술을 平原의가슴에다대이고 부비노니
소스라처 뼈끝에 사모치는 옛날이 꿈같다
그대를 잃은 可憐한 族屬의末路가 이제 黃昏에 묻기련다

一九三四・五・一八

燈籠의 航路

趙靈出, 『朝鮮日報』, 1934.9.6

검은빗, 밤의꿈깃이 湖水에잠긴 水國에서
오날, 수만흔 燈籠이 港口를 떠나다

빩안 燭ㅅ불 懊惱를 이즌 마음의 쪼각들이
검은 물살에 밋글어저 港口의 圖形을 水平線우에 그리다

海岸에 깔린 뭇사나희와 게집들의 가슴은
玉을 부시는 幻想의 복음자리 —

燈籠의 航路가 銀河水 물결이 될때
뭇幻想의 烏鵲橋가 가슴과 가슴에 노히다

永遠히 돌아간 牽牛織女의 노래여
이밤 이곳 붉은 핏줄기에 용소슴저 울으라

水國의 珊瑚숩 나의 靑春이어

흘러간 燈籠의 붉은빗츨바더 네가슴에 꼿츨 피우라

銀河水[17]

趙鳴巖, 『東亞日報』, 1934.9.7

九萬里 한을에 銀河水 구비 흘러
烏鵲橋 설흔다리가 해마다 노입니다
엉야라 덩야라 다리가노입니다

七夕날 한밤이 百年만 같고지고
구름재(嶺) 열두고개를 님찻어왓읍니다
엉야랴 덩야라 님찻어왓읍니다

離別이 설어워 보슬비 오락가락
손잡은 牽牛織女의 눈물이 흘읍니다
엉야라 덩야라 눈물이 흘읍니다

가슴에 설인한 올올이 풀어다가
銀河水 흘으는물을 한平生 막어보리
엉야라 덩야라 한平生막어보리

---

17 원문에 '民謠'로 되어 있으며, '(禁無斷作曲吹込)'이라고 명기되어 있다.

亞細亞의 狂想

趙靈出,『朝鮮詩壇』, 朝鮮詩壇社, 1934.9

大陸의프른옷은 봄의부들어운손으로 입히여진다

豆滿江水夫의뱃노래는 프른물결우에 흘너간 옛追憶을 더듬고
괴나리 봇짐의 젊은나그네의발자최는 江언덕 沙場三百里에 咀呪의움물을파며 벗어저간다

님자일흔 楊子江이여
沙漠의 모래 언덕이
구름은 病든秦始皇의넉을안고 長城우에깃들여 落照의 붉은피를 마신다

바이칼湖水의苦悶의얼음은 새로운봄의魔手에 녹아진지도 오래다
거울을 깨업고 돌아슨 女人이여
네子息은 지금 大陸의地角에서 달은地角에로 젊은太陽의색기를 몰고단인다
— 가장위험한짓이라고 너는 한사ㅅ코고말니드라만 —

太平洋우에 날느는 갈맥이들의 平和로운꿈
꿈이다. 꿈
平和는꿈이다 물결은 東海岸을싸리고 다시 西海岸에 으슬어진다

鴨綠江의밤 고기잡이에 여윈불 — 멜랑꼬—리

불꺼진大地에 불을생각하는 조그만 마음들이여!
아! 님자떠내보낸港口 눈물에젓은 燈臺ㅅ불이다 보기실흔存在다

大陸의가슴에 봄을彫刻하는 뭇해ㅁ마들이여
너이들은 씀바귀뿌리를 씰겅ㅅ씨ㅂ는 맛을 몰으늬?
어서 大陸의 피말은心臟을꺼내놋코 그우에봄을彫刻해라

하늘은 언제나 점잔타
점잔은탓에쏘한 暴風雨를안은 미친女人의 거림자를 싸우에 보낸다

創造의길

趙靈出,『朝鮮詩壇』, 朝鮮詩壇社, 1934.9

큰 발자욱
적은 발자욱
이길의나그네는 엇던世紀의노래를 주스러떠낫는고

白岳 南쪽 퍼―ㄴ한 하눌ㅅ바다엔
海女들이 초롱ㅅ불을켜들고 화―ㄱ 퍼젓다

마음은 한갓 여름太陽을안고 未來의쏘아를 엿보느니
流星이 한아 주―ㄱ 흘은다
空想에보채우든 젊은마음이 쏘다시 現實압헤넘어저 신끈을 졸은다

아크로포리쓰의 봄이 그립다고?
라인河畔의 젊은步哨兵이 그립다고?
에라 ― 이년석
이길은 二十年代의創造의 새암물ㅅ길이란다

一九三四・二

追憶의建築

趙靈出, 『新東亞』, 東亞日報社, 1934.10

建築. 지낸 追憶의建築이
바닷가 밀물에 믄어짐이어!
모래城. 모래城.
故鄕을 마음우에놓고 생각을 도살이노니
高句麗 八百年의 抛物線이 地平線우에 굼슬거린다

그가 바다와 하눌을 풀은빛으로 물듸려 주고간 그후
흰꿈 흰구름 흰갈매기의 航海가 언제나 있었나니
오오 沈默의港口를 떠나려는 오날의 흰돛이어
머—ㄴ 希臘의 바람은 너의帆布를 배불리 해주리라

靑春, 水夫의 가슴우에 하나식 박어주는 별
荒灘의 어느밤 괴엏고 빛나리니
파랑치마를 쓰고우는 못난 女人아
빨간旗幅이 팔넉어리는 地上의 패러다이쓰가 궁금치도 않으냐

뭉청뭉청 떨어저가는 마음의쪼각
新羅千年의 이야기를 저 꼬리감츤 섬가에서듣나니
알알이 소리치는 물방울이어 波浪이어
아아 나의 孤寂을 海草의 풀은寢臺우에 눕히노라

夜頌

趙靈出,『新東亞』, 東亞日報社, 1934.11

廢墟의 무릅을비고
溟想의 森林에서 으스름 달빛을 흔들어본다
내가삼에 銀河水가 기울어지고
머―ㄴ 過去의 海潮音이 머리맡에 굼슬걸일때. 그때.

人間은 악착도 하였지
人間은 못나기도 하였지
오냐 이끼앉은 城돌밑에 때(時)가썩은 흙내음새를 맡어보리라

나의 水銀빛 航路를
廢墟의 가슴속에 묻고 돌아서는 마음
流星의 흘을곳도 끊어졌나니
날개없는 可憐한 不死鳥의 무덤이 부풀어 올은다

달이여 牧羊者의 奇蹟을 爲하야 얼어붙은 墓石이되라
밤의술盞에 넘치는 寂寞
아크로포리스의 女神이 나드리를 왔다
地中海의 물방울들이 풀닢에 카메라를 버틔고있다

까닭은? …………
하고한 燭ㅅ불이 地球가에 닥어드노니
이곳에 낡은日記를 불살으고가는 少女의 발자욱이 박히는 탓이다

黃金村

趙靈出,『中央』, 朝鮮中央日報社, 1934.11

뮤우즈가 돌아온 나의祖國
발자욱마다 黃金빛구름이 뒤틀어 올으는
나의極樂이어

뚫어진 銀河의 뱃길이
千里 먼 꿈의斷面을 나려 흘을때
恍惚은 하많은 眞珠알을 품고
黃金빛 마음의 밤을 말음질 하다

사랑이 질겨 눈물의 새암물을 뜨나니
젖은 가랑닢이 한을과구름을깔고 누었노라
오오 나의追憶의가을이 몸소 波紋을 그어
떠나지않은 情熱의 두날개를 간즐입히는 구나

부풀어올은 黃金의都市
뮤우즈의 풀은눈瞳子우에 地平線을 그을때
온갓 神秘의엔젤이 나의 祭壇우에 나리다
꾸겨진 原稿紙우에 東方의創造가 부풀어 올으다.

九月 一日

都城의 밤[18]

三行詩

趙靈出, 『朝鮮日報』, 1934.11.2

一

銀河水. 燈불의 荒灘.
아니다 夜光珠의船舶이 暗礁에 부드친 곳이다.

二

街路樹의 푸른가슴엔 潮水가 치밀고
달은 陳列窓안에 외로운나그네가되나

三

별들의 港口. 水夫의휘파람은 危險旗幅.
來日은 달은世紀의 出發이 잇다.
吸盤을 옴기는 人魚들의 눈동자는[19]
幸樂의꿈이잠긴 葡萄알이다
꿈은푸르다. 달다.

五

붉은 핸드빽. 어리석은 天使의 빼드여.
엇던 野慾에 식식어리는 피의 心臟이여.

---

18 '三行詩'라 하였는데, 삼행으로 구분되어 있지 않다.
19 이 행부터 '四'로 표기하고 연 구분을 했어야 할 것이다. 조판 실수일 가능성이 있다.

六

曲線. 曲線.

짜스한 彫刻의 線마다 薔薇가피는 네마음의女人.

외[20]

窓門의 四角이나 혹은圓은 紗羅帳의 鼓膜. 都城의小夜曲을 듯는귀다

八

汽笛이 뻴딩의海峽을 헤염처 온다

내마음은 별달은 畵布우에 풀은 抛物線을그다린[그린다—편자]

九

큰帽子. 적은帽子. 青. 黃. 赤. 白

밤의 潮水에 떠흘러가는 해파리의 무리여.

十

익은 石榴알을 깨무는 恍惚이다

恍惚은 都城의밤의 殘忍을 짓눌은 英雄이다

20 '七'로 표기했어야 할 것이다. 조판 실수일 가능성이 있다.

暴風과 眞珠

趙靈出,『新人文學』, 靑鳥社, 1934.12

波止場의 燈臺ㅅ불이 무서운 꿈을꾸는밤
港口의 寂寞은 미친물결에 밀리어 검은 海岸에 으슬어 집니다.

影島에 날여앉은 流星의 색기들은
검은 빛발 아래
부—연 꿈을쓰고 잠들어 갑니다

南國의 세찬 나그네들의 발ㅅ소리 —
暴風이 이제 바다의 窓門을 두달이나니
數많은 眞珠알이 貞操를 염려 하는때여
아아 나는 썩은時間의한토막을 墓地에로 보냅니다.

— 눈물의湖水 追憶이잠긴 나의 눈동자여
이밤 이 서슬앞에 너의 過去를 懺悔하렴 —

터지는 東方. 찢어지는 밤의 가슴.
세찬 나그네들이 돌아간 머—ㄴ 水平線이 무지개를 쓸때
沈默이 깔리운 초록색 海岸에서
불상한 眞珠들의 屍體를 줏으렴니다
追憶의맑은 眞珠城을 나의가슴우에 쌓여 올리렴니다

一九三四・九・二一

航路

惠化聖林을떠나며[21]

趙靈出,『東亞日報』, 1935.3.5

봄의綠色손들이 希望의꽃다발을들고
追憶에 어두어진 나의 窓門을 두다릴때
나는 한개의 튜렁크를 들고
머ㄴ 航海의 出發을 준비 하노라

地平線을 떠나는 구름같이
한장의 地圖를 가지지 못햇건만
心臟에 담긴 모—든 情熱은
한개의 遊星을 葡萄알같이 삼키련다
層階마다 봄과가을의 化粧을 마치고
포근한 어머니의품을 이제 떠나노니
푸른 琉璃窓넘어로 하눌은 멀고
幸福은 노상 눈물의샘가에서 핀다 하더라

안개에 취한 南山은 잠들고
惠化聖林에 追憶은 깊다
붉고푸른 수만흔 집웅알에
人間의꿈은 흔이 幻滅에 잠기우건만
젊은 마음의 旗幅들은

21 이 시는 오희병이 편찬한『乙亥名詩選集』(시원사, 1936)에 재수록되었다.

世紀의 變節을 議論하며 펄 펄펄 날은다.

동무여 떠나자
젊은 世紀의 港口와 港口에로…….
希望의 꽃다발을 안고 나의窓門을 두다리는者여
먼 航路에 오로지 나의 안해가 되여저라

一九三五・三・二
卒業을하며

보헤미안

趙靈出, 『朝鮮中央日報』, 1935.12.4

地平萬里 굼슬거리고 다라난 沙原의금은
나의 지내온 漂泊의 발자최엿다

밤과낫은 물레와가티 나의설음을감고
실음업시 돌아간 보헤미안의 길이업[엇?—편자]노니

나는 桐栢나무의 열매와가티
久遠의사랑을 내故鄕집집에 뿔이고십다

閨房의 燈불이 숨죽을 때
나는 牢獄의 차듸찬暗黑을 휘갈겨보앗노니

오오 오고가는 漂泊의 虛無여
猶太民의 아름다운 꼿다발이여

너는 내 가슴을벅차게한 사랑이엇드냐
貞操는 끈허진念珠의 구슬이업[엇—편자]노라

밤

趙靈出, 『東亞日報』, 1935.12.19

A

눈ㅅ발은 어둠을딸이며 날린다
窓門을닫고 나는 차디찬 자리에 눕다

어디메쯤 短針이 돌아갔는고
이밤은 내 어린時計도 잠들엇고나

잇다금 문풍지가 울면
촛불은 운명하는 늙은이와같이깜으러지고
촛농은 대우에흘러 부어올으다

나는 언제부터 홀애비엇더뇨
나의追憶은 한개의女人을찾기에도 힘들고나

눈은나리고오
눈은나리고오
나는 눈물도없이
　　　　이밤을 외롭게 새운다

B

구즌눈에 깊어온 밤이어니

내 방문을 두달이는이 누구뇨

내 가슴이 어름처럼 식어진 밤이어니
무엇을찾어 내 방문을 두달이나뇨

　　환한 등불도없고
　　빠알간 숯불도없는 밤.

어느나라의 婦人인지
國旗없는나라의 설음을 아시나뇨

가스이소—
내몸은 온갖武器에 病들엇나이다

오호그대는 우시나이까
눈물로 문고리를 녹이시려나이가

가스이소—
나는 미치고 싶소이다.

내 미친손이 그대를 『쌔리』기전에
오오그대여 눈길로 눈길로 돌아가시라

一九三五年도 저읠믈—편재다

Nostalgia

趙靈出,『朝鮮文壇』, 朝鮮文壇社, 1936.1

가을밤의 긴 허리를안고
나는 누에와같이 追憶의실을 뽑노라

알콜에醉한 나의가슴을 어로만저가며
헛된悲哀의 祭物이 된적도 있엇드란다

찬燈ㅅ불아래 식지않은 Nostalgia여
이밤은 풀은잉크로 詩의圖形을 그릴뿐이오

窓門과窓門은 풀은 달빛을 물고
마음과 마음은 꿈의滿潮를 기다리는 船舶.

나는 한개의 보헤미안이다
松茸 냄새를 맡아 가을의 젓꼭지를물고

流浪의 꿈같은 이약이를 듣는
오오 스러진날의 사랑은 물에뜬燈불같고나

第三海峽

趙靈出, 『朝鮮日報』, 1936.1.25

하—얀 大理石우에 茂盛한
빠알간 薔薇꽃—

흰 羽衣를 파들거리며
天使는 이밤 兜率宮을 꿈꾸는가

나의 가슴은 祈願의 香爐
愛戀의 香ㅅ불을 태우며 태우며 식어가다

오오 나의 焦悶은 성낸 말굽이다
한밤 나의 가슴은 百濟城의 廢墟가되고

언 琉璃窓에 볼을 비비며
담을곳업는 나의 情熱을 식히노니
능금도 石榴도 이밤엔 맛이업고나

房帳을 나리고 燈불을 끄고
한아름 孤寂을안고 눕는 나의靑春이여

까아만 물결을헤치고 피여올으는 蓮꽃 人魚의 하이한 비늘

내 야윈 두팔은 무엇을 抱擁햇더냐
虛無다. 까아만水平에 밤은 셋재번 海峽을 지나다

오오 미쓰황, 나의 天使의羽衣는
神經마다 파들거리는 나의 追憶이엿다

舊 一二·二五·밤

北行列車

趙靈出, 『朝鮮日報』, 1936.3.3

人造絹 문의 가티
하—얀 어름꼿이 피는 琉璃窓—

陸路二千里를 한밤에 주름잡고
北行하는『히까리』어름꼿은 작고작고 茂盛해지다
鄕愁에 貞操를 빼앗긴 憂鬱—나의 손끗이
어름ㅅ꼿을 띄고긁는 音響에
까아만 밤의吸盤은 흰빗을 밀치고와붓다

나라도업는 집씨의 子孫들이
깍고점이는 沙果의 빨간 皮膚—
情熱을 벳기고 차운 愁哀를씹는 나의 祖國이여

풀은 港口의行列 꿈들의 陳列
쫏기는 마음의安息이다 疲困은 얼골을 나려덥고
湖水처럼 소란한 音響을 헤치며 沈默은 층층 괴여 들다

呼吸의 高低, 부풀어올으는 乳房은
愛戀의 불꼿을 튀기고
그女人은 하이한 목도리를쓰고 도라눕다

밤 밤의 吸盤은 車窓에서
보―얀 어름을뒷고 밋글어저 가나니

어름ㅅ꼿은 나븨도업시 피여나고
나의靑春은 戀愛도업시 健康해지다

꿈

趙靈出, 『朝光』, 朝鮮日報社, 1936.7

楊貴妃의 밤 化粧은
임이 한나라의 甘露를 말리우고
玉階 으슬어지는 말굽소리에
香긋한 술ㅅ盞은 歡樂의꿈을 업질으다

마담●●

趙靈出,『朝光』, 朝鮮日報社, 1936.7

棕櫚樹 달빛이 새는 그날알에
나루시스는 휘파람을 치고
마담●●朝鮮의 寢室에서
비너스는 조갑지를 타고 슲어하다

마을停車場

趙靈出, 『朝光』, 朝鮮日報社, 1936.9

빗방울에 어더맞는 琉璃窓—
琉璃窓은 反抗도 없다
차듸찬 유리에열린 透明한 열매는
따먹을 틈도없이 옥글어져 흘으네

浴室같이 흐인 風景속
마음 停車場의 연지ㅅ빛 燈ㅅ불만이
바다ㅅ속 珊瑚처럼 寂寞을 호사식히네 그려

칡넝넝

趙靈出, 『朝光』, 朝鮮日報社, 1936.11

하늘이 하도높아 땅으로만 기는
강안두칡 넝쿨이
절간 종소리 숙성히도 잘아났다

멧뚝이 벳쨍이 들이
저가ㅅ집 문ㅅ지방 처림 자조넘는칡넝쿨

넝쿨진 속에 季節이 무릅을 끓고 있다
여름의 한나절꿈이 향그럽다
줄々이 벋어간 끝엔
뾰죽〳〵 연한 순이 돋고

어린 少女의 사랑처럼 온칡
몰으게 몰으게 茂盛해 간다

袈裟를 수한 젊은 女僧이
혼자 단이는 호젓한 길뭎에도
살금〳〵 기여가는 칡넝쿨이언만

해마두 오는 가을을 넘지몯해
목을 움츠이고 뒷거름을치는 植物.

— 칡쿨넝[칡넝쿨—편재]이 안보히면
먼뎃절엔 燈ㅅ불이 한개두개 열닌다

붉은날개의傳說

趙靈出, 『朝光』, 朝鮮日報社, 1937.5

鍾소리 地軸을 움즉이는 海岸의東쪽
菩提樹 풀은波濤아래 섰다
阿難의사랑처럼 상긋한 誘惑이
新羅의꽃을 흔들어 물우에 띄우다

하이한 구름이 珊瑚기지에 걸치는 水平
紅寶石森林이 茂盛한나라의 傳說이
東方의 人魚들을 얼마나 울리었든고
風浪은 人魚의乳房을 얼마나 아푸게 했든고

人魚야 新羅의꽃을 잡어라
新羅의꽃이 물우에 떳다

허나 바다가 휘파람을 치는 날이면
暴風의 사나운발소리가 海岸의귀를따리고

별들의 宮殿이 뚫어저 地角우에 흩어지리니
오오 무서운運命의손은 新羅의꽃을 잡으련다

人魚야 너는 어느壁畵에서 살아왔느냐
너는 빨간 心臟하나도 가지지못했느냐

永劫의斜面을떠고 밋글어지는 그날 또그날
수많은 生命의깃들이 파들거리는 東方의하루 또 하루
優曇婆羅華 하늘가득히 쏘다질날은 언제이뇨
世紀는 지극히 騷亂하다 暴風이부나보다

紅寶石 森林의廢墟
붉은 希望의族屬들이 날개를 치는곳
날개야 人魚의가슴을 차고 날개를처라
흩어진 新羅의꽃을 한닢두닢 물어오너라

世紀의 騷亂한 길과길은
生活과 平和와 愛慾에 疲困했다
붉은날개들 날기에 疲困할때면
黃金層階瞑想 — 의故鄕으로날개를 접으러가자

太陽의墓地

趙靈出, 『朝鮮日報』, 1937.6.8

崇高한꼿이 瞬間瞬間에 피엿다 죽어가는 이墓地에서
한송이 꼿을밧들어 久遠아페 祈願을 디리고십고나
때는이미 만흔世紀의 海峽을 거처왓고
虛無를 기우린 술盞우에 太陽은 헛되히 몸부림치고가다

어둠이 온갓가슴에 孤獨을 베풀어
羽衣를떨친 밤의女神들이 슬픈 輓歌를불으면 검은帳幕이 펄럭어리는靈
場이 거룩한 地平線우엔
괴롭게식은 生命의燈불들이 몸서리 치며 운다

久遠의바다 沈默의祭壇—
恍惚한 瞑想의饗宴이 끗나지안흔 墓地에
너는 愛慾의洗禮를 몃번이나 바덧길내
黃金테프를 던지며 幻滅의層階를 밟고갓느냐

太陽이숨은 이 靈場의季節은 中世紀다
五色구름이 빗을일코 한갓 大地를깔고누어
사랑처럼 애끼든 온갓무지개를 쪼차벌인 나라이니
오오 이나라의情熱도 무지개처럼 쫏기어 갓나부다

불꼿을날리든 榮華의追憶이

날개를태운 나비의 마음처럼 아프구나
눈물아 너는 虛榮의 베일을쓴 女人이엇다
太陽의 차운 墓石을안 고울든 너여
소리도빗도 香내도疲困한 아 久遠의바다
밤의검은물결이 소리업시 밀리는 瞑想의滿潮
吊喪의배도업시 나는 이 바다를 헤매인다
아아 라자로의 옷깃이날리는 埠頭가어디멘구

一九三七·五

꼿알범 (上)[22]

趙靈出, 『朝鮮日報』, 1937.7.6

▲**木蓮花**

玉欄干 풀은花瓶에 달빗이 皎皎허다
그래 木蓮花 네마음은 어떠냐

— 낫낫별들이 포르르 날개를 치는때는
伽倻琴 줄줄에 흰나븨가 날으지요

透明한 乳房에 어린것처럼 피여 달려라
한밤중 어두운 山꼴엔 傳說이 무서워

울고 도라슨 스산나의 검은 머리채다
꼿송이의 그림자 길게 幻滅을 베풀고

幸福이 貴치안흔 풀어진 煙氣 가달게는
追憶을 못니즌 파이푸의 憂鬱이 쓰다

도무지 한낫 燈臺두업는 마음의 海峽이 잇스니
皎皎헌 달빗은 想念우에 검은 베일을 두르네

---

22 '꽃앨범'이라는 제목하에 일련의 꽃들을 연재하려 계획했으나 실행되지 않은 듯하다.

풀은 눈물을 쏘들 아무런 悔恨의 그릇도엽거니
젓은볼우에 微笑를띄우는 木蓮花의 想念아

아무리 압흔 季節의 悲哀라, 하자
그래두 한나리의靑春은 갸륵한 香내를 풍기나니

玉欄干에 기우리 淸楚한 女人은
오오 누구를 일헛길래 喪옷을 입엇는가

六・二〇
五臺山

書齋

趙靈出, 『朝鮮文學』, 朝鮮文學社, 1937.8

말없는 畵幅이 혼자 幸福을 차지한
지난 季節의香내를 진인 書齋—

아담 이부의 숨결이 그지남아있는 이곳
때로 傳說의女人들이 간엷흔 울음소리를보내다.

燭불이 다아 타벌인 그 幻滅의瞬間이요
默想은 詩人의마음에서 황급히 燈불을 들고

輝煌한불빛이 追憶의祭壇에로 물러슬때
밤은崇高한 旋律을 이끌어 검은喪服을 떨치다.

花瓶에 꼽힌 머—ㄴ 異國의 꽃가지.
新婦도없이 조용히 꽃닢을 만지는 憂鬱.

호랑나비도 없는 이 수척한 꽃품속에는
萬卷書籍이 풍기는 내음새가 花香처럼 스미고

턱을 괴이고 앉은 詩人의 닫은가슴은
오롯이 흐린날의 음산한 窓門같으니……

幸福이여 畵幅안에 숨어간 너여. 오오.
이곳 浪漫의故鄕은 언제붙어 愛人을 잃었나뇨.

蜃氣樓

趙靈出,『東亞日報』, 1938.10.2

珊瑚 챗죽이 내 想念을 휘갈기는
黃昏이밀린 海岸의 墓地에서

綠色, 여름의衣裳을 벗어들고
水平線, 層雲의 그늘밑을 바라본다

黃金季節의 紫金色 葡萄알이여
龍女가 化粧을마친 바다에서 나는醉햇나

끈허진 希望의 航路다
이름도없는 港口에서 나는 英雄이 되련다

가장 華麗한 星雲의 宮殿이여
마즈막 愛慾의饗宴을 베풀어다오

虛榮의 層階를 날여
가을의金色발톱이 내 愛人을 차가면

파도에놀랜 墓地의 가슴처럼
내 붉은熱情의寶石은 썩을지니

幸福이없는 季節이여 물러스라
차라리나는 蜃氣樓의 窓門을열고 휘파람을 치련다.

내마음엔 눈물이 날여[23]

폴·베르레-느 原作, 趙靈出 譯, 『金剛杵』, 朝鮮佛敎東京留學生會, 1939

거리에 비오듯이
내마음엔 눈물이 날인다
슲음은 무슨까닭에
내마음을 파고드나

땅에두 집웅에두
간얇흔 비ㅅ소리
피곤한 마음을 위해
오오 옵조리는 비ㅅ발이여

답답한 마음속엔
턱없이 눈물이 날인다
뭐냐 무슨 모함이냐
이 喪禮는 까닭이 없고나

까닭을 모르니
짝없이 괴로워
사랑도없고 원망도 없이
내마음은 이다지도 압흐다.

---

23 이 작품은 조영출의 창작이 아니고 베를렌(Paul Verlaine)의 시 「내 마음에 눈물이 내리네(Il pleure dans mon coeur)」를 번역한 것이다.

運命章

趙靈出,『女性』, 朝鮮日報社, 1939.1

隕石우에 꽃이 필때 까지만
삼가 내 房문을 열지 마라

千年이어제같은
상기 맛이지않은 藥보시기

좀이 글자를 쓰는
냄새 매키한 책장 넘어로
來日은 숨고

한자 남짓
어리듸 어린 菊花의 그림자—
順이는 끔직이도 귀엽드니

싼을한 콧등 피아린 힘줄이
　둙을 못참어 자즈러지든날

　툇마루 양지 바른쪽
고양이 수염엔 나비가 넘어졌다

사흘째 굶어

나흘째

順이는 二十年
나는 二十秒

백죄 두눈을 감고
삼신 마마를 나무랫다

一〇·八
서울을 떠나며

瞑想하는조악돌

趙靈出, 『東亞日報』, 1939.6.21

문득 騷然한 琉璃 古色이흐린 窓우에銀방울 송이로흩어지는 東南 西南, 책상을 넘기다황홀히 빠진이 季節의深淵이여 오호 엄엄한 混沌이여라 想念은 조악돌처럼 끝없이 잠기고 꿈은 깊다

이미 글ㅅ字를 씹던 透明한 입술, 忽然히 처든 내 視線은 魚鱗을 쫒는두루미처럼 밧부이 記憶을 스친 千萬 페이지의 물결 서늘한感觸에 脈搏은 다시뛰고 파리한女人의눈물 구을러 떨어진다

꼿없는 벗나무가지 靑色을뿜어 이조그만 暴風雨속에 여름을 엿보고 오로지 슬픔을 내 가슴속에 모라넌듯 봄은 碑銘도없이 내 瞑想에서 無限히 큰 墓地를 占有햇다 이런悲慘한 봄의追悼가 한방울 銀빛 구슬일진댄……

□한마디 실없은 『사랑』처럼 하마 乳房우에 찍힌 指紋이여 쓰라린 뜸이여라 이 恥辱의 點을 노리며 흐득여 우는 季節의 슲음이여 오호 나는 끝없이 잠기어가는 조악돌 이는 바로 天界에서 떠러진 隕石이다 隕石의 코-스다

時時秒秒 琉璃를 짓 부시는 나, 古色은 忽然히 또 젊어지고 『時間』이 울고간자리엔 부연안개 참참히 피여올라 문득 내 流動은 끈치고 沈默은깊어 푸른, 琉璃의 破片이 東南間 붉은 집웅사히에 번뜩인다

오호 『파스칼』이여 이 瞑想하는 조악돌을 저 푸른 破片우에 던저다오 透

明한 魚鱗은 스러젓다 千萬페이－지의 물결사히 내 조악돌을 희롱하던 온갓 偶像이여 몰록 스러지라 魚鱗처럼 魚鱗처럼 ……….

薔薇의 喪禮

趙靈出,『朝鮮日報』, 1939.6.30

薔薇는 슬프지안코 내 손이 슬프다 눈물을 마련하기도 前에 愛慾은 지나갓다 房門박게 어두운 廊下에 사랑은 永遠히 來日이엇고 삶이란 바로 눈아페 가시城을 둘러싸코…… 스스로 地陷을 準備한 내 靈은 運命을 다시할수업서 索莫한 思念 가슴에 뛰는 脈만이 한창 奇異할뿐 臙脂빗 시든 꼿닙플 하나 하나 집어 제법 내 목숨을 지탕한 날과밤의 秩序를 비웃는 내 손끗 손끗 하얀 손톱에 핏물이 매우 무섭다

빗치여 물러스라 窓틈을숨어 이薔薇의 喪禮가 苛酷한 愁室을 敢히 엿보는 者여 생생한 心像에 痲液을 뿌리는 銀琉璃 헛된 希求는 헛된 幻覺에 지첫다 琉璃에 부딋는 나비의날개 여기 저기 검은 點點을 치며 묘아리 자못 黃昏에 醉햇다 오호 비치여 무서운 欺瞞이여 蒼白한 내 손은 바로 愛人의 입술처럼 꼿니플 내입술 에 대고 몹시 罪스럽다 차운 내손등에 몰록 떠러진 뜨거운 感覺은 이 무슨 못생긴 世代의 遺物이람 후둑 후둑 마음의 거품은 슬프단다

오호 巨大한 즈아라투스트라여보라 이 背德의 눈물을…… 방울 방울 기픈 悔恨의深淵은 출렁댄다 喪服을입자 밤아 슬픈 靈이니 검은棺을 이 愁室안에 옴겨다오

寂滅寶宮

趙靈出, 『草原』, 大陸公論社, 1939.9[24]

蒼白한女人의손이 산나비의 날개를찢는 이殘忍한밤은
敬虔한 마음에 무릎을꿇고앉아 香불을살운다

오롯이 남은 마즈막 一念 그追憶의 女像까지도
香煙이가는 漠漠한나라에로 살우어 보내는 내 祈願이여!

참기름 맑은불빛이 玉등잔우에넘처 무릎아래 흔들리고
瓔珞을드리운 仙女들의影像이 透明한대로 明滅하는 이寂滅이여

빗방울 수없이 덧문 창살에와 부드치는 그구슬구슬
寶宮을모신 이山谷에 우룃소리는 웨이리 騷亂헌구

沙漠에피인 한떨기꽃처럼 시달린 마음이疲困해서
滅하지않을 寶石의자리를찾어 끝없이瞑想하노니

五臺各各이 이밤 빗발에 젖어 슲으게 입을다물렀고
오롯이 寶宮의모습만 꽃처럼 피여 三昧를 莊嚴했다

希望도 나머지 華麗한 그衣裳을 벗어던지는 이때

---

24 『초원』 1집은 '詩特輯號'로 발행되었다. 발행소인 대륙공론사 및 편집 겸 발행인 李宗敏의 주소는 '元山府 中里四洞 三一'로 표기되어 있다.

너도 나도 虛無도 물젖은 그法界의 은은한 속삭임이여

온갖影像이스러진 이 진실로 透明한 金剛石속엔
十方도 三世도없는 한폭의紫金瑞光이 구비처滿潮를일우었다

菩提樹밑에 피인 蓮꽃의傳說도 한갓우수운것이어니
이밤 寶宮의 풀은개와를 따리는 빗방울 구슬구슬에刼火여 스러지라

五臺山 上院에서

淸風의 箱子

趙靈出,『人文評論』, 人文社, 1939.12

層雲이 層層이 層岩을 기어올라 하늘이 이마에 스친 四面石壁으로 째인 이 淸風의 箱子는 뚜껑이 좋다. 고리 장식 거미리 모두 없는대신 시시로 맑고 시시로 흐리고 노을섰다 銀河 — 寶石이 총총했다 쪼각달이 귀 끝에 붙기도 한다.

어느 仙女의 잃어버린 寶物이뇨 色色이꽃 色色이 나비 다람쥐 상수리 오란도란 사는 이 箱子안엔 나 또 그림의 神仙처럼 와 머물러 風致에 골몰했다.

千年을 두고 봐라 눈먼天使 앉인담엔 집어갈 푼수없는 이 孤獨한 箱子다 어느 太古에 누가 담은 造化이뇨 뚜껑을 열고 작고 나가고 싶다.

時間이여 이 孤獨의 나히를 써라 네 재주 임이 하나의 靑春에도 餘白을 주지않은 歲月 밖에…… 오호 風致야 너는 이 텅비인쩍 많은 箱子안에 새끼를 치고…….

內金剛 古庵子에서

遺言書

趙靈出,『草原』, 大陸公論社, 1940.3

幻滅의 촉臺에서 무수히 흩어진 胡蝶의꿈
胡蝶의꿈은 밤으로 꿔어들고 三十三天을 올으날이다

철늦인 貨幣처럼 쓸데없는 希望의喪章
깊은 가을의가슴을 휩쓰는 落葉의꿈은 二十八宿을거처오고

임이 사람은 없어지고 남은것은 한켜레 구두

碑銘을 쓰자고 물결이 海岸으로 달려왔다
素服한 騎士들이 港口밖으로 달려갔다

아라스카의 處女
朝鮮의 마담

嗚呼
또 産婆를 불으자
晩餐보다 寢室을 먼저 準備하자

고―랑은 한번도 읽어본일이 없으나
한나라의 設計를 위해서는 극히 필요한 일이다

棺은 子宮이니
羅睺哩 羅睺哩

수많은 파랑새들이 水銀柱에서 날개를 칠때
幻滅의 촉臺를들고 가야 하겠다

碑銘은 「碑銘」이 써라
임이 사람은 없어지고 남은것은 大地와 蒼穹.

琉璃의房

趙靈出, 『人文評論』, 人文社, 1940.5

眞紅댕기가 풀 풀
五月ㅅ바람이 집신거리는 琉璃層階로
새애파란 꿈이 透明했다

보히지않는 肉身이 어른거리는
아카시아 香내 香내

아폴로의 다사로운 손끝이
紫色 乳房ㅅ꼭지를 튕기고

摩訶懺悔를 잊은 이 房안엔
世紀의 멜랑코리가 阿片을 먹음었다

행길은 四方에 있고
빛은 四面에 騷亂코

綠色이 철철 흘으는 植物우에
交感을 갖는 蒼空의 垂直

총알에 뚫닌 心臟처럼
季節의 興奮은 슬퍼

오오 透明한房의 한壁을 넘어서

후랑스領事舘은 작고 三色旗ㅅ발을날린다

歸鄕詩抄

白燭의深夜

趙靈出,『人文評論』, 人文社, 1940.8

살窓밖에 바람이 손님같은 이 洋燭타는밤은 어린 昆虫이 窓戶紙에와 날개파르르 떨고 줄타고 나려온 거미 經文우에 한참 서슴었다 瞬間에 없어지고 파리한 손등에 모기 하나와 앉으니 이 무삼 深夜의 賞罰이뇨 한点피에 젖는 날카로운 입술의 恍惚한작난이여 두 잠자리의 희롱처럼 모기 날개는 陶醉에 파르르 떨고 나는 따끔한 忍慾에 한동안멍— 하니 어즈럽다

香내 담긴 어느 하렘속 사내냄새 풍긴 보드런 乳房에 앉어 너는 몇번이나 興奮에 겨운적 있늬 네치 洋초가 두치두 않남어 촛농은 찌르르 흘너 愛人없는 한間房이 슬프다고 우나보다 철알고 허어연 목에 매 달려 동백내코끝에 알싸하든 그밤엔 촛불이 대고 미웠드니……

앵—하는 深夜의交響, 쓰러질번한 촛불에 어느새 넘어진 醉한 모기하나 촛농을 찌른 갸름한 입술은 어느 또 마담의 하아얀 젖을 吐함이뇨 죽엄의 興奮이 火熱밑에 포들대는 肉身의 날개—임이 압상스의 陶醉는 싱겁기 짝이없다

오오 뉘위침에 짬 없는 刑ㅅ불이여 탈레스여 심지에 피는 이 파아란 불을 꺼주시라

僧房에서

民俗詩抄 남사당篇 (1)
남사당

趙靈出, 『每日申報』, 1941.9.7

남사당이 노루목 고개로 소문을 보내면
노루목고개로 술초롱이 넘어스면

노랑 粉板이 글씨가 다리를 절엇지요
글짜가 小鼓를들고 나섯지요

冊房을나와 浮屠쟁이로 靑솔나무 사히를
걸어가면 거기서 塔洞, 粉蘭이가튼 美童들을 맛나지요

五福壽 영낭속의 銀錢거리 서너푼
포르르 날리는 귀미털사히로 기여가는 숙성한 마음

그들의 行列이 내엽흘지날적에
나는 일허벌인 享樂에 醉하지요

蒼天이 古色을보낸 行裝이며
風雨가 슬픔을색인 皮膚이며

집신
미투리
초롱쏫을 밟고 지나 간 다음엔

浮屠와 碑石이 모여안즌 山허리 미테서
나는 우두머니 남사당의碑石이되여 하늘을 보지요

民俗詩抄 남사당篇 (2)
小鼓춤

趙靈出, 『每日申報』, 1941.9.9

솜뭉치 횃불이 텀벙텀벙 기름초롱에 머리를 감는 밤이지요

열두 벙거지 구슬이 돌고
열두 小鼓 가랭이 춤을추고

法界의수자리 燈 엽헤 살포시 안저
나는 金붕어가튼 少年만 보고……

삼팔저고리 삼팔바지 동그란 궁둥이 넘어로 검은 머리채 치렁치렁 세월
이자라 기름이 도라 粉칠한 얼골의 검정눈섭이 제법 사르르 감기면

월남 쪽기 호주머니 속으로
葉錢이 새끼를 친다지요
채달린 小鼓야
쏘리달린 小鼓야

四面八方을 때리며 五行을 휘감어돌거든
乾坤을 차저다오
陰陽을 차저다오

民俗詩抄 남사당篇 (3)
상무춤

趙靈出, 『每日申報』, 1941.9.13

상수털 벙거지 노랑구슬이 조르르 달린듯혜
열두발 상무가 풀러면

山川이 돌고
八道하늘이 도라

별은 신코에 걸리고 신발은 北斗를 결어
삼회장 저고리 홈싹 안엇든 숢도 숢도
무둥애 볼기짝 훔처 갈기든 숢도 숢도

상무가 도라 상무가 도라
三水甲山이오 멀기도 하오

돌리러 왓다
돌리고 가오

상무잽이
상무잽이

열두발 상무듯텐
春夏秋冬이 곤두 섯소
兩班 상놈이 곤두 섯소

民俗詩抄 남사당篇 (4)
무둥춤

趙靈出, 『每日申報』, 1941.9.18

사람우에사람이스고 사람우에사람이 서
아슬아슬한 꼭대기엔 노랑꼬깔이 나풀,

넘어지면 하아얀 모래알
저승길이 보이지요

날라리 썩거울어 노랑수건에 땀이흘러
무둥춤이 非想天을 뚤타가 넘어지면 골님이 귀양을 가시오리

사람우에 코달린 버선
코달린 버선우에 별달린 하늘

세상이 무둥을 스고
相思病이 무둥을 스고

그래서 남사당이 놀고난 밤엔
슯은 이약이가 무둥을 슨다고

民俗詩抄 남사당篇 (5)
少年

趙靈出, 『每日申報』, 1941.9.20

峨嵋山ㅅ달이 쌍窓에 어렷소
山水 屛風을 기여넘는 아주까리 기름내

少年이 울어
少年이 울어

日月이 城隍堂의 찌저진 창호지처럼 나붓기오
八道風塵이 말슷마다 알싸하오

물명주 씌를 풀어
살그머니 머리마테 노앗소

가슴을 만지면 地圖가 보히고
얼골을 만지면 고향인 山川이 보혀

다사로운 山脈을 더듬어
山神을 다스리며

紅燭을 살러 이밤을 아쉬릿가
太古가 비인 이 팔벼개로 새벽을 멈추릿가

달기 울어
달기 울어

훠언한 창살에 時間이 오면
少年은 또 定處업시 떠나갈 창연한 風俗이요

民俗詩抄 남사당篇 (6)
風俗

趙靈出, 『每日申報』, 1941.9.25

風俗이 거러간 山ㅅ길에
天下大將軍이 腫氣를 알는 山ㅅ길에

남사당을 보내고 浮屠쟁이로 올라스면
흐릿한 碑文이 안개를 둘으지요

남사당風俗은 여기잇고

想念이 둘은 이 슬품의 안개는
호젓한 孤獨의 粉냄새를 흐터노니

나는 紅衣를입고 草笠을 쓰고
지나갈 길목을 직히리다

꼿과
풀이
風俗을 짤엇소—

나는하늘을보고 쌍을 보고
造物의 風俗을 배우리다

美童이여
美童이여

學びの窓巾[25]

趙靈出, 『朝光』, 朝鮮日報社, 1943.12

まなびやの[26]
窓に　積りて　とし經りし
　　雪の　ひかりは
　　さむけれど
ふるふでの
かげを　まもらぱ　いにしへの
　　ひとの　さとしが
　　身にぞ　泌む
鞕なりや
ふるき　ふみをぱ　繙きて
　　さらに　よむ夜の

---

25 「배움의 창틀」
학사(學舍)의 / 창에 쌓여 시간의 더께 더해진 / 눈빛은 차갑지만 // 떨리는 붓의 / 그림자를 지켜보면 옛 / 사람의 깨우침이 / 몸에 스며든다// 채찍이런가 / 낡은 서적을 넘기며 / 더욱 깊어지는 글 읽는 밤의 / 푸른 달 // 학사는 / 별도 반딧불도 눈 그림자도 / 꿈의 색이 된다 / 빛이 된다 // 끝없는 / 신의 진리의 계단을 / 향하여 배회하는 / 신의 자식들 // 신으로서 / 신의 마음은 오직 한 마음 / 꺼려도 물러서지 않는 / 추한 그림이여 // 그렇다면 / 배움의 길은 신의 길 / 붓과 검의 / 거친 보석 // 파도치는 해안에 / 부서지는 물보라 포효하는 / 솟구치는 혈기를 / 그대는 간직하고 있다 // 지금이로다 / 바로 이제 황군(皇軍)의 / 전장에 용감하게 / 떠날 때이다 // 그대여 그대여 / 배움의 울타리 너머 양 날개로 비상하여 / 총포 아득한 하늘 / 자, 출정이다(번역 — 권정희)
'窓巾'은 '창문 폭'이라는 뜻이다. '學びの窓巾'은 '배움의 창문 폭'이란 뜻인데, 의역하자면 '배움의 울타리, 배움의 틀, 배움의 문턱, 학문의 폭' 등이 될 수 있다. 이 시는 '배움의 울타리를 넘어 출정하라'는 의미로 해석될 수 있다.

26 'まなびや'는 '學び屋'로서 '배움의 방'이라는 뜻이다.

青の月

まなびやは

星も　螢も　雪かげも

　　夢の　いろなす

　　ひかりなす

かぎりなの

かみの　しんりの　きさはしを

　　　もとめ　もとほる

　　　かみの　子ら

かむながら

かみの　こゝろは　ひたごころ

　忌みて　しざらず

　醜の　えぞ

さなりなば

まなびの　道は　神の道

　ふで　劒の

　あら　たま

あらいそに

しぶく　□[なー편자]にと　うち騒ぐ

　たける 血潮を

　汝は持つ

現なり

いまし　すめらの　みいくさの

　にはに　いさみて

　たつときぞ

汝よ汝

學びの窓巾　羽搏きて
　　ほづつ　ほの空
　　いざ　征かね

山水の匂ひ[27]

趙靈出,『國民文學』, 人文社, 1944.2

かろらかに　花びらの　運びさる

山水の匂ひ　その胸騒(はなぎる)[28]を　如何にせむ

露の　ひとしづく

砂の　ひとつぶに

たまきはる　いのち　いきいきと

兄と　ともに　うるはしき

この　みなかみの　神寂びたる　ところ

ゆうえんと　たち籠(こも)る　紫の煙

---

27 「산수의 내음」
사뿐히 꽃잎 흩날리는 / 산수의 내음 뛰는 가슴 어찌하랴 // 이슬과 같이 / 모래의 한 알로 // 혼신의 힘 다하는 생명 초롱초롱하게 / 형(兄)과 함께 영롱했다 // 이 시원(始原) 신의 자취 깃든 곳 / 아득히 자욱한 보랏빛 연기 // 바람은 나뭇가지 끝을 정처 없이 스쳐가고 / 여자아이는 도토리 열매를 줍는다 // 나직이 읊조리는 옛 노래를 / 누군가 웃음으로 듣지 않으랴 // 미소 뒤에 / 빛의 눈동자 뒤 // 활 높이 치켜들고 강림하시는 / 신화의 대장부는 길을 떠났다 // 그 어머니처럼 / 그 아내처럼 // 꽃도 / 풀도 // 물도 / 순백의 돌도 // 모두 신의 뜻 받은 / 그것은 사랑스러운 기원의 모습 되어라 // 나 떠날 테다 홀로 기도하지 않으랴 / 산수의 내음 뛰는 가슴 어찌하랴(번역 — 권정희)

28 '胸騒(はなぎる)'는 '胸騒ぎ(むなさわぎ, '걱정으로 가슴이 두근거림'의 뜻)'의 오기(誤記)로 보인다.

風は　樹々の梢を　すゞろに　ありき
ひとの娘(こ)は　ゞんぐりの實を　ひろひ

徐に　口すざむ　さきもりの歌を
誰か　ほゝえまで　聞かざらむや

ほゝえみの　うらに
ひかりの　ひとみの　うらに

弓上(ゆがみ)[29]　ふりあげて　あもりせる
神話の　ますらをは　出でたちぬ

その母のごと
その妻のごと

花も
草も

水も
眞白の石も

みな　神意に　浸りたる
そは　愛(かな)しき　祈禱(いのり)の　すがたなれ

---

29 '弓上'의 덧말 'ゆがみ'는 '신'이란 뜻인 'かみ(神)'가 '활'이란 뜻인 'ゆ(弓)'의 연음이 되어 'がみ'가 된, '활(ゆ)'의 '신(かみ)'이란 의미로 해석할 수 있다.

我　いづくんぞ　ひとり祈禱(いの)らざらむや
山水の匂ひ　この胸騒を　如何にせむ

모든江물은 바다로 흘은다

趙靈出, 『新文藝』 창간호, 新文藝社, 1945.12

모든江물은
바다로 흘은다
白頭山우에 떨어진 빗방울이
바다로 흘러가는 그理致를 아느냐
오 동무여 朝鮮人民이여

우리는 설흔여섯해동안
무서운 惡夢에눌려 살아왔다
　헐말을 못하고
　쓸말을 못쓰고
　우리 父兄이
　남편이
　귀한아들이
피흘린 몸으로 도라올적마다
처참한 刑터에서 白骨이되여 도라올적마다
이 원수가 누구냐고
소리처 울어본일이있느냐

그러나 봄은오고 가을은오고
北忙墓地에 봄풀은 해마다 풀으고
고향뜰앞에 鳳仙花는 해마다 피여있어

錦繡山川의 모든 江물은
바다로 흘럿다

모든 江물은
바다로 흘은다
大關嶺우에 떨어진 빗방울이
바다로 흘러가는 그理致를 아느냐
오 동무여 朝鮮人民이여

우리는 설흔여섯해동안
가진 모욕과 가진구박에서 살아왔고
뜻있는 사람끼리 손을잡으면
웃는것이 雄辯이엇고
뜨거운 눈물이 손등우에 깨어질적마다
가슴에끌른피가 그냥 용소슴 첫다

이 끌른피가 治安維持法이란그물에걸려
용수를쓴 동무들이
北忙山川으로 갓느니라

오호 이恥辱 이 울분
鐘路한복판에서 누구나 다 한번 소리치고 십헛스리라
「日本아 朝鮮을 내노아라」

그러나 朝鮮은 죽어있지 않었고
朝鮮의脈搏은 歲月을딸아 뛰고

華麗江山의 모든 江물은
바다로 흘럿다

모든 江물은 바다로 흘은다
秋風嶺우에 떨어진 빗방울이
바다로 흘러가는 그理致를 아느냐
오 동무여 朝鮮人民이여

이江물이 朝鮮의獨立과自由를 불으짖고
朝鮮의참된幸福이 물결치는 바다로 흘러간 것을 아느냐

그것은 붉은피 쏘다지는
革命志士의 血鬪

오호 歷史의날 八月十五日
드디여 朝鮮은 解放되였다
잃어버린 太極旗의 물결
눈부신 朝鮮獨立의 黎明
江물처럼 들리는 人民의 발소리
누구나
鐘路 한복판에서 소리첫다
「보아라 저떨어지는 日本旗ㅅ발을」

그러나 江물은
이時刻에도 흘은다 바다로 바다로
오호 동무여 朝鮮人民이여

우리도 흘으자 江물처럼
모든 흥분과 黨派的인 싸흠을 참고
歷史의地理를따아
朝鮮建國과 새朝鮮의幸福이 물결치는
바다로 向해
흘러라

鐘路한복판에나서 불으짖는 그혼돈의
雄辯을멈추고
江물이되여
나가자
흘으자

오호 三千萬人民아 모든
江물아
바다로 흘러라

슬픈 歷史의 밤은 새다[30]

趙靈出, 『藝術運動』 창간호, 朝鮮藝術聯盟, 1945.12

눈쌓인 허허 벌판
피ㅅ방울 흘리며 걸어간 발자욱

세찬 바람에 쏠리는 눈 보라야
너는 이 발자욱앞에 네 狂亂을 멈춘일이 있었드냐.

눈 싸락 차운 國境의 빙판
피 눈물방울을 흘리며 떠나간 발 자욱

서슬이 풀은 아수라의 별들아
너는 이 발자욱뒤에 네 逮捕를 멈춘일이 있었드냐.

오오 슬픈 壓制의 밤은
가슴을찔러 흘른 피에
思想이 꽃처럼 피다

눈보라속에 파묻힌 님의 눈동자
마음의 光彩

30 원문에 '읊는 詩'라고 명기되어 있다.

禁ㅅ줄을 띠운 土房의 燈불마다
강보의 어린울음이 터저 올랏다.

님은 가고
여기 어린 생명은 살고
칼날이슨 울타리 속에
이 어린 목숨이 살어

지금 오오 지금
이 슬픈 歷史의밤이 새다

보라 저 풀은하늘
저 太極이꽂힌 지붕을 넘어오는
힌 비둘기
붉은 太陽

오호 붉은 太陽아
슬픈 歷史의밤은 永遠히 밝었느냐.

乙酉年 十月 十日

총총이 배긴 별들아

趙靈出, 『文學』, 朝鮮文學家同盟 中央執行委員會書記局, 1946.2

총총이 배긴 별들아
너는 朝鮮의 별이다

허나
이 푸른밤에
바람은 소용하고
골목안엔
强盜가들어 담을넘고

그보다 더
무서운 총알이
피 붉은 心臟을찾어 눈을 떴으니

어제처럼
獄에서 풀린 사람들이
다시 미쳐야 하겠느냐

별들아
오오 朝鮮의 별들아
그렇게 높이 매달려만 있을게안이다

쏟아저라

눈부시게 쏟아지는
너이들 光彩앞에
총알도
强盜의 칼도
눈이 멀리라

파랑새나보내주렴

趙靈出, 『獨立新報』, 1946.11.13

별아래 길이 있고
길 있으면 갈만두 할께다
그래서 劇場손님이 돌아간
빈 골목에서 별을보구 섰었구나

우리는 술 마시던 그밤
책[책—편자]상을 치며 힘줄을 세우던 손과
民族이며 藝術이며
그것을 論하며 불 타던 눈과
오오 너 떠난 그곳에

지금쯤
木花가 피였으리라
내쯤일[내일쯤—편자]
솜눈이 나릴께다

너랑 무릎을 대고 앉아
맷세—지를 쓰던 房도 그립거니와
지금 우리는 너 앉든 걸상에 앉기도 어려
어둠이 벅차게 흐르는 골목에서
너랑 부르던 노래 가만히 부른다

우리들 옆엔 너 없는
비인 자리 하나가 더 늘어
뼈에 사모치는 쓸쓸함이 고여든다만

그럴때도 우리는 노래를 부른다
너랑 부르던 노래를

파랑새나 보내 주렴

一九四六・一一・五

鮑石亭에서[31]

趙靈出, 丁泰鎭 편, 『詩歌集 아름다운 江山』, 新興國語硏究會, 1946.12

曲水에 띄운잔이 맘놓고 흘러가다
낯설은 굽소리에 넘어져 울었읍네
임금님 가신지 千年에 그도가고 없고녀

한껏 호화롭던 꿈깨고 눈부비니
落葉만 빈터전에 옛일을 그리오라
五陵에 자는 魂들아 예와몇번 울었습나

慶州巡禮記

31 기행문 「경주순례기－옛달울을 찾어서 (2)」(『불교』 제107호, 불교사, 1933.6)에 삽입되어 있는 작품을 재수록하였다.

그리운 거리에서

趙靈出, 『新天地』, 서울신문社出版局, 1947.2

그날의 그 무수한 부랑카—드며 기빨이며 꽃들은 지금 어느 창고에서 해를 못보고 있는가

불ㅅ길이다 참으로 치미는 불ㅅ길이 동학때 부터 치미는 불ㅅ길이있어

세월없이 없어질 부랑카 드도 아닐께고
임자없이 없어질 기빨도아닐께다

눈ㅅ발이 퍼 나릴듯한 거리에 서서
본부로 쓰던 빌딩을 보는눈이 왜 이리 뜨거울가

친구랑 헤여진때 처럼
쓸쓸하고 또 든든 하기란……

그날에 그 行列앞에서 旗를 날리든 친구란
참으로 그리운 친구다

山을 넘어간 친구들
물을 건너간 친구들

이렇게 정다운 그날의 거리도 없으려니 왜이리 눈ㅅ발은 올려구만 하는가

꽃이다 꽃 친구랑 다시 만날 이 거리에 꽃은 꼭 피리라

一九四六・一一・六

共和國

趙靈出, 『年刊 朝鮮詩集 一九四六年版』, 雅文閣, 1947.3

가을이 온다
이번에야
눈부신 共和國의 기빨이 설줄알았더니….

가을이 온다
그날의 그 흥분과 燦爛한 꿈과 노래와 기리로 기리로 벅치게 흐르던
行列속에 이미 다짐 되였던 幸福의꽃은 피기도전에….

아아 가을은 무슨 낮으로 오느냐
이렇게 가슴이 아픈 시절이 올줄은

창창한 하늘이
멀어만 가는 가을

귀뜨라미야
네 울음 다시 설흔여섯해 울음
뒤풀어 줌이냐

慟哭을 참는 골목이 여기 있다
성난 뿔들이 여기 있다

別館앞에 이슬 맞으며 파수 보는
여윈 꽃 하나
너와 함께 저 소요한 가랑닢속에 격분을 이기지못하는 民族이 여기 있다

百萬長者의 傳說과 벼슬을 꿈꾸는 사람과 大韓帝國의 훈장이 횡행하는 지금 거리와 골목에 賣春婦는 언제나 제비같은 紳士를 만나러 가는줄 안다만

청석골을 넘는 동무와
책을파는 친구와
鐵門으로 가는 동무가 이렇게 많음은

아아 이 悲憤 속에
황토마루 北으로 뚫린 은행나무 行列에 구름이 멈추어 비ㅅ방울을 던지는
宮터 버들 가지여
가을이온다

이번에야
눈부신 共和國의 기빨이 설줄 알았더니….

山으로간 나의 아들아

趙靈出,『文學藝術』, 文學藝術社, 1950.6

눈보라 치는 벌판길을
에미는 걸어 간다

늙은 에미라고 말을 마라
가다가 눈속에 쓸어지고 또 쓸어저도
이길은 가고야 말테다

산에서 보낸 너의 부탁을 나는 안다
이것이 무엇인가를….
내품속에 지니고 가는
이 종이쪽 하나가……

고초를 받는 모든 사람들이
어둠속에서 기다리던 횃불과도 같아서
륙십평생을 살아온
나의 목숨 보다도
비길데 없이 소중 하고나

갈쑤록 눈보라는 사납고
사나운 눈보라속에 천지는 묻쳐도
나는 이것을 전하리라 이 벌판을 건너

눈밑에 숨은 움집을 찾아
거기엔 비밀히 만나는 젊은이들이 있다
거기엔 삐라를 찍고있는 너의 안해가 있다

산으로 간 나의 아들아
사랑하는 나의 아들아
너 떠나간 산은 보히지 않아도
네 커다란 얼굴은 눈앞에 어린다

인제 너 집이라구 돌아와야
언몸을 녹일만하 방도 없고
불을 지필 아궁이도 없어졌다

그 원쑤놈들의 구두발길이
너를 찾어
너의 안해를 찾어
방고재와 부뚜막을 부시다 못해
집에 불을 지르고
너의 어린것을 밟아 죽이었다

지금은
얼어붙은 땅속에 묻힌
너의 어린것의
그 귀여운것의 우름소리를 들어라

우리와 같이

집을 태운 사람들의
고향을 잃은 사람들의
부모와 자식을 억울히 죽인 사람들의
애통한 소리를 들어라
원쑤를 향하여 치를 떠는 소리를……

압제와 고통을 주는 원쑤놈들이
나라를 팔아먹는 그놈들이
이땅에서 마즈막 피를 토하고
모조리 쓸어질 날도 머지않았으려니

나는 믿는다
산으로 간 나의 아들아
나는 안다
산에서 너이들이 무엇을 하고 있는가를

산만보면 가슴이 미어지제 너를 부른다
너이들을 부른다
이 에미와 에미들이
원한을 품은 사람들이……

어서 산에서 쏟아저 나려오너라
그저 그놈들의 가슴팍에다
복수의 야무진 총알을 퍼 부어라

너이들 발밑에 그놈들이 쓸어지는걸 보자

짐승처럼 허우적거리며
그놈들의 눈에서 검은 피가 쏟아지는 그날을 보자

그날은 나도 깃발을 흔들면서
눈물이 나는대로 울리라

그날을 향하여 걸어가는 이 에미앞에
지금 무서울게 없다
무연한 벌판을 뒤덮는 눈보라도
굴복을 시키리니
념려마라
나의 아들아

산으로 간 나의 아들아

가슴에 끓는 피로서

당의 용사들이여

趙靈出, 『文學藝術』, 文學藝術社, 1951.5

석양 붉은별 황홀히 물든
이 이름없는 산 허리에
그 누가 황토의 무덤을 뫃아 놓았으며
이 무덤에 묻힌 사람들 누구인고

석양 붉은별 황홀한 속에
한 그루 푸른 소나무 여기
황토의 묘지를 지키고 섰음은
불사의 청춘이 여기 누어 있음인고

불러도 다시 불러도 대답이 없고나
이 곳에 누어 영원히 잠든 동지들

아아 동지라 나는 부른다
그들의 이름은 누구라 내사 몰라도
내 아는 것 끓는 피로써 말하노니
당원이란 이름으로 빛나는 그대들이여

조국의 자유를 위해 모든 것 사림이 없이
폭탄을 품고 칼을 품고
원쑤의 심장 앞으로

어둠을 뚫고 나아가던 그대들이다

미제의 총칼이 밀려든 그 거리와 마을에
학살과 능욕의 피비린 밤이 깊을 제
복쑤의 불길을 높이여
놈들의 사령부에 불을 지른 그대들이다

붉은 피 점점이 흐른 그 어데서나
죽엄 아닌 죽엄으로 일어선
백절불굴의 투사들이여
당의 용사들이여

마즈막 이 무명산 기슭에
팔다리 철사에 묶기여 여기 이르러
원쑤의 총알 앞에 늠늠히 자유의 노래를 부르고
당증을 품은 그 가슴에 더운 피 뿜어 솟을 제

오호라 초목이여 보았으리라
불굴의 뜻을 품은 푸른 솔이여
유유한 창천이여 보았으리라
조국의 초석으로 이네들 힘차게 일어섰음을

오늘 아직은 원쑤의 폭음이 하늘에 있어도
래일은 이 땅 위에 쓸어진 놈들의 죽엄을 보리라

봄과 함께 이 황토에 잔디는 푸르고

봄과함께 이 산 허리에 두견화 붉게 피고
승리의 축포 울리는 그 날에 기념비에는
그대들의 이름이 금자로 빛나리라

一九五一・二・一三

나의 편지

조령출, 『문학예술』, 문예총출판사, 1952.5

창 밖에 눈보라 치는 소리 언제나 끄치려는가
바람은 창 틈에 스미여 손은 시린데
이 밤을 새워 그 누구를 생각하기에
이다지 나의 가슴 끝없이 뜨거워지는가

얼굴을 찾아 그리면 슬기로운 모습
언제나 같은 모습의 하나로 되는 그 이
그 이가 내게 무엇이 되며 누구이기에
이다지 나의 마음 설레게 하는가

내 지금 쓰는 이 편지는
어데라 주소를 밝히여 보내는 것도 아니요
내 지금 쓰는 이 글월은
누구라 이름을 밝히여 보내는 것도 아니다

그래도 이 편지는 어느 우편소에서도 지체함이 없이
바로 전선을 향하여 그 이를 찾아 가리라
그래도 이 편지는 나에게 다시 돌아옴이 없이
바로 내 생각하는 그 이의 손에서 펼쳐지리라

어느 눈 쌓인 산마루 전호 속에서

그 이는 이 편지를 보시려는가
어느 강물이 얼어붙은 강변 포진지에서
그 이는 이 편지를 보시려는가

주검에 대하여 사나이다운 미소를 띠우며
원쑤의 홧점 앞으로 방금 떠나 갈
조선의 마뜨로쏘브, 젊은 습격조의 한 사람 그 이에게로
나의 이 편지는 갈 수도 있으며

혹은 사선을 넘어 원쑤를 무찌른 그 이
야전병원의 병실로 돌아온 영예의 부상병 그 이에게로
나의 이 편지는 갈 수도 있으리라

그 이는 나의 이 편지를 뜯기 전에
겉봉에서 나의 주소와 이름을 보리니
그 이가 나의 주소와 이름을 처음 본다 할지라도
나는 조곰도 섭섭다 하지 않으리라

허지만 나의 뜨거운 마음으로 봉한 이 편지는
그 이도 역시 뜨거운 마음으로 뜯어 보리니
이 뜨거운 마음 속에 우리의 사랑과 승리가 있음을
그 이는 더욱 잘 알며 행복을 느끼리라

그 이가 펼치여 보는 나의 편지에서
그 이는 보리라 그리운 고향사람들을,
원쑤의 잔인무도한 폭격 아래 쓰러지였던 도시며 농촌이며 그 어느 폐허

에서도
지금은 새로운 생활이 힘차게 일어나고 있음을

페허 위에 다시금 일어선 그 공장에서
륜전기는 돌아 신문과 시집은 찍히여 발간되고
천진스러운 고향의 소년 소녀들은
학습반을 향하여 가고 오며 서로 웃고 노래 부르고

황량한 벌판으로 보이는
눈보라 밑에 자는듯 누운 마음과 마음에서 한때 통곡의 울음이 들리기도
하였으나
오늘은 어느 한 집의 방문을 열어보아도
거기 고향 사람들의 굳세인 생활이 있음을 알리라

그 이는 나의 이 글월 속에서
베짜는 처녀들의 노래 소리를 들을 것이며
가마니 짜기에 신명이 난 어머니와 아버지
전선으로 떠나간 아들에 대하여 말하는
그들의 조용한 이야기 소리도 들을 것이며

그 이는 나의 이 편지 속에서
방직공장 부리가다의 한 처녀 녀공이
겨울 밤 찬 자리에 등불을 도도아 혀고 위문 편지를 쓰고 있는
그의 기억에 남을 모습도 보리니

그 이는 눈을 감고 상상도 하리라

나의 눈이며 얼굴이며 나의 키에 대하여
나의 학습 정형이며 나의 음성이며
그리고 나의 가슴에 깊이 간직한 당증이며를

그 이는 당 앞에 맹서한 그 신성한 맹서를
나의 편지에서 다시 한번 회상하리라

그리고 마즈막 나의 글월 끝에서
나의 심혈로 적은 나의 부탁에 이르러
그 이는 다시 한번 당 앞에 맹서하리라

一九五〇년 첫눈 나리는 룡당포 기슭에서 원쑤의 피비린 마수에 학살된
나의 어린 동생이 남긴 그 부탁에 대하여
아직도 락동강 기슭에서 돌아오지 않은
나의 오빠의 가슴에 있는 그 부탁에 대하여

그 것은
자기의 조국을 끝없이 사랑하는 사람들이
자기의 조국을 지켜 싸운 그 땅 위에
자기의 붉은 피로 적시여 남긴
　　바로 그
　　부탁에 대하여

그 이는 생각하리라
복쑤에 끓른 그의 가슴 깊이
나의 편지를 간직하면서

다시금 복쑤에 대하여 생각하리라

그 이가 전투의 불길 속으로 나아갈 때
나의 편지도 그 이와 함께 나아가리라
항상 그 이 옆에 내가 있음을
그 이로 하여금 느끼게 하여도
나는 부끄러워 안 하리니

내 그 이와 더불어 치렬한 전투 중에서
수천 수만의 미국 놈들이
그 이의 총 뿌리 앞에 쓰러짐을 보는 것
이 어찌 나의 소원이 아니리요

복쑤의 길을 넘어
개선의 노래 부르며
그 이가 고향으로 돌아오는 날
꽃은 피여 우줄거리고
종달새 구름에 올라 노노하는 날
자유로운 봄빛 가득히 흐르는 산과 들 지나
그 이가 나의 이름을 잊지 않고 찾아온다면
그 이가 나의 집을 찾아 온다면

아 나는 그 이에게
무엇이라 인사를 드릴 것인가

그 이가 군모를 벗고 이마를 씻으려 할 때

나의 지성으로 수놓은
월계수의 수건을 드려도 좋으련만

그 이가 만일에 한사코
나의 한 마디 인사를 원한다면
그 때 나는 이렇게 말하리라

나의 행복을 나의 가슴에 담아 두기엔
나의 가슴이 너무나 적습니다고…….

一九五二・一

강변에서

조령출, 『문학예술』, 문예총출판사, 1953.1

1

고요히 흐르는 달빛을 밟으며
두 사람은 강변 길을 걸었다.

걸어도 걸어도 싫지 않던
이 강변 길에서
그들은 다시 이 밤 이렇게 만났다

강물은 그 옛날처럼 소리 없이 흐르고
밤 안개는 주암산 기슭에 잠기여 있고
잔잔한 물살 위에 반짝거리는 달빛이며
나룻배 하나 물 위에 그림처럼 떠 있는 것이며
바로 그들이 그처럼 사랑하던 여기에 와서

그들은 할 말도 많으련만
그들은 말 없이 걷기만 하였다

2

전쟁이 일기 전 젊은 그들은
이 강변 길에서 꿈을 꾸었다

그들은 솔직히 서로 사랑을 고백하였고
아름다운 미래에 대하여 꿈 꾸었다

그들은 강철을 구어내는 강 건너 공장에서
강철의 의지를 배우며 일하였다

밤 늦게 그들이 돌아오는 이 강변 길에서
그들은 가장 즐거운 인생을 노래하였다

잊을 수 없는 그들의 화촉의 밤을
오늘도 그들은 회상할 수 있으리라

창문을 열면 언제나 시원한 강 바람 불어드는
강변의 아담스러운 붉은 집에서
그들은 살고 있었다 한 쌍의 비둘기처럼

3

무수한 벽돌 쪼각이 쌓인 한 곳에 이르러
그들은 걸음을 멈추었다
폭풍에 쓰러진 한 그루 능수버들은
그들의 앞길을 가로 막았다

폐허의 도시 한 부분을 그들은 바라본다
이렇게 변할 수 있을 것인가
벅차오르는 뜨거운 불길이
그들의 가슴을 휩쓸었다

봄이면 개나리 울타리에 피여 웃고
가을이면 국화랑 코스모스 피여 우줄거리고
첫 애기 낳던 그 날은 늙으신 어머니
한사코 붉은 고추를 달아매던 그들의 집이였거니

지금 이 황량한 돌무지 언덕과
저주로운 폭탄 구뎅이에서
무엇을 찾을 것인가

원쑤의 야간 폭격이 있던 바로 그 시각까지
이 곳에 살고 있던 어머니와 어린것
그들의 핏결이 식은 시체가 아니라
그들의 피젖은 옷자락 한 오리도
찾이여 낼 수 없는 바로 여기서……

여기서…… 그들은 전혀 다른 것을 찾이여 내였다
무쇠를 녹이여 내는
그들의 불타는 심정을……

세상에서 더 없이 큰 슬픔과
세상에서 더 없이 큰 저주와 그리고
분노와 증오와…… 그리고 복수에 대하여

그의 안해는 불연듯
남편의 가슴에 얼굴을 묻으며 울었다
울음 소리를 깨물며 울었다

이 울음에 대하여
세상 사람들이여 함께 울라

그의 남편은 안해의 등만 어루만지며
그제서야 말하였다

— 나는 분하오 분하오
　　복수는 이제부터인데
　　전선에서 이렇게 돌아온 이 몸……

안해는 울음을 끄치고 안타까이 말하였다
— 그래요 아 그래요 나도 분해요
　　허지만 당신은 훌륭히 싸우고 돌아오셨어요 그리고……

남편의 바람벽 같은 가슴 앞엔
전사 영예 훈장 두 개가 달빛에 더욱 빛났다

그가 그처럼 용감히 싸운
매봉산 전투에서
가증스러운 그 미국놈들의 상판을 밟고
앞으로 앞으로 더 달리며
그 원쑤를 한 놈이라도 더 죽이지 못한 것은
참으로 분하였다

그의 안해는 떨리는 손으로
그의 한 쪽 어깨에 늘어진

빈 팔소매를 더듬었다

맑은 눈동자로 타는듯
남편의 얼굴을 쳐다보며 속사기였다

— 그래요 아 그래요 나도 분해요
　허지만 당신은 훌륭히 싸우고 돌아오셨어요 그리고……

강 바람은 그들의 더운 볼을 스치여가고
달빛은 그들을 한 몸으로 얼싸 안았다

그들은 큰 사랑 속에 안기워 있었다
그것을 느끼며 이제는 마음의 고통을 떠나
그들은 함께 력력히 그 소리를 들었다

조국을 위하여 싸운 사람들이
그들이 들을 수 있는 그 소리를

쇳물을 끓이고 씨앗을 뿌리는 그 신성한 로력이
얼마나 큰 복수의 길인가를 아는 사람들이
그들이 들을 수 있는 그 소리를

그들은 순결한 가슴에 아로사기며
그들은 다시금 강변 길을 걸었다

조국을 위하여 싸우라!

그것은 그들의 가슴에서
새로운 젊음의 기쁨으로 되였다

그렇다 이 아름다운 밤의 달빛이여
그들이 걸어가는 이 길 위에
한층 더 아름다이 흘러라

一九五二・一〇・四

영웅들의 기념탑

조선 인민군에게 드리는 노래

조령출, 김북원 편, 『8 · 15해방 8주년 기념시집—위대한 승리』, 문예총출판사, 1953.9

1

이 땅의 하늘 높이
영광의 머리 치여든 봉우리 봉우리
그것은 영웅들의 기념탑이다

그 어느 폭풍우, 뢰성, 벽력 속에도
그 어느 포연, 탄우, 불길 속에도
머리 숙이여 굴할줄 모르는
슬기론 그 봉우리마다엔

영웅들의 전설이 있다
이 나라 청춘들의 피로써 아로새긴
끝없이 아름다운 노래가 있다

우리의 영용한 선조들이
충성을 바치여
정의의 큰 칼 들어 왜적을 물리친
그 봉우리에
선조의 핏결 흐르고
선조의 뼈 묻힌 곳

오늘은 그의 슬기론 후손들이 일어서
그 어느때 싸움보다
가렬 처절한 불길 가운데
미제 강도 야수들을 무찔러
조국의 그 영예를 지키였나니,

영광이여!
우리의 긍지와 자랑 한량 없어라
오늘의 혁명 조선이 낳은
불멸의 청춘들이여

우리의 승리로 하여금
온 세계 인민의 심장을 고동치게 한
우리의 영웅들 영광스러운
조선 인민 군대여!

우리는 영원히 노래하리라
나라와 수령과 당에 대한
그 비할 데 없는 충성을 보려건
영웅들의 이 탑을 보라고

2

간악한 원쑤들은 한낮의 꿈을 꾸었다
우리의 고지를 넘어
옥야 천리의 이 땅을 휩쓸어
월가「귀족」들의 야욕을 채우기 위하여

침략의 지도를 펼치여 놓고
탐욕스러운 놈들의 손가락으로
침략의 행로를 가리키며
어리석은 「정복」의 길을 떠났다

三八선도 문제는 아니고
아리나레 七백리도……
백두산 상상봉도……
문제는 중국의 광야요
문제는 세계를 휘말아 먹자는 것이였다

그러나
그러나!
놈들의 꿈은 무참히 깨여졌다
놈들이 전쟁의 불길을 던진
바로 그 三八선에서……

3

놈들은 수만발의 포탄으로 그 얼마나
우리의 고지를 뒤집어 엎었던가
　　한 송이의 꽃도 피일 자리 없이
　　한 포기의 풀도 설 자리 없이

산정은 모두 붉어지고
지층은 모두 타고 무너졌다

그러나!
그러나!
우리의 영웅들은 한 치도 물러서지 않았으며
한 치의 땅도 놈들에게 열어주지 않았다

사랑하는 조국 위하여
꽃다운 목숨으로
불타는 가슴으로
원쑤를 막아 싸운
이 나라 청춘들 앞에

원쑤의 꿈은 무참히 깨여졌다
원쑤의 고용병은 함정골이 터지게 쓰러지고
원쑤의 해적의 무리도 녹아났다

아 강철의 군대여
승리의 군대여

수령의 가르침 마음 새기여
한량없이 용감한
전사 하사 군관 장령들이여

그 이름 찬란한
조선 인민 군대여!

온 세계 인민은 뜨거운 마음으로

그대들을 노래하느니

월남의 형제들도
드나브 강변의 동지들도
남양의 먼 섬들의 인민들도
그대들을 향하여 영웅의 찬가를 부른다

지중 해안의 모든 부두에서
브라질 밀림의 마을들에서
제국주의의 모든 철창 안에서
싸우는 인민들 사이에
고통을 받는 사람들 사이에

그대들의 이야기는
승리의 고무로 되였다

장하여라 그대들
평화의 성벽이여!

후손 만대 우리는 전하리라
그대들의 금별 솟아 비치는
이 땅의 봉우리 봉우리

그대들의 피로써 아로새긴
슬기로운 그 전설이며
아름다운 그 노래를 우리는 전하리라

영생불멸의 쓰딸린이시여[32]

조령출, 『쓰딸린의 깃발』, 조선작가동맹출판사, 1953.12

쓰딸린이시여!

오늘 당신의 슬픈 소식을 듣고
나는 이 눈비 나리는 대동 강 기슭에서
멀고 먼 북쪽 하늘 크레믈리 궁전 우러러
당신께 마지막 작별의 인사를 드립니다.

삼가 모자를 벗고
머리 숙이며 눈 감을 제,
아 나의 얼굴을 적시는 이 눈물!

이것은 당신의 사랑을 끝 없이 받은
조선 인민의 뜨거운 눈물입니다.

삼라만상이 모두 애도에 잠기는 듯
바람도 산골짝에 그 소리 목메고
우리의 슬픔과도 같이
눈비는 나리여 송이 송이
세상을 덮어 산과 들에 눈물집니다.

---

32 이 시는 시집 『쓰딸린의 깃발』(조선작가동맹출판사, 1953.12)을 연변교육출판사에서 1954년 5월에 재출판한 판본으로 수록하였다.

그러나 오늘 비록
당신의 심장은 그 고동을 멈추었어도
당신의 생명은 영원의 태양,
당신의 이름은 불멸의 광명,

아 영생불멸의 쓰딸린이시여!

진리가 멸하지 아니하 듯
당신은 우리의 진리

우리가 일제 암흑의 피어린 그 밤에
장백의 밀림 헤치며 새 날을 위하여 싸울 제
당신은 어둠의 구름을 밀치시고
이 땅에 광명한 아침 햇발을 던져 주시고,
여기 인민의 주권이 선 나라에
자유와 행복이 백화 란만한
황금의 시대를 이루게 하여 주신,

아 우리의 구성 쓰딸린이시여.

나의 조국이 오늘 비록
잔악한 원쑤의 침해를 입어
그 어느 때보다도 엄혹한
전쟁의 불길 속에 있사오나
한층 더 영예를 높이고,
한층 더 위력을 떨침은,

백전백승의 깃발을 주신 당신의 은혜
우리의 당에 『돌격대』의 이름을 주신

아 혁명의 천재 쓰딸린이시여!

우리는 앞으로 전진하오리
민족의 독립과 자유를 위하여
당신께서 유언하신 그 깃발, 높이 들고……

우리의 선두엔 김 일성 원수 서 계십니다
그이는 당신의 제자, 우리의 수령
그이는 당신의 유언을 충실히 지키며
당신이 가리키신 그 영광의 길로
우리를 이끌고 나아가실 민족의 령장,

레닌 선생께 드린, 당신의 그 맹세와도 같이
그 맹세를 지키신 당신의 모범과도 같이,
그이는 당신을 본받을 것이며
우리는 그이를 따라 전진하오리니

민주와 사회주의의 길로!
당신이 밝혀 주신 공산주의의 길로!
한 없이 친근한 당신의 그 이름 부르며
한 없이 아름다운 노래 드리며…….

언제나 억만 년 지나도록

세상에 괴로움을 아는 이 없고
행복 만이 가득찬 그 세상에
륙지와 바다 그 어데로 가도 평화로운 곳

인류의 량심과
사랑과 지혜와
고상한 인간의 마음 속에
영원히 살아 계실

아 영생불멸의 쓰딸린이시여!

오늘 당신의 슬픈 소식을 듣고
나는 이 눈비 나리는 대동 강 기슭에서
멀고 먼 북쪽 하늘 크레믈리 우러러
당신께 마지막 작별의 인사와 함께
뜨거운 맹세를 드리나이다

쓰딸린 거리에서

조령출, 『조선문학』, 조선작가동맹출판사, 1954.7

인민의 사랑 끝없이 넘쳐 흐르는
민주 수도의 새 영광의 거리

흰 비둘기 푸른 하늘을 감돌아
물결치는 깃발들이 눈부신 사이에
사랑스러이 날아 앉는 곳
어데나 건설의 힘찬 노래 소리 퍼져오르며

여기도 저기도 그 어데를 돌아보나
원쑤와 싸워 이긴 이땅의 젊은 사람들
한삽의 흙을 파 내리는 거기에도
한장의 벽돌을 쌓아 올리는 거기에도

「나의 평양」을 사랑하는 심정이 고이고
행복이 끝없을 래일의 꿈이 쌓이노니

지난해 싸움, 간고한 불길 가운데
서로의 념원을 간절히 말하던 동무들이여

── 평화의 건설, 그날이 오면
　　포탄에 허물어진 고향을 일으키리라

　　보다 더 아름답고 웅장한
　　민주의 수도를 건설하자던……

바로 그 날이
오늘 우리들 앞에 왔으며
다시금 이 그립던 거리에서
승리자의 깃발을 날리며 우리는 모이였다

적의 불길을 몸으로 막은 그 붉은 고지에서
적의 함선을 젊음으로 부신 그 푸른 바다에서
포탄을 깎고 화약을 재우던 그 깊은 땅굴에서
불비 내리던 전원과 집 없는 학창에서

우리 한마음 철벽으로 지킨 내 나라!
우리 그 누구나 또한 자랑으로 말하지 아니할거냐

── 우리는 그 어디에서나 이곳을 지키였노라고
　　물결 푸른 저 대동강이며
　　해방의 탑 솟은 저 자유의 모란봉을
　　쓰딸린의 이름으로 영광스러운
　　영세불망의 이 기념의 큰 거리를

그 누구의 가슴 속에나 잊지는 못하리라
내나라 혁명의 기지를
그의 심장인 민주 수도의 영예를 위하여,
이곳에 계시옵는 수령의 이름 높이 부르며

꽃다운 그들의 청춘을
만고에 빛날 위훈으로 이땅에 세운
그 불멸의 전우들과 정다운 친구들을

그들의 불타던 마음이
여기 거리거리에 뻗치여 오고
그들 가슴에 피여오르던 꿈이
여기 한그루 가로수에도 깃들어 푸르르다

인민의 이 끝없는 사랑 속에
평양의 새 념원은 일어섰다
백만 대군의 돌격과도 같이……
거대한 평양의 새 모습은 일어서고
쓰딸린 거리는 광활하게 열리였다

아 모란봉이여 너의 그 머리를 들어보라
네 일찌기 본적 없는 이 장엄한 건설을
대동강이여 너의 그 물굽이 급한 걸음을 멈추고 들으라
네 진작 들은적 없는 건설의 이 대교향곡을

영웅 도시의 이 광활한 거리는
이제 행복의 꽃보라 오색 테프로 묻히고
대리석 층층이 화려한 집들 사이로
흰 비둘기 월계수 잎을 물고 날아다니며
평화의 대렬,
우리의 깃발은 파도쳐 흐르리라

이 길이 바로 쓰딸린이 가리킨 평화의 길
이 길이 바로 우리의 수령께서 부르신 길
이 길을 걸어 앞으로 나아가는 곳

자유와 행복의 노래 온 산야에 넘치고
우리의 합창은 온 세계에 다시금
영웅 조선의 영광을 높이리라

一九五四・六

영웅 도시의 아침

조령출, 『조선문학』, 조선작가동맹출판사, 1955.5

푸른 안개를 헤치고
영웅 도시의 아침 모습은 일어선다,
붉은 노을 꽃구름 피여 흐르는 하늘에로
영광의 머리 치여드는 우리의 수도
아 나의 평양이여,

대동강 굽이쳐 내리는 두 기슭에
이나라 영웅들의 전설이 있고
해방 一〇년의 력사 눈부신 여기,
지난해 페허로부터 세워진
우람한 궁전들의 새 웅자 일어선다.

쓰딸린 거리에로! 김 일성 광장에로!
아름다운 노랫소리 퍼져 오르며

불굴의 투지 가슴에 지닌 젊은 용사들
일터로 일터로 행군하는 이 싱싱한 아침
황금빛 태양은 하늘에 솟아
대지에 묻힌 봄빛을 불러 세운다.

함경도 강원도 먼 산지에 자란 나무들

지금은 이 평양 거리에 뿌리를 내리고
푸른 가지 펼치여 꽃바람에 우줄거리며
새들은 또 이 가지들에 노래 부른다.

양덕 맹산의 뗏목은 흘러 강안 부두에 이르고
황해 제철의 철재는 실리여 동서 역두에 내린다.

내조국 통일에 불타는 벅찬 념원 속에
펜 대신 쟁기를 잡은 학원의 청년들
민주의 성새를 다지며… 길을 넓히는 여기,

승리의 기폭들은 사회주의의 전망을 펼치고
오색 찬란한 부랑카드엔
시민들의 억세인 마음이 아로새기여 있다.
— 우리의 민주 수도를 꾸미자
우리의 손으로!

수많은 크레인이 나래쳐 머리 드는곳
오늘도 로력의 기념비들은 세워지노라.

내각 청사의 밝은 광창을 여시고
오늘도 우리의 수령은 보신다, 이 모든 것을
그이의 심혈이 조국을 위하여 끓고 계신
바로 이 심장의 도시에서,

그이의 뜻으로 펼쳐지는 이 황홀한 화랑에

인민의 맥박은 그이로 하여 더욱 드높이 뛰고
생활의 기쁨은 그이로 하여 더욱 파동친다.

그 어느 누가
우리의 이 지향을 꺾을 것이냐,

원자의 폭탄을 천만번 휘두를지라도
원쑤는 다시 이 땅의 모래 한알 꽃 한포기…,
끝없는 평화의 지향으로 일어선
영웅 도시의
　　　불패의 의지는
　　　　　꺾지 못하리라.

모쓰크바, 북경, 와르샤와의 도시들
강고한 인민의 도시들과 더불어
민주와 평화의 성새로 거연히
우리의 평양은 일어선다.

푸른 안개를 헤치고
아침 찬란한 황금의 태양 아래
수령의 뜻 받들어
이땅의 인민들이 드리는
　　　　　　불굴의 노래 속에….

북조선으로!

조령출, 엄호석 편, 『서정시 선집』, 조선작가동맹출판사, 1955.6

1

북으로
북으로
장단역을 떠나서,
二五키로
길 없는 길을 뚫고
첩첩한 산을 넘어

우리는 지금
三八선 패말이 섰는
황폐한 산협의 길을 뛴다
아무런 증명서 한장 없이

지금 우리들 뒤에
포승을 던질 자 누구냐
쐐기에 찔리며
발톱에 피 흘리며
살륙의 총소리 귓전에 들으며
쏜살처럼
三八선을 넘어
二五키로 지점을 통과한 것이다

아 여기가
인민의 대표로 우리를 부른
모두 그리워하던 조국의 민주 기지!

2

눈 앞에 삼삼한
동무들이여
인민의 태양은 바로 이 땅 우에 솟아
영명히 三천리 조국을 밝히노니
자랑스러운 이 곳
한없이 그리워하던 이 곳

옷고름 풀어 헤치고
가슴에 괴인 땀 씻으며
우리들 항상
마음 속으로 부르던 혁명의 노래
오늘은 나 여기서
그냥 심장에서 용솟는 그대로
동무들 귀에 넘치도록
음계 마디 마디
소리쳐 풍운에 던져 보낸다

오오 푸른 하늘이여
한점의 티도 없는
자유의 새맑은 이 하늘은
우리로 하여금

한없는 자유를 노래 부르게 하지 않는가!

보라 내 앞에
무연히 펼쳐진 북쪽 벌판 우에
대견히 머리 숙인 나락들
조국의 자유인양 물결치는 밀 파도 보리 이랑
숨을 쉬여도
숨을 쉬여도
가슴이 터지게 풍겨오는 향기로움이여

이것이 모두다
우리의 것이여라
몇 천년을 눌려서만 살던
우리 농민의 것이여라

3

황소 유유히 귀염 받는
풀길에서 우리는
새 날의 행복을 바라본다

송문이 푸르게 섰는 동구로
조국의 부강과
자유와 광명이 찬란한
새나라 깃발이
꽃처럼 피여 있는
마을로

집집의 기둥마다 벽마다
오색 테두리 단장 새로운 벽보들

가지 가지
만세와
감사

리 승만 괴뢰 정부
타도의 구호
인민 공화국 수립 만세는
우리들 머리 우에
부랑카드에 펄펄 날린다

이리떼 몰려드는
야만의 거리에서
한 마디의 구호 때문에
죽음의 고문실로
영영 끌려간 동무들이여

보이고 싶어라
보여주고 싶어라

송문 가득이 지나가는
소년단의 어린 동무들
북조선 민주 건설의 三년이
키워온 이들의 눈방울

슬기로운 보석의 전진이여

이들이 노래 높이 부르는
「인민 공화국 선포의 노래」는
내 귀에 흡사
원쑤에게 퍼붓는 벼락처럼
우렁차게 우렁차게
송문 가득이 터져 나가는구나

감사하여라
천년 조국의 자유 찾아 주시고
이 나라 건설 알뜰히 돌봐 주시는
쓰딸린 대원수이시여
행복하여라
우리 민족 만년의 영웅이시며
이나라 인민의 앞길 밝혀 주시는
김 일성 장군 계심이여

우리들 앞에
우리들 옆에
월계수 테두리 속에
항상 나란이 걸려 있는
두 초상 우러러 보느니
아아 불멸의 영광이여

두 초상 우에

두 나라 우에
두 나라 친선 우에
유유한 세월과 함께
영광이여
유유창창할지여라

조국은 이제
그 이름 자랑스러운
조선 민주주의 인민 공화국
금강보다 더 튼튼한
반석 우에 서 있음이여

一九四八・一二

백림이여
독일에서

조령출, 『조선문학』, 조선작가동맹출판사, 1955.10

백림이여, 그대는 서쪽 노을이 불타는 곳에
그보다 먼 대지의 끝에
아무리 그대가 먼 곳에 있다 하여도
나의 평양은 항시 그대와 함께 있거니…

금색 날개를 떨친 새날의 광채를 받으며
봄의 노래와 아침의 노래를 불렀노라.

내 그대를 찾아 다시 오늘에 가지는
우리의 사랑, 아 이 얼마나 두터운 것인가.

나의 심장 뜨거운 고동 속에
대동강물이 출렁거림을 그대여 들으라!

맑쓰―엥겔쓰 광장에서 옷깃을 여미고
신생의 거리, 쓰딸린 거리에서 모자를 벗고
나의 인사 경건히 드리는 나의 눈빛 속에
먼곳의 평양이 보내는 친선의 노래를…

그대의 품으로 흐르는 스푸레강이여
그대는 세월의 증인, 모든 것을 나에게 말하여 주는 듯

권력의 철학이 거리에 소란스럽고
죽음의 검은 날개 온 구라파를 휩쓸 때,
히틀러의 감방들에선
그 어떤 사람들의 피가 흐르고
그 어떤 사람들이 진리의 별빛을 지키였는가,

강물을 스쳐, 붉은 지붕을 스쳐
신선한 아침의 미풍은 나에게 말한다,
—저 울창한 숲속엘 가보라
사회주의자들의 묘지엘 가보라
텔만의 이름이 거기에 있고
수많은 투사들이 거기에 있다.

그대의 운명이 열리던 그날
백림으로 백림으로
정의의 노도 치던 날
파씨즘의 검은 깃발이
구라파 진창에 거꾸러지던 날
백림의 사당 지붕 높이
붉은 깃발이 꽂히던 그날,

스푸레강이여, 그대는 보았으리
五월의 하늘 높이
독일의 두 천재가 예언한
새날의 붉은 려명을,

아, 이 붉은 려명 아래
레닌—쓰딸린의 태양 아래
새날의 축복을 받지 않았는가,
우리는 한 나무에 피는 꽃과도 같이….

억세게 일어선 인민의 도시여
지난 시절의 피의 날은 헛되지 않았노라,
쓰딸린 거리에서
나는 새 독일의 보람찬 로력을 보느니…

그 어디서나 인간 생활이 가장 아름다운,
인간이 가지는 가장 행복한 길에서
새롭고 화려하고 광활한 이 거리에
선량한 사람들을 나는 대한다.

그런데 어찌 오늘에 다시
슬픔에 대하여 말하게 되는가,
누가 그것을 원한다 하더냐,
헤여져 살 수 없는 사람들의 리별을….

중세기 성문이 가리운 저기
저쪽엔 아직도 밤이 깊다네,
부서진 파씨즘의 검은 날개를 줏는
전쟁의 신은 아직도 저기에서…
대체 언제까지나
민족의 슬픔을 뿌릴 것이냐,

독일에 조선에 또는 월남에
… 허나
세계는 벌써 잠을 깬지 오래다,
금색 날개는 새날의 태양은
저기의 온갖 유령들을 부신다,
히틀러의 재생은 부셔야 한다,

백림이여, 울리라! 봄의 노래를
아침의 노래여, 아름다워라.

용광로에 오늘도 불을 지피며
강철을 다루며 신문을 찍이내며
새로운 독일의 노래는 퍼지고,

거인처럼 일어서
백림은 말한다,
　　— 나는 하나다
　　　나의 심장은
　　　나의 의지는 나의 깃발은….

一九五五・五
백림에서

친선의 잔을 든다
독일에서

조령출, 『조선문학』, 조선작가동맹출판사, 1955.10

친선의 연회는 시작되였다,
불란서 작가도 파란 시인도
체코의 배우도 중국의 교수도
모두 잔을 들고, 술을 들었다.
한 온실 속에 백화가 피인 것처럼
여러나라 민족의 말들이 울리였다,
둘이서 셋이서 혹은 여럿이 둘러서서
혹은 의자에 앉기도 하고 그옆에 서기고 하고,

잔을 서로 부딪쳐 키쓰를 시키면서
백년지기를 만난 희열의 인사와 웃음으로
넓고 화려한 연회장은 파도를 친다.

흑해의 파도가… 다뉴브의 물결이…
웽그리야 포도원이 설레이기도 하고
뿌라가의 밤나무 그늘도
필란드의 눈쌓인 산도 보이는 듯

멀리 인도에서 온 젊은 작가는
모쓰크바의 붉은 별빛을 가까이 본다,
모든 사람들의 두터운 존경 가운데 서 있는

믿음직한 쏘련 작가의 곁에서….

그리고 모든 사람들은
평범하고 일상적인 말 가운데
평화의 비둘기를 날리며
나에게서 그처럼 아름다운 푸른 하늘과
영웅의 고지들과
페허에서 눈부시게 일어서는 평양을 보며
나의 앞으로 와서는
축배를 원한다.

서쪽 넓은 유리창 넘이론
보리수 그늘이 설렁거리고
그 뒤에서 둥근 달빛이 흘러드는데
한쌍의 늙은 부부가 조용히 나의 앞으로 다가왔다,

산전, 수전, 걸어온 인생의 험로에서
그이들의 머리엔 흰 서리가 앉고
그이들의 눈빛은 바로
세월의 숲 속에서 흐르고 있는듯

늙은 아버지와 어머니는 나에게 말하였다
　—우리는 서부 독일에서 왔쉐다,
　　인제는 가지도 않겠소, 여기서 살겠소,
　—뭐 령감 길게 말할게 있소
　　영웅의 나라 조선을 위하여

잔을 듭세다 조선을 위하여,
아, 나의 조선은 그이들 사랑 속에 높이 있었다,
우리의 념원은 잔에서 잔으로 부어지고
우리는 세개의 잔을 쳐들었다,
세개의 잔은 공중에서 부딪쳤다,
친선과 평화를 위하여
조국의 통일을 위하여,

잔마다 가슴마다 출렁거리는 우리의 념원이여
제주도 파도소리 여기 들리여 오는듯
라인강 물소리도 여기 사모쳐 오는듯
넓은 연회장엔 다시금 파도가 일었다
모든 잔들이 공중으로 오르며
량심의 세계는 한소리로 울리였다,

우리의 이 잔은 헛되지 않으리라.

一九五五・五
와이마르에서

시인에게 영광을

독일에서

조령출, 『조선문학』, 조선작가동맹출판사, 1955.10

시인에게 영광을 드리는 날에
와이마르 거리엔 횃불이 흐른다.

사람들은 저마다 사랑을 지니고
시인의 동상 앞에 꽃을 드리며…,

… 위대한 자유의 정신이여, 불타라
식을줄 모르는 너의 심장에,

세상에 그 무엇이 아름다운가
오늘의 시인은 다시금 말한다.

쉴러의 추억은 여기에 살아 있고
아직도 들리는 그의 발걸음소리….

포학한 령주들의 채찍이 저주로운
굴욕의 세기에 불을 지르라.

불붙는 화살을 던지며 나아간
간고하고 엄숙한 시인의 길에서,

사람들은 저마다 끝없는 영예로
자유와 평화의 세계로 간다,

아직도 민족의 분렬이 있는한
사람들은 슬픔을 이야기하며,

통일의 의지로 솟는 불ㅅ길이
독일의 심장에 타 오른다.

그 누가 이 불을 끌 수 있다 하더냐,
사람들은 저마다 횃불을 들고
와이마르 거리를 행진해 나간다.

영광의 그날은 이 땅에 오리라
시인이 뿌린 자유의 길에,

아름다운 독일의 아침 햇빛을
라인강 기슭에서 그날은 보리라.

一九五五・五・一五

와이마르에서

당의 부름을 받고

조령출, 엄호석 편, 『당의 기치 높이』, 조선작가동맹출판사, 1956.3

맑은 햇볕이 유리창 넘어 흘러든다
월계수 화분이 놓인 책상 우으로
붉은 꽃송이는 햇볕에 더욱 싱그럽고
나의 심장은 한결 더 고동친다.

내 나이 벌써 四○의 세월을 넘고
당 생활도 一○년에 들어서거니
행복에 대하여 낯선 내 아니며
당의 부름을 받아 처음이 아니언만.

나의 가슴은 깊이 설레이고
나의 마음은 한층 나래친다
… 슬픈 시절의 옛 일 회상도.
… 간고한 시절의 싸움 생각도.

추풍령 고개 넘어 행군하던 그 일도……
락동강 전호 속에 시를 쓰던 그 일도……

우리는 싸웠노라 당의 전사로
미제도 간첩도 종파도 부시며……

당의 부름을 한가슴에 지니고
우리가 나서는 곳 폐허도 일어섰다
허지만 오늘에 다시 한번 묻노니
너 당 앞에 말하여 보라.

너의 가슴에 당증이 있음을
네 심장이 잊은적은 없더냐?
낡은 습성에 포로가 된 때에
설사! 어느 한 찰라 순간에라도.

동지들의 비판을 받은 일도 있노라
『자유주의! 그것을 씻어버리라!』
눈보라 끄친 한밤의 눈 우에
하늘의 별 우러러 맹세한 그날도

『지키라! 당의 순결을 지키라!』
별빛은 그때 이렇게 일러
항시 투쟁과 승리에로
나를 이끌어 주었거니.

一〇년을 가르쳐 길러 주신 어버이
상승(常勝)의 당이 나를 또 부르거니
二〇의 청춘도 부럽지 않어라
나는 더 젊어서 충직하리라

가슴을 눌러 당증을 만지니

고귀한 목소리 심장에 넘친다

당이 보내는 어떠한 곳이건
거기엔 높고 낮은 지위가 없다
당이 너에게 맡기는 거기서
당원의 영예를 드높이 지키라!

(만일에 지위를 생각는 자라면
그자는 이 방에 앉지도 말라!)

원계를 향하여 나는 앉는다
불굳의 의지로 불타는 꽃이여
이곳을 다녀간 충직한 투사들의
붉은 핏결이여 내 속에 흐르라!

一九五六・二

위대한 날의 노래

조령출, 『조선문학』, 조선작가동맹출판사, 1956.5

하늘 맑고
五월의 햇빛 흐르는
내 조국의 민주 수도
우람한 새 건설의 거리여

五색의 깃발, 꽃보라
프랑카드는 물결치고
수만의 대렬은 뭉쳐 대하로 흐른다
영광의 거리, 김 일성 광장으로!

지하 막장에서 자원을 캐낸 동무들
산악을 뚫어 강물을 이끈 동무들
협동 전야에 새 농촌을 이룩한 동무들
그 모든 생산의, 건설의 투사들이

당당한 위훈, 무한한 충성으로
四월, 당 대회의 위대한 정신 받들고
오늘은 이 거리로 나와 시위하노니
이보다 더 큰 위력을 나는 모르노라

수천년 이 땅에 서 보지 못한 고층 건물들

억센 우리의 로력으로 일어선 청사 우으로
수많은 흰 비둘기 날아 오르고
우리의 시위 대렬은 광장에 파도친다

저마다 긍지에 찬 로력의 성과를 들고
저마다 승리의 신념으로 끓는 노래 부르며
우리의 심장인 당 중앙 우러러
끝없는 영광 드리니

아 오늘 이 위대한 날에
이 나라 슬기론 근로자들은 축복을 받으며,
친선의 세계로부터 찾아온 전우들
우리의 대렬 향하여 끝없는 사랑 보낸다

전투와 건설의 모든 곳에서
어떠한 시련도 고통도 이겨 왔음은
불패의 진리로 이끄는 당이 있기에…
이보다 더 큰 행복을 나는 모르노라

다시금 기억하자 백년전 세계에 울린
『공산당 선언』의 그 목소리….
영명한 레닌은 쏘베트 련맹을 창건하시고
우리는 이 땅에 인민 주권을 세웠나니

어찌 이곳 뿐이랴 이 위력
백두산 줄기로부터 튜링겐 삼림에 이르는

끝없이 광활한 이 대지 우에
오늘 민주와 사회주의의 축포는 오른다

인도에 련꽃은 피고
애급과 모로코에 태양은 비치고
온세계 수억만 근로자들
한 노래로 부르는『인터나씨오날』!

이 노래 화산의 불보다 더 뜨거워
착취와 폭압의 철쇄를 녹이여 끊고
이 노래 원자의 힘보다 더 억세여
총검도 죽음도 무찔러 나아가는 것

남조선 형제들이여 이 노래 높이 부르라
저주의 물결 높은, 모든 포구와 부두에
산과 들과 모든 도시와 거리에
우리의 것 찾아 세울 통일의 그날 위하여….

당이 펼치인 행복의 설계!
이 찬란한 건설은 三천만 인민의 것이니
우리의 승리! 영광의 꽃다발!
우리는 쟁취하리라 불굴의 투쟁으로….

하늘엔 광명한 태양이

이 땅엔 당의 깃발이

위대한 날의 앞길 밝히여 주나니
평화의 물결이여 나아가자, 五월의 파도여

민족의 통일과
사회주의의 위업에로!
나가자! 당의 길!
이보다 더 큰 영예를 그 누가 또 안다더냐

영원한 사랑아

조령출, 『조선문학』, 조선작가동맹출판사, 1957.11

바이칼 호수에 황혼이 흐른다,
정열의 대지를 달려 온 사람들의
더운 가슴을 식혀만 주는듯
호수'가 작은 역에 저녁비 내린다.

어찌 잊으랴 너 슬류덴쓰까야
비'발에 젖는 꽃다발 들고
조선의 벗들을 부르며, 부르며
축전 렬차로 달려 온 동무들.

한마음 뭉치는 사랑의 힘으로
서로 얼싸안음은 참으로 좋구나
설레는 비'발이 세차게 내린들 어떠냐
젊은 가슴의 샤쯔가 젖으면 어떠냐

말들은 비록 통하지 않으나
역두에 넘치는 환호의 물'결
우리의 신념과 진리는 하나인 것이니
청춘의 영예를 가지고 한소리로 웨쳐 부름은,

미르! 드루즈바! (평화! 친선!)

어떠한 원자 폭탄도 이 말은 막지 못하리라
이 말을 위하여 우리의 모든 것 바쳐 아깝지 않다.

이 말을 위하여 수천만 리
캄보쟈의 처녀가 모쓰크바로 간다,
이 말을 위하여 탄압의 국경을 넘어
수단의 청년이 모쓰크바로 간다.

바이칼 어머니 한 분은
강보의 어린것, 비오는 속에 추켜 들고
이 말을 한층 더 높이 웨치였다.

—나의 이 귀중한 것을
모쓰크바로!
축전의 선물로 데려 가오!

모든 사람의 즐거운 웃음은 바이칼에 사무치고
수많은 축복과 키스는 어린것 우에 쏟아졌다,
아아, 나의 사랑아
이보다 귀중한 것, 세상에 또 있을 것이냐!

미제의 불 속에 희생된 원한의 피로써
내 조국 수백만 귀한 것들의 이름으로
우리는 이 귀중한 것을 지킬 것이니!

영원한 사랑아 잘 있으라,

슬류덴쓰까야!
어머니여, 어린것이여!

우리들 심장에 끓는
이 붉은 념원을 위하여
공산주의와 평화의 서울인
모쓰크바로 가는 것이니!

1957 · 7

만경대에 드리는 노래

조령출, 『조선문학』, 조선문학예술총동맹출판사, 1962.6

만경봉 푸른 솔밭 기슭에
남으로 추자섬 살진 땅 바라보면서
포근히 앉은 한 채의 초가집
여기 대대로 물려 받은 만단 사연이 있습니다

지금은 진흙물 곱게 매질한 벽돌에
삿을 엮어 나직이 두른 울바자 문전에
벼'짚 따뜻이 이은 지붕 그늘에
흐뭇하니 향로의 정 안겨 올수록
천대와 고생살이의 옛시절이
오막살이의 옛모습이 떠오릅니다

비 오면 비'발 들이치는 좁은 토방에
고역의 손때 찌들은 농장기들에
대를 두고 겪어 오신 만단 사연이…

락엽이 질 때는 락엽을 모으시고
찬바람 불 때는 창틈을 막으시며
압제와 가난살이 없어질 세상을
그 얼마 그리시며 또 기다리신가

허나 한숨으로만 살아 온 이 땅이 아닙니다
만복이 제 발로 들어 오기만 기다린 이 집이 아닙니다

왜놈의 총칼 소리 만경대 넘어 들며
조선 사람의 명색마저 짓밟히울 때
김 형직 선생는 분연히 싸움'길에 나서시고
항거의 불씨는 이 집에 일었습니다

초야에 묻힌 이 작은 집에
대대로 이어 흐른 불굴의 피'결 속에
아아 그 누가 나시고 또 자라나신가?

뜰 앞의 들메나무여, 너 보고 들었으리라
살창에 비친 방등'불 가물거리는 밤에
아기의 울음 달래시는 어머님 그림자
조용히 부르시는 아버님의 자장가 소리도

　—조선의 아가야
　　어린 아가야…

　　가정에는 화목동
　　나라에는 영웅동…

세월의 흐름 따라
그 모든 것 세상은 알았습니다

인민의 수령 여기 자라신 곳
만경대 푸른 잔디에 숨은 이야기도
이 고장 떠나시여
장백을 찾아 가신 그 시절의 숨은 사연도

오직 혁명의 길에 몸 바치신 부모의 뜻 이으시고
하늘을 우러러 남긴 선조들의 소원을 안으시고
애타게 부르는 이 나라 인민의 새 세상 위하여

이역 풍상! 간고한 나날!
혁명의 대오 강철로 이끄시며
항일의 십 오여 성상을
일제를 족치며 싸워 오신 그 영광의 력사!

아아 혁명의 높은 봉우리여!
불굴의 정신이여!

당신의 위대한 사상이
광명이 되여 오늘 이 땅에 넘치고
로동당 시대를 열어 놓았나니
산도 물도 이 땅의 모든 생활이
당신의 어버이 사랑 속에 안겨 있습니다
김 일성 원수이시여
당신이 계신 이 땅 이 시대…
이 우에 더 큰 보람과 행복 나는 모르옵나니

당신의 옛 고향집에,
당신이 걸으신 길과 발자욱마다에,
이 심정, 이 노래를 드립니다.
만수무강을 비옵니다

1962

해도 십 년, 별도 십 년[33]

총련 창립 10주년을 맞이하여

조령출, 『조선문학』, 조선문학예술총동맹출판사, 1965.5

부산항 부두에 소소리 비 오고
현해탄 물 우에 갈매기 목메였노라
이역 수천 리 쫓기여 가면서
빼앗긴 고향이 하도 원통해…

야마도 땅에 등'짐을 지고
품팔이 고역은 또 몇 해이던가
살아도 산 값을 못 누리며
망국의 피눈물은 또 얼마이던가

허나 동해 기슭에 새 아침은 밝아
붉은 태양이 백두 산정에 솟았노라
일본 군도의 살풍은 몰려 가고
어버이 땅 북녘에 새 조국은 일어 섰노라

그 날부터 어엿한 심중의 말
　—나는 조선 사람이다!
아아 60만 그리운 동포들이여
그 날로부터 조선 공민의 영광 지니지 않았는가

33 원문의 표제에 '재일본 조선인 총련합회 창립 10주년을 기념하며'라고 표기되어 있다.

어느 물'가에 버림 받은 조약돌이 아니라
어느 거리에 짓밟히는 부평초가 아니라
몸은 비록 이국 땅에 아직 살아도
영광스러운 어버이 품에 있는 그대들

해도 십 년, 별도 십 년
그 누가 주신 삶의 영광이기에
조국을 위하여 싸우지 않았으랴
수령을 위하여 몸 바치지 않았으랴

60만이 지닌 황금'빛
한 송이 해바라기인듯
우러러 우러러 거센 풍우를 헤치며
한 마음 평양을 우러러 보는 그대들

그 옛날 왕인이 글을 가르친 그 땅에서
그 옛날 담증이 예술을 꽃피워 준 그 땅에서
오늘은 미 일 제국주의의 범죄를 규탄하며
사회주의 조국의 새 진리를 펼쳐 싸우는 그대들
오고 싶은 조국의 길 그 누가 막으며
보내고 싶은 동포의 심정 그 무엇이 막으랴
오라! 자유로운 길 열어
통일된 조국의 붉은 노을도 함께 바라 보자

눈도 십 년, 비도 십 년
정의와 진리와 민족의 권리 위하여

공화국 기치를 높이 든 그대들에게
동포의 심장, 뜨거운 인사를 보내노라

투쟁 만세!
영광 만세!

수령이시여 만수무강하시라!

조령출, 『조선문학』, 조선문학예술총동맹출판사, 1968.1

찬란한 아침이 밝아왔습니다
얼마나 맑고 푸른 하늘입니까
황홀한 감격에 가슴 부풀게 하는 저 하늘
붉은 지평선우에
오늘 새해 장엄한 해빛이 솟아오릅니다

혁명의 시대, 투쟁의 길우에
창조와 혁신의 불길 세차게 타오른 새 력사우에
천리마 대진군으로
승리의 한해를 보내고 새해를 맞는
영광스런 이 아침에 그 어디서나
수령께 드리는 노래 울려퍼집니다

끝없이 자유로운 날개를 펼쳐
새들도 훨훨 날아가는 아침해빛속에
설빔 색동의 나어린 꽃봉오리들도
붉은 목수건 훨훨 날리는 해빛속에
우리의 사회주의 행복이 온 강산에 넘치고
오직 하나의 충성 바쳐 인민은 노래합니다

아아 위대하고 영명하신 김일성원수이시여

4천만 우리 인민은 삼가 당신의 이름 부르며
그 어디서나 새해인사를 당신께 드립니다

백두의 산정아래 높고 낮은 모든 련봉들이
이 땅의 모든 사회주의 도시들이 인사를 드립니다
용광로의 거연한 탑들과
자립경제의 숨결 뿜어올리는 아스라한
굴뚝의 세찬 연기들 앞에서
기름진 옥야, 어데나 흥성거리는 마을들의
만풍년을 쌓아올린 황금낟가리들 앞에서
사람마다 승리자의 빛나는 모습으로
새 전투의 불타는 충성을 안고
그 어디서나 새해인사를 수령께 드립니다

지난해 룡성의 천리마를 불러일으키신
보다큰 비약의 부름을 안고
붉은 주권을 만년반석우에 올려세운 지난해
위대한 10대정강에서 주신 전투의 새 강령을 안고
오직 수령께 드리는 충성의 노래를 드립니다

1

그 옛날엔들 하늘이 없었으리까
해와 달과 별들이 없었으리까
봄철이면 꽃피는 나무이며
대지를 누벼흐르는 흐뭇한 강물이 없었으리까만
그 옛날 인민들은 어두운 하늘에 저주를 던지며

착취와 고역에 시달리는 대지우에서
열매가 아니라 피맺힌 눈물을 걷어안으며
꽃이 아니라 굶주려 쓰러진 어린 자식들 부둥켜안으며
차라리 저 하늘 무너지라고
황량한 광야에 울부짖기도 하였습니다

허나 인민은 결코 욕된 생활에 주저앉지도 않았고
인민은 결코 착취와 압제의 원쑤를 용서하지도 않았고
인민은 결코 한시도 투쟁을 멈추지 않았습니다

수령이시여 그것은 바로 당신의 홰불이
백두령봉에 타오른 그때부터입니다
항일의 길, 혁명의 길, 조국광복의 길로
무장대오를 불러일으키신 그날로부터…

인민은 바로 당신의 광명을 보았습니다
어두운 세기의 구름장들을 부시며
삼천리강토에 뿌리시든 그 광명을
혁명투사들은 주체의 진리를 가슴에 안고
무장을 높이 들라 하신 당신을 따라
눈보라의 준령을 넘어 일제를 무찔러 싸우면서
사회주의의 밝은 앞길을 내다보았습니다

몸소 조국의 운명을 어깨에 메시고
고난의 행군길 헤치심은 몇천리이신가 몇만리이신가
그 길은 바로 조국으로 다가오신 길

지금도 생각하면 눈시울 뜨겁습니다
해방의 밝은 길 열으시며 조국으로 개선하시던 그날
너무나 큰 감격에 뜨거운 눈물을 흘리며
그칠줄 모르는 환호와 만세소리 높이
오매에도 그립던 당신을 맞이했나니

반고의 영웅이신
절세의 혁명가이신
아아 김일성원수이시여

당신은 우리 인민들속에
　　광명으로 오셨습니다
　　　　행복으로 오셨습니다
　　　　　　진리로 오셨습니다
　　　　　　　　승리의 기치로 오셨습니다

오늘 새해, 맑고 푸른 하늘 우러러
수령께서 걸어오신 영광의 길 더듬으며
한없는 행복, 설레는 가슴으로
수령의 만수무강을 축원합니다

2

해방된 이 땅의 20여년을…
불패의 당을 이끄시며
불굴의 인민을 령도하시며
혁명의 온갖 시련을 몸소 막아내시며

사회주의 새조국 펼쳐주신 길
그 길에서 당신의 뜨거운 사랑 인민들 가슴에 안겨졌습니다

정녕 인민의 아픔을 가슴에 지니시고
추우나 더우나 인민을 위하여
나라의 방방곡곡을 몸소 찾아 살피시니

생활에 근심이 없는 세상이,
배움의 길 누구에게나 활짝 열려진 세상이,
로동이 생활의 행복으로 되는 새 세상이
실로 당신의 위대한 해빛아래 펼쳐졌습니다

당신의 원대한 구상과 설계도에
붉은 수도의 고층건물이 하나 하나 놓이였고
황철의 야금기지도, 랑림의 언제도, 비날론의 궁전도 일어섰고
자력갱생의 수많은 공장들이, 기계들이,
전기의 그물이, 관개수로의 푸른 그물이 온 나라를 덮었습니다

수령께서 가신 숙천에, 대안에
사회주의 공산주의로 나아갈 뚜렷한 길들이 밝혀지고
당신이 가신 청산리에서
우가 아래를 돕고
사람과의 사업을 잘하게 밝히시니
당신의 위대한 정신,
온 나라를 혁신과 비약으로 들끓게 하였습니다

인민은 나아갑니다
남이 한발작 나아가면
열발작을 앞서 나아가려고
강선에 주신 수령의 천리마의 첫 봉화는
온 나라 천리마기수들을 불러일으켜
천리마대진군의 새시대를 열으셨습니다

오늘 사회주의 높은 봉우리우에,
천리마로 달려온 자랑찬 길우에
어느 열매 하나 수령의 은혜 아닌것 없습니다
이찌 우연하리까 오늘의 이 영광!

온겨레를 안아주신 당신의 사랑으로 하여
그 어느 산간마을에도
멀리 떨어진 그 어느 바다기슭에도
헐벗고 못사는 사람이 없고
의지 없는 로인들도, 외로운 고아들도 없습니다

집마다, 밝은 창문마다
노래소리, 웃음소리, 꽃처럼 환히 핀 얼굴들

사람마다 말합니다, 어데서나 말합니다
— 살기 좋아라 일하기도 좋아라 배우기는
　더 좋은 사회주의 세상이여라
어찌 우연하리까 오늘의 이 행복!

정녕 당신이 계심으로 하여 있는
영광의 시대, 행복의 세월입니다
빛나는 이 시대에 사는 인민의 이름으로 소리높이 노래하노니
오늘의 저 맑은 하늘도 당신이 주신것입니다
오늘의 저 밝은 해빛도 당신이 주신것입니다

끝없는 영광과 행복에 다시금 설레이며
수령의 밝은 해빛 우러러 새해인사를 드리오니
아아 우리 인민의 위대한 수령이시여
우리 행복의 어버이시여
부디 만수무강하시라 만수무강하시라!

3

오늘 온 나라는 철벽입니다
한손에 총, 한손에 낫과 마치를 잡으라 하신
수령의 가르침 따라,
그 어데서나 당과 수령께 충직한 붉은 전사들
하나의 목숨도 청춘도 오직 당신께 바쳐
혁명초소들에 철벽으로 섰습니다

어찌 잊으리까 미제침략자들이
전쟁의 불길을 이 땅에 들씌우던 그날
마을도 숲도 고지의 흙도 바위도 불타던 그날
가렬한 그 불길속에서 1211고지는 거연히 원쑤를 막아냈습니다
오직 당신의 령활하신 전략과 전술로 하여.

불타는 전호속에서도 당신의 명령을 듣는 우리 용사들이기에
그 어떤 시련속에서도 수령을 믿는 우리 인민들이기에
불사조마냥 일어섰고 성난 사자마냥 달려나아갔고
《세계최강》이란 미제침략군의 신화를
저 함정골에서, 골짝마다에서 짓부셔놓았습니다

허나 아직도 그 원쑤들이 남녘하늘아래 있습니다
나라의 절반땅이 놈들에게 짓밟혀있습니다
어찌 한시를 참으리까
당신의 명령이라면
이제라도 달려나아갈 우리의 총창이 모두 일어섰습니다

우리의 틀어쥔 총창이
우리의 무쇠주먹이
철천의 원쑤들을 남녘바다에 몰아처넣기전에야
어찌 이 총을 놓고 이 주먹을 펴고 잠들수 있으리까

우리의 모든 건설들이
판가리 결전의 그날 향하여 세찬 불꽃을 날립니다
전기로의 쇠물은 소용돌이쳐 흐르고
강철의 쇠물마다에선
멸적의 포신들이 거대한 머리를 들며 일어납니다

오직 당신이 계심으로 하여
통일의 붉은 그날도 가까이 내다봅니다
오직 당신이 계심으로 하여

오늘도 남녘의 인민들은
승리의 신념을 안고
수령의 이름 가슴깊이 부르며
항쟁의 길로, 투쟁의 불길속으로 나아갑니다

4천만 우리 인민의 수령이시여
우리 인민은 오직 당신을 따라 나아갑니다
위대한 10대정강에서 밝혀주신
자주, 자립, 자위의 길을 따라
혁명의 시대를
세계혁명의 물결이 거세찬 이 시대를
승리의 시대, 영광의 시대로 밀고 나아가렵니다

로동계급의 길, 혁명화의 길로 자신의 채찍을 더욱 높이며
우리의 혁명대오를 강철로 더욱 튼튼히 꾸리며
수령의 두리, 당의 두리에
하나로 뭉쳐, 불패의 힘으로 뭉쳐나아가렵니다

경제와 국방건설의 두 고삐를 튼튼히 틀어잡고
한번 더 천리마의 기적을 세상에 떨치며
천리마의 대진군으로 달려나아가렵니다
그 어떤 보수성도 소극성도
천리마 세찬 발밑에 짓부시며
사회주의의 보다 장엄한 높은 봉우리에로
조국통일의 휘황한 노을빛속으로 달려가렵니다

오직 당신이 계심으로 하여
통일도 번영도 빛나는 미래도 있는것입니다
오늘 당신의 빛나는 주체 사상은
바다건너 멀고먼 대륙들에도 비쳐갑니다
당신의 이름은 아프리카 신생독립의 나라
어느 먼 야자수그늘에서도 들을수 있습니다
당신의 이름은 철쇄를 끊고 일어서는
세계 혁명가들의 힘으로 되였습니다

영광의 바다로
양양한 미래의 바다로
거센 물결도 헤치시며
오직 당신만이
혁명의 키를 바로잡고 인도하시는 수령이시여

오직 당신만을 의지해 나아가는
우리 인민의 운명을 새 력사에 실으시고
오직 당신만이
혁명의 항로를 바로잡고 인도하시는 수령이시여

오늘 새해 아침을 맞이하여
4천만인민은 충성을 맹세하며 바라오니
부디 만수무강하시라 부디 만수무강하시라!

먼 대양과 대륙의 끝에서도

조령출, 『조선문학』, 문예출판사, 1970.4

환호와 만세소리, 설레이는 꽃물결속에서
조선이 안겨주는 친선의 정 뜨거이 안고
먼 대륙의 벗들은 떠나갔습니다.

하늘을 날으는 비행기의 유리창너머로
어느덧 멀어져가는 이 땅에
정녕 아쉬운 석별의 정 남기고
영원히 잊혀지지 않을 조선의 영상을 안고
그들은 떠나갔습니다.

제국주의 철쇄를 끊고 일어선 나라들에,
아직은 혁명의 가시덤불을 헤쳐나아가며
민주와 사회주의 길 찾는 혁명가들에게
조선의 영상은 실로 위대한 모습으로 안겨져갔습니다.

세상엔 전설이 많아도
천리마조선의 전설은 세상에 다시 없습니다.
그들은 평양의 거리를 황홀히 거닐면서
하늘이 아니라 땅우에 솟은 인민의 락원을 보았으며,
쇠물이 사품치는 강선의 전기로앞에서
제힘을 믿는 자력갱생의 조선을 보았으며,

조국땅 곳곳마다에서 울리는 꽃봉오리들의 노래와 춤들에서
위대한 조선의 황금예술을 보았습니다.

수리화의 푸른 물줄기 산을 넘어 흐르는곳
기계로, 화학으로 농사짓는 만풍년의 청산벌에서
새로운 농업지도체계의 정신을 보았으며,
대안의 공장구내를 생각에 잠겨 걷고 또 걸으며
공산주의공업관리의 위대한 새 체계를 보았나니,
그들은 조국땅 그 어디에서나
탁월한 수령 김일성동지의
위대한 주체사상의 광명한 빛발을 보았습니다.

이 나라 이 땅 그 어느 먼 두메를 찾아가도
수령님의 은혜로운 사랑의 해빛아래
실업과 빈궁의 슬픔이란 모르고
즐거운 로동속에 삶을 누리는
세상에서 가장 행복한 인민의 생활을 보았습니다.

아아, 먼 대륙의 혁명가들은 노래합니다.
《이 세상에서 사회주의의 가장 빛나는 모범은 조선》이라고,
《이 세상에서 가장 위대하신 혁명의 수령은 김일성 원수님》이시라고…

야자수 설레이는 남방의 하늘가를 날으면서도,
지중해협의 검푸른 바다우를 건느면서도,
사하라사막의 열풍속을 헤치며 날으면서도
그들의 마음은 조선을 떠나지 않았고

그들은 가슴깊이 무한한 경모의 정으로
김일성동지를 우러러 노래불렀습니다.

—아아, 김일성원수이시여,
수령님의 농촌테제를 아프리카 대륙에도
광명한 해빛을 주십니다.
수령님의 로작속에는
민주의 길,
  사회주의의 길,
    공산주의의 길이 환히 밝혀져있습니다.

조선땅우에 뿌리시여 찬란히 꽃핀
자유와 행복의 그 씨앗을
신음하는 먼 대륙에도 심으려 합니다.
미제국주의로 하여 억울히 고통받는
인민들의 해방을 위하여
수령님께서 가리키신 반제반미투쟁의 길로
힘차게 나아가렵니다—

수령님의 로작을 지닌 혁명가들이
압제의 땅에 혁명의 붉은 씨앗을 뿌리며
조선의 위대한 태양을 우러러 노래합니다.
—인류의 앞길을 찬연히 밝히시는
  위대한 태양 김일성원수님은
  현시대의 탁월한 맑스-레닌주의자이시라고,…

천년을 살아도 만년을 살아도

조령출, 『조선문학』, 문예출판사, 1972.4[34]

한없이 귀중한 나의 조국
진정 인간의 존엄과 자유와 행복의 노래는
나의 사랑하는 사회주의조국에서 넘쳐흐릅니다

수천년 흐르고 굽이친 세월속에
동방, 고조선의 아득한 옛날로부터
이 땅의 비문과 판각과 력사우에
오늘의 조선처럼 그 이름 세상에 떨친적은 없습니다

수수억만년 저 하늘에 해와 달은 흘렀어도
피눈물과 저주 속에 살아온 인민들 머리우엔
단 한줄기 광명을 주지 못하였나니…

나라의 이름을 지닌 삼천리 판도안에
봄 여름 꽃은 피고 새들은 목청 돋구어 노래불렀어도
그 꽃은 나라의 행복으로 피지 못하고
그 노래 사람들의 기쁨으로 되지 못하였나니…

그 광명은 비로소

34 '김일성 탄생 예순돐 특집호'이며, 이 시는 합동시집 『행복하여라 인민의 나라』(평양 : 문예출판사, 1978)에 재수록되었다.

그 행복과 기쁨은 비로소
력사의 하늘땅을 활짝 여시며
만경봉에 솟아오르신 위대한 태양의 품에서
눈부시게 비쳐오고 따사로이 흘러내렸습니다

그 빛발아래
낡은 세기의 철쇄들은 산산이 부서지고
그 따사로운 품에서
구원된 조국은 거연히 일어섰습니다.

조국의 심장은
태양의 빛발, 주체의 그 빛발로 고동치고
조국의 걸음은 굳센 신념의 걸음으로
그 누구도 넘지 못한 혁명의 령마루들을 넘어
조선의 천리마는 드디여
세기의 하늘높이 날아올랐습니다.

침략과 살륙의 폭풍 사나운 세월의 기슭으로
자욱마다 붉은 피 흘리며 헤매던 그 조선이 아닙니다.
원한서린 황토에 잉무딘 보습을 박고
마소처럼 가대기를 끌던 그 조선이 아닙니다.
무서운 천대와 가난 속에 어머니가 죽고 어린것들이 숨을 거둔 땅우에
강물이 아니라 피눈물이 넘치던 그 조선이 아닙니다.

오늘은 수령님 해빛아래
불행과 슬픔의 그 모든것이 사라진 땅

정녕 행복이란 꽃이 처음으로 만발하여
조국은 그 꽃송이들마다에 감사의 정을 가득 담아
수령님 해빛 우러러 바치옵니다.

지하의 보물도 인민을 위하여
천고의 밀림도 인민의 행복을 위하여
새 조선은 오직 수령님의 원대하신 뜻 받들어
혁명과 건설의 보람찬 길을 힘차게 달려왔습니다.
세상이 경탄의 눈으로 바라보는 우리 사회주의의 길로!

규모가 커지면서 속도를 높이면서
더 위력한 기세로 쇠물은 끓고 입연강재는 쏟아지고…
온 나라에 공작기계들은 은하수처럼 흐르고
경제의 자립성은 나래를 펼치고 또 펼쳐
오늘의 조선은 기계의 나라, 공업의 나라로 되였습니다.

사람들은 자랑찬 조국의 노래를 어데서나 듣습니다.
전야를 누벼달리는 뜨락또르의 군단을 보면서도
그 전야에 넘치는 황금물결의 벼이삭 한포기에서도
사람들은 어데서나 가슴속깊이 노래합니다.

해빛 넘치는 학원의 창문가
월사금을 모르는 아이들의 랑랑한 글소리를 들으면서도
어데나 꽃피는 행복의 요람
꽃포단 침대우에 방실거리는 아이들곁에서도
한없이 아름다운 수도의 아침, 만수대언덕을 오르면서도

조국의 고귀한 이 모든것을 안겨주신
어버이수령 김일성원수님을 노래합니다
그이의 따사로운 손길에 목메이며…

마음만 먹으며 도시와 발전소들이 전설처럼 일어서는것도
서해기슭에 지도에 없는 군들이 솟는것도
백리과원에 향그런 과일이 끝없이 무르익는것도
대륙과 대양을 건너 조선예술이 온세계에 황금빛을 뿌리는것도
그것은 오직 누리에 넘치는 수령님 사랑의 은혜!

바로 그 은혜로운 수령님 해빛아래
사람들은 마지막 힘든 로동에서 해방되며
찬란한 공산주의미래에로 나아갑니다.
바로 그 은혜속에 일편단심 충성을 다하며
하늘 땅 바다 어데서나 금성철벽으로
수령님 안겨주신 이 좋은 조국 지킬것이오니

천년을 살아도 수령님 모시고
만년을 살아도 수령님 우러러
우리의 조선은 충성의 길에서 영원히 번영할것입니다.
인류의 봄빛을 온 세상에 펼치시는
아, 위대하신 수령님 사랑속에…

철령이라 높은 고개[35]

조령출, 『조선문학』, 문예출판사, 1981.1

철령이라 높은 고개 봄철에도 눈이 있네
눈보라가 치던 날에 포를 끌고 넘은 고개
못잊어라 그 전사들 그 이야기 못잊어
바람 세찬 령마루에 진달래는 피여나네

철령이라 높은 고개 사연 많은 고개길에
넘어기면 화선천리 한치의 땅 물러서랴
내 나라를 지켜싸운 영웅들을 못잊어
바람 세찬 령마루에 진달래는 피여나네

35 원문에 '가사'라는 양식명이 명기되어 있다.

조선의 태양우러러

공화국창건35돐경축 군중시위광장에서

조령출, 『조선문학』, 문예출판사, 1984.6

꽃은 오늘을 위하여 피여난듯
감격에 넘쳐 설레입니다
기발은 오늘을 위하여 태여난듯
영광에 넘쳐 물결칩니다
백만의 시위대렬은
공화국이 걸어온 서른다섯해
장엄한 승리의 화폭들을 펼치며
주석단상을 우러러 영광을 드립니다

위대한 수령 김일성동지께
친애하는 지도자 김정일동지께

꽃보다 더 좋은것 없어
가장 아름답고 고운 꽃들을 흔듭니다
우리 당의 기발이 좋아
우리 공화국기발이 좋아
환호성 높이 심장으로 흔들며 감사를 드립니다

오늘의 시위광장에는
어버이수령님 높이 모시고
수령님 혁명위업 한몸에 이어나아가시는

친애하는 그이를 함께 모시였나니

아아, 그이의 모습은
서른다섯해전 수령님의 그 모습
공화국창건을 선포하시던
슬기와 정열에 넘치시던
바로 그 청년장군의 모습이 아니신가

바라뵈올수록 바라뵈올수록
온 누리가 환해지는 그 모습 우러러
70고령의 늙은 전사인 이 마음도
오늘은 가슴에 더욱 뜨겁게 솟구쳐오르는
그날의 그 눈물보다 뜨거운것을 흘립니다.

무에서 유를 찾으시고
천리마에 속도전을 가하시며
우리의 공화국을
위대한 사회주의강국으로 꽃피워 나아가시는 그이

침식을 잊으시며
밝으신 예지로 온갖 난관을 헤치시며
주체의 붉은 노을을
온 누리에 펼쳐나아가시는 그이

영광찬란한 그 해발 우러러
온 세계가 그이께 축복을 드립니다

오늘의 우리 공화국은,
일제의 야수에게 짓밟히고 버림받던
그 옛날의 그 조선이 아닙니다

만국평화회의 마당에
배를 갈라 피를 뿌려도
누구하나 알아주지 않던
천애고아의 그 명색없던 조선이 아닙니다

오늘의 우리 공화국은
어버이수령님 태양의 품으로 일으켜주시며
인류력사우에 거룩한 자세로 일떠선 주체의 조국
주체조국의 향도의 해발이신
친애하는 그이께서 사랑의 품으로 안아이끄시여
주체의 리상세계로 나아가는 위대한 조선

아아, 복받은 조선이여
반만년력사에
어느 시대 어느 세월에
이런 행복이 있었던가
은혜로운 태양과 향도의 해발속
영원한 사랑에 안긴 이런 행복이

온 세계 친선의 벗들이
백이 넘고 천이 넘는 귀중한 사절들이
끝없는 흠모와 존경을 안고 축하를 드립니다

조선의 행복을,
인류의 행복으로 축하합니다

조선의 긍지
조선의 영광
민족의 태양과 향도성을 우러러
하나로 뭉쳐나아가는
우리 인민의 억센 의지가 물결칩니다
백만시위대렬의
꽃의 바다 기발의 대하

찬란한 미래를 열어나아가는
조선의 이 전진은
그 어떤 험산도, 탁류도 밀어제끼며
아직 이루지 못한 조국통일의 그날을 향하여
통일된 조국의 광장으로
억세게 억세게 나아갈것입니다

우리의 념원이 꽃핀
그날의 그 광장 그 꽃바다우에
오늘같이 어버이수령님 모시고
친애하는 지도자동지께서
주석단우에 높이 오르실 때

아아, 우리 인민은
오늘의 이 뜨거운것보다

더 뜨겁고 뜨거운것을
우리의 두눈에 흘리고 흘릴것입니다

력사의 자욱앞에서

조령출, 신지락 편, 『만민의 축원』, 문예출판사, 1987.4

화강암 돌층계
비람과 눈비에 씻겨
어느덧 30여년 세월은 가도
력사의 자욱 력력한 돌층계

모란봉 꽃잎들이여
네 어찌 무심히 여기 날아 앉으랴
지나는 을밀대 숲새들이여
네 어찌 무심히 여기 날아와 우짖으랴

영광의 추억을 지닌
모란봉극장앞 층계아래
내 오늘 경건한 마음에 젖어
옷깃을 여미노라

민주건국의 날에는 어버이수령님
북남 대단결의 회의를 령도하신 이 전당
전후의 날에는 승리의 기념비와도 같이
인민의 극장부터 세워야 하다시며
먼저 모란봉우에 드높이 세워주신 이 극장

페허로부터 위대한 조국을 일떠세우시는

그 나날에
주체의 문학예술을 꽃피워주시는 그 나날에

여기 오시면
화강암 이 층계에 오르시고
이곳을 떠나실 땐
화강암 이 층계를 내리셨나니

지금도 눈앞에 떠올라라
존귀하신 그 영상
눈시울 뜨거워지는 그날의 감격이여

어버이수령님 가까이 모시던 그 나날에
나의 손길도 친히 잡아주신곳은
바로 이 화강암층계우
둥근 기둥들 서있는 저 대리석현관이 아니였던가

반당종파분자들 복고주의자들이
우리 당의 정책을 이러쿵저러쿵할 때
그 잡초우에 가을서리발 내리시고
우리 예술의 방향이 옳다시며
확고한 신념을 안겨주신곳은
바로 여기 저 동쪽 휴게실이 아니였던가

어느때는 비오는 날에 오시고
어느때는 눈오는 날에 오시고
평범한 무대의 한 작품을 보시고도

창조의 진리
시대의 사명과 진로를 밝혀주신 수령님

— 동무들 수고했소
　예술인들에게 나의 인사를 전해주시오

어버이사랑 이렇듯 안겨주실 때
우리의 가슴 얼마나 뜨겁게 설레였던가
온 세상의 행복을 한몸에 받아안은듯…

천만년 불멸할 력사의 자욱 남기시고
한층 한층 밟으시며 내리신 이 돌층계
천만보석의 층계인들
어찌 비기랴 이 돌층계에

우리 수령님
이 층계를 내려 차에 오르시여 떠나실제
우리 언제나 정중한 인사 드리며
우리 언제나 마음속깊이 드리고드린
축원이 있었나니

아아, 오늘은 더욱 뜨거운 마음에 젖어
추억의 돌층계 쓸어만지며
그 축원을 드리노라
그날의 축원 영원한 만민의 축원을 드리노라

— 수령님 부디 만년장수하십시오!

시를 쓰고싶었노라

조령출, 『조선문학』, 문예출판사, 1989.2

1

시를 쓰고싶었노라
내 나이 20고개를 넘는 시절에
망국의 페허, 무너진 성벽아래
달빛만 처량히 흐르고
풀벌레 구슬피 구슬피 우는 밤

가슴에 설음이 타올라
심장이 터지도록 울고싶어
잃어버린 그님을 불러 부르며
내 가슴 타다가 재가 되도록
내 시를 쓰고싶었노라

하나 아쉽게도 그것은 마음뿐
원고지우에 피를 쏟아붓듯 시를 썼으나
그 시절에 남길만한 시 한수 남기지 못한채
세월이 흘렀노라

2

시를 쓰고싶었노라
내 나이 30고개를 바라보던 그 시절에

분계선 장벽을 넘어
북으로 내 찾은 조국의 품에
내 나라 창건의 기념 광장에
그립고그립던 우리 수령님
내 처음으로 뵙고 안기던 그날에

막혔던 심장의 보뚝이 무너지는듯
감격의 대하가 쏟아지는듯
나의 두눈엔 뜨거운것이 흐르고 흘렀나니
그날은 나의 행복의 첫 명절

그 행복 어찌 나에게만 차례진것이였으랴
이 나라 력사에서 처음으로
우리의 태양 우리의 수령님 모신 그 행복

소리쳐 노래하고싶었노라
시에서도 가장 소중한 그 행복의 시
쓰고 또 쓰고싶었노라

하나 아쉽게도 그것은 마음뿐
원고지우에 무수한 옥돌을 쪼아박듯
무수한 시어들을 다듬어박았으나

남길만한 행복의 시 한수 남기지 못한채
세월이 흘렀노라

3

시를 쓰고싶었노라
내 나이 50고개를 넘는 그 시절에

어버이수령님 슬하에서 20여년세월
받아안은 사랑만도 그지없는데
친애하는 그이의 향도의 해빛
수령님의 그 사랑 더욱 뜨겁게 안겨주실 때

인류의 리상을 주체의 락원에 꽃피워주시는
그리도 위대하시고 그리도 자애로우신 손길로
이름없는 나를 부르시여
영광의 일터를 주시고
그이 가까이에 친히 세워도 주시고
만대에 전할 기념사진도 찍어주시며
값있는 삶의 길로 향도해주실 때

가슴에 끓어솟는 격정!
그이의 전사된 행복이 끝없어
온 세상에 소리쳐 그 행복 노래부르고싶었노라

그이를 받들어
충성의 시를 쓰고 또 쓰고싶었노라

하나 아쉽게도 그것은 마음뿐
원고지우에 빛나는 별빛을 쪼아 아로새기듯
빛나는 시구들을 다듬어 새기고새겼으나
남길만한 충성의 시 한수 남기지 못한채
어느덧 70고령의 먼 고개를 넘었노라

4

가슴이 아프고 부끄럽노라
머리를 들어 하늘을 보기 얼굴 뜨겁노라

어버이품, 당의 품에 안긴 때로부터
받아안은 사랑과 은정은 하늘같은데
남길만한 충성의 시 한수 쓰지 못하였구나

아아 어이하랴
충성의 시라하여 글로나 쓰면 무엇하랴
혁명실천이 없는 미사려구의 시
백편을 쓰면 무엇하며
천편을 쓰면 무엇하랴

한편의 시어라도
충신의 넋이 담겨져있어야 하리니
당과 수령님을 목숨으로 보위할
충신의 실천이 빛나야 하리니

아아 인생말년에 이르러

내 이제야 알았노라

시인이 되기전에
충신이 되여야함을
효자가 되여야함을

자랑스럽게 피여있다!

조령출, 『음악연구』, 윤이상음악연구소, 1989[36]

소원!
《꿈에도 소원은 통일》
오직 그 하나의 뜻을 안고
그 노래안고

그리운 조국의 북녘땅
반나절이면 넘어설 림신강 북녘의 땅
분단의 장벽이 막혀
얼마나 먼 대양과 대륙을 돌아
찾아왔던가

잃었던 딸을 만난듯
그립던 혈육을 만난듯

만나니 반가워
만난 그것만으로도 너무나 감격해
눈물이 먼저 앞섰구나

수경아!

---

36 '통일의 꽃 림수경' 특집호이다.

손을 좀 쥐여보자
얼굴이라도 쓸어만져보자

텔레비죤 화면에서
정다운 너의 모습을 보며
삼수갑산 먼먼 두메
팔십할머니도 울었다

압록강반의 유치원 어린이도
《통일의 언니》라 부르며
사진을 함께 찍자고 시를 지었다

축전의 나날
평화대행진의 그날
피타게 웨친 너의 열변은
눈물과 함께 부른 너의 그 노래는
오직 하나의 소원
잊을수 없는 메아리로
날이갈수록 더욱 뜨겁게
우리의 가슴에 사무쳐오누나

너의 그소원이
우리 온 겨레의 소원이였기에
진정 조국의 딸이
조국에 바치는 충성의 웨침이였기에
더욱 잊을수 없어

너의 화면을 보고 또 보며
눈물을 참을수 없었구나

너는 떠나갔어도
너의 견결한 뜻으로
판문점 분단의 장벽을 헤치고
당당히 떠나간 그모습
고맙고 장하여
잊을수 없고나

평양거리를 네 떠날 때
판문점을 네 떠날 때
통일의 그날 다시 만나자고
목메여 웨친 너의 작별인사
그마음 너무도 뜨겁고 고마워
우리 처녀들 우리 어머니들
꽃다발 안겨주며 모두 울었구나
꽃들을 흔들며 흔들며…

우리와 함께 인류의 량심들이
마음의 꽃다발을 흔들었다
너의 앞길을 축복하며
너의 신변을 념려하며…

한데 아니나 다르랴
미군이 버티고 서있는

남쪽땅에 발길을 옮기는 순간
너의 몸에서는 인권도 자욱도
다 빼앗기였다

사랑하는 아버지와 어머니
그립던 그품에 안기기도 전에
그리운 대학문전
학우들의 곁으로 가기도전에
너의 두손엔 쇠고랑이 채워졌구나

외세의 핵장단에
동족살인의 칼춤을 추는
역적의 무리들,
분렬주의의 악당들이
네손에 쇠고랑이를 채웠어도
통일을 갈망하는 네마음은 묶지못했다!

매국이 애국을 압살하고
거짓이 《진실》로 둔갑하는
비리와 탁류의 소용돌이속에서도
수정처럼 맑게 살려는
너의 순백,
너의 량심은 묶지 못했다!

외세가 그어놓고
외세가 쌓아올린

원한의 장벽,
분렬의 장벽을 허물고
하나가 된 강토에서
하나의 민족으로 살려는
너는 진정 우리 민족의 딸이고
우국의 거울이여라!

갈라진 겨레와
헤여진 부모형제들의 마음속에
년년히 그리움이 쌓이고 맺힌
너무나도 긴긴세월
너무나도 억울하고 분통한
분단의 비극사에 종지부를 찍으려는
너는 너는 이 나라 력사우에
자랑스럽게 피여있다!
우국지심, 통일의 꽃으로…

진정 무력한 나의 시와 노래로는
다 엮을수 없고 다 부를수 없는
비할바없이 아름다운 꽃으로…

너는 너는 피여있다!
온 겨레의 마음과 마음속에
온 세계 인류의 마음들과 량심속에…

1989년 8월

잊을수 없는 영광의 그날

조령출,『조선문학』, 문예출판사, 1990.7

사람들 나에게 묻는다면
나는 대답하리라

내 한생에
가장 큰 행복과 영광
받아안던 그날을

못잊을 추억은 많아도
내 눈앞에 먼저 떠오르는
그날을

신록의 청신한 바람
창가에 설레던 그날이여

우리의 지도자이신
친애하는 그이를
삼가 모신 그날이여

얼마나 기다린
그 시각이였던가

조국강산에 락원의 꽃을 더욱 활짝 피워가시며
우리 인민들에게
《락원의 노래》를 또 안겨주시려
몸소 창조현장에 나오신 그이

위대한 창조의 스승을 모신 그 영광
어찌 짧은 말로써 형언할수 있으리요

우리의 인사를 따뜻이 받아주시고
우리의 손도 뜨겁게 잡아주시고
우리를 한자리에 앉도록 불러주신 그 사랑

그 은정만도
비길데 없는 영광인데

자애로운 눈길을 드시여
머리에 흰서리 내린 저를 부르시여라
인자하신 미소로 정겨우신 음성으로

그이 앉으신 바로 옆자리로
친히 손을 들어 부르시여라
—어서 이리 오시오

아아 꿈이면 이런 꿈이 있으리요
너무나 황감하고 귀중한 그자리
내 무슨 충성의 공이 있어

그자리에 감히 나아가리요

허나 천금같은 이 시각
더는 머뭇거릴수 없어
외람되이 발길을 옮겨
불러주신 그자리에 앉았노라

그 영광의 자리에서
력사에 큰 자욱으로 아로새긴
그이의 가르치심을 또한 받았노라

그것은 바로 주체의 진리
노래 하나를 지도하시여도
인민을 위하여 바치시는 숭고한 리념

참으로 그이는
우리 인민모두를
창조의 주인, 기적의 영원한 자리에 앉혀주신분

어버이수령님의
주체의 진리를 더욱 밝히시여
수천수만년
그 누구도 주지 못한 이 행복 이 영광
우리 인민에게 안겨주신 그이

참으로 그이는

우리 인류가 천만년 우러러모실
은정의 해발이시여라
진리의 향도성이시여라

아아 어찌 알았으리요
이렇듯 위대하신 이의 뜨거운 은정
내 그날 그리도 가까이 받아안을 줄이야

행복에 목메이는 그 순간
나의 머리에는
지난날 어머니의 모습이 떠올랐어라
한많은 세상을
소원만을 남기고 떠나신 어머니
아들의 이 행복 보신다면
얼마나 감격의 눈물 흘리시리요

나라없던 슬픈 시절에
눈물의 자장가 불러주신 어머니

이는 어머니의 간절한 소원
이는 어머니의 이루지 못한 소원

하나 어머니의 이 모든 소원도
우리의 친애하는 그이께서
풀어주셨나니

좋은 세상도 인간의 봄도
더 활짝 꽃피워주시며
꽃방석보다도 천백배 고귀한
은정의 자리에 앉혀주셨나니

아 어머니 어머니
이제는 한을 푸시라
이제는 눈물을 거두시라
이제는 복받은 이 아들을 축복하시라

하나 축복에 앞서
은정의 품에 안아 값높은 삶을 주시는
친애하는 우리의 김정일동지께
삼가 감사의 인사를 드리시라
이 아들과 함께 큰절을 드리시라

세월이 흐를수록
잊을수 없는 그날이여

충성의 마음들은 그이를 받들어
억만년 노래하리라

가장 순결한 마음
티없이 맑은 충성의 마음 아니고서야
어찌 감히 그날을 회상하리요

내 오직 충성의 그 마음으로
그날을 지켜 살리라

충효의 마음속에
내 그이를 가장 친근히 모시고
내 목숨으로 그이의 위업을 지켜가리라

송시비

조령출, 리순일 편, 『향도의빛발아래』(5), 문학예술종합출판사, 1999.3

정일봉아래 고향집뜨락에는
충성의 마음 효성의 마음들이 꽃피여 만발했네
천하명절 2월명절에
백두에 찬연히 빛나올라라 송시비여!

문무겸전을 칭송하신 뜻
충효겸비를 찬양하신 뜻
성스런 수령님 뜻은 전하여
만대에 이르리니

대대로 충신과 인민은 어머니당을 받들어
향도의 위업은 하늘땅에 영원하리라

1993・3・24

2부_ 시집

『조령출 시선집』, 조선작가동맹출판사, 1957

〈판권지 정보〉

저자 조령출
발행인 박 혁
발행소 조선작가동맹출판사
인쇄소 로동신문출판인쇄소
1957년 6월 25일 10,000부 발행
값 65원 ㄱ—60512

편집 … 김희중
장정 … 리건영

서문

시를 배우며, 쓰며 발표한지 二五 성상, 이에 한 선집을 묶습니다. 허나 해방전 시기와 해방후 첫시기의 시고는 전쟁 시기에 잃어진 탓으로 여기엔 유감스럽게도 발견된 시편들만을 정리 수록하였습니다.

시를 추림에 있어 해방후 첫시기, 전쟁 시기, 전후 시기로 나누어 해당한 시기에 창작된 작품들을 추려 순차로 이에 수록하였고 다음에 「독일 방문 시초」를 싣고 끝으로 해방전 시기에 창작된 작품을 수록하였습니다.

이 시집의 흐름은 나의 사고 모색의 력사이며, 나의 사상 발전의 로정이며, 나의 생활의 기록입니다.

특히 해방전 시기의 작품들에 한 마디 언급한다면 나는 주로 자주권을 빼앗긴 우리 나라 당시 울분한 청년들의 심정을 상징적 수법으로 노래했던 것입니다. 그러므로 보다 사실적 표현으로 부분적인 수정을 가하여 그 몇 편을 여기에 수록하였습니다.

해방후 오늘에 긍하여 조국에 대한 애정과 사회주의에 대한 리념을 솔직히 자유롭게 노래하게 된 것은 참으로 시인이 갖는 무한한 행복인 것입니다.

숭고한 정신과 아름다운 정서의 북이 되며 인민들 속에 불망의 기념비로 될 그러한 시편을 남길 수 있음은 매우 어려운 일입니다. 그러한 의미에서 나는 이 선집을 묶으면서 나의 송구한 마음을 금할 수 없습니다. 독자 여러분의 기탄없는 비판과 편달을 바랍니다.

一九五七・六

평양에서

저자

북조선으로

령을 넘어

항일 투사의 한 분을 생각하며

령마루 험한 두메
눈보라 눈보라
령을 넘어 수천 리, 수륙 수천 리

고향땅을 뒤에 두는
한이 무거워
가시는 길 자국마다 멍이 졌다네

얼굴에도 가슴에도
설레이는 눈보라
령을 넘어 가신 후에 세월이 갔네

눈속에도 살았노라
백두산의 산울림
푸른 송백 바다 같이 물결이 쳤네

령을 넘어 가신 길
가신 쪽에서
삼천 리를 비치는 햇빛이 왔네

가시던 길 멍든 길을

다시 돌아 오실제
길에 철철 굽에 철철 봄이 넘쳤네

한 자루 백묵을 쥐고

한 자루 백묵을 쥐고
나는 거리로 나섰다
살륙의 총소리 사무치는
어두운 이 남쪽 거리에

나의 머리 우엔 총총한 별들이 빛나고
나의 발밑엔 사랑하는 골목길이 밟힌다

젊은 가슴에 혁명의 피 지니고
이 거리 벽보를 쓴 동무들
그 어느 감방에, 그 어느 지하실에
이 밤을 저주로이 지새우는가

내 오늘은 동무들 뒤를 이어
한 자루 백묵을 쥐고
어두운 이 길목에 나섰노니
하늘의 수억만 별들이 옛친구와 같구나

이제 이 밤이 새면
이 거리 모든 사람들
내 백묵으로 쓴 글씨를 보리라

벽마다, 전선 기둥마다,
흰 글씨가 아니라
붉은 심장의 웨침을

모든 사람들 가슴속에
붉은 정열의 폭풍을 일으키리라

내 만일 백묵을 손에 쥐인 채로
어느 길목에 쓰러지거던
아아, 이 거리 못 잊을 부모와 형제들이여
그때는 나의 눈동자에서 읽으시라
영광스러운 조국의 이름

조선 민주주의 인민 공화국 만세!

조국을 지키리라

수색 정거장 먼발치로 내려다 보이는
뻐꾹새 울어예는 산허리 숲속으로

잔인한 구둣발길에 채이며
총창에 찔리며
이제 이 운명의 숲에 이르러
조국의 하늘과 산천을 돌아 보느니

바람은 소나무가지에 물결치고
멀리 수색의 등불은 몸을 떤다

어디로 떠나는 고동이기에
내 심혈을 울리며 소리치는가

저 등불이 비치는 마을에도
억세인 동무들 있어 이 밤 새우며

어디서나 희미한 불빛 아래
주먹에 땀 쥐고
뜨거운 이마 서로이 대고
싸움의 래일을 이야기하리니

동무들 그립구나
내 어찌 그대들 잊을 것인가
안심하라 용감하라 더욱 억세게 싸워 달라

그 어느 형리들의 악형에도
나의 온몸을 전기로 태우는 그 때에도
내 한 마음 동무들을 지키였노라

지금 내 눈앞에 섰는 자들
지금 내 가슴을 노리는 원쑤
이 저주로운 미제 총검에 쓰러진
원한의 사람들 얼마나 많았는가

장마당 느티나무 높은 가지에
공화국 깃발을 달아 올린 소년이
이제는 바로 그 네거리 땅 우에
미군 총알에 쓰러졌나니

이 땅의 흙이, 풀들이, 나무들이
이 나라 인민의 선혈로
이렇게 다시금 젖어야만 하는가

천만에! 세상은 변하였다
일어 서라 구국 항쟁에!

산악이여 모두 거창한 몸을 치솟구어

서로 산악을 불러 일어 서라
횃불은 모두 터지는 격분으로
산마다 횃불을 불러 타올라라

지금 내 이 자리 백번 쓰러져도
백번을 다시 일어 서리니

아, 조국이여
고난 속에 살아 온 어머니시여

당신의 영광을 위하여
우러러보는 당신의 하늘, 당신의 별
당신의 고귀한 이름 속에
뜨겁게 삼삼히 떠오르는
사랑의 큰 품이여

아, 나의 심장은 영원히
당신 품안에 영원히 살기를 원하옵니다

一九四九

산으로 간 나의 아들아

눈보라치는 벌판길을
어미는 걸어 간다.

가다 쓰러지고
눈속에 또 쓰러져도
이 길은 가고야 말리라.

산으로 간 아들아
마을로 보낸 너의 마음
　내 어찌 모르랴
　내 어찌 모르랴

품에 지니여 뜨거운 것이
너의 온몸을 안은 듯하여
비밀 사연의
종이쪽 하나…

이보다 더 소중한 것이
나에겐 지금 없는 줄 안다
륙십 평생을
살고 살아도.

갈수록 눈보라 사납고
눈으로 벌판이 묻히여도
허나 가리라,
눈길이 천 리라 하여도

눈밑에 숨은 움집을 찾아
비밀히 모이는 젊은네 찾아
거기엔 너의 안해가 있다,
삐라를 찍는 나의 며느리

아들아 너도 그리우리라.
젊은 안해와 너의 어린것
너 어찌 무심히
산에 있으랴

허지만 너 집으로 와야
눈속에 묻히인 터만 보리라,
흰 눈을 헤치면 재가 있고
재를 헤치면 원한이 있을…

인간 짐승이 닥치여 들어
불을 지르고 구둣발 들어…
아아, 이 어미 오래 산 죄로
이러한 세상을 본단 말이냐

아들아 들어라

지금은 너의 어린것의
언땅에 묻힌 너의 귀여운 것의
원한의 울음소리를 들어라,

집을 잃고
마을을 잃고
부모와 자식을 죽인
모든 사람들의 애통한 소리를 들어라,

산을 바라
너를 부른다
산은 보이지 않아도
네 얼굴 눈앞에 어린다,

아 산으로 간
나의 아들아
산에서 내려 오너라,
어서 오너라, 쏟아져 오너라,

무서운 무서운
천동 벽력으로, 불바람으로,

그저 그놈들 가슴팍에다
복수의 총알을 퍼부어라,
너희들 발밑에
그놈들 쓰러지는 걸 보자

그날은 나도
깃발을 흔들리라

그날을 믿어
너희들 부르며

눈보라 사나운 길을
어미는 간다,

가다 넘어지고
눈속에 또 넘어져도
이 길은 가고야 말테다.

一九五〇

북조선으로

1. 三八선을 넘어

북으로
북으로
장단역을 떠나서
二五키로
길 없는 길을 뚫고
첩첩한 산을 넘어

우리는 지금
三八선 패말이 섰는
황폐한 산협의 길을 뛴다.
아무런 증명서 한 장 없이

지금 우리들 뒤에
포승을 던질 자 누구냐

쐐기에 찔리며
발톱에 피흘리며
살륙의 총소리 귓전에 들으며
쏜살처럼

三八선을 넘었다.
二五키로 지점을 지나

아 여기가
인민의 대표로 우리를 부른
조국의 민주 기지!

2. 자유의 노래

눈앞에 삼삼한
동무들이여
인민의 태양은 바로 이 땅에 솟아
영원히 삼천리 조국을 밝히노니,
자랑스러운 이 곳
한없이 그립던 여기

옷고름 풀어 헤치고
가슴에 괴인 땀 씻으며
우리들 항시
마음속 부르던 혁명의 노래
오늘은 나 여기서
그냥 심장에 용솟는 그대로
동무들 귀에 넘치도록
음계 마디마디
소리쳐 풍운에 던져 보낸다.

오오, 푸른 하늘이여
한 점의 티도 없는
자유의 맑은 이 하늘은
나로 하여금
한없는 자유를 노래부르게 하는구나!

보라, 내 앞에
무연히 펼쳐진 북쪽 벌판 우에
대견히 머리 숙인 나락들
조국의 자유인양 물결치는 밀파도 보리이랑
숨을 쉬여도
숨을 쉬여도
가슴 터지게 풍겨 오는 향기로움이여!

이 모든 것
이제는 우리의 것이구나.
몇 천년을 눌려서만 살던
우리 인민의 것이구나.

3. 인민 공화국

황소 유유히 귀염받는
풀길을 걸어
새날의 행복을 바라보느니

솔문 푸르게 섰는 동구도
조국의 부강과
자유와 광명이 찬란한
새나라 깃발이
꽃처럼 피여 있는
마을을

집집의 기둥마다, 벽마다
五색 테두리 단장 새로운 벽보들

가지가지
만세와 감사

인민 공화국 수립 만세는
나의 머리 우에
프랑카드에 펄펄 날리는 것이니,

남조선 동무들아
한 마디 구호 때문에
죽음의 고문실로
영영 끌려 간 동무들아

보이고 싶구나
보여 주고 싶구나

솔문 가득히 지나는

소년단 어린 동무들
북조선 민주 삼 년이
길러 사랑한 이들의 눈망울
슬기론 이 보석의 전진을 보라,

이들이 높이 부르는
『공화국 선포의 노래』는
원쑤에게 퍼붓는 벽력처럼
우렁차게 우렁차게
솔문 가득히 터져 나간다.

아아, 삼사하여라
쏘베트 인민의 은혜여
아아, 행복하여라
이 땅에 솟은 자유의 태양이여

유유한 세월과 더불어
영광이여 유유 창창할지어라

나의 조국은 이제
그 이름 자랑스러운
조선 민주주의 인민 공화국!
금강 불멸의 반석 우에
튼튼히 서 있음이여

一九四八

나의 편지

락동강 전선

락동간 연안 칠백 리
은하수 가로 놓인 밤하늘에
우리 군단의 포성은 울리였다.

나무랑 풀뿌리, 바위, 흙이랑
모두 타 붉어진, 바로 그 포화의 불속
한 보름 피로 지킨
고지여, 전우들이여

우리는 참으로 잘 견디여 왔구나,
간난 신고의 그 모든 것
창자가 죄이여 드는 숨가쁜
기갈의 위협도

솜끈을 꼬아 불씨를 달아 놓고
한자리 담배를 피운 그 정든 동무들

폭풍에 날려 흙에 묻히는 그 때에도
끓어 솟는 격분을 씹어 삼키며…

허나 이제 우리의 쌓인 불ㅅ길은

더 참을 수 없는 열풍으로…

전우들이여, 일어 서라 우리의 젊음
뜨거운 피의 한 방울 한 방울
포화보다 더 위력한 것으로…

조국의 명령은 내리였다.
— 진공하라 앞으로! 앞으로!

땅크여, 아우드마트여,
一〇五미리 포문들이여,
대지를 흔들며 태산을 밀어치는
인민 무력의 우렁찬 진공으로

칠백 리 락동강 푸른 물결도
억만의 푸른 비수와 같이 일어 섰구나,

강이여, 대지여
둥그런 수박이 무르익어 좋을
락동강 굽이굽이

벼이삭 물결쳐 좋을 옥야 천 리
감나무 대나무 한없이 싱그런
마을과 마을들의 해방 위하여

습격조 용사들아, 앞을 서 나가자,

결사대 영웅들아, 앞을 서…
대구 밀양으로!
부산 진해로!

락동강변에서

一九五〇・九

이 밤도 기적이 울린다

1

삭풍에 눈보라 온종일 몰아치던
저 산골짝에
원쑤의 시한탄 수없이 터져 오르던
지 강기슭에

소리 없이 달빛은 흐르고
한겨울 뼈저린 밤이 깊어만 가는데
저 부서진 강계역,
이 밤도 소리쳐 기적이 울린다

2

달빛과 더불어 흰 눈 밟으며
철뚝에 올라 걷고 걸어도
보선구에 모일 사람들 가운데
눈매 시원한 그 얼굴 이제 찾을 길 없나니

레일을 만지면 그의 핏결이 뛰는듯
침목을 밟으면 그의 발소리 들리는듯

눈보라 사나운 그 날에도
그는 이 철길 옆을 떠나지 않았노라.
원한의 폭격이 있던 그 시각에도
그는 이 철길을 지켜 일하였노라.

아직도 내 눈에 력력한
그의 두툼한 손길이며
철길을 비치여 흔들거리던
그의 칸델라 불빛이여

아아, 동무여
그대는 그 몇번 이 철길에 떨어진
원쑤의 시한 폭탄을 뽑아
저 강물바닥에 처넣었던가

그대의 생명과 충성으로 놓인
이 철의 길을 이 밤도 기차는 떠난다
인민의 슬기로운 용사들
남으로!
전선으로!

산모퉁이 돌아 달빛 흐르는 하늘 높이
우렁찬 기적 울리노니
동무여,
이 기적소리를 들으라

그처럼 그대 기다린
조국의 승리는
저 남행 렬차와 더불어 돌아 오리라
저 기적소리와 더불어 돌아 오리라

강계에서

一九五一・一・四

잊을 수 없는 이야기

바다는 설렁거리고
노한 물결은 바위에 부딪친다.
해변 언덕에 섰는 한 그루 어린 소나무
바람은 세차게 세차게 여기 불었다.

이 바람속 설레는 언덕에
이 고장 한 소년이 서 있었나니
해적의 무리는 이 소년을 향하여
미친 소리로 웨치였다—아는 것 말해라

소년이 알고 있는 것 빨찌산은 어디에?
그의 부모는 어디에?
선창 깃대에 五각별 깃발을 날린 사람은?
미국놈들의 전화줄을 끊은 동무는?

허나 소년의 입은 열리지 않았노라.
설사 그의 온몸이 채찍에 부풀고
한층 사나운 기세로 놈들의 총뿌리
그의 가슴 가까이 다가 서는 때에도

소년의 가슴은 그리 두텁지 않아도

횃불 휘장을 단 그의 작은 가슴은
인민의 조국을 지키고 서 있었노라.
여기 조선의 철벽이 있었노라.

마지막 리별의 인사를 보냄인가
소년의 눈길이 가닿는 푸른 바다
나서 자라서 끝없이 정든
구절포 해당화 꽃피는 마을,

지난 시절의 추억은 그립네.
어머니 손 잡고 문밖에 나서
고기잡이로 나간 아버지 기다리던 집,

선창을 때리는 파도소리
지금도 『봉죽』의 소리 들리여 오는듯
정들고 그리운 동무들
그의 이름 부르며 이제도 달리여 오는듯

언제나 그의 맘 그리워 가던 길
평양으로 사람들 떠나가던 길
바닷가 희고 넓은 산굽이 돌아
무지개처럼 아름다운 북쪽을 우러러

소년은 가슴속 불렀다
— 아버지, 어머니
아아, 이 소리 북녘에 사무쳐

해안을 휩쓸어 물결은 날리고
산굽이 넘어 인민군 포소리
쿵 쿠쿵 울리여 왔나니

산산이 부서져 쫓기는 무리
땅에 떨어져 짓밟히는 원쑤의 총검을
소년은 력력히 그것을 보았노라
하늘도 바다도…

바람은 여기 한때 세차게 불어도
땅에 굽힐 줄 모른 한 그루 어린 솔
여기 한 소년의 이야기,
한층 푸른 빛으로 서 있노라

一九五三

가슴의 끓는 피로써 말하노니

석양 붉은빛 황홀히 물든
이름 없는 이 산허리에
그 누가 황토의 무덤을 모아 놓았으며
그 누가 여기 한 묶음 꽃을 바치였는가

석양 붉은빛 황홀한 속에
이 황토의 묘지를 지키고 섰는
한 그루 푸른 소나무
여기 불사의 청춘이 살아 있구나.

지금은 불러 그들이 대답 없어도
누구라 그들의 성명은 내 밝히지 않아도
내 아는 것
가슴의 끓는 피로써 말하노니

미제의 총칼이 밀려 든 거리와 마을에
학살과 릉욕의 피비린 밤에
증오의 불ㅅ길 높이여
원쑤의 사령부에 불을 지른 그들이였다.

폭탄을 품고, 칼을 품고

원쑤의 심장에 전률을 주며
어둠의 거리에 삐라를 붙여
인민들 가슴에 승리의 신념을…

마지막 이 무명산 기슭에
철사에 묶이여 섰을 때에도
야수들의 패망을 예언하면서
아름다운 조국의 이름 부른 그이들

아아, 그 날, 말없는 청산이여, 푸른 솔이여
이 나라 기둥으로, 당의 아들로
어떠한 기개를 보였는가를
유유한 창천이여 보았으리라

사람들은 이 땅에 입을 맞추며
선렬들의 품성을 본받으리니
잔디야 봄과 함께 여기 푸르고
진달래 봄과 함께 여기 붉어라.

一九五一

나의 편지

창밖에 눈보라치는 소리 언제나 그치려는가
바람은 창틈에 스미여 손이 시린데
이 밤을 새워 그 누구를 생각하기에
이다지 나의 가슴 끝없이 뜨거워지는가

얼굴을 찾아 그리면 슬기론 모습
언제나 같은 모습의 하나로 되는 그이
그이가 내게 무엇이 되며 누구이기에
이다지 나의 마음 설레게 하는가

내 지금 쓰는 이 편지는
어데라 주소를 밝히여 보내는 것도 아니요
내 지금 쓰는 이 글월은
누구라 이름을 밝히여 보내는 것도 아니다

그래도 이 편지는
어느 우편소에서도 지체함이 없이
바로 전선을 향하여 그이를 찾아 가리라.
그래도 이 편지는
나에게 다시 돌아 옴 없이
바로 내 생각는 그이의 손에서 펼쳐지리니

어느 눈 쌓인 산마루 전호속에서
그이는 이 편지를 보시려는가
원쑤의 화점 앞으로 방금 떠나갈
젊은 습격조의 한 사람 그이에게로
나의 이 편지는 갈 수도 있으며

혹은 사선을 넘어 원쑤를 무찌른 그이
야전 병원의 병실로 돌아 온 그이에게로
나의 이 편지는 갈 수도 있으리

그이는 나의 이 편지를 뜯기 전에
겉봉에서 나의 주소와 이름을 처음 보리니
그이가 설사 나를 모른다 할지라도
나는 조금도 섭섭다 하지 않으리.

허지만 나의 뜨거운 마음으로 봉한 이 편지는
그이도 역시 뜨거운 마음으로 뜯어 보리니
이 뜨거운 마음속에 우리의 사랑과 승리 있음을
그이는 더욱 잘 알며 행복을 느끼리라.

그이는 나의 이 편지를 펼치여
그리운 고향을 찾아 보리니
원쑤의 폭격으로 처참한 페허도,
허나 지금은 지하에 일어 선 공장들이 있음을

신문과 시집을 찍어 내는 모습도
천진스러운 어린이들의

학습반 오가며 부르는 노래소리도
황량한 벌판으로 보이는
눈보라 밑에 자는듯 누운 마을들에서
한때는 통곡의 울음이 들리기도 했으나
오늘은 어느 한 집의 방문을 열어 보아도
거기 고향 사람들의 굳세인 생활이 있음을 알리라.

그이는 나의 이 글월 속에서
베 짜는 처녀들의 노래도 들을 것이며
가마니 짜기에 신명이 난 부모님네
전선으로 떠나 간 아들 소식 그리워
오란도란 말하는 이야기도 들을 것이며

그이는 나의 이 편지 속에서
방직 공장 브리가다 한 처녀 직공이
겨울밤 찬자리에 등잔불 돋우어 켜고
위문 편지를 열심히 쓰고 있는
그 순정의 모습도 찾아 보리니

그이는 눈을 감고 상상도 하리라
나의 눈이며 얼굴이며 나의 키에 대하여
나의 기능도, 음성도, 취미도
그리고 나의 가슴에 간직한 당증에 대해서도

그이는 당 앞에 맹세한 그 신성한 맹세를
나의 편지로 하여 한번 더 회상하리라

그리고 나의 이 글월 끝에서
나의 심혈로 적은 나의 부탁에 이르러
그이는 당 앞에 다시 한번 맹세하리라.

一九五〇년 첫눈 내리는 룡당포 기슭에
원쑤의 피비린 마수에 학살된
나의 어린 동생이 남긴 그 부탁에 대하여
아직도 락동강 건너서 못 온
나의 오빠의 가슴에 있는 그 부탁에 대하여

그것은
목숨을 조국에 바친 사람들의
조국을 지켜 싸운 그 땅 우에
자기의 붉은 피로 적시여 남긴
바로 그 부탁인 것임에

그이는 이 부탁을
뜨거운 그의 가슴에 간직하리라.
나의 이 편지와 더불어
한번 더 복수에 대하여 생각하리라.

그이가 전투의 불ㅅ길 속으로 나아갈 때
나의 이 편지도 함께 나아가리라.
항상 그의 옆에 내가 있음을
그이로 하여금 느끼게 하여도
나는 결코 부끄러워 안 하리니

전쟁이 끝나고
개선의 노래 부르며
그이가 고향으로 돌아 오는 날

꽃은 피여 우줄거리고
종달새 구름에 올라 노래하는 날
봄빛 가득한 산과 들 지나
그이가 나의 이름 잊지 않고 찾아 온다면
그이가 나의 집을 찾아 온다면

아, 나는 그이를 맞아
무엇이라 인사를 드릴 것인가

그이가 군모를 벗고 이마의 땀 씻으려 할 때
나의 지성으로 수놓은
월계수의 수건을 드려도 좋으련만

그이가 만일에 한사코
나의 한 마디 인사를 원한다면
그때 나는 이렇게 말하리라

—나의 행복을 나의 가슴에 담아 두기엔
나의 가슴이 너무나 작습니다고…

一九五二·一

강변에서

1

하늘가 잠시
폭음은 멎어 들리지 않는다.

고요히 흐르는 달빛을 밟으며
강변길을 걷는 두 젊은이

걸어도 걸어도 싫지 않던
이 강변길에서
그들은 다시 이 밤 이렇게 만났다.

강물은 그 옛날처럼 벅차게 흐르고
밤안개는 주암산 기슭에 잠기여 있고
잔잔한 물살 우에 반짝거리는 달빛이며
나룻배 물가에 정다히 떠 있는 것이며
바로 그들이 그처럼 사랑턴 여기에 와서

그들은 할 말도 많으련만
그들은 잠잠히 걷기만 하였다.

2

전쟁이 일기 전 젊은 그들은
이 강변길에서…

그들은 솔직히 서로 사랑을 고백하였고
아름다운 미래에 대하여 꿈도 꾸었다.

강철을 구워 내는 강건너 공장에서
강철의 의지를 배우며, 일하며

밤 늦게 돌아 오는 이 강변길에서
가장 즐거운 인생을 노래도 하였다.

잊을 수 없는 화촉의 밤을
오늘도 그들은 회상해 보리니

창문을 열면 언제나 시원한 강바람 불어 드는
강변의 아담스런 붉은 집에서
그들은 살고 있었다, 행복에 젖어
한 쌍의 비둘기마냥

3

무수한 벽돌 쪼각이 쌓인 한 곳에 이르러
그들의 걸음은 멈추어졌다.

폭풍에 쓰러진 한 그루 능수버들이
그들의 앞을 막기에

페허의 한 부분을 그들은 본다.
— 이렇게 변할 수 있을 것인가
벅차 오르는 뜨거운 것이
그들의 가슴을 휩쓸어 지난다.

봄이면 개나리 울타리에 피여 웃고
가을이면 국화랑 코스모스 피여 우줄거리고
첫아기 낳던 그 날은 늙으신 어머니
한사코 붉은 고추를 달아 매던 그들의 집이였거니

지금 이 황량한 돌무지 언덕과
저주로운 폭탄 구덩이에서
무엇을 찾을 것인가

원쑤의 야간 폭격이 있던 바로 그 시각까지
이 곳에 살고 있던 어머니와 어린것
그들의 핏결이 식은 흔적이 아니라
그들의 옷자락 한 오리 한 끝도
찾아 낼 수 없는 바로 여기에…

여기서… 그들이 찾은 것이란
무쇠를 녹이는 불타는 심정
세상에 더없이 크나큰 슬픔

그보다 더 불타 오른 것,
원쑤에 대한 저주와 분노

그의 안해는 그 마음 못 참아
남편의 가슴에 얼굴을 묻었다.
터지는 울음을 깨물며, 깨물며

그의 남편은 안해의 등을 어루만지며
떨리는 목소리로 그때에 말하였다.

— 참으로 분하오… 분한 일이요.
복수를 못 다 하고 돌아 왔으니…

안해는 안타까이 뜨거운 입김으로
힘있게, 속삭이듯 그에게 말하였다.

— 정말 분해요… 나도 분해요
허지만 당신은 훌륭한 전사…

남편의 바람벽 같은 가슴 앞엔
두 개의 전사 영예 훈장이
달빛에 더욱 빛을 뿜는다.

아아, 매봉산 전투여
가증스런 미국놈들의 콧등을 밟고
앞으로 앞으로 돌격하던 일,

허나 한 놈의 원쑤라도 더… 더…
그것은 참으로 통분한 일이였다.

그의 안해는 정깊은 손을 들어
그의 한쪽 어깨에 늘어진
빈 팔소매 하나 더듬어 만졌다.

맑은 눈동자 불같이 타는듯
남편의 두 눈을 쳐다보며

　　— 당신은 훌륭히 싸우셨어요.
　　　앞으로도 당신은… 나는 믿어요…

강바람은 그들의 더운 볼 스치며
달빛은 그들을 한 몸으로 안았다
크나큰 사랑 속에 그들은 있어
하나의 신성한 심장의 소리를
력력히 그들은 듣고 있었다.

조국을 위하여 싸운 사람들
그들이 들어 맹세한 소리를

쇳물을 끓이고 씨앗을 뿌리며
신성한 로력을 바치는 그 길
그 길이 복수의 길임을 아는 사람들
그들이 들어 맹세한 소리를

순결한 가슴에 그 맹세 아로새기며
그들은 다시금 강변길을 걸었다.

一九五二

가을의 노래

얼마나
좋은 하늘이냐.
한없이 맑고 푸르고
목화송이처럼
흰 구름
피여 흐르는
이 하늘

조이삭 수수이삭
바람에 물결치는 벼이삭
이 아래 무르익어
지평선으로
황금빛 넘치고,
싱그러운
가을의 햇빛 흐르니
아아, 우리의 땅은 좋아라.
나의 조국 은

황소를 몰아 밭 갈고
품앗이 김매고
어떠한 폭격 아래도 이겨

이제 추수의 노래
처녀들 부르니
이 얼마나
정겹고 억센 나라이냐.

산과 들에 폭탄을 퍼부으며
마을들을 페허로 만들지라도
이 땅의 아름다움은
살라 없애지 믓[못-편재]할지니
이 땅의 슬기로움은…

이 땅을 지켜 일어 선
인민의 자유와
행복의 노래
불굴의 그 투지는
더더구나
정복하지 못하리라.

저 철탑이 높이 일어 선
부드러운 언덕을 넘어
공장 마을엘 찾아 가 보라

페허에서
불꽃을 일으키는
로동의 아들들이
무엇을 노래하는가?

손에 낫을 들고
이제 추수를 향하여
논길에 섰는 저
마을 처녀들이
무엇을 노래하는가?

그것은
태양을 따르는
새 인간들의 노래!

당을 따라
가렬한 싸움 속에
강철로 시련된
억세고 맑은 선률!

이 선률은
원쑤의 폭음을 휩쓸어
우리 고사포탄이
터져 오르는 거기에
악마의 검은 날개가 불을 토하며
한 쪼각 가랑잎처럼 떨어지는 거기에

단풍이 물들어 내리는
저 중중한 련봉이 남으로 뻗은
철벽의 방선
고지와 고지에

그 노래 파동쳐
승리의 깃발로 나붓기나니

오, 가을이여
이 노래 속에
나락의 알알마다
한층 더 황금빛으로
무르익어라.

一九五二

탄의 노래

영웅의 탑

이 땅의 하늘 높이
영광의 머리 치여든 봉우리, 봉우리,

그 어느 폭풍우, 뢰성 벽력 속에도
그 어느 포연 탄우, 불ㅅ길 속에도
머리 숙이여 굴할 줄 모르는
슬기론 그 봉우리, 봉우리,

애국 선렬의 핏결 스미고
영용한 선조의 유골 묻힌 곳

오늘은 그 젊은 후손들
가렬 처절한 싸움 가운데
미제를 무찔러 조국의 영광 드높은 여기
바람도 산정을 못 잊어 오르고 내린다.

한 송이 꽃도 설 자리 없이
한 포기 풀도 돋을 자리 없이
수만의 폭탄으로 붉어진 산정에
날으는 산새도 깃을 잃는데

여기 오만한 원쑤와 맞서
한 자의 땅도 물러서지 않음은
꽃다운 목숨, 억세인 의지
당의 품에서 자라난 청춘들

아아, 그 이름 불러 슬기론
조선 인민의 강철의 군대여
영광의 봉우리
영웅의 탑!

철 따라 산의 진달래 꽃내를 싣고
바람도 못 잊어 산정에 오른다.

一九五三

선광장에서

광석을 갈아 부시는
뽈밀의 우렁찬 소리
백년산 골짝에 울리여
밤낮이 없네.

여기는 선광의 일터
꽃다운 청춘이 피여

눈빛 령롱한 처녀들
쇠와 모래를 가르네.
마치 행복을 일어 건지듯
한 알의 쇠알도 놓칠세라

새벽 한시의 별들아
축복의 광채를 뿌리라
어디서나 꽃들이여 우줄우줄
이슬을 떨며 일어 서 좋다.

축포 울리듯 사무쳐 울리는
교대 싸이렌!

일손을 멈춘 처녀들 한 때
밝은 낮으로 한곳에 모이네.
전등의 밝은 회의실 안으로
반장을 에워싼 환한 얼굴들

반장은 바로 그들의 어머니
그들을 길러 낸 선광의 어머니
오늘 더욱 싱싱하고 젊은 눈으로
수첩을 펼치여 그는 말한다.

　　— 동무들 수고했소. 참으로 수고했소.
　　　년간 계획은 초과되였소.

처녀들은 한덩이로 어머니를 안으며,
환성을 터뜨리며, 볼도 맞추며…

어느 누가 지난 일을 잊을 것이랴
맹폭에도 지켜 온 일터이거니
한 점의 불을 켤 수 없는 때에도
쇠를 일어 조국에 바쳐 왔거니

내 조국 아름다운 생활 위하여
무쇠의 억세임을 알고 있거니

다시금 어머니의 쟁쟁한 목소리
처녀들 가슴에 불을 넣는다.

— 오늘부터 八〇일 남은 날자를
  보람 있게 한층 더 싸워 갑세나—

꽃빛으로 타오르는 얼굴들에는
믿음직한 웃음들이 피여 오른다.
어머니와 처녀들 한덩이 속에서
누구인가 노래를 먼저 꺼내니

그 노래, 광부들의 칸델라불 더불어
산길에 굽이 흘러 은하수로 퍼진다.

— 산 좋고 물이 좋은 백년의 광산
  나 사는 이 고장이 내 고향일세
  쇠를 캐는 총각들 누가 모를가
  백년 처녀가 제일 좋다네…

一九五三・九

단야장의 처녀

단야장에 불꽃은 일어
광산의 밤은 휘황 찬란하다.
밤교대 일꾼들
정을 벼리는 이곳

그 언제나 푸른 직업복,
슬기론 그 처녀는 이 밤도
우람한 화덕의 불ㅅ길 속에
한마음 기울여 정을 달군다…

령 넘어 백리길에 고향을 두고
이 곳에 온지도 벌써 네 가을
기계소리 겁나던 그것도 옛일
감자바위 그립던 그것도 옛날

만산의 단풍잎 물들어 좋은 곳
선반공, 수리공, 젊은 착암수
친절하고 억세인 그들 속에서
그는 벌써 한 사람의 숙련공이다

광석을 캐여 내는 『총알』이라고

광부들이 말하는 착암기의 정!
이 정을 달구어 벼리는 일엔
한 가지 비결이 있는 것이니

지금도 쟁쟁히 울리는 소리
한 사람의 젊은이 그를 위하여
전방으로 나가던 그날 저녁에
처녀에게 한 말을 어찌 잊으랴

　　— 화덕의 불ㅅ길을 꺼뜨리지 말라
　　　우리의 가슴속 더욱 뜨겁게
　　　조국에 대한 사랑
　　　식히지 말라

지금은 이 자리에 그이 없어도
처녀는 그와 함께 정을 달군다.
그이의 속삭임을 가슴에 담고
한마음 뜨겁게 붉은 뜻으로,

一九五三

광산의『호랑이』

어느 한 착암수를 노래함

광산 사람들 항용 말한다.
착암기 그것은 중기이라고
정 그것은 총알이라고

광산 사람들 항용 말한다.
착암수 불러서 광산『호랑이』

첩첩한 산중에도 심산중인데
불야성을 이루은 광산은 좋아
높은 산 깊은 골 사시 주야로
쩌릉쩌릉 울리는 발파소리

지하에 깊이 묻힌 광석을 캐자
사회주의 태양 아래 실어 올리자
한마음 뚫어 드는『호랑이』마음
화약 냄새 구수하다네.

착암기 들어 쥐면『호랑이』기세
집으로 돌아 가면 온순한 남편

달빛을 밟고 걷기도 하고

눈비를 맞으며 걷기도 하고
집으로 오는 길, 일터로 가는 길
그는 언제나 생각이 많다.

세상엔 탐나는 영예가 많아도
그의 심중엔 한 가지 희망
광산 호랑이 그 이름다웁게
한번 소리쳐 말하고 싶노라.

— 자 여기에 한 발파 질러서
이만한 쇳돌이 떨어졌쇠다.

산정기 푸르게 불타는 눈으로
오늘도 그는 굴앞에 선다.

굴속은 오래 정든 곳이기
천 길 깊어도 떠나기 싫은 곳

쇠가 자석에 달라붙듯이
언제나 그는 그리로 간다.
구름도 별도 없는 곳으로
해처럼 밝은 희망을 가지고…

一九五三 · 一〇

탄부와 신부

탄광 마을 흥성거리며
사람들, 구락부 써클을 보러 간다.
길옆 포플라나무 우으로
큰별 애기별 반짝거리는 탄부 명절의 저녁,

한나절 축구의 백열한 시합이
순이 맘 죄이던 바로 그 운동장 걸으며
순이는 곁에서 한번 더 애인을 본다
오늘 시합에 승리한 젊은 선수를

지난 봄날의 흐뭇한 꽃냄새
아직도 무럭무럭 수집은 기억
제대 군인으로 탄광에 처음 온
그 때는 낯설고 점직한 총각이러니

때때로 둘이서 이 곳을 지나며
탄광의 이야기하고 또 하며
넉 달 스무 날 늦은 밤 많아도
마음에 있는 말 좀체로 못 하더니

아아 어찌사 참을 수 있으랴

청년갱 벽보에 그 이름 나던 날
로동의 새로운 사랑을 못 이겨
순이를 덤썩 이 길에 안았네.

아직도 무럭무럭 수집은 기억
순이는 살며시 그의 손 잡는다.
지금은 신랑, 모범 탄부로
한층 더 두터워진 그의 손길을

이제 구락부 무대로 가면
순이는 『도라지』 『아리랑』 부르며
그이는 객석 어느 한 자리에 앉아
손이 뜨겁게 손벽을 치리라.

수많은 탄부들 그 속에 있어
믿어 끝없는 애인을 보는 것
이 어찌 순이의 행복이 아니랴
이 어찌 그들의 행복이 아니랴

권양기 핸들을 잡는 그 손이
채탄의 도리루 잡는 그 손이
로동의 행복과 사랑을 잡고
명절놀이의 저녁을 간다.

一九五六

탄의 노래

머리우 전등을 두렷이 달고
탄부들은 지하로 달리여 간다.
지상의 락원을 꾸미기 위하여
에헤요 탄부는 지하로 간다.

탄이사 만일 없어를 보게
기선도 기차도 혈맥이 멎네.
탄이사 만일 없어를 보게
용광로 불ㅅ길이 심장이 멎네.

온성 아오지 탄으로 좋은 곳
지층을 헤치면 기름진 무연탄
봄이요 가을 사시나 장철
캐고 캐여도 끝없는 탄일세.

그 나이 벌써 머리 흰 아바이
아들뻘 되는 탄부들 속에서
롱담이 아니라 진정코 말하네.
한껏 젊어서 살리라 말하네.

쉰에 첫버선, 딸도 보았고

가슴에 훈장도 달아 보았고
이제는 여한이 없으련만도
한 가지 소원에 가슴이 찌-ㅇ

령남에 고향을 두었건마는
차가 없언가 탄이 없언가
어허참 어이
가들 못 하나

어제도 오늘도 탄부 아바이
령남 천리를 내닫는 기세로
머리우 전등을 두렷이 달고
탄차에 앉아 갱도를 달리네.

一九五六・九

나의 마음은 날은다

나의 마음은 날은다, 푸른 바다 우으로
수천 리 먼 곳도 아닌 그 곳에
부모가 계신 고향이 있어
정들어 못 잊을 집이 있어

총석정, 삼일포, 강릉, 경포대
관동 천리는 눈앞에 있거니
륙로로 가서 길이 없을가
물길로 가서 길이 없을가

오고서 못 가는 길이 있으니
가서 못 오는 길이 있으니
철의 국경이 있는 것 아니며
저승과 이승의 그 길도 아닌데

바위에 부딪쳐 수만의 포말들
분노의 몸부림 소리 높고
온 바다는 설레임 속에
보라색 구름들 찢기여 날은다.

여기 해당화 꽃피는 포구

행복의 열매 알알이 붉은데
저기 남쪽 고향땅에는
주림과 박해와 어둠 속에
늙으신 부모는 어찌 계신가?

가슴에 사무쳐 들리는 소리
— 아들아 언제나 만날 것이냐

갈매기 더불어 마음은 날은다
붉은 석양의 빗살을 헤치며
바다로 하늘로
훨훨 날은다

여기 불멸의 생명!
통일의 기지 있나니
행복의 길 걸어 오실 그날 위하여
어머님 아버님 오래오래 사시라.

一九五七

푸른 하늘에 취해 보자

팔베개 베여도 좋다.
잔디 언덕을 베여도 좋다.
활짝 열리인 하늘, 가없이 맑은 하늘,
푸르고 푸른 이 하늘에 취해 보자.

비 오고 바람 불고
번개와 우뢰 뒤섞여
속소리 나무잎 떨리고
먹장구름 뒤번져 부서져 몸부림치던 날
그 날은 꿈같이 사라져
씻은듯 개인 이 하늘!

지금 부드러운 바람은 일어
산과 시내, 살진 벌판을 쓰다듬는다.

종달새, 참새, 수리개,
새들은 숲에서 날아 올라 슬픔이 없고
나의 손에서 그 눈빛 홍보석 같은 비둘기
두 나래 펼쳐 훨훨
새 도시 우으로 높게 날아 오른다.

내 마음 이렇게 황홀해짐은
어디를 가나 항시 그리운 이 하늘이 있기에
이 하늘이 주는 광명이 좋기에
이 하늘과 더불어 나는 산다.

행복한 땅 우에 사랑을 맺어
살어리 살어리
나의 정열과 땀과 지혜를 아낌이 없이
이 하늘, 조국의 품에

순결한 사람아
어서 나의 곁으로 오너라.
휴일의 한때, 이 푸른 하늘에, 행복에
마음껏 취해 보자.

一九五七

가야금 (시조)

1
가야 가야라 우륵이 지으신 것
천 년 옛소리 맑고도 고운 가락
오늘도 둥당디당실 산조에 실렸세라.

2
사랑을 받았노라, 수천 년 받았노라,
무릎에 안기워서 두고 새록 받았노라.
이후도 인민의 사랑 두고두고

3
보아서 정겨웁고 들어서 흥겨웁고
우륵이 다시 오면 이 줄을 다시 골라
만백성 즐기는 세월 새노래 지으시리.

4
진양조 잦은머리 휘머리 롱현(弄絃) 속에
산천이 명동하고 절절한 뜻이 있다.
그중에 간절한 소원, 삼천리 한살림

一九五七

복 받은 땅에 (시조)

1
보아도 끝이 없네. 만져도 한이 없네.
운전벌 너른 벌의 흙 한 줌 쥐여 들고
내 나라 복 받은 땅에 입을 맞춰 보노라.

2
건갈이 애타던 벌에 청천강 물을 받아
첫해 물모를 내니 얼마를 좋았는가
첫애기 낳은 어머니 숨결이 여기 있네.

3
눈은 예도 오네. 꽃처럼 날아 오네.
추수 끝난 땅의 단잠을 덮어 오네.
땅이여 편히 쉬이라, 어머니 편히 쉬이라.

一九五六·一二

헌화가

별곡체

붉은 꽃 누른 꽃 연두 보라
오색이 령롱한 송이송이
화환으로 엮은 꽃이 피오이다.

아 그 은공 그 어찌 잊으오리까
八월 보름 좋은 날에 해방탑에 꽃 드리며
은혜론 벗님네를 그리오이다.

시월의 붉은 기 날리시며
이 나라 어둠을 쓸어 주신
쏘련 용사 그 모습을 보옵노니

아 혁명과 정의의 형상이시여
청동으로 새긴 모습 비문으로 새긴 공적
후손들의 가슴가슴 전하오리다.

모란봉 초목이 우줄우줄
우러러 예읍는 밝은 햇빛
흐르시라 비치시라 삼천 산야

아 이 강산 어둠이란 또 없사오리니

태백산 줄기에도 락동강 기슭에도
한없이 밝은 이 빛 흐를지어라.

새들은 숲 좋아 우지짖고
나비는 꽃 좋아 날아 들고
사람들은 세월 좋아 노래하니

아 이 세월 그 어디서 왔사오리까
사회주의 밝은 길을 열어 주신 레닌에게
영광으로 엮은 이 꽃을 드리오이다.

一九五六

애급의 신화

애급 신화의
오씨리스

그는
저승과 령혼의 지배자

죽은 자의 심장을 달아
선과 악을 판결한다.

오오, 오씨리스여 오늘
그대 위력한 저울로 달아 보라.

령혼의 심장이 아니라
살아 있는 그 자들의…
바로… 수에즈 지역에로
전쟁의 포화를 던진 그 비렬한 심장들을

그들이 쌓은 죄악은
운하 一〇년을 지난
모든 선박의 중량보다도
더 무거우리.

그들이 쌓은 죄악은
사하라 사막의 모래알로도
세여 다하지 못하리라.

오씨리스는 일어 섰다.
분노한 땅에
분노한 사람들, 애급은 일어 섰다.

침략의 그들
더러운 그들의 『령혼』을
지중해 안에 파멸시키라
인민의 힘 — 오씨리스여!

一九五七

독일 방문
시초

국경의 봄

오델강 유유히 흐르는 곳을
두 나라 국경을 나는 지난다.

전원은 끝없이 아름다웁고
홍도화 피여 봄은 좋은데

쇼팡의 나라 여기에 있고
베토벤의 조국은 저쪽에 있어

수만 리 먼곳을 떠나온 나에게
사랑의 음악을 들려 주노나

자유를 찾은 파란의 아이들
손풍금 울리며 꽃밭에 놀고

봄빛은 집집의 창문 가득히…
태양은 밝고 대지는 푸르다.

낯선 타국의 남 같은 이 아니라
마음에 그리웠던 파란의 형제

국경의 강을 넘으려 할 때
나의 려권을 친절히 본다.

두 개의 별이 빛나는 모자에
손을 붙이여 경례를 하며

　　—사랑하는 동지여 안녕히 가시오.
　　　몸 조심하여 다녀 오시오.

그것은 바로 나의 조국에
형제의 파란이 보내는 사랑!

이러한 사랑을 그 어느 시절에
국경을 지나며 받은 적 있었나

현해탄 건너던 슬픈 시절이
기억에 살아서 눈앞이 흐린데

어느새 기차는 한층 다정히
봄의 강물을 건너서 간다.

一九五五

백림이여

백림이여, 그대는 서쪽 노을이 불타는 곳에
그보다 먼 대지의 끝에
아무리 그대가 먼곳에 있다 하여도
나의 평양은 항시 그대의 벗이였기에

금색 날개를 펼친 새날의 광채를 받으며
봄의 노래와 아침의 노래를 불렀노라.

내 그대를 찾아 오늘에 가지는
우리의 사랑, 아 이 얼마나 두터운 것인가
그대여 들으라! 나의 심장 뜨거운 고동 속에
대동강 물이 출렁거림을…

맑스—엥겔스 광장에서 옷깃을 여미고
신생의 거리, 쓰딸린 거리에서 모자를 벗고
나의 인사 경건히 드리는 나의 눈빛 속에
모란봉이 보내는 형제의 인사를…

그대의 품으로 흐르는 스프레강이여
세월의 증인으로 한번 더 말하여 달라

거리에, 권력의 철학이 소란스럽고
검은 죽음의 날개 온 구라파를 휩쓸 때
히틀러 악당의 감방들에서
그 어떤 사람들이 혁명의 깃발을 지키였던가

강물을 스쳐, 붉은 지붕을 스쳐
신선한 아침의 미풍은 나에게 속삭인다
　—저 울창한 숲으로 갑시다
　　텔만의 이름이 저기에 있소.
　　수많은 사회주의자들의
　　이름과 이야기가 저기 있소.

그렇다 오늘은 온 세상이 그것을 안다
백림으로 백림으로 정의의 노도치던 날
파시즘의 검은 깃발이
구라파 진창에 꺼꾸러지던 그 날을,

백림 의사당 지붕 높이
붉은 깃발이 꽂히던 그날

모든 사람들이 그것을 보았다.
五월의 하늘 높이
독일의 두 천재가 예언한
새날의 붉은 려명을

아, 이 붉은 려명 아래

독일도, 조선도
새날의 축복을 받지 않았는가
우리는 한나무에 피는 꽃과도 같이,

아아, 인민의 도시 백림이여
지난 시절의 싸움은 헛되지 않았노라.
그대의 거리와 거리에서
나는 새 독일의 보람찬 로력을 보느니

그 어디서나
인간이 가지는 가장 행복한 길에서
진실과 애정을 느끼는
선량한 벗들을 나는 만난다.

나는 다시금 옛성문의 저쪽을 본다.
아직도 전쟁의 신은 살아 있어
파시즘의 검은 날개들 다시 날으는
백주의 암야, 서부 백림을

대체! 언제까지나
민족의 슬픔을 다시 참을 것이냐
새날의 태양, 금색 날개여
저기의 검은 날개를 부시라
(히틀러의 재생은 부셔야 한다.)

우람한 건물들이 일어 선다.

비둘기떼 하늘로 날아 오른다.
수백만 시민들이 움직인다.
강철을 다루며, 신문도 찍어 내며

스프레강 기슭에 대지 우에
인민의 백림은 거인처럼 일어 서 말한다.

—나는 하나다.
　나의 심장은, 의지는
　나의 깃발은…
　………

백림에서

一九五五·五

친선의 잔을 든다

친선의 연회는 시작되였다.
불란서 작가도, 파란 시인도
체코의 배우도, 중국의 교수도
모두 잔을 들고 술을 들었다.

한온실 속에 백화가 피인 것처럼
여러 나라 민족의 말들이 울리였다.

둘이서 셋이서 혹은 여럿이 둘러 서서
혹은 의자에 앉기도 하고 그 옆에 서기도 하고

잔을 서로 부딪쳐 키스를 시키면서
백 년 지기를 만난 희열의 인사와 웃음으로
넓고 화려한 연회장은 파도를 친다.

흑해의 파도가… 다뉴브의 물결이…
웽그리야 포도원이 설레이기도 하고
프라가의 밤나무 그늘도
필란드의 눈 쌓인 산도 보이는듯

멀리 인도에서 온 젊은 극작가는

모쓰크바의 붉은 별빛을 가까이 본다.
모든 사람들의 두터운 존경 가운데 서 있는
머리 흰 쏘련 작가의 곁에서…

그리고 모든 사람들은
평범하고 일상적인 말 가운데
생활의 진리를 말하며
평화의 비둘기를 날린다.

그들은 나에게서 그처럼 황홀한 것을
그처럼 아름다운, 영웅의 산천과
페허의 눈부신 건설을 보는듯
나의 앞으로 와서는
한사코 축배를 권한다.

보리수 그늘 설렁거리는
넓은 유리창 넘어로
둥근 달빛이 흘러 드는데
한 쌍의 늙은 부부가 조용히 나의 옆으로 다가 왔다.

산전 수전 인생의 험로를 걸어 온
그이들의 머리엔 흰 서리가 앉고
그이들의 눈빛은 바로
세월의 숲속에서 흘러 나오는듯

로인들은 나에게 정중히 말하였다

— 우리는 서부 독일에서 왔쉐다.
  인제는 가지 않겠소 여기서 살겠소
— 뭐, 령감, 길게 말할 게 있소
  영웅의 나라, 조선을 위하여
  잔을 듭세다 축배를…

아, 나의 조선은 그이들 사랑 속에 높이 있었다.
우리의 념원은 잔에서 잔으로 부어지고
우리는 세 개의 잔을 치여 들었다.
세 개의 잔은 공중에서 부딪쳤다.

  통일의 그날
  그리운 마음으로…

잔마다 가슴마다 출렁거리는 념원이여
제주도 파도소리 여기 들리여 오는듯
라인강 물소리도 여기 사무쳐 오는듯

넓은 연회장엔 다시금 물결이 일었다,
모든 잔들이 공중으로 오르며
량심의 세계는 한소리로 울리였다.

— 친선을 위하여!

와이마르에서

一九五五・五

깃발 아래서

한 폭의 강물처럼 펼쳐진
주석단 푸른 탁상 우엔
눈부신 깃발들이
나란이 놓여 있었다.

낫과 마치의 붉은 깃발이며
다섯 금별이 박힌 깃발이며
독일의 삼색기도
두나이강변의 모든 깃발이

남국의 열풍을 지닌 인도의 깃발도
북국의 흰 눈빛을 지닌 필랜드 깃발이며
세 가지 사상을 말하는 불란서 깃발도
모든 나라들의 깃발이 꽂힌 그 곳에

두 줄기 하늘빛 싱그럽고
붉은 정열의 대지
흰 광명 가운데
한 송이 붉은 五각별 빛나는 깃발도
그 곳에 나란이 나란이 꽂혀 있었다.

단상을 향하여
그 나라 대표들 그 깃발 앞으로 나아갈 때
나는 나의 조국의 깃발 앞으로
끝없는 긍지와 영광을 가지고 나아갔나니

우리의 한 모임을 위하여
우뢰와 같은 박수로 만장은 들끓었다.

모든 대표가 독일의 한 시인을 말하며
분렬된 독일의 통일을 위하여 말할 때
모든 사람의 뜨거운 시선은
나의 조국의 깃발을 주시하였다.

불속에 묻히여 오히려 날개를 친
이 불사조에 대하여
전쟁을 부시여 동쪽의 평화를 지킨
이 영웅에 대하여

나의 연설의 차례가 왔을 때
나는 이 깃발 앞에 일어 섰다.
통일의 념원으로 붉은 이 깃발 앞에
자유와 평화의 지향으로 밝은 이 깃발 앞에

나는 이 깃발의 념원과 진리와
이 깃발의 지향에 대하여 말하였다.

만장을 울리는 소리
　— 평화 만세!

오 수만 리 먼곳에 계신
나의 조국, 어머니시여
지금 이 깃발과 더불어 계신
어머니 나의 조국이시여

나는 이 세상에 나서
이 우에 더한 행복을 모릅니다.

一九五五

쉴러의 집을 찾아

옛 보리수 푸른 와이마르에
나는 당신을 찾아 왔습니다.

『질풍 노도』의 시대를 헤쳐
정열의 시인들 서로 만나던 이곳
당신의 이름으로 한결 추억이 깊은
뒷거리 조용한 길을 밟노라니

명상에 잠기여 소요하는 당신의 모습
보리수 그늘밑으로 보이는 듯도 하며
궤테를 만나 시상 높아진 당신의 발소리
포석에 저벅저벅 들리는 듯도 하며

더구나 당신이 살아 계시던 집으로
당신의 서재와 침실로 들어 설 때
고귀한 시의 세계로 당신의 숨결 속으로
나의 마음은 휩쓸려 들었습니다.

천만 사람의 심장을 흔들어 놓은
당신의 글발이 있고, 당신의 펜이
고풍의 탁상 시계와 옛촉대가 놓인

바로 당신의 청빈한 책상 옆에서

탁월한 시인의 목소리, 독일의 소리
당신의 심오한 사상을 듣노니

　　—사람들의 평화엔 국경을 두지 말라.
　　　분렬된 민족이여 하나로 뭉치자!
이는 당신의 절절한 념원
이는 바로 조선의 노래

아아, 우리의 시인이여
용허하시라 내 당신을 이렇게 불러
조선의 념원을 노래한 당신께
뜨거운 감사 드림을…

一九五五·五

시인에게 영광을

독일 시인 쉴러 기념일에

시인에게 영광을 드리는 날에
와이마르 거리엔 햇불이 흐른다.

사람들은 저마다 사랑을 지니고
시인의 동상 앞에 꽃을 드린다.

— 위대한 자유의 정신이여 불타라.
식을 줄 모르는 너의 심장에

세상엔 그 무엇이 아름다운가
오늘의 시인은 다시 말한다

포악한 령주들의 채찍을 꺾고
굴욕의 세기에 불을 지르라

불붙는 화살을 던지면서 나아간
간고하고 엄숙한 시인의 길에서

사람들은 저마다 끝없는 영예로
자유롭고 평화스런 세계로 간다.

아직도 민족의 분렬이 있는 한
사람들의 슬픔은 가슴에 있어

통일의 의지로 솟는 불ㅅ길이
독일의 심장에 타오른다

어떤 자 이 불을 끌 수 있다 하더냐
사람들은 모두다 횃불을 들었다.

시인이 노래부른 자유의 길에
영광의 그 날은 이 땅에 오리니

아름다운 독일의 아침 햇빛은,
라인강 기슭에도, 그 날은 비치리.

一九五五・五

탑지기 로인의 이야기

라이푸치히 푸른 들 우에
거인처럼 일어 선 기념탑 하나
탑층을 디디며 사람들은 오른다.
둥그런 탑의 지붕 우러러

그 어느 옛날 누구를 위하여
작쎈의 바위와 대리석을 다듬어
십오년 길고 긴 공을 들이여
여기 이러한 탑을 쌓는가

머리 흰 탑지기 로인은
탑 우에 조각상을 가리켜 말한다.

　　—나포레옹의 폭풍이 휩쓸 때
　　　이 땅에 일어선 용사들이요.

긴 칼 하늘에 번쩍여 들고
폭풍을 몰아 나아간 사람들

햇별은 찢기워 홍진에 묻히고
기마는 들판에 쓰러져 눕고

병사의 붉은 피 숲에 흘러도
독일의 령혼은 살아 있었다.

로씨야 심장도 삼키려 하던
나포레옹은 북풍에 밀리여
운명의 언덕은 모쓰크바에 있었고
로씨야 병사들은 용서치 않아

로씨야, 독일 두 나라 병사는
친선의 동맹 군세인 힘으로
주검이 쌓이는 결전의 마당에
불란서 군대를 격파했나니

여기, 그들은 피의 땅에서
독일의 운명을 건져낸 여기
수십만 전사들의 영예를 위하여
이러한 탑을 세웠노라네

끝없는 친선의 정을 베풀며
탑지기 로인은 간절히 말한다
조선에 돌아 가건 말하여 달라

—이 탑의 용사들은 오늘도 래일도
자유를 지키는 『수호신』임을…
이 탑의 용사들은 살아 있노라
분렬된 나라의 통일을 위하여…

이 탑은 라이푸치히에 있는 높이 九一메터나 되는 인민 영웅들의 기념탑으로 유명하다.

一九五五·五

선물

푸른 넥타이 목에 드리운
금발머리 귀여운 소녀
그의 시선은 나에게로 쏠리고
그의 두 볼은 능금처럼 붉었다

백림 작가 동맹 어느 한 방에서
그는 벌써 나로 하여 가슴 죄이며
이 방에 먼저 와 기다리고 있었다.

작가들이 서로이 말하는 사이
그의 푸른 눈동자 반짝거리며
나에게서 조선의 신기론 이야기
눈앞에 보는듯이 듣고 있었다.

불바다 포화 잿더미 속에
산마다 있은 영웅들의 이야기
원쑤들의 심장을 서늘케 한
조선의 소년들이 싸운 이야기

一, 二一一 고지 그는 보는듯
대동강 모란봉을 그는 보는듯

폐허에 일어 서는 우람한 새 평양도
나의 눈빛 속에 찾아 보는듯….

끝없는 흥분과 감격을 못 이겨
그는 일어 서 내 앞으로 가까이
두 가지 선물을 테불 우에 놓으며
불타는 입술로 나에게 말하였다.

　　— 나는 참으로 만나고 싶었어요.
　　　이것을… 이것을 전해 주세요.
　　　그리운 조선의 삐오넬들에게.

　　— 이것은 우리의 푸른 넥타이
　　　이것은 독일 삐오넬 휘장
　　　그리고 이것은 나의 편지예요.

아아, 이 순정의 마음!
조국의 꽃봉오리 귀여운 아이들아
너희들의 친구가 여기 있구나

두 가지 선물은 무엇을 말함인가?
편지는 짧아도 끝없는 마음
너희들의 친구는 이렇게 썼다!

　　— 『수백만 독일의 삐오넬 횃불은
　　　동무들을 사랑하는 불ㅅ길인 것을

수백만 독일의 푸른 넥타인
평화를 사랑하는 깃발인 것을

조선의 동무들아
잊지 말아라』

백림에서

一九五五

목련화

어버이에게 올리는 시

어느 한 녀인의 노래

어버이시여
바람이 불고 비가 내립니다
대지 우에 흩어진 구름 다시 몸부림칩니다
소삽한 길 떠난 님으로 하여
나무잎처럼 이 마음 떨리옵니다

바위에 부딪치는 물결인 마음
천 갈래 만 갈래로 으스러지고 흩어지느니
거칠은 님의 길에 바람이 잦을가
국경의 검은 밤이 고요나 할가

어버이시여
하늘은 울고 땅은 움직이고
님의 레포를 기다리는 이 마음 활활 타느니
어이 내 홀로 님의 뜻을 배반하리까

어버이의 불효라 이 몸을 버리신대도
이 몸은 어버이를 모시오리니
아아, 허지만 어버이의 녹쓴 륜리는
이 가슴에 타는 불 끄지는 못하오리

어버이시여
이제 님의 새로운 레포는
조국 하늘에 무지개를 박으오리니
험난한 지름길에
바람 불고 비 내리는 님의 길
끝없이 생각는 이 딸자식 가슴 우에
위안의 따스한 손길 얹어 주시사이다

— 내 자식아! 내 너를 믿는다— 하시며

一九三三 · 三

젊은 시인의 광상곡

젊은 시인은 생각한다
자유를 기다리는 사람들을—

삶에 힘 지치지 말라
오 하늘을 우러러 합장을 말라
신의 동상은 하수도로 굴러 갔으니

마음의 창문을 열고
붉은 태양을 받아 들일 줄 알라

자유란 거미줄에 얽힌 나비가 아니다
정의란 혁명에 피는 붉은 꽃
노예 해방은?
오 언제나 언제나 축배를 들 것이냐

자본주의의 사랑은
저울대 우에 황금을 올려 놓고
훈장의 월계화는
쓰러진 병정의 탄식에 시들어지고

오, 려명이여

저항과 피의 긴 밤이 샐 때
밝은 새날의 거리 우에
젊은 시인은 승리의 노래 부르리니

탄식의 구름다리도
파시스트의 무리도
짓눌린 생활의 푸념도
어둠과 더불어 쫓겨 간 거리에

그때 선구자의 동상은
젊은 시인의 힘찬 노래에
빙긋이 미소하리라

一九三三

동방의 태양을…

동방이 얼어 붙었다
태양의 붉은 빛이 얼어 붙었다

젊은이여, 이 고장 백성의 아들들이여!
손에 든 화살을 힘주어 쏘아 보내라
태양을 가린 암흑의 구름 쏘아 흩쳐라

백성은 광명에 굶주리고
강산의 줄기줄기 숨죽이고 누웠으니

허물어진 옛터
남의 꽃잎 하나 둘…

수천 년 이 땅에 뿌리 깊은
슬기론 나무들의 신령은 일어 나라

아 젊은이들아
함정에 빠진 사자의 웨침만이
광명 잃은 악보 우를 달음질칠 이 날은 아니다

화살을 쏘라

동방의 태양을 뽑아 올리라
피끓는 마음에 불 붙여
낡은 봉화재 우에 높이 들고서
산과 들 곳곳에
새날의 『레포』를 아리우라

一九三三・一二・二〇

인간

계단 저 밑에
분노에 찬 사람들 수군거리외다
황금과 빈궁에 눌리운 사람들
이제 더는 견딜 수 없어

생활의 밑바닥에서 울리는 선언—
학대와 야욕의 세계를 무찌르려 하나니
분노에 찬 그림자들
계단을 밟고 무섭게 올라 갔사외다

지금은 침묵
폭풍의 예보와 같이
계단을 비쳐 미래의 화폭을 그리는
한 줄기 광명

아아 개벽 전의 침묵이 터지려 하는 이제
압제자를 삼키러 갔는가
폭풍을 치러 갔는가

아아, 시간은, 공간은
이 무서운 폭풍에 전률하외다.

一九三三

바닷가에서

바닷가 밀물에 손을 잠그며
꽃무늬 자갈 만지며 만지며
고향을 마음에 두고 생각노니
물결로도 끌 수 없는 심화가 이는구나

하늘도 끝이 없고 바다도 끝이 없고
흰 갈매기 거침없이 날아 감이여
오, 침묵의 포구 떠나는 젊은 돛이여
너 행복을 찾아 어데로 가려느냐

젊은 수부여, 별빛을 간직하라
너 어두운 항로에 방향을 찾으리니
붉은 기폭이 펄럭거리는
지상의 파라다이스를 찾으리니

훨훨 내 마음의 날개는 날은다
갈매기여, 젊은 돛이여 안아 오라
새로운 세상의 이야길 들려 다오
아아, 서광이 바다 우에 비쳐 온다

『추억의 건축』에서

一九三四・一〇

향수

가을밤의 긴 허리를 안고
나는 누에와 같이
한 줄기 생각의 실을 뽑노라

멍들어 아픈 가슴을 어루만지며
울분의 술잔을 기울여 그 몇번이런고

이역 창문 아래 식을 줄 모르는 향수여
이 밤은 끓는 심혈을 찍어 향가를 쓰고 싶으이

류랑의 험난한 세월은 가라
게다소리 소란한 거리도…

이제 창문을 열고 달빛을 안고
나의 마음은 만조를 기다리는 배와 같나니

아아 현해 천리에 파란이 높다 해도
내 고향 갈 날은 있으리

그리운 고향, 산으로 말하면
이 가을 송이 냄새여 좋으리

一九三五

밤

눈발은 어둠을 때리며 날린다
창문을 닫고 나는 차디찬 자리에 눕는다

어디메쯤 단침이 돌아 갔는고
이 밤은 어린 시계도 잠들었구나

이따금 문풍지 울어 흔들면
바람에 불리여 누웠다 다시금 일어 서는 촛불!

언제부터 내 고향을 잃었드뇨
님이여, 대답을 하소 어디메 계신가

눈은 내리고
눈은 쌓이고

쌓이는 시름을 견디여 새자니
삼동 추운 밤이 더욱 길구나

一九三五・一二

북행 렬차

인조견 무늬 같이
하얀 얼음꽃 피는 유리창—

륙로 이천 리를 한밤에 주름잡고
북으로 달리는 차창에
얼음꽃은 한사코 무성해진다.

향수에 휩쓸린 나의 손끝이
얼음꽃을 떼고 긁는 그 자리에
까아만 밤의 빛갈은 자꾸 흘러서 들고

나라도 없는 짚시의 자손들이냐
검은 창밖을 보며 생각에 잠긴 사람들,
… 아아 나의 조국아!

차디찬 나무걸상에
쫓기는 어버이, 아이들 피곤히 잠들고
소란한 찻소리 헤치며 침묵은 층층 괴이여 드는데

허나 높으락 낮으락 들리는 숨소리
부풀어 오른 가슴들에는

삶의 불꽃이 튀는듯
한 녀인은 붉은 목도리 쓰고 돌아 눕는다.

밤의 까아만 빛갈은 차창에 붙어
보얀 얼음을 딛고 미끄러지나니

얼음꽃은 나비도 없이 자꾸 피여 나고
나의 청춘은 끝없는 생각에 잠겨 잠 못 이룬다.

一九三六

목련화

목련화 한 가지 꺾어 화병에 꽂으니
교교한 달빛에 덥썩 안고 싶네

너 무슨 일로 흰 상복을 입고
산에 피여 순결히 사느냐

애련히 돌아 선 녀인의 머리채인가
꽃가지 그림자 길게 누웠고

희고 흰 꽃잎이 번 그 품속에선
사랑을 못 잊는 향내 무럭무럭

도무지 한낱 등불이 없는 산협이 있네
교교한 달빛도 마음을 흐릴 적 있네

눈물을 쏟을 아무런 그릇도 없는지라
젖은 볼 우에 미소를 띄우는 꽃아

아무리 불우한 세월에 산다 하자
그래두 한 나라의 청춘은 피고 피나니

빼앗긴 사랑 못 잊어 못 잊어
오오 목련화, 흰 상옷을 입었다네

오대산에서

一九三七·六

해당화

무슨 생각에 잠기였누 산간 황혼에
제 고향 바다가 그리운게지 해당화 해당화

애오라지 정열의 붉은 단장
어쩌다 바다를 떠나 산에 와 피누

바람에 지는 해당화 꽃잎
갈매기를 부름인가 이리저리 날으네.

바다는 여기서도 백 리허구 이십 리
암만 날아두 꽃잎은 못 가네

룡궁을 그림인가 아롱진 이슬 이슬
꽃에 맺히여 파도를 부른다

붉은 조갑지, 붉은 꽃속엔
바다의 숨결이 들리여 오는듯

망명한 녀인, 쫓겨난 사람인가
고향에서 못 사는 귀양살이 꽃이여

절조를 지키는 네 마음 알아서
산새도 날아와 네 옆에 앉는가

내 나라 산이면 싫은 데 없어도
살던 바다가 더욱 좋더라

오오, 해당화 내 운명을 지닌 너
바다로 가자, 바다로 가자.

ㅇ 대산에서

一九三九

청풍의 산협

층운이 층층이 층암을 기여 올라 하늘이 이마에 닿은 사면 석벽으로 째인 이 산협, 이 청풍의 산협은

시시로 맑고 때때로 흐리고, 노을 섰다 무지개 흐르고, 은하 보석이 총총했다 쪼각달이 산끝에 뜨기도 한다.

어느 선녀의 잃어 버린 보물이뇨, 색색이 꽃, 색색이 나비, 울창한 숲, 솔, 잣, 노가지 향나무 상수리 단풍나무, 다람쥐 꿩 두견이 딱따구리 모두 오란도란 정다이 사는 이 풍치 안에

푸른 절벽에 폭포는 걸려, 눈가루 구름가루 피여 오르는 그 아래, 나 또 그림의 초부처럼 옥류에 발 잠그고 금강 풍치에 취한다.

억 년을 두고 봐라 어느 천사도 어느 폭군도 이 풍치는 훔치지 못하리라, 어느 태고에 누가 만든 조화이뇨 산을 열고 하늘을 열고 나가고 싶다 아아 세상 리치가 알고 싶다.

금강이여, 네 먹은 나이를 일러 다오, 하나의 젊음에도 여백을 주지 않은 세월이여… 오오, 풍치여 너는 이 산협 안에 너의 아름다움을 자꾸자꾸 더 낳아 다오.

금강산에서

一九三九

3부_ 산문

海濱의 斷想[1]

趙重連, 『佛靑運動』, 朝鮮佛敎靑年總同盟, 1932.10.25

人間은 險惡한世上이엇만 이險惡에서 平和를찾으려애쓰며 無常한人生이엇만 이無常에서 常의眞理를 찾으려애쓴다.

그렇나 平和를사랑하고 人間自身을 사랑하고 眞理를 사랑하는것이 또한 人間이엇만 世上은 넘으나複雜하고 넘으나 不安에쌓여있지않은가 (五行略) 삶 그것이 얼마나많은悲劇을낳는지. 그러길내 世尊께서는 이人間界를가르켜 苦海니火宅이니 하신상십다.

◇

이렇게 내생각이 흘러저갓다. 그렇나 끊임없이 흘러가는 空想의실마리는 灰色빛으로 變하여갓다. 온世上이 오즉 悲愁의차듸찬 구렁과같앗다.

고기ㅅ내음새나는 漁村의 숲길을걸어오는동안의 내마음은 몇번을 어두어젓섯는지 — 現實 그것이 몇번이나 이가슴을 쥐여뜯엇는지몰은다.

그렇다해서 그氣分이 끝없이흘러가지는 않엇다. 洋洋한滄海의바람이 가슴에안길때 灰色빛 憂鬱에질닌 空想의실마리는 熱情에익은 붉은빛으로 生의脈動은 질거이뛰엇든것이다.

◇

바다가 그리워찾어온 나의게 그바다는 님이엇다 식어가는듯한 心臟을 억센 그波濤는 살니워주엇다. 銀파도 金파도가찰삭대는 고요한나루의 몰애불을 걸어가며 나는 질거운노래를불럿다. 내발자최는 沙場우에길—ㄹ게 번어저갓나니 마치 世上을건네는者의 더없은 자최와같이……….

---

1 원문에 '隨筆'이라는 양식명이 명기되어 있다.

◇

水平線우으로 이는구름 그사이를 아득하게지나가는帆布. 언제나밀려들고밀려가는 물결의울엉찬노래 바위에부드처 千갈내 萬갈내로 부서저헤어지는 煙波의 씩씩함—

이모든것은 젊은이의意氣 그대로의 푸들거리는 脈搏을 象徵하고있엇다.

바다를보는마음은 시원하엿다. 汪洋한바다에 넘나드는바람은 世流에 찌든넋을 씻어주고도 남엇다.

그렇나 喧雜한世事와 지긋지긋한 懊惱를박치[차—편자]고 헤넓은 바다우에달음질치는 내靈은 갈맥이의 흰날애쪼각을붓들고 孤獨에 흐늑여울엇슴을 엇저랴 그림자와같이 이몸을 ᄯᅡᆯ어단이는 그 孤獨은 쓰듸쓴눈물을 받어먹고자라난 내生의同伴者인것이다.

生을짓밟히는 人間! 그呼訴는 넘으나 애처러운것이다.

배움이란 무엇인지 崎嶇한環境에서 악착스러운 現實에짓밟히우며 배워야 되겟다는 그意義가 어데있는지 나는 내 自身의게 이것을 물어보기는 괴로웟다. 배워야될것만은 事實이엇만 배워서는 무슨인[일—편자]을엇ᄯᅥᇂ게 하엿으면좋을까 그래도 大衆은 배워나아가는者들을 期待하고있지않은가 或是 저들가운데 이 社會 或은 이集團을 리—드할者있을이라고믿지않는가 생각하면 가슴이답답하여진다. 地震을맛난 地盤을붓들고 生을求할려는 애처러운大衆에서 배움의길을밟는者의짐은 큰것이다. 이위테로운雰圍氣에서 그社會 그集團의生動의脈搏은 오즉 그들— 젊은이들의 意氣에서만 찾어볼수있는것이다.

◇

나는 조그만주먹을쥐인채 海濱을걸어가며 붉어진내마음과 풀은저바다와의 거릿김없이 融和되는奇蹟을보노라

울엉찬 바다의脈動을 듣노라

젊으니여 이바다의 큰呼吸의 멜로듸를듣는가 걸찬 바다의노래를 듣는가

水平線을뚫고 날마다솟아올으는 한울의覇者인太陽의 뿜는피를 이海濱에서서 마시어 보앗는가 젊은이여!

오! 들으라!

風雲을걷어헤치고넘어저가는 柱礎를 바로잡을 젊은이여! 바다를 배우라 바다의힘을배우라

迦毘羅城우에빛난 久遠의聖光 — 三千年前의 白毫光은 東海 한조각따우에 彷徨하나니 젊은이여! 큰眞理앞에 거짓없는信仰의힘으로써서 이社會이集團의幸福된 運命을 빚으라 — (끝) —

慶州巡禮記

옛달울을 찾어서 (一)

趙靈出,『佛教』, 佛教社, 1933.4

가을 한울은맑다뿐이랴 또한香氣로웟다 慶州巡禮의첫발길은 끔직이도 가비여웟다 흙음이 엉기々설인 古都를찾어가는者의마음이 무엇이 깃브랴만은 憂鬱의學窓에서 차듸찬 科學에 얽흐러진 胸襟이 맑은 大氣를向하야 自由로이呼吸을하는것은 깃븜이않이랄수없엇다

十月三日 우리들은 새벽七時頃에 京城驛앞廣場에 뫃엿다 네분先生님의引率下에一行은 釜山行七時四十分列車에 몸을던젓다

長安을 욺이는 汽笛한소래 車가움직이는줄은 몰으건만 南山은 움직이기비롯하엿다 紅塵의진흙구덩이인 都城을 떠나가는것이다 그렇나 漢陽도 피흙이고 넘어진 옛城 慶州도 한숨속에 살어진 옛城 廢墟에서廢墟로 南北三千里 이짓[곳–편재]이 모다廢墟인것이며 지긋々한過去의遺物인것이다 뭇처질것은 뭇처지고 새로建設될것은 建設되여야 할것이라고 생각햇다

三角山 그림자잠긴漢江을 한숨에건너가는 汽車의 울음좇아—.

汽車는 가을한울에 검은 입김을 뿜으며 平原을 더듬고 山을더듬고 물을건느며 南으로々 달어낫다 동무들은 먼길을 떠나는깃븜에 노래하고 춤추며 질겨하엿다 모—든 근심을 잊어두고……. 젊어서 못질기면 어느때 웃어보리 옛실음 잊어두고 노래하며 춤추노라 기구한 삶일수락[록–편재]에 질겨웃고 클것을. 멀이 구름이 한가롭게 흟엇다 무슨驛을 지냇느냐고 물으니 成歡을지냇다고한다 다음이 天安!

天安에서는 牙山한울이보일터이지? 생각할사록 가슴이막々하여젓다 世上을 원망해 무삼소용이 있으랴만은 쓰듸쓴 世流에 밀이고 부닥기어 漂

浪의길욱에 한쪼각'生'을 더듬어 헤매는이어 自身을 생각할새 心臟의 어여지는듯한늣김이없지 않엇다

故鄕이 어데냐고 누가물으면 나는 故鄕이없다고 對答하는것이 내의習慣이엇다 고개를숙이며 '나는 故鄕이없소'라고 언제나같은 對答에 같은 한숨을 흘이는것이다 그리든故鄕 — 내낳은牙山이 天安에서 머지 않은것이다 悲哀의 차듸찬구름은 내넋을안고 故鄕 한울에 떠낣어갓다 누구나 故鄕이 않이 그립으랴만 記憶에서도 찾어볼수없고 오즉 空想에서만 찾어볼수있는 내 故鄕牙山은 넘어나 이애를 쏠아먹은 存在엇다 내故鄕은 西海ㅅ바다의물결이 찰삭이는 곳이라한다 그리고 그얼골은 많은戰亂에험젓고 先驅者 金玉均先生의 墓가 그곳에 있다한다 그山이엇지 생겻고 그물이 엇지흘으며 그마을이 엇뎧게누어있는지 더구나 내낳은 靈仁山밑 조그만草屋은 只今 엇지되여있는지 꿈에서도 찾어볼주[수—편재]없는내故鄕은 넘어 애처러운 存在이다

'天安!'그것은 驛夫의 외치는소리엇다 내故鄕 山川이 저긔요 가르킬새 눈물이 넘칠뜻해 구름을 갈으켯네 구름도 故鄕ㅅ구름이라기 눈을감고 한숨지다

어느듯 天安을떠난汽車는 如前이식々어리엇다 故鄕ㅅ한울은 점々멀어젓다 그것이얼마나 고마운지몰낫다 내마음속으로는 하염없이 울엇다 그러나 '그래도 큰뜻먹엇으니 웃음웃고 나가지'하며 붙으지젓다

車는 씩々하게 달어낫다 내마음도 어덴가 멊이〳〵 달어낫다 芙江이 지나갓을때 난데없는 한줄기 江ㅅ물이 西ㅅ쪽으로 흘어가고잇다 이것이 白馬江上流라고한다 이물줄기를 땋어나려가면 그곧이白馬江이고 그江갓에는 눈물겨운落花岩이있을터이지? 百濟의 애닯은 옛이약이를 이물결이 落花岩을 싸고돌며 이약할터이지?

大田에 到達하엿슬때 一行은점심을 먹엇다 달어나는汽車를 그누가 막으랴 汽車는 어느듯 秋風嶺을 넘어가는것이다

午後 四時頃에 大邱驛에到着하야 한二十分後 다시慶州行輕便車에 乘換하듯[엿-편자]다

東村 半月夜 琴湖等을 지나가는동안에날은 점을엇다 暗黑이온世上을 짓눌넛다

車窓에 숨어드는 가을밤ㅅ바람은 저윽히 사늘하엿다

七時三十分이나되여 불빛만이깜박이는 慶州古都에 나렷다 古都에 부는 바람엔 색닮은 향긔 나는것같앳다 慶州는 검은빛바다에 폭파묻혀 있음으로 山도들도 모-두가 한빛이엇다

쓸々한 거리를 걸어갓다 이곧에도 붉은燈ㅅ불 풀은燈ㅅ불은 눈을뜨고 있엇다 千年前 옛서울에도 알미운現代文明의발길이숨어들엇다는것은 생각할사록 섭々하엿다

安東旅舘에들어 저녁을먹엇다 왼하로를두고 車에 시달닌몸을 자리에 눕히니 그것처럼 좋은일은없엇다 古都에와 두다리를펴고누어 옛일을헤아리매 내또한 옛사람인상십헛다 옛사람들을 꿈속에 만나지라고 마음속빌며 잠에 앙겻다

이튼날

가을날은 언제나淸明하엿다 古都의 運命을보고 우슴울든 옛터에뜨는 해가 오늘도鷄林을 붉게 물들여주엇다

午前八時半頃에 旅舘庭前에 一行은 뫃여黃先生님의 陳列舘의 古蹟說明을 듯다

다음 古蹟陳列舘에이르러 偉大한新羅藝術의香氣를맛보다

가장드러난 몇가지를들건댄.

金冠은 一千五百年以前의것으로 距今十年前에 鳳凰臺옆 古墳에서發掘된것이라한다 휘황한금빛 奇妙하게 맨들어진貌様이 冠을新羅ㅅ임금은쓰시고 百姓을 다슬엿술터이지 그冠이 一千五百年以後에와서 新羅文明을 빛내고있지 않는가

石獅子 二個中에 一個는 芬葟[皇-편자]寺塔側으로붙어 一個는 月城田中으로붙어 博物舘으로移轉되엿다한다 直立한獅子刻은 日本人山松陰氏의손으로들어간胡人及獅子의石刻과掛陵前武人及石獅子와같이 波期[斯-편자]애시리아獅子狩式圖形으로싸산(一千七百年前)王朝의藝術的文化의影響을 받엇다한다 뒷발을벋이고 앞발을 거단이는 그氣像 그는新羅人의 氣像이아니고 무엇이랴

異次頓의紀念碑 新羅第二十三世法興王十四年(西紀五二七)에 國仙教卽花郎敎가 勢力이있을때 佛敎를爲하야 勇敢히 犧牲된朴厭觸의紀念碑이다 이는 第四十一世憲德王九年(西紀八一七)에 僧惠隆孝圓等이創立한바이라한다 石碑엔 희미한 碑文과斷頭勇血의彫刻이있어 爲法忘軀의옛일을 말하고 있엇다

王笛 이는新羅時代에使用하든것으로 神秘的存在임에 興味가있엇다 新羅高麗를通하야 國寶로保管하여오다가 中年에遺失되엿드니 李朝肅宗三十二年(西紀一七〇六)에 州人全承鶴이客舍土塀中에서發掘하엿다한다 하나는黃笛 달은하나는青笛 이것이鳥嶺以北에선 소리가안난다고하는神秘的存在이다 — 鳥嶺以南而鳴 鳥嶺以北而不鳴 — 이玉笛ㅅ소리에 新羅ㅅ王宮은얼마나 平和에 잠들엇섯든가 新羅의魂을한입에 덥석물은 이玉笛은 쓸々한古蹟陳列舘한모에 잠들어 누엇구나 黃金時代의新羅도 永遠히 돌아오지못할 길손의잠이깊어 過去의 한쪼각遺物이되여 젓대 빈구멍속에 고히 숨어있지않은가 玉笛다시운들 新羅는 못올[울-편자]것을……. 그러나 다시운다면 新羅의눈물은 긔여코쏘다지리라

끝으로 나오다가 奉德寺鍾(聖德鍾)을 보앗다 新羅第三十六世惠恭王六年十二月始作하야 同七年十二月十四日에 이르러 朴韓味等의손으로完成된것이라한다 重十二萬斤口徑七尺五寸 口周二十三尺四寸 厚八寸되는 巨鍾에 또한寶相花文과飛天文等의 彫刻이있어 가장有名한藝術品이라한다

이鍾은 人柱를세워鑄造한것임으로 그餘韻이'에멜레〜'한다는 傳說를

품고있다 보기에도 커—다란鍾 우리들은 그鍾ㅅ소리를 들을만한 機會를 얻엇다 그러나 그것은 결코 新羅ㅅ사람이치지는않엇다

'떼—ㅇ'하고 鐘은 울엇다 나는이전詩를 생각햇다

新羅ㅅ적 鍾이 울엇네
밤千年 낫천년만에 그鍾이또울엇네
鷄林 흰닭은 어데갓소
新羅 큰百姓들 다어데갓소
新羅ㅅ적 鍾이 울엇네
갈ㅅ바람만이 쓸々한 古都에
이鍾만이 호을로 눈부비며 울엇네
新羅가 살엇다 우느뇨
新羅가 죽엇다 우느뇨
멋없이우는 그鍾ㅅ소리 月城갓으로살아저 가는구나
新羅ㅅ적 鍾이 울엇네
餘韻은 끊일뜻 이을뜻흩어저가네
鍾ㅅ소리에 넋을잃고
灰色ㅅ빛 過去에 貞操를 빼앗긴무리여
新羅는울엇다 그러나
鍾ㅅ소리 슬어질때 新羅는잠든다
狂女와같이 現實은다시 高喊치며 달녀드느니
아— 過去와 現在에 쫒기운 무리여!
新羅ㅅ적 鍾은 울엇다
新羅ㅅ적 鍾은 그게설어
에멜레〱울다 살아저 가는것이다

어덴가 검정안개가 덮인듯한 마음으로 古蹟陳列舘을나서 南쪽길로 가다가 다시西으로 꾸불어저 稻波가넘실거리는平原사이로 벋어진길을 걸어갓다

길갓에서 멀이東便山기슭을바라보며 그곳에 栢栗寺가있고 瓢岩 掘佛寺等이있다는說明을듯고 다시 左便으로 閼川 論虎藪에대한자미있는 傳說을듯다

瓢岩은新羅初(西紀約七〇年前)六部의 한아인楊山部長 李謁平氏의誕生地로名稱의起因은 傳說이라하겟스나 東京雜記에 "俗傳新羅時以此巖有害於國都種瓢以覆故名焉"이라하엿다

論虎藪는 新羅二十八世元聖王時二月八日에金現이란사람이 興輪寺塔을遶廻하다가虎娘과結緣하야 虎娘의死後에 虎願寺를지엇다는곳으로 일음이있는곳이다 一燃[然–편자]이란 사람이 이곧을지내다가 이런詩를지엇다한다

義重數條輕萬死 許身林下落花忙掘佛寺는 新羅第三十五世景德王時(西紀七五〇年頃)에 王이栢栗寺에行次하시다가地中에서唱佛聲을들으시고 大石을掘出하야 四面에佛像을彫刻하고 그곳에절을지은바 이것이라한다 只今에도殘存한四面石佛은彫刻으로優秀를자랑하고있다고한다

栢栗寺는 新羅第三十一世神文王(西紀六九〇年)時에重創한절로 有名한大慧像의神造品이있엇고 孝昭王時에國仙夫禮와萬々波々息笛와[과–편자] 玄琴等를北狄에게遺失하엿다가 大悲像의神力으로 還歸하엿다는 곳으로 八怪中에 한아인 栢栗筍松이있어有名한곳이다 閼川을 이약이할새 나는먼저 皇龍寺大鍾이 그모래밭에 파묻혀있다는傳說이숨은곳이라는것을 말하고십다

新羅의貿易港이그곳에있어 日本과 支那交通의門戶가되고 또한 軍事的으로 많은軍艦이 出入하엿다한다 新羅文明을이약이할새 엇지 이것을남겨놀수있으랴 新羅ㅅ사람은商業이 또한發達된사람들로 支那와의貿易은 퍽

으나繁昌하엿다한다 다시이江은 第三十七世宣德六年(西紀七八五)正月十三日에王이崩함에 王位繼承의第一望을가진周元이水北에있어 江水의漲溢로 건넬수없어 第二望에있는 敬信이卽位하야 元聖王이되엿다는 곳이다

다시발길을 재촉하야 한참이나 걸어갓다 塔이보엿다 그것은芬皇寺塔이엇다

芬皇寺는 新羅第二十七世善德女王三年(西紀六三四)에落成된巨刹로서 同時에築成된 九層塔은只今三層만남어잇고 三十五世景德王十四年에 有名한彫刻家 强古乃末[末-편재]의造成한 三十萬六千七百斤의 重量인銅造藥師如來像은燒失되고말엇스며 和諍國師(元曉)의碑는碑趺만 남어잇다

지긋〳〵한兵亂으로 모-두가荒廢하여진芬皇寺를 호을로 塔만이 이렇단 말없이 이젯것직혀온것이 끔직이도 고마웟다

× ×

이紀行文이벌서 한해를隔한過年의것임으로이제 다시살피매 거북한곳도 많고 지금생각과 틀닌데도많습이다 그러나 한갓 慶州巡禮를 記念하는 마음에서 부족하나마 여러분께 받힘이다

慶州巡禮記[2]

옛달울을 찾어서 (二)

趙靈出, 『佛教』, 佛教社, 1933.6

芬皇寺를나서 그앞 콩밭좁은길을 거러갓다 明活城址를 외인便으로 바라보며 皇龍寺址에 발을옴겻다 아무흔적도 찾어볼수없는 皇龍寺터는 넘어도 荒廢하엿다 이것이 廢墟다

한때의榮華가 낮이면바람되여 숲울에 흐득여울고 밤이면 이슬되여 풀닢에 잠들어자는 오즉空虛만이 떠흘어가는곳이 이 廢墟다 숲속에우는버레울음이 옛豪華를울불으짖으며 기럭이나는 가을하눌의 한쪼각달이 옛歡樂을 괴롭게 이약이할뿐이다

이곳에 큰鍾이잇엇고 이곳에 九層大塔이잇엇고 華麗한 金堂이잇엇슴을어이아랴 어이짐작하랴 오즉 콩밭이이모저모에 삐어저잇는 커-다런 주초ㅅ돌만이 '이것이 皇龍寺ㅅ자리요—'하고 외우칠뿐이다

이절은 新羅第二十四世眞興王 十四年(西紀五五三)癸酉二月붙어 三十年乙酉까지 十七個年의 長久한時日을 쓰어築成된 巨刹로써 그時節의 國家的信仰의 中心地요 그時代의 크나큰 자랑ㅅ거리이든것이 高麗第二十三世高宗二十五年(西紀一二三八)戊戌에 무지한蒙古兵의 侵襲으로 여지없이 燒失되엿다한다 얼마나 無慘한일이랴 其中에 大[丈-편자]六佛像은 眞興王三十五年甲午三月에 銅三萬五千七斤과 黃金一萬一百九十八分으로 造成하고 鐵一萬二千斤과黃金一萬百三十六分으로 左右二菩薩像을 造成하야 國寶의하나로 되엇섯다하며 左右金堂은 第二十六世 眞平王六年(西紀五八四)甲辰에 造成되엿다 한다

2　'독자문단'란에 수록되었다.

國寶의 하나로 가장일음이잇든 九層塔은 二十七世善德女王 十二年(西紀六四三癸卯)에 慈藏國師의 要請으로 伊干龍春의 監督과 百濟神匠阿非知의 主幹下에 二百餘小匠의 助力으로 創始하야 同十四年乙巳三月까지三個年의時日을지나 그를 建築하엿다하며 鐵盤以上의 高가 四十二尺 以下가 一百八十三尺으로서 九層의鎭國塔이더니 天火震傷으로 六七次의重修를 거듭하엿스나 그도 소용없이 高麗高宗二十五年 蒙古兵火에 皇龍寺와같이 燒亡되엿다 한다

싸움, 그것이 얼마나많은 罪惡을犯한다는것은 말하지 않고라도 蒙古兵이 얼마나 殘忍無道한 野蠻인것은이로써 짐작 할바이다 領土가慾心이나면 領土를 빼앗스면 고만일것이고財寶에 눈이뒤집히면 財寶그것만을 가저가면 足할것이않인가. 佛像이 무슨 罪가잇고 塔이무슨罪가잇어서 불을놓고 毁損하랴 그것이 文化의敵이며人類의犯罪者가않이고 무엇이랴 그들의 발밑에 文化의 아름다운꽃송이가 그마나 無慘히도 짓밟히윗스며 燦爛한 歷史의 조희ㅅ장을 얼마나 가엽게도 짓찟엇는지 생각하면 생각할사록鬱憤을 참을수없는일이다

皇龍寺巨鍾은 第三十五世景德王十三年(西紀七五四) 甲午에 施主孝貞二[伊—편자]王三毛夫人과 匠人里上宅下典의손으로 鑄成된 高一丈三尺 厚九寸重四十九萬七千五百八十一斤의 世界第一의 巨鍾이엇다 한다

이鍾은 아츰과 저녁으로 十八萬戶의鷄林城中에 울이워 新羅ㅅ사람들의 마음을 美化식히엇든것이다 이鍾이한번 새벽하늘에 사모치면 城中ㅅ사람들은모다 자리에서 일어나 香ㅅ불피우고 合掌하고 굳은 信仰밑에 佛前에 禮拜하엿다 한다 해 뉘엿이西山을 넘을때 이鍾이 울면 씩々하게일하고 힘쓰든 新羅ㅅ사람은 집으로돌아가 질거운 웃으메 笙篁을 울이며 또한 글을 외윗다 한다

이鍾이 얼마나 偉大하엿섯든것은이로써 짐작할바이나 그러나 이런 크나큰보배가 언제 엇덯게 없어젓는지를 모른다 오즉 희미한 傳說에서閼川

모래밭에 파묻혀 잇다는말밖에는얻어 들을수없다

이鍾이 자최를 감추엇을때 新羅도 기우러젓든것이다

모—든것이 꿈같이 살아저버린 터전에 콩닢만이 누—ㄹ언 물결을치며 바람에 넘실거릴 뿐이다

얼形容할수없는 心情으로 다시 좁다런 논뚝길을 거러갓다 간곳이바로 雁鴨池엇다 물결만 바람에 나붓기며찬웃음치는듯하엿다 못속에 웃둑이 러슨 둔덕에는 일음몰을 숲울이 흰꽃을피워 옛일을 꿈속에 뭉겨버리는것이다

거츨은 터전 奇琪—편재花瑤草가 욱어지고 珍禽奇獸가 뛰놀든 雁鴨池엔 오즉 空虛의灰色ㅅ빛幻像이 훗어저갈뿐이엇다

新羅最高幸樂의 生活이 이못에피엇다 이못속에흔적도없이 숨어젓구나 — 하고 생각할때 臨海殿터의 외로히남은 石溝또한 구슲엇다

臨海殿터 잘잇거라 — 뒤에두고 雁鴨池를 눈감고 돌아서갈새 발밑에 밟히는 가을숲이 옛넋인 듯 바스럭〳〵 울엇다

에돌아 가는것이다 古墟에서 古墟로……

큰길 건너서서 조그만언덕에 올라가니 松林욱어진데 바람이 솨—ㄱ불어간다 그리 높지않은 언덕, 반달처럼주—ㄱ벋어저 간곳 그곳을 月城이라 한다

가슴에선 詩想이 뒤범벅을첫다 머—ㄹ리 들 넘어 가을 밝은 한울엔흰구름짱이 흖어가고 月城 복판엔 밭곡식이 누ㄹ엏게 물들고 새들은 푸득〳〵 날엇다

石氷庫를 거처 다시 큰길로돌아나와 한참 가노라니 瞻星臺예노라는듯 이내달엇다

瞻星臺. 東洋最古記錄을갖은 天文臺 新羅의 큰자랑. 新羅의 밝은魂은 아즉도 이臺에 남어잇는것이다

울新羅第二十七年 善德女王十六年(西紀六四七) 丁未正月에 昔五源의 建

築한 것으로 高三十一層二十九尺五寸 底徑十七尺 頭廣 八尺五寸의 大石造建物이다 밑四面엔 풀이욱어지고 다른데와같이 이것도 밭사히에 외로히 서서 古都의 雅淡한 大氣에 옛香氣를 아즉도 힘차게 뿜어내는것이다 新羅없엇든들 이臺어이잇엇스며 이臺없섯든들 新羅의文化 어이빛낫스랴

비나릴때 비를맞고 눈나릴때 눈을 맞으며 가을달 봄ㅅ바람 하만흔 몇々해에 얼마나 하눌을 원망하엿스랴 零落에 허덕이는 이겨레를 얼마나 원망하엿스랴 新羅以後의 暗憺한 歷史를 굽어볼때 얼마나 그가슴이 쓸이랴 온몸이 압흐랴

이만한 天文臺는 高麗에서도 찾어볼수없으며 朝鮮에서도찾어볼수없다 만일 이臺가 덧없이도 허므러저 그자최가 아득하다면 — 하고 생각할때마음은 알수없는恐怖에 떨엇다 가슴이선을햇다

紀念撮影을 한다음 솔나무가 그득히서잇는 숲을들어갓다 일음을 물으니 鷄林이라 한다 옛날金氏의始祖인金閼智의誕生地라는 傳說이 숨어잇는 곳이다

흰닭의 울음이 들이는듯하엿다 나는흰닭이 그립어젓다 크나큰 革命家의出現을 기다리는 이마음은 흰닭의 음이이 三千里 그어는 구석에서나들여지기를 바렛다

文廟에서 點心을먹고 鮑石亭으로걸어갓다 뻔히바라뵈는 기-ㄹ다란 허연길을 거러갓다

南山밑 鮑石亭을 잡어드니 바람이 옷깃을붓잡고 감돌며 무엇인가 속삭이는듯하엿다

流觴曲水의 남은자최는 이곧을 찾는니로하여금 哀傷의 멜로듸를 한매듸식 뜯어주는것이다

구비구비 돌아간 曲線

支那 東晉時 卽六朝時代에 流行하든 流觴曲水를 본받어 築造한것으로 新羅豪華를 짐작하기에 가장쉬운 存在이다

이 極端의豪華逸樂의 鮑石亭에 아츰꽃과 같이 담뿍 픠엇음에反해서新羅滅亡이 慘禍가또한 이곧에서 暴風과 같이 일어낫섯다는 눈물겨운 過去의 갈피를 들출때 가슴이앏어여지며 눈몰이앏솟아나랴

文弱에 흘어진 新羅末期에 임검으로태어난 景哀王의運命도 崎嶇하엿던것이다 鮑石亭에 그달이몇번이나뜨고 曲水에 술ㅅ잔이 몇번이나 흘어갓든가 後百濟軍의 낯선말굽이 이자리를그리도 짓밟을줄은 꿈에도 몰낫슬것이다 南山밑 離宮으로 쫓겨간景哀王이 龍袍를 몇번이나 눈물에 휘적시엇스랴 이때에잇어 空前絶后의 最高文化의 아담스러운 꽃이曲水에 흘어간술ㅅ잔과같이 꼬리를 아득한 追憶밑에 숨기고 말지않엇는가

아! 過去는 빛낫다 또한 慘憺하엿다 興亡이란 그것이 眞理이니까 원망한들 소용이잇으랴

나는 柳得恭作의 古詩를 생각햇다

> 三月初旬去踏青 蚊川花柳鎖冥々
> 流觴曲水傷心事 休上春風鮑石亭[3]

柳氏는 春風이불때 鮑石亭에올으지말라고 하엿다 流觴曲水는 넘어도 心事를 傷하게하니까……

함을며 秋風이랴. 凋落의가을大地에나무ㅅ닢이 부실〳〵떨어지며 荒冷한가을의悲愁를 알외울때 鮑石亭에 올으는니의마음이야 오작이나 悲歎을늣기랴 新羅는 이곳에서 넘어젓다 英雄의末路와같이 新羅의臨終을 헤아릴때 鮑石亭은 悲慘하엿다

나는 어미잃은 어린갈맥이의 노레같이 떨이는가슴우에 서투른 詩調몇수를 쓰엇다

---

3 유득공, 『二十一都 懷古詩』「新羅」 6수 중 제6.

曲水에 띄운잔이 맘놓고 흘어가다
낫설은 굽소리에 넘어저 울엇습네
님검님 가신지千年에 그도가고없고녀

한끝 호화롭든 꿈깨고 눈부븨니
落葉만 뷘터전에 옛일을 그리(畵)오라
五陵에 자는魂들아 예와몇번 울엇습나

떨허 나왓다. 더 잇을수없엇다.

또랑을 건느고 밭을지나 南山밑으로 邑을 向해갓다 新羅始祖朴赫居世居西干의 誕生地라는 蘿井에들려 崇德殿, 五陵 崇惠殿, 味鄒王陵, 皇南古墳群을 차레로거처 夕陽이 누엿할 때 저자 복판에잇는鳳凰臺에 올앗다. 이는 큰古墳이엇다 넓은古都의벌판을 눈알에깔고 懷古의 실마리를 더듬기에가장 좋앗다

千餘年間 傳하여나려온 서울. 十七萬八千九百三十六戶의 大規模의 서울 그서울의 繁昌은 이겨레 記錄에잇서서 殊(珠-편재)玉의篇인것이다 華麗를 잃을까 念慮하야 炊炭의 生活을하든 그때의사람은 또한 가장 藝術을알고 唐文化를 凌駕할만한 文化建設에 神力이잇엇든것이다 이겨레의 밝은 魂의權化엿든것이다 서울. 偉壯한서울.

金城도 지금은 없어젓다 月城또한 明活城또한. 모—든것은 荒廢의 페—지 에로 옴겨저갓다

廢墟.

東都의城廓은 한村落에로 그그림자를 뭉개버리고 오즉 저녁煙氣만이 鳳凰臺를싸고 돌뿐이다 只今쯤은 皇龍寺ㅅ鍾이 十八萬戶長安에 울이워가고 玉笛와 笙篁의 아름다운 멜로듸는 新羅의平和를 謳歌하며 新羅魂을 싫고 사모처 흘어갓슬것이다

그러나 二十世紀의新羅ㅅ서울엔 夕陽이 鳳凰臺우의붉은 피ㅅ물을 죽々 뿜으며 무거운 憂愁의한숨같은 저녁煙氣만이 都城을 휩싸고 희미한 神秘의世界로 이넋을안고 끝도없이 갈뿐이엇다

나는 漢詩에서 이런句를 생각해냇다

鳳去臺空鎖暮煙 徐菀繁華何處覓

行人駐高怨蒼天 落花流水己[已-편자]千年

나는 내詩想에서 이런 節을꺼집어냇다

비인 큰臺우에 夕陽이 그득할손

매말은 가을낡에 찬까마귀 울고네려

一千年 그긴내력이暮煙되여드옵노라

우둑우둑솟은뫼는옛사람의무덤ㅅ곳이

新羅 큰魂들이 그속에 자옵노라

잇다금 새ㅅ바람되여 옛일알외우더라

아려-ㄴ하게 잠들어버리려는 옛서울.

오, 옛서울이여 아조 잠들어 버리라 二十世紀의 混濁한 물결에 물들지 말고 옛香氣에 저즌 그대로 新羅의 香그러운 그리고 高尙한 骸骨을 가슴에 안은채 過去로 달음질처가거라 永遠히 잠들어벌이라 神秘의寵兒여!

이날의 해는 남은빛을 걷어안고西山뒤로 사라저 버렷다 平和의꿈의물결이 저- 地平線에서 밀여드는것같앳다

그러나 어덴가 낙수ㅅ물같이 떠러지는 옛서울의 그립은 넋의 눈물ㅅ소리를 듣는것 같앳다

아, 新羅의 서울이여 너는 밤의平穩한깃에서 自慰의 거문고를 뜯으며 고단한넋을 꿈에로 보내려는구나.

— 臺를 나려가는마음. 그는꿈이엇다

午後六時頃에 旅舘에 돌아갓다

—續—

慶州巡禮記

옛달울을 찾어서 (三)

趙靈出, 『佛教』, 佛教社, 1933.7

十月五日 午前五時에 잠은깨다 날은 여전히밝엇다

가을大氣의 흘이는 香氣는 넘어도가슴을 밑바닥까지 씨서주엇다 새벽밥을 먹고 慶州驛發 六時三十五分에올앗다 梨花生들도 같이탓다 동무들은 질거히 놀애햇다

새벽의 무거운 空氣를 뚫고 汽車는 달어낫다 古都의 平原을 헤치며 멀이 明活城址가보히고 갓가히 雁鴨池가보히고 朝陽은 찬란한 빛살을흘엿다 약四十分後에 우리들은 佛國寺驛에 到着하엿다 新作路를 걸어외인 便에 보히는 山으로山으로 들어갓다 얼마동안 올아감에 그곳에 松林이욱어지고 새맑은바람이 別境을앞서 손을맞엇다

'佛國寺'—. 입에올으고 귀에익은일음.

처음에 눈에 띄우는것이 石橋엿다 바른便紫霞門으로 올아가는곳이 白雲橋, 七寶橋외인便이 靑雲橋白蓮橋, 奇妙한構造, 神秘스러운遺物 雄壯한多寶塔 直線美로된釋迦塔—아름다운傳說이숨어있는塔等, 神工같은 그솜씨에앓이놀랠수없엇다 이만한 美術發達의功績앞에 우리들은 新羅ㅅ사람의게感謝치않을수 없엇다

솔밭길 걸어드니 바람도 맑드군요
白雲橋 밟고올아 七寶橋 잡아드니
그것이 큰보배랄새 발놓기가 젚드군요

層々 드딀머리 발꿈치가 무겁기로

머리돌려 긔보오니 잡는이 있드군요

잡는이 있을이만은 新羅魂이 떪드군요

二十分間 自由觀覽을맞이고 一行은 吐含山을 넘어갓다

구비구비돌아 열두구비도 더돌아올아갓다 아리랑ㅅ고개를 넘어가는 推[抽-편자]象的人間의 마음과도같이 朝鮮人의象徵인 그마음과도같이 식은希望과 쓰듸쓴怨望이 얽힌마음으로……. 나는 經濟로나 政治로나 혹은 文化로나 모―든 部門에 있어뒤떨어지고自己破滅의坑窟를 더듬는 朝鮮ㅅ사람이아무런 希望도 期待도없이 한갓 옛文化의 곰팡내가그리워 이吐含山을넘는것이 않인가!하고생각햇다

언제나 짓밟힌民族. 그것을 憐憫에만 붙일것이않이다 오히려 꾸짖고십고先輩를 원망하고십다 半萬年의 歷史의 페―지의 大部分이 남의발밑에 짓뭉겨지고 짓 찢어지지 않엇는가

姑息的'生' 慘憺한過去의 '生'. ―現在―.

그러나 多幸이도 우리는 한가지의 잊지못할存在를 갖지않엇늬

過去의 記錄이 핏투성이고 눈물투성인 그속에서빛나는 夜光珠와도같고 지극히 不潔한 池淵에피인한떨기 蓮꽃과도같이 두눈을 또렷〳〵 이뜨고 한입에 香氣를 덤석물은 한개의 存在―新羅를찾어낼수있지않은가 그의 文化를 찾어낼수 있지안은가 만일이存在가 그記錄에서 찾어낼수없엇드라면 이결에는 얼마나 暗憺하엿스랴 얼마나 애처러운 한가닭 꿈이엇스랴 그래도 이文化가 있기까닭게 自慰의곰팡내나마 맛지안는가 우리는黃金時代 新羅의藝術이있다고 자랑하지 안는가

그러나 눈물석긴 空虛를 씹을따름이다 過去가 암으리 참[찬-편자]란하엿다하드래도 現在의 넘어지는 運命을부측일수는없는 것이다

나는 마음껏 소리첫다 "너는―너의들은 네목에걸린 삼ㅅ줄을 풀줄을 몰으는야!"

헐덕이는 가슴에 나는 吐含山을넘어서 山기슭에 숨긴 石窟庵의 가슴을 두다렷다 이내두발길이!

가을은 依然하엿다 단풍이 울긋불긋 大藝術殿堂의 石窟庵을 또한 밝으로 장식하엿다

石窟

그리 넓지않은洞窟로 門左右엔 擁護神의 피ㅅ기있는 薄肉彫刻이 우선 嚴肅하게 서있고 그사이를 가을따수한 햇볕이 은빛을 부엇다

太陽은 무심하엿다 그러나 보는니의마음은 유달니도 異感을늣겻다

門안을 들어슬때 그刹那의 感情은 暗室에서 太陽을본 황홀밑이 고요히 흖어가는 沈默 그것이 잘表現해주엇다

雄壯한 釋迦本尊의座像 차듸찬 돌의彫刻이언만도 어덴가 溫情이 넘치고柔和의感이낫다 어즌빛이감도는 눈 그눈은 新羅를말해주고 다시現在를꿰뚫어未來를말해주는것 같앳다

眉間白毫는 간곳이없고 오즉 그자리로 조그만 구멍이 남어있다 그러나 그곳에선 한없이길고 큰빛을 빛어주엇다 그빛은 이洞窟에 들어슨은 사람의마음에 '永遠의眞理'란 형떠리도없은 香ㅅ불을 피워주는것이다

壁面엔 薄肉刻의菩薩이彫刻되어있고 그위 石龕속엔 여러羅漢님이列坐하여 있엇다

微妙한 技術은 넘어도 훌륭하엿다 더욱 釋迦座像의後面에게신 觀音像彫刻에일을어서는 오즉 '!'이 있을뿐이엇다 그러나 넘어나 偉大한傑作의 藝術앞엔 부즐없은感歎도 오히려 어리석은 짓이라 생각햇다

觀音像의彫刻은 果然 東洋의 자랑이엇다 그스타일로보아 요새ㅅ말로 百퍼—센트이엇다 여러붓처님을 인 머리. 한알〱의구슬이 또렷〱한 珠瓔 외인손의 花瓶 그氣像은 崇嚴과 美의權化이엇다

무거운沈默에 한없이넓은慈愛를 흖이는눈. 엉틀 멍틀한 돌이언만 뭉글〱한 살붙힘. 마음대로 휘늘어진 옷자락. 이에崇嚴이없다면 그누가 살점

이라도 한점 물어뜯을생각이 안나랴

千年前 新羅石工의손에피엇든 한송이꽃은 아즉도이슬을 먹음어香긔를吐하는듯하며! 新羅文化를 한입에 담은 채!

新羅石工의손에서 맨들어진 보들어운 손질은 아즉도 쫏기는現實에 두근거리는 이결에의 百姓의가슴을 얼으맞이려 내닫는듯 하엿다

崇嚴한 藝術殿堂 新羅藝術의 물결이굼틀거리며 흝으다가 가장 씩々한 氣魂에서 奇妙하게 불끈솟은 물결이 이石窟庵인것이다

이洞窟안을 걸어가는者의마음은 聖潔한 新羅呼吸에 醉하지 않을수 없슬것이다

新羅의呼吸은 두드러진呼吸이다

石窟庵은 新羅藝術의權威며 最高峰이요 朝鮮文化의代表的傑作인 것이다

新羅는 아즉껏 살엇다 그魂은 洞窟안에 紋을 일으키며 흝어가는것이다

新羅여 고맙다 나는感謝하여 마지안는다. 그러나崇嚴한氣流에쌓여 洞窟안을合掌하고 걸어가는 내마음은 끝없이흐득여 울어마지않엇다

찰아리 아조 荒廢한古墟에 白沙場만이 쓸々한바람에 누어있엇던들 이생각도 머젓슬것을 구태여 허틀어진 柱礎 깨어진瓦片 그리고 돌바위 에 색여진 귀여운 佛像 이것이 있는까닭에 懷古의心琴은 눈물에젖어 목멘 멜로듸를 읊이지안는가 오히려 피눈물까지솟지안는가!하고생각햇다.

그러나 理智는 아즉도 눈을 떳섯노라

나는 다음과같은 詩를 읊엇노라

이 洞窟안을 거니는 者여
이 石窟안을 들어가는 니여
懊惱를 잊을여는者는 이洞窟안을 거닐어라
自己를 잊고드믄眞樂에 웃으려는者는
이洞窟안을 건닐어라

窒息된 現實에서 새로운憂慮를살여는 者는 또한 이洞窟안을 건일어라

吐含山넘어 山ㅅ기슭에 고히 잠자는 石窟
山언덕에 바야흐로 물으녹는 丹楓
아! 옛光輝를 잊지못하는 歷史의피눈물이어
곰팡내나는 過去의氣息이 흘으는
永遠의沈默에 눈감어벌인 이洞窟안을
들어가는니여 그沈默에서 偉大한脈搏을 들으려는者는 이洞窟안을건일어라
新羅의 큰呼吸을 마시려는者는 이洞窟안을 건일어라

過去는 죽엇느니라
輝煌하든 文化의넋도
한쪽악 瓦片에…………
찬피 흘으는曲線에 숨어있을 달음이다
現在도 죽은상 십흐니
아! 아득한 未來여

낡은空氣에 오즉藝術만이 빙긋이웃는
이洞窟안을 들어가는니여
무덤에 피는 꽃과도 같이
다시 항글어워 지려는者는 이洞窟안을 주먹쥐고 건일어라
곱다란 曲線엔 久遠의眞理의 脈搏이
푸들거리며 우듬언이앉은 石佛의 視線은
참다운 삶의巡禮者의 코-스를 갈으키리니
이洞窟을 들어가는이어
自己를불살으로 새로운 自己를 알려는者는 이洞窟안을감히건일어라

石窟庵은佛國寺와同時에 金大城이 創作한것으로 "爲現生二親創佛國寺爲前世爺孃創石佛寺"란記錄이 『三國遺事』에 남어있다

距今十七年前에 總督府에서 重修한다는 일음밑에 神聖한寶物의面目을 破損한 것만은 遺感으로생각하는바이다

一行은 다시吐含山을넘엇다

佛國寺에서 點心을먹고 掛陵으로갓다 掛陵은 뉘陵인지不明인데 다만 一說에文武王이라고한다 文武石人像이있고 獅子石像이있어 一千二百年前의것이언만 아즉도 生動의氣脈이뛰는듯하엿다 武人像은 西洋의武士와 같이 꼬수머리에 西洋人의甲옷을 입어더욱興味를끌엇다 이것이 一千七百年前 싸산王朝의藝術的文化의影響이라한다

影池를들니려하엿스나 時間關係로그냥지나 驛으로갓다 午後五時四分. 佛國寺를떠난汽車는 灰色ㅅ빛慶州古都에 줄달음첫다 六時二十一分. 慶州에나려 피곤한다리를끌며 旅館으로 돌아갓다

×

十月六日 晴

午前九時에旅館을나서 仙桃山城밑을 向하여 걸어갓다 五里쯤가서 외인便 솔밭으로들어가니 그곳에 武烈王陵이 있엇다 그앞에 金陽墓가있고…………

新羅를아는者로서 金春秋를엇지몰으랴 그는 在位八年間에 百濟를攻滅하야 統一의初步를싸어일운 님검이엇다 그러나 生死의眞理앞에 그도 머리숙인탓으로 한줌흙이되어 이곧에 썩어지는것이엇다 생각하매 한울에 흘어가는 구름이 무엇을갈으키는것같고 따우에말러가는 가을닢이 그무엇을示敎하는것같엣다

陵碑는 無智한 邑人이없애고 다만 上部一端이 碑趺에 얹허있어 當時藝術의面影을 말할뿐이다 九龍이굼틀거리는碑의上部와 金仁問書의 '太宗武烈王之碑'는 筆法으로遒勁하고 碑趺의石龜는 方今긔어 나오는것같이 산

피가 흘으는것같앳다

紀念撮影을한다음 다시五里쯤걸어갓다 일음몰을山우에올아가니 金庾信將軍의墓가 누어있엇다

金舒玄의아들로 三十六世眞平王建福十二年에誕生한一代의英雄이 파묻힌곳 六十六世의老雄으로 羅唐聯合軍을 號令하야 百濟를攻滅한일도있엇고 七十四世의高齡으로金欽純, 金仁問等을指揮하야 高句麗를進攻한일도있어 新羅統一의偉功을일운 新羅의英雄이며新羅의 恩人인것이다 오즉해 그를높이다높이다못해太大角干이라고햇슬까!

그렇게 씩々한人物이 只今엔어데서 잠을자나. 混亂하고亡滅된 이時期에있어 이런偉人의무덤을찾는마음은 지극히도쓸인 것이다

한시간가량 잔듸우에앉어 놀다가 西岳書院은보지않기로하고 바로旅舘으로 돌아와 點心을먹다

巡禮는 이것으로끝낫다 애닯은新羅의踏破는 이것으로 幕을네렷다

그날午後四時三十二分. 慶州를떠나는 汽笛一聲은 新羅 옛한울에 告別을알외윗다

慶州는 新羅文化의싹튼곳이다 빛난곳이다 그리고넘어진곳이다

慶州여! 新羅가 네품에 몇번을웃고 몇번을 울엇느냐

新羅의古墟이여! 달울이여! 너는 너의가장앗기고 사랑하든 骨董品을 나의게 눈물흘이며 보여주지안엇늬 그리고그옛날의너의豪華를 자랑하지안엇늬

오늘은 네가骨董品상자를 문닫히며 "옛날은이랫다오 나도그때는어엽벗다오 그때내님은 퍽도훌륭하엿지요"하는구나 그리고또 우는구나

오, 新羅의 祭殿이여 東都의넋이여 그만울라. 가을한울은 넓고 내마음의憂愁는 끝도없이 길다 新羅의고흔사랑이피든廢墟의흘이는눈물은 崎嶇한運命에휘말리는 이따의한쌂을받어난 이몸의 九曲肝腸을 千갈래로 쏘느니

泡沫같이 슬어진過去는 넘어도큰哀傷의存在이다

그러나 기—ㄴ밤의끝엔黎明이오고 슬어지는눈밑엔 새싹이돋으리니,

新羅의古墟여 맘놓고 平穩한 꿈의 거리를 沈默에걸으라 갓득이나 멍든 이몸의옷깃엔 손을대지말라

廢墟여! 잘있으라

鐵馬여! 가을에 검은입김을뿜으며 廢墟를등지고 가자

아, 慶州巡禮의 마즈막을 알외우는 붓끗은 눈물의過去와 逼迫의現實의 交叉點에서 이날의黎明을더듬어 躍動하노라

—끝—

序詞

趙靈出,『會誌』, 早稲田大學우리同窓會, 1939

涅槃經 云

聞不聞不聞聞聞聞不聞不聞

竹庵珪 云 (拈頌)

聞不聞 非風鈴鳴

不聞聞 我心鳴耳

聞聞 孤猨叫落中嵓月

不聞不聞 夜客吟殘半夜燈

靈場이란 單語처럼 나에게 不幸을주는 말도 듬으리라고 나 스사로 생각했다 내가서있는 大理石 層階, 이것이 名譽와享樂을 업수히역인 쟁인바치의 透明한머리와 明晢한理論에서 生産된 無數한 彫刻으로 恍惚스러운 左靑龍 右白虎, 方位의象徵과 守護의象徵, 蓮꽃 優曇婆羅華…… 이슬이앉고 빗방울이 으슬어지고 때로는, 靈鳥와 禽鳥와 세미라미스의化身等이 그림자를 던지러오는 이런 層階에서 六合五升의 일즉이 聖人까지도 論하기를 忌避한 또한달은 位置의層階를 바라본다.

이것도 저것도 靈場이 응당 갖여야할 莊嚴을 具備햇다고 생각하는 내생각이 생각할만한 莊嚴을 具備하지못한 이제 이런생각을 하기전에 나는 내 喘息이 괴롭지않을方法을헤아려 오로지 거기에 支拂하는 내精神의 貧困한 貨幣를 수습하기에 힘을썻다.

省察의주는 苛酷이크면클사록 省察이주는힘은 같은利益을 配當해왔다

새삼스러히 自己가 不幸한것을깨달었을때 사람사람은 내남할것없이 不幸이주는 感情의不幸만을생각하기쉽고 깨달었다는感情이주는 省察의 利益配當에는 疏忽해왔다.

뉘의침은 背德에서 빠져나갈 좁은門이어나 懺과悔를 自己行動과 思念에서區別하지않는사람의게는 無數한좁은門이 顯現하게되는것이며 不具者나달음없는 意志있음에 깨달을수있는 瞬間이 一,二,三, 있으리라고생각한다.

생각햇다 한다 하련다 했으면…… 森羅萬像이 생각속에서 아담 이부 처럼 生殖作用을하고있는 時間의 秒秒, 내靈場은이렇다. 靈ㅅ字의 消滅作用이 秒 秒로進行되고있는 無數한劇이 古代처럼 布帳도없이上演되는 世界다.

어떤詩人이있어 그內部에다 純粹한材料와 嚴密한技術로 한아의 宮殿과宮庭과, 噴水와花壇, 崇嚴한 燭光이放射되는天井 — 石窟庵의圓天井等, 實로 그 技術을 神技라고稱할수있는神秘스러운 技術이 生産하는 이 모든 建築과 機構, 圓의使用과線의使用과, 明, 暗, 色과音 圓伊三點의宇宙象徵等의 五線을超越한 一大交響樂을編成했다면, 그리고 그의作品과의 交涉이 푸라톤의 理念의世界와 現象의世界와의 그것과 같다면, 나는 이詩人앞에 讚揚句를 액기지 않으련다. 나는 임이詩가차지한 좁은 名簿錄에서는 찾어볼수없는 그런 偉大한 省察에終身한, 過去의사람 몇々을 안다고 敢히 말하고싶다. 그들의作品은 省察에關한 主題밑에 큰全集으로 編輯되리만치 우리가 몰으는 世界에서 思索의植民地를 獲得했으며 珠玉처럼 액겨왔으며 文學이 갖인 寶庫의 A·B·C를 悠々히 凌駕할만한 빛나는 言語의特殊驅使를 갖이고있다 한字한句의曖昧한것이란그들의게는 想像을許諾하지않는部類의것이다. 그들이 內部의世界를構築하는方法은 言句를쓰지않는方法이엇다. 우리들은 言句를떠나서는 思索의點과 線을構成할수없는 不幸을갖었지만 그들은 이것을 克服하는데서 出發했다. 내 口嘴를 容認하지않는 문도 빗장도없는 이 禁斷의世界를 지나 저울ㅅ대를 들고敢히 들어슬 아무런勇氣가없으니, 오즉 幽暗에서는 눈으로 길을찾기보다는 오히려 마음으로 길을찾는것이 한 方法인줄만 생각한다.

한 페―지의 책장을 넘기기보다는 한 페―지의 思索의密度를調査하는데 많은 關心을 두었으며 迷宮의 어린少女처럼, 불상한내思念의羣像이 失神을當한 言語의幻覺에서 뚜렷한 自己視力을 求하기에 스사로힘을 썼다 足히 앞으로의 푸랑을 過去形으로쓴 내過失을 告白하며 나는 이 未知數에 屬한 詩人羣의 文學을 不滅의碑銘처럼敢히 永遠이란 序文속에 쓰자는것이 내 來日의 宿題다.

나와남이 交叉되는部分의 그 面積이 크면클사록이宿題는 時間의問題가않이려니………

詩人은 自己內部의世界를 原稿紙우에 어떠케 옴겨놓는가. 이 原稿紙우에 構築된世界 그 自身이 內部世界를構築한 構築方法의 應用에 惑은實驗에 不過한일도있었다. 이方法이란 詩以外의 모든 部類에도 適用할수있는 하나의 原理인까닭이었다. 허나이런 優越性이있음에도 不拘하고 詩 그自身, 原稿紙우에 構築된 世界는 內部의그것과 건널수없는 深淵을隔해있음에 오히려自負를갖어왔다. 그것이 藝術이가지는 權限이라고 했다. 創造! 지금까지의 文學史에서는 이 曖昧한深淵을 外部와의關係에두었고 그것을 聯絡하는 無數한方法이 無數한詩人의머리에서 無數한 辨明을生産했다. '宇宙를 한神話的表現'(1)[4]이라고 할때 宇宙는 한 神의 藝術品이라고 推理할수있으나 나는 오즉 表現이란 結語에만 限해서 宇宙는 解明의 運命을 갖었나 않이갖었나를생각하고 싶었다.

一九世紀의 사람들은 科學의信念에서 宇宙의解明을 能히할수있으리라고 생각했으나 "科學은 永遠히 그것을敢行할수없으며 어떤것이나 宇宙를

---

4 내용 중 '(1)~(6)'은 이 글에 포함된 각주를 나타내는 번호이다. 각주는 글의 마지막에 실려 있다.

解明할수는 없으리라”(2)…… 이렇게말한 어떤 佛蘭西사람의 知性의힘을 빌고싶다.

時間, 空間, 無限, 等 스사로 正確치않은 무릇命題의 여러가지를 抛棄해벌인 詩人도있으나, 正確치않고 그것이曖昧한것이며 그것이要하는努力을避하기爲해서 抛棄하는精神을 높게評價하기를 躊躇한다. 이런命題와 惑은 宇宙의解明等을 어떤 假定된 不可能의限界로말미암아 故意로 忌避하지않은 몇 詩人을 알기까닭이다 人間의意識能力으로서 解明할수없다는것이 않이요 오로지 解明으로써 그本體를 알수없다는 宇宙自身의性格을 말함에 힘을주고 싶다.

이런 宇宙 이런 世界 — 先天地而無其始요 後天地而無其終(3)이라고 일즉이 古人이말한世界와 내 靈場, 內部의世界와 原稿紙우에構築된世界, 作品을 宇宙와區別하는 단하나의 線은‘後天的’이라는데 있으니 宇宙와 內部의世界와 作品과의位置는 三角形의三頂點에比할수있다.

結晶, 透明, 純粹, 交感 等의觀念을 빌어올때 이 三頂點은 無限極致에가있을수있다. 1, 3의 共存, 相剋과 相生……… 極致다. 例를들어 여기에羅列할수있는 作品은 文學史를涉獵하는사람의 視野에선 볼수없는 作品이며 봐도모르는作品이며 그것을 文學이라고稱하기를 躊躇하리라.

참다히 文學의世界를 透視하는 强烈한 힘의 視力앞엔 文學이갖인 스사로히自矜하는部分 그 權限과, 奢侈와, 自由와, 技術이 誤謬의化身임을 隱폐하기 어렵다.

언제나 詩를定義하는 精神, 思想은 모호한것이었다 作品은 항용 이런 精神에서생각지도않은 큰 價値를 獲得해왔다 價値는作品을生産하는精神이나 作品에나 있는것이않이었고‘價値를生産하는精神’(4) — 讀者의精神에서 生産되는것이었다 이런 精神을 내가어떤 때 어떤 作品을前提로 해서 保障할아무런 根據를갖이지못했을때처럼 困難한일은없다.

(이것이 大部分 나와는全然 달은精神에서배워온 單語며思想이며 또는 述法임에 나自身이

얼마나 空虛한것인가를 엽수히역이지않을수 없거니와……)

事實 눈을감고 자긔를 살필때 자긔가 스사로 안다는部分 그容積이 몇리—틀이나되는가 더구나 教場에서 배워온 概念, 判斷, 推理 이런것이 精密을具한 自己의것인가 않인가 屈曲된 尺度 거기에서 選擇되는判斷, 이判斷의價値는 언제나 尺度의屈曲에 있기 쉬운것이지만 盲人과같은名聲은 이屈曲우에 月桂冠을 附與해왔다.

그러나 이 一輩의詩人앞에서는아무런名聲도 啞者에 不過했다.

흰구름은 青琉璃같은 화올에밋글어지고 꽃은곳々이피여, 그대로 微笑를 품어 아담스럽다 밤은 낮앞에도 낮뒤에도 있으며 그런中間에 그런 밖에 그런우에 그런밑에 龜毛와兎角이 또한 横行自在하다. 다른 하나는 다른 千이다. 月印千江에 月을 몇千빈떠낸들 달이 없어지리요.

咄! 나는 이 古色蒼然한 言語에迷했을뿐이요 나는 내 靈場의季節을 分別못했다.

皎々한 달빛, 常綠樹의 닢々엔 이슬이흠빽 沈默을 도살인 薰香, 羅紗 房帳을걷고 검은머리와 힌 살이, 네 눈동자, 가슴에걸닌 金剛寶石이 밤의 深淵을 거니는 水神의 옷깃이 낮々 位置에서 位置로…… 여기의秩序는 다른 秩序의 標本도模型도應用도아닌 秩序다.

포도알을 透明한 손끝에쥐고 가만히 잠든愛人의 입술을 희롱하는 女神의微笑, 眞珠花瓶에 기우린 曼修沙花, 黃金刺繡의鴛鴦의 날개를띄운 어느나라의 捕虜, 微笑는이 捕虜앞에 奴隷의小女임을 告白하기도 했으나 愛人은 氷室의 꽃이었다.

女神은 愛人의 가슴을찔을수밖에, 寢室밑으로 꾸불인 달빛, 피의斑點이 하얀面紗를 물들일때 고요히 青銅香爐의 마즈막香ㅅ불이 넘어졌다.

'永遠의結論'을 얻을수있다면'永遠'이란否定될運命에있어야만 할것이다. 내 靈場의規律도그렇다. 내가쓰는말로서 新文學運動을일으킨學者, 지금에와서는 그業績과 그天才가 모든輕蔑과 否定으로써 代置된 어느 文

人의게처음들은 이 單語, 그가 主로 이야기한靈場이란, 神秘의花衣를둘은 碑石과塑像과 石塔等이 時間의腐蝕을받은 地點이었다.

나는 大理石層階를 딋고서서 이런 時間의腐蝕을 拒否하는 沙漠속에 파뭇긴 巨大한都市의 光榮을 拒否하는 다른 世界에다. 내 靈場의 東西南北을 配置했다. 이것을갈으켜준것이 이 一羣의詩人이었다.

矛盾의 한 圓周를도는 내 意識의世界라고假定할지라도 내가지금 이글을쓴다는事實만는否定할 口實이없으며 임이그렇다면 나는 내 靈場에서 始終했다는것도 事實일게다.

내 靈場은 自己의 꼬리를 자긔가 끊어먹는 動物에 지나지않는다. 이 作用이 完全히끝날때 나는 내靈場에서 噴水옆으로 蓮꽃이떠있는 湖水ㅅ가으로 花壇의 좁다란길로意識世界에棲生하는 낮낮 種族을 悠々히 잇글고 希臘과 新羅와 拈頌(5)과'海邊의墓地'(6)를거닐수 있으리라, 될수있으면'慾望'으로더부러 親하기를 삼가할 일이었다. 急히 定義와 判斷을내리는 그後面에는 慾望의偶像이있스며 推理의中斷이 노상 거짓結論을招來한다는 것도 一理가있었다.

내 靈場의世界가 詩的이며 幻覺이며 任意의世界않임을 이 原稿紙우에 圖式으로 證明할수는 없으나 詩的인것과 幻覺인것과任意인것을 내 靈場에서 否定하지않는까닭으로 萬一 그것을否定한다면 그對蹠點에 있는것도 否定해야하는 까닭으로 省察의길을指示하는수박에없다.

나는 北斗七星이 어떤數字의距離에있는지를모르는 나다. 그러나 나는 이 任意의 北斗七星을 내靈場의 世界에다 配置할수가있다.

끝으로

이 알려지지않은 東洋詩人들의 作品이 무릇 言語와 思念을 끄리는것임에도불구하고 내 외람된 序詞를베풀어 一抹의구름처럼 그들이갖인光明을 가리지나않을까. 오로지 그들이생각지도않은 文學의길이 그들의 世界에서 極致를 究明했다는 意味의말로 그들을 讚할뿐이다.

一九三九・正月

註 (1) (2) 안드레 모로아『바－레리－方法論序說』

(3) 金剛經「涵虛序」

(4) 폴 바－레리－『詩學叙說』

(5) 佛敎의『禪門拈頌集』

(6) 폴 바－레리－의詩

演劇의 大衆化

趙靈出, 『自由新聞』, 1947.1.4

八·一五以後 우리는 民主主義 民族演劇樹立이란 새로운 路線의 論據를 定하는데 注力하엿스며 그의 實踐方向을 現實의 正當한 認識에서이것을 指□[向-편자]하엿다 허나 槪念的인 論理에 停滯되엿고 具體的인 實천方法의 □[糾-편자]明이 업섯던 것이다

藝術의장으로 보아서 演劇은 小說이나詩와는 다른 特殊性을 가지고 잇다 우선몃가지를 들어본다면

첫째 演劇에잇서서空間과 時間의制約을 밧는것

둘째 舞臺(劇場)이잇서야할것

셋째 俳優가 잇서야 할것

넷째 觀客大衆을 包含하는것

이런特殊性에 잇서서 許多한制約과 難點이잇는反面에 小說이나 詩에 比해서 現在的演出이라는 優位性을 內包하엿다 그러므로 演劇은 恒常 大衆압헤에 展開되고 大衆과 더부러 創造되는 것이다 그런까닭에 演劇은 이미 小說이나詩에 比해서 大衆化되엇다고 볼수잇다

허나 問題는 只于今 누구를爲한 演劇이엇고 大衆이란 어떤것이엇던가를 認識하는데서 새로운 演劇大衆化問題가 올케提起되고 올케具體化할것이다 封建社會의 演劇은 封建貴族의 愛玩物에 不過하엿고 資本主義社會의演劇은 그네들의利益을위한 演劇이엇고 그네들의 脾胃를 거슬리는 演劇이잇섯다면 그것은 언제나 迫害를 밧어왓다

지금 우리가 樹立하려는演劇은 特權階級을 옹호하는演劇이아니고 오늘 □□한 現實에 處하 多福치못한 우리民族의 利益을위한 演劇일것이오

人民大衆의利益을위한 演劇일것이다 오늘에잇서 大衆은 封建貴族도燕尾服을입은 紳士도 더구나 國民演劇時代의 미—쨩 하—쨩도아니니다

그러타고 오늘의 都市에몰리는 劇場손님을除外한다는것은 아니나 演劇을階級的으로 廣汎한 勞動者속에 農民속에學生속에 小市民속에 浸透시키자는것이 오늘의當面 課業인 演劇大衆화問題인것이다

어느곳에서나 簡單한 舞臺를맨들어노코 簡素한道具와 또손쉽게꾸밀수잇는화□으로서 勞動者, 農民, 學生, 小市民들이 民主主義의 演劇을 □[創—편자]造하는데서만 朝鮮民族 演劇의發展隆盛을期할수잇고 여기서 生産되는組織의힘과 올흔鬪爭情神의把握은 眞正한 民主主義民族國家樹立에 힘이될것이다

그러면어떠케 이 演劇 大衆化運動을 展開할것인가

첫째 戱曲에잇서서 劇大[本—편자] 作家는 勞動者들이 農民들이 小市民들이 學生들이 各各그分路에서 그力量에따라上演할수 잇는 戱曲을 時急히 創作해서 提供할것

둘째 裝置家 照明技術者들은 自立劇에 適切한 물량을 提供할것

셋재 俳優는 그네들속에 들어가 演技 扮裝의 指導를 □[擔—편자]當하고 □[協—편자]助하는 동시에 創造的人間 타입을 硏究할것

넷째 演出家는 그네들의 演劇全般에亘하야올케指導할수잇고 또한 效果的인 演出푸랑[플랜—편자]을 세워 陣頭에 설것

여기서 工場劇이 農民劇이學生劇이 그박게여러職場에서 일어나는 自立劇이 華麗한꼿을피울것이다

오늘의演劇의 基礎는 人民이다 演劇의 大衆화는 이人民속에서 民主主義演劇을 눈부시게일어나게하는運動이다 올부터는 演劇人이 運動에 全力을 傾注하자 우선各職場에 學校에 配付할수 잇는 自立劇戱曲集과各分野에걸처서 指導理論의팜프랫과 演劇技術面의 解說的인 팜프랫을發行해야하겟다 (筆者는 演劇同盟理事)

朝鮮樂劇界의 回顧

四七年을 보내면서

金茶人, 『映畵時代』, 1947.11[5]

解放後 大衆藝術의 創建者요 民族文化의 直接的인 公器를 流用하는 樂劇關係人은 그實際에있어서 商業主義的인 惡質的興行과 一聯의 功利主義的인 傾向으로 말미암아 神聖한民族文化 大衆藝術의樂劇運動은 沈滯와 腐敗속에서一九四七年이란 또한해를 보내게되고말엇다. 내自身이樂劇藝術運動의 한사람인까닭에 我田引水格으로 樂劇文化의 不遇한現實問題를 論議하고자함이안이고 民族文化向上에있어서 大衆藝術의 樂劇이가진 그 要素가偉大함으로써 國家伸長에있어서 그使命이由由한 大事인故로 樂劇人의民族的思想의 貧困化에對하야 文化的立場에서 樂劇關係人에게 覺醒과奮起의警鐘을 亂打하는바이다.

오늘날 우리民族의當面한 時局의重大性은 國運을堵하야 自主獨立遂行과 長期建設의使命은 一大轉換期에 遭遇한것임으로 樂劇文化人에게도 또한 大革新時代의逢着한것이다. 눈에 보이지안는潛在的勢力에依하야 樂劇藝術家는 不純한 前轍을踏襲하고 있는것이다.

그러나 時勢의발소리가 樂劇藝術家의 心絃을 움직이고 그反響함을늣긴지 임이오래이거늘 慨然히舊然코 그대들의 五尺이 다못되는 몸의 心臟은改裝되여야하고熱과情은 오즉 民族文化樂劇藝術樹立이란目標를爲하야 奮鬪盡力해야할것이고 前代붙어의惰性과慣習을 꿈꾸려하는 惡質興行과 樂劇本質을墮落시키는似而非樂劇人의 非良心的인 行動은 打破해야할것이며 文化人의 思索的怠惰을 反省하야 自己를 叱咤하고 同僚를 激勵하

---

5 이 글은 김다인(金茶人)의 이름으로 발표된 것이다. '김다인'이 '조영출'일 수 있다는 가능성에 입각해 이 글을 싣는다.

야 마음없는先輩의 一時的 功悧에依하야 失墜된 樂劇文化의權威性을 다시금 우리들 스스로의손으로 奪還해서 有□有能의 文化財로서 國家伸長의 奉仕的 寄與가되기爲하야서는 過去의殘滓分子와抗爭하면서 文化戰線으로 馳驅해야할것이다. 내自身亦是 樂劇文化戰線에있어서 한사람의兵卒이고 可憐한 書生에 지나지못한것이로되 然이나 내가 그리는 글줄하나가 밝어가는 新世紀의民族的大行進앞에 손톱만한 鼓舞와激勵의助力를 할수있다면 나는 그것으로 滿足해하는바이다. 民族文化 樂劇發展과 그向上을爲하야 그實踐를꾀하고 諸般課題에 逢着하얏슬때 몇번이나 理想과 現實의 蹉跌을생각하며 눈물겨웁게 體驗한바도 있었다.

지금은 오히려 自己懺悔의告白일것이며 如斯한 過去의經驗한 苦澁을將來에反復하지안토록 同僚들에게 이바지하는 警告인同時에 樂劇文化을[를—편자] 생각하는愛情의 一路일것이다. 우리들은 大衆藝術 樂劇文化人의名譽를爲하야 그職能에있어서 作家나演出家및 歌手, 演技者, 舞臺人 全部가 大衆에게背信됨이 없서야할것이다. 全民族에게 藝節를[藝術을—편자] 完遂함으로써 그責務의痛念에達함이라할것이다. 民族文化를擁護하고 開拓하고 宣揚함으로서 少揮스러운傳統은 不滅의光彩와 不斷의生命을寄與하지안어서는안이될것이다. 一九四七年을 보내면서 지내간 한동안에 京鄕各地에서 公開되었든 樂劇를 살펴보면 거이全部가 有害無益한內容이였다고 안이할수없는바이다.

歌劇祭, 樂劇祭, 여러가지 方法으로 觀客을吸收하야 數만은公演을 가젓스나 結果로보와 表實共히樂劇 全盛時代가되지못하고 樂劇은永遠히不具者的인 樂劇의形態를構成하고말엇다. 돈도 벌지못하고 大衆藝術樹立에歷史的인 記錄도 보지못했다. 그中에서 無理로나마 民族文化財에 寄與가될수있다고 想定한다면그것은金海松作 演出이엇든 〈千里春色〉과 〈歲月은간다〉가 一九四七年度, 民族樂劇의代表作이라고하겠다. 그外 다른 團體에서 民族的인 樂劇을 構成하지못했다는理由는 그團體自身의 허물이안이고 外部的인 여러가지 惡條件中에도 經濟條件과 劇場問題가 그原因의 하나일것이다.

맛당히 作品에構成如何에서 質과量을 分別할수있을것이니 歌劇作家 金海松, 金火浪, 李扶風, 朴루월, 馬鳴, 白思準, 金健等 諸氏들의民族的良心에서 울러나는 民族文化樹立을 爲한作品을 執筆生產하야 우리大衆이 要求하는 歌劇이 새해붙어는 大衆앞에 具現되기를 筆者는 바라는同時에 歌劇作家諸賢의不斷한努力과 健鬪를 빌어마지안는바이다. (筆者는 樂劇作家)

一九四七年 十月 末日

劇場의 文化的 使命

趙靈出, 『朝光』 正月號, 朝光社, 1949

우리는 이미 劇場問題에 對하여 屢屢히 論難하였다. 이것은 劇場의 美學的考察이거나 文化史的 考察에서가 아니라 우선 文化政策의 現實的 見地에서 劇場의 運營形態를 論難하였고 그 形態의 옳은 解決을 要求하였던 것이다.

이要求는 漠然한 觀念的인 要求가 아니라, 歷史的인 政治的解放과 더부러 日本帝國主義의 殖民地文化政策이 完全히 驅逐된 이땅에 있어서 눈부시게 擡頭된 眞正한 民主主義의 가장 正當한 表現인 것이었다. 말하자면 日帝의 朝鮮文化抹殺政策아래 民族文化發展의 그 모든自由를 蹂躪當하였던 悲憤한 體驗에서 文化發展의 自由를 要求함은 正當한 것이었고 民主主義 國家樹立이 約束된 이땅에 있어서 政治, 經濟, 文化一般에 對하여 民主主義的 形態를 要求함은 바로 民族的要請인 것이었다.

그러면 어째서 全般的인 또는 基本的인 民主主義形態가 그 모습을 갖추지 못하고있는 現實에서 劇場의運營形態를 嶇嶇히 論難하느냐고 말할 수도 있을 것이다.

그러기에 우리는 政治와文化를 二元的으로 思考하지 않았으며 特히 우리가 演劇과劇場에 對하여 論難하는 것은 우리들이 舞臺藝術創造에 關與하는 까닭이며 演劇人이라는 族屬인 까닭이다. 그러므로 劇場問題를 抛棄할 수없어 嶇嶇히 執拗하게 論難하는 것이며 이에 劇場의文化的使命을 再論하는 것도 여기 그 本意가 있는 것이다.

그러면 劇場의 文化的使命이란 무엇인가? 論意는 劇場과文化를 異族으로 생각할 수 없다는데서부터 出發하는 것이며 異族으로 생각하는 그런

思考方法이 있다면 그것의 不當性을 指摘하는 同時에 같은 血族임을 闡明하며 또 그래야 될 것이란 것을 主張하는바이다.

劇場은 곧 劇文化의 磁場인 것이다. 文化는, 곧, 劇場일 수는 없으나 劇場은, 곧, 文化의 表現인 것이며, 劇文化가 創造되는 空間的 存在인것이다.

演劇, 歌劇, 발레— 等 舞臺藝術一般에 걸쳐서 그것의 創造와發展은 時代的環境과 社會的與件에 左右되는 것이니 歐羅巴의演劇이 多樣으로 發展하였다는 것은 決코 偶然한 것이 아니며 朝鮮에있어서 劇文化가 아주 貧困하다는 것도 決코 奇蹟이 아니다

劇場은 그時代의 政治, 經濟의 文化的 表現으로서 希臘의劇場, 中世紀의 舞臺, 쉑스피어時代의 劇場, 近世以後의寫眞틀式舞臺等, 劇場形態의變遷은 곧 그時代의 社會的與件이 決定한 것이며, 이러한 劇場形態는 거기서 創造되는 劇文化의性格, 形式을規定지웠던 것이다.

디오뉴소스의 宏大한 露天劇場에서 形式的인 希臘悲劇은 創造되었고, 祭壇을 舞臺로한 教會堂에서 中世紀의 宗教劇은 始作되었으며, 背景의裝飾도 아무 것도 없는 풀랱품을 舞臺로한 地球座에서 쉑스피어의 變幻無雙한 演劇은 創造되었고, 近代 寫眞틀式舞臺에서 입센의 近代劇이 그 烽火를 들었던 것이다.

그리고 演出의地位가 確立되면서 스타니슬랍스키, 멕이엘홀드, 라잉할트, 크레—그, 코포—, 와 같은 演出家들이 輩出하여 現代劇을 技術的으로 發展시킨 것도 그들에게 有利한 劇場的條件 없이는 不可能한 일이었다.

이와같이 劇場의 形態條件이 演劇의性格과 形式을 規定하였을뿐만 아니라 劇場使用의 有利한條件이 演劇創造에 至大한影響을 주었던 것이다.

歐羅巴의 劇場支配人이란 劇場管理뿐만 아니라 藝術家의契約, 戲曲의選擇, 舞臺音樂等 一般的事務의 責任者로서 곧 劇場과劇團이 一元的으로 되었음을 表示하는 것이니 作家, 演出家 俳優로서 劇場의支配人或은 總務의 地位에있어 活躍하였던 例는 豊富하며, 이러한 劇場과劇團과의關係가 歐

羅巴의演劇을 높게 發展시킨 하나의 要因이라고 생각할 수 있는 것이다.

그러므로 歐羅巴의演劇은 劇場支配人과 藝術家(俳優)와 作家의 三角關係위에서 企劃과 公演이 進涉[陟-편자]되었던 것이다. 一律的으론 말할 수 없겠으나 如何間 劇場이 文化的으로 運營되었을 때 비로소 演劇의發展이 可能하였으며 그렇지못한 境遇엔 언제나 一個 演藝物商品市場에 不過하였던 것이다.

現代 建築의 華麗와 雄壯을 誇示하는 劇場이 많을찌라도, 그러한 舞臺에서 새로운 演劇藝術의 創造를 볼 수 없다는 것은 곧, 그劇場運營이 營利主義의 一方으로 偏傾된 現象이요, 劇場이 文化的使命을 忘却한데서오는 顯著한 證明인 것이다.

日本의新劇은 초라한 築地小劇場을 中心해서 그 基礎를 세웠다.

一言以蔽之해서 劇場은 劇文化를 위해서 存在할 것이니 劇場이 營利主義로 轉落하는때부터 演劇의 卑俗主義는 派生하는 것이다.

文化의槪念은 여러가지로 規定할 수있겠으나 우리는 이를 民族文化의 理念으로서 規定한다. 그러므로 劇場의 文化的使命이란 劇場의 民族文化的 使命인것이다.

民族文化는 우리 民族의 손으로 創造되는 文化이며 또한 民族의福利를 위해서 創造되는 文化인 것이다.

그것은 곧 一部特權階級의 利益을 爲하는 그러한 것도 아니요, 外來 侵略主義勢力에 迎合하여 非民主的 貪慾的 保守的으로 自己保障에만 汲汲하는 그러한 部類와는 더구나 아무런 關聯이 될 수 없는 것이다. 그러므로 民族의利益이란 人民的理念에서 把握되는 것이니 劇場의使命은 民族의 福利를 爲하는 使命인 것이요 곧 人民의福利를 爲하여서만 完遂되는 것이다.

그러면 解放以後에 이땅의劇場은 果然 이러한使命을 使命으로 하였던가. 우리는 그 現象에對하여 屢屢히 解明하였고 提議하였으나 劇場의 運營形態는 '갈쑤록 泰山'인 것이었다.

日本의, 殖民地文化政策의 道具로 使用되었던 이땅의劇場은 應當 우리 民族文化藝術의 새로운 發表土臺가 되어야 할것이며 그運營도 오로지 이것을 目的으로하는 國家管理形態로 되어야 할 것이었다. 그럼에도 不拘하고 劇場의運營形態는 非民主的이요, 反文化的인 商業主義形態로 轉落되고 만것이다.

그러므로 劇場의 文化的使命을 完遂하기爲하여는 오로지 文化的使命의 履行者인 眞正한 劇場藝術家가 그 運營을 담당하지않아서는 안되는 것이다.

그것은 現實的으로 不合理한劇場의 運營形態로因하여 良心的인劇場의 經濟的破綻, 乃至, 劇場藝術家의 街頭彷徨, 卑俗主義 演藝物의 猖獗이란 可憎한 現像으로 反證되는바이다.

苛酷한 劇場貫分率制度 入場稅問題 劇場運營人의資格 그리고 舞臺施設의改善等 이러한問題를 包含한 劇場問題는 時急을 要하는 것으로 그의 正當한解決을 다시금 要求하는 바이다.

그러나 이것은 皮相的이요 現象的인 問題의 一時的解決策으로서 彌縫되는게 아니라 要는 經濟的, 政治的, 社會的, 環境의 民主主義的 確立없이는 劇場問題도 完全한 解決을 期할 수 없는 것이다.

그러므로 劇場의 文化的使命을 위하여 劇場藝術家의 民族的使命이 展開되는 것이니 루이·주베는 이렇게 말하였다. "藝術은 政治의꽃이요, 果實이니라"

시집 『강철의 대오』에 대하여 (신간평)

조령출, 『조선문학』, 조선작가동맹출판사, 1954.8

시집 『강철의 대오』는 조국 해방 전쟁 기간에 직접 총을 들고 가렬한 전투의 불길 속에서 헌신성과 애국주의를 발휘한 우리 인민 군대의 강철의 대오 가운데서 자라난 군무자 시인들의 작품집이다. 치렬한 화선에서 군무자들은 많은 시 작품들을 썼으며 그 작품들은 군무자들의 사기를 고무하였을 뿐만 아니라 널리 인민들에게 감명을 주었다.

그렇게 성장한 신인들의 작품들이 이 시집에 수록 편찬되였다. 여기에 이 시집의 의의가 있으며 빛나는 그의 첫째 특징이 있는 것이다. 또한 여기의 모든 작품들이 전쟁의 승리로부터 전후 복구 건설의 평화적 시기에 들어서는 일정한 력사적 단계를 배경으로 하는 점에 둘째 특징이 있는 것이다.

그러므로 이 시집에 맥맥히 흐르고 있는 승리자의 높은 영예감과 긍지와 고상한 감성과 그들의 풍부한 정서는 이 시를 읽는 사람들에게 승리의 영광을 갖게 하며 불패의 힘을 믿게 하며 광활한 전망을 갖게 하며 아름다운 정서를 불러 일으켜 주며 복구 건설의 우람찬 전진에로 튼튼히 나아가게 한다.

승리자의 노래는 첫째로 우리 승리의 조직자이시며 우리 인민 군대의 영광스러운 최고 사령관이신 우리의 경애하는 수령에 대한 무한한 충성심과 흠모의 순결한 마음으로부터 시작된다.

박승수는 '우리의 최고 사령관'에서 一,二一一고지의 한 전투원이 평양에서 열린 '조선인민군 종합 전람회' '一,二一一 고지관'의 해설자로 있을 때 여기서 수령을 만나 뵈옵는 그 감명 깊은 장면을 묘사하였다.

어쩔줄 모르는 내 어깨에
그이는 손을 얹으시고
미소와 함께 물으셨다
철갑봉의 저격수
장동무가 잘 있소?—

사람들이여!
전우들이여!
최고 사령관께서는
동부 전선의 이름 없는 봉우리
한 전사의 안부를 물으신다

그이께서는
그 언제나 우리와 함께 계셨거니
어찌 우리를 모르시랴

이 고조된 시의 격조 가운데 수령의 형상은 진실로 그들의 어버이시며 항시 그들의 생활 속에 함께 계시는 최고 사령관으로서 노래되고 있는 것이다.

평화의 초소를 지키는 정의의 용사들의 불타는 의지와 그들의 아름다운 정서는 이 시집의 주되는 시정신으로 되여 있다. 김경일은 「전승의 날」에서 이 주제를 훌륭히 노래하였다.

우리는 조국의 청사 우에
찬란한 승리의 기록을
심장으로 아로새긴 꽃다운 청춘들

승리의 북을 울리라!

화선의 하모니카와 피리를 불라!

(중략)

그러나 ……(중략)…… 가슴에 새겨 잊지 말라

포성은 멎었어도

원쑤들의 눈깔먼 포신은

아직도 우리를 향해 있다는 것을

전우들아!

잠시도 놓지 말자 우리의 총을!

(중략)

이 새벽처럼 푸르고 건전한

평화를 위해 자유를 위해

승리의 초소를 더욱 굳게 지키자!

정전과 더불어 평화적 건설 시기를 맞이하면서 우리의 시들은 새로운 전환을 가져왔다. 그것은 평화롭고 광명한 세상과 승리한 나라의 억세고 아름다운 앞날에 대한 랑만적 정신의 고조인 것이다. 김영철은 자기의 「어머니와 아들」에서 전쟁 시기에 태여나 푸른 하늘을 보지 못한 아기가 승리의 하늘을 보게 되는 그 기쁨을 노래하면서

전우들이여,

모든 선량한 사람들이여

이 아기에게

휘황한 꿈을 안기여 주라

(중략)

어머니와 아들의 행복을
아무도 깨뜨리지 못하게하라
그들로 하여금,
밝은 하늘 아래 살게 하라,

고 호소하였다.

평화를 수호하기 위한 이 전사들의 정열은 향로에 대한 끝없는 사랑과 굳게 련결되고 있는 것이다. 향토와 부모와 형제 처자 애인들에 대한 뜨거운 사랑은 조국애의 구체적 표현으로서 작품들에 반영되고 있는 것이다. 그러나 이 시집의 특징은 그것이 승리자의 높은 영예와 긍지의 감정으로써 웅건하고 더욱 아름답게 노래 되고 있는 점이다. 그것은 우선 휴가로 고향을 찾아간 병사를 주제로 한 작품들에서 볼수 있다.

신상호는 「장고개 솔밭 언덕을 넘어」에서

목동시절 지게 지고
내내 황소를 몰던 개울가에서
송이 송이 만발한
들국화의 향기를 안아보고
봄철마다 묘목을 떠 심던
금수봉 중턱에 올라 두 팔을
벌리면 멧새도 우짖었다
창공에 나는 바람도 정다워

라고, 향토에 대한 끝 없는 애정을 노래하였으며, 그 병사는 또한……

강철로 억세여진 마을 형제들이

철철 잔이 넘게 축배를 들어
병사의 전공을 축하하였을때

그는 말하였다
우리 병사들이
얼마나 제 고향을 사랑하는가를
그러기에 더욱 용감히 싸워 이겼노라고

이것이 바로 소박한 농민 출신의 병사의 형상으로 되는 것이다. 이러한 병사들의 고향은 그 어느 시편들에서나 불굴의 고향으로서 슬기롭고 아름답게 묘사되였다. 평화의 초소 조국의 초소를 수호하기 위한 병사들의 뜨거운 정열은 전후 복구 건설의 거대한 의의와 련결되여 있다. 조국 통일을 위하여 화려한 조국의 앞날을 위하여 혁명의 기지 민주 기지를 수호하고 강화하기 위한 승리자들의 열망은 복구 건설을 주제로 한 작품들과 기타의 시편들에 힘찬 맥박으로 고동치고 있다. 리호일의 시 「까쓰또바 "민청호"」는 이에 관련된 작품이다.

전시의 수송 전선에서 八만키로 무사고 주행의 위훈을 세운 까쓰또바 '민청호'는 오늘 복구 건설장에서 무비의 용감성을 발휘하고 있다. 이 위훈의 운전자이며 이 차의 주인공인 운전사의 기개와 희망을 노래하였다. 이러한 작품에서 새로운 것은 전투에서 발휘한 영웅주의가 복구 건설의 불길 속에 한층 더 새로운 형태로 발휘되고 있는 점이다.

이 밖에 이 시집에 다채로운 주제의 작품들이 또한 수록되여 있는바 전태정의 「제비」는 간결한 표현으로써 풍부한 내용을 노래하고 있다. 이 시엔 간고한 전쟁을 견디여 보람 큰 승리를 쟁취한 우리 인민의 긍지와 평화 건설에 대한 밝은 전망이 기둥을 세우고 대들보를 올리는 마을 하늘에 나는 제비와 더불어 노래되고 있다.

이 시인은 남반부 형제들에게 이곳의 소식을 전하여 달라고 그리고 또한 강남 땅에 날아가거든 그곳 해방 투사들에게 '영웅 조선'의 승리를 전하여 달라고 제비에게 말한다. 또한 끝에 가서

이 땅에 새 움이 트고
진달래 붉은 봄이 오거든
강남 인민들이 싸우는 소식을 지니고
다시 오너라,

봄볕 따사로운 양지 마을에
너를 반기여 포근히 안아줄
추녀들은 늘어가리라

노래하였다. 이와 같이 이 시집에 흐르고 있는 솔직하고 소박한 감정들은 근로 인민의 출신으로서 가렬한 전투의 불길을 헤쳐 승리한 새 인간들의 고상한 품성들인 것이다.

이 시집에 일관되여 흐르는 애국주의 사상은 이러한 새 인간들, 강철과 같이 단련된 군무자들의 억세인 의지와 생신하고 다감한 정서를 통하여 유감없이 표현되였다.

물론 이 시집에 결함이 전혀 없는 것은 아니다. 일부의 작품들에 있어서는 주제가 분렬되여 있으며 또는 작품 속의 노래되는 주인공의 형상이 미약하고 또 그 표현과 묘사가 불명확한 것도 있다. 그리고 부분적으로는 시 형식에 대한 깊은 고려가 부족하고 어휘가 군색한 점들이 있음을 말할 수 있다.

그러나 이 시집이 가지는 의의는 어디까지나 크며 교양적 가치를 자랑할 수 있다.

젊은 군무자 시인들의 이 시집은 우리 승리의 찬가이며, 평화의 초소를 지키는 정의의 용사들의 우렁찬 노래이며 진실로 군무자들 속에서 발전된 우리 시문학의 빛나는 성과인 것이다.

시 형식의 다양성

제二차 작가 대회를 앞두고

조령출, 『조선문학』, 조선작가동맹출판사, 1956.8

작가는 자기의 심혈을 기울여 작품을 쓴다. 작가의 잉크 한 방울은 그의 피 한 방울과 같다는 말도 있다. 만일 작가가 그러한 심혈로 작품을 쓰지 않는다면 그 작품은 피 없는 — 다시 말해서 생명이 없는 사람과 같은 것이다.

그러나 나는 대부분의 진실한 작가들이 자기의 심혈로써 작품을 쓰고 있음을 알고 있으며 그들의 작품이 생기 발발한 현실 생활을 반영하고 있음을 알고 있다.

우리의 문학이 자기의 력사 과정을 밟으며 이러저러한 반동적 문학 조류와의 투쟁을 거쳐 얼마나 발전하였는가.

실로 우리의 문학은 개화 발전의 길에 들어섰다. 실로 인민들은 자기들의 문화재로서 문화 생활의 한 중요한 동반자로서 우리의 문학 작품을 사랑하였으며 사랑하고 있다. 독자들의 소리는 바로 그들의 문학에 대한 애정의 뜨거운 표현으로 되는 것이다.

몇 해전 박 세영의 시 「고향을 지나며」와 나의 시 「강변에서」에 대하여, 이 시들이 가지는 애상적 경향에 대하여 비판이 있었다. 당시 많이 론의되였던 구호시로부터의 해탈, 그것은 일면 시에 있어서 호소성과 사상성의 미약을 초래할 우려가 있었던 것이다. 시의 서정을 풍부히 하며 그것을 강조하는 나머지 애상적 표현이 나타났는바 이에 대한 경종을 울리지 않을 수 없었던 것이다.

나는 나의 시 「강변에서」 가운데 그러한 요소가 있음을 접수하였다. 이 때 전방에 있는 어느 한 독자 — 전사 동무로부터 편지가 왔다. 이 독자는

「강변에서」를 읽고 매우 느낀 점이 많았으며 이 시는 전사 동무들에게 있어 사기를 북돋아 주며 교양을 주고 있다고 말하였다. 작가인 나로서 이 편지를 또한 어떻게 접수할 것인가 나는 생각하였다. 나의 그 시가 '전적으로 좋아서' 그런 편지를 받았는가 또는 나의 그 시가 '전적으로 해독적인' 것이기 때문에 그런 비판을 받았는가.

문제는 전적으로 수긍할 수 없는 부분적 결함의 존재인 것이다. 나는 독자에게 회답을 하였다. 전적으로 좋은 작품이 아니요, 애상적 경향이 있다는 것을 말하면서 독자의 립장에서 더욱 연구하여 작가에게 좋은 방조를 달라고 회답을 하였다.

당시 김 순석은 나의 그 시의 첫부분이 고요하고 적막하기 때문에 좋지 않다고 말하였다. 이 말에도 일면 수긍할 점은 있었으나, 시의 결함의 중요한 고리는 환경의 정적 묘사에 있는 것이 아니였다. 나는 당시 그렇게 또 주장하였다. 나는 누구보다도 포에지의 정적인 경지를 일면 추궁하고 있는 시인의 한 사람이 바로 김 순석이라고 생각한다. 그러면 김 순석의 이러한 면이 전적으로 좋지 않다고 말할 것인가. 아니다. 전적으로 좋지 않다고 말할 수 없다. 이것을 김 명수는 자기의 론문 「서정시에 있어서의 전형성, 성격, 쓰찔」 가운데서, 리 정구의 견해를 론박하면서 해명하였다.

리 정구는 시의 호소성, 동적인 면을 강조하며 기교주의적 편애를 비판한 나머지 고요한 곳에는 마치 아름다운 것이 없는 것처럼 보는 극단에로 나아가고 있다.

"이것은 문제의 설정 자체가 모호하고 애매한바, 아름다운 것을 동적인 것과 정적인 것으로 구별하는 미학적 평가는 있을 수 없는 것이다"라고 김 명수는 정당히 지적하였다.

리 정구는 자기의 론문 「우리 시문학의 제 문제」에서 "고요하고 적막하고 온화한 곳에서만 아름다운 것을 찾으려고 하는 경향이 확실히 우리 일부 시인들에게 있다"고 말하면서 "적막하고 아름다운 것은 따로 있고 동적이고 선률적인 것은 아름다운 것이 아니라고 생각한다면 이것은 큰 잘못이다"라고 말하였다.

그러나, 고요하고 적막하고 온화한 곳에서만 아름다움을 찾으려는 그러한 시인이 어데 있는가?

또한 오늘 우리 작가들 중에 동적이고 선률적인 것은 아름다운 것이 아니라고 생각하는 그러한 작가가 있다고 말할 수 있을 것인가?

그것은 평론가의 지나친 근심이라고 나는 생각한다. 털어놓고 우리가 듣는 말을 말해 보자, 우리는 당 일꾼들 가운데서 혹은 국가 일꾼들 가운데서 혹은 독자들의 소리에서 '구호시'는 좋지 않다는 말을 듣는다. 우리의 독자들은 설명이 아니라, 투쟁 강령의 단순한 웨침이 아니라 시적 형상을 통한 심장을 감동케하는 그러한 서정 높은 시작품들을 요구하고 있다.

우리 시인 작가들 역시 항상 그것을 말하였다. "구호적인 작품을 쓰지 말자!" 구호는 우리 생활의 고상한 방향으로 된다. 그러나 그 강령적인 구호가 시인의 강렬한 애국적 정열에 의하여 시적 형상으로 나타나며, 구체적인 생활과, 생활 감정으로서 표현되며, 현실 현상의 개별적인 것 특수한 것으로서 형상되며, 그것이 또한 작가의 개별적 문체로서 표현되지 않는다면, 그것은 그냥 구호의 로출로 밖에 되지 않는 것이다.

나 자신부터가 구호의 로출과 서정의 빈곤과 사색의 천박성, 형상력의 부족으로써 자기의 작품을 얼마나 무미건조한 것으로 만들었던가.

구호가 시구 속에 삽입되는 것이 혹은 구호의 웨침이 작품 속에 울린다 하여 그것이 좋지 않을 하등의 론리적 근거는 없다. 오히려 그것이 높은 감동을 주는 예술적 형상의 밑받침 우에 섰을 때 그것은 더욱 감동적인 구호로 될 것이다. 훌륭한 정론적 시는 바로 그러한 것이다. 우리는 그 좋은 모범을 마야꼽스끼의 작품 중에서 본다.

매개 작가는 자기의 개성이 있고 자기 작품에 일정한 쓰찔이 있다. 뿐만 아니라 한 작가에 있어서도 그의 문학에 있어 이러저러한 문체의 변천을 체험할 수도 있다.

매개 작가의 작품들이 하나의 판으로 찍어 낸 듯한 그러한 것으로 되여서도 안 될 것이며 한 작가의 작품들이 또한 하나의 판으로 찍어 낸듯한 그러한 것으로 되여서도 안 될 것이다.

류형성! 이는 무서운 함정이다. 그러나 부지불식간에 이 함정에 빠지게 되며 그것은 작가만이 아니라 평하는 사람들도 부지불식간에 작품들을 이 함정 속에 밀어 넣기도 한다.

웨쳐라! 질풍 노도의 시를! 따웅! 따웅! 호랑이의 노호와 같이! …… 하며 구름을 토하고 바람을 날리는 그러한 시를 쓰라고 요구한다. 물론 좋다!

그러나 어느 시나 누구의 시나 그러한 것으로 되라는 것은 무리한 요구이다.

작은새처럼 노래하되 생활의 진면목을 노래하며 작은 시냇물처럼 노래하되 세계의 객관적 진리를 노래한다면 그것이 나쁠게 없을 것이다.

우리는 많은 경우, 작품의 발표전 합평을 하였다. 이러한 경우, 어떤 평자들은 남의 작품을 자기의 취미, 자기의 척도, 심지어는 자기의 문체 속에 혹은 자기의 쓔제트 속에 집어 넣려고 하였다. 결국 나나니처럼, 자기를 닮아라 닮아라하는 식으로 작품들을 류사의 길로 '고무'하였다.

실로 우리의 적지 않은 작품 평정서들이 작품의 개성을 위축시키였다.

여기 도식이 발생된 원인의 하나가 있다.

자연 법칙은 객관적 세계의 추상된 진리이다. 그러나 삼라만상은, 어구 그대로 자연의 다양 다채한 만상인 것이다. 백화란만! 우리는 이 한 마디 말 가운데 풍부한 형상을 갖는다.

우리의 생활에는 법칙이 있다. 그것은 추상된 진리이다. 우리의 생활은 이 진리에 의하여 발전한다. 우리는 맑스—레닌주의를 떠나 이 진리를 리해할 수 없다. 유물론적 변증법은 객관적 세계의 생활의 법칙이며 이 법칙에 의하여 우리는 우리의 생활을 창조한다.

백화란만한 아름다움을 우리는 이 법칙에 의하여 리해한다. 우리는 생활의 아름다움을 백화란만하게 창조하여야 한다. 이 원리는 우리 민족 문화의 다양 다채한 발전을 요구한다.

시 형식만 하드라도 다양한 형식을 갖는 것이 좋을 것이다. 우리 문학은 풍부한 자기의 전통을 가졌다.

향가의 가장 소박한 四구체 형식으로부터 八구체 혹은 一〇구체 혹은 「정읍사(井邑詞)」와 같은 六구체, 고려 가요의 제 형식들 별곡체 시조 형식, 「추풍감별곡(秋風感別曲)」식의 일련의 리조가사(李朝歌詞)형식과, 인민 창작의 풍부한 민요 형식들, 이러한 시문학 형식들에 대한 연구는 시문학을 다양하게 발전시킴에 있어 하나의 기초로 될 것이다.

오늘 우리의 인민 가요 형식의 하나인 六구(四구에 후렴 二구를 붙인 것) 三련의 형식은 어느 정도 정형시라고 말할 수도 있다. 경기하여가체(景幾何如歌體)나 시조(時調)체나 그것은 우리의 고유한 정형시라고 말할 수 있는 것이다.

오늘 많은 시인들이 자유시체로 시를 쓴다. 그러나 많은 경우 四구 一련을 번복하는 체제로 지향하고 있다. 이것은 우연한 현상인 것이 아니다. 이는 시의 산문화를 방지하는 하나의 표현인 것이다.

시의 음률을 보다 아름답게 보다 조화 있게 보다 참신하게 혹은 보다 웅장하게 혹은 보다 패기 있게 갖기 위한 로력은 매개 시인들에게 있어 이러저러하게 표현되고 있다.

시의 산문화를 방지하기 위한 지향은 시 자체가 갖는 특성인 것이다.

김 명수는 "우리 시에 있어서 정형률의 연구는 앞으로 얼마든지 계속할 필요가 있다"고 말하였다. 이는 정당한 말이다.

시의 음악성 음률의 법칙들을 연구함으로써 우리 시 창조에 큰 도움이 될 것이다.

그는 또 이렇게 말하고 있다. "오늘 우리 시가 가지고 있는 결함들의 근원을 시형식 문제에 전가시키는 것은 옳지 않을 뿐만 아니라 사실과 어긋

나는 것이다"라고.

그러나, 오늘 우리 시의 결함의 하나로 산문화의 요소를 들 수 있지 않는가. 그렇다면 결함들의 원인의 하나로서 시형식 문제에 대한 고려가 충분치 못했다는 점을 지적할 수 있지 않는가.

"아름답고 싱싱한 수목은 다만 비옥한 땅에서만 자란다. 그러나 자라는 나무를 매만지고 가다듬으며 모든 군가지를 잘라 버리는 사업이 또한 요구된다" 이러한 사업의 중요한 부분은 언어에 대한 수련이라고 그는 말하였다.

여기서 내가 부연할 것은, 바로 언어에 대한 수련이 형식에 대한 고려와 결부되여야 한다는 점이다. 나무의 군가지를 잘라 버리는 것이 곧 형식에 대한 고려인 것이다.

형식에 대한 고려는 어디까지나 사상적 내용을 보다 감동깊게 전달하기 위한 방법상 문제로 되여야 한다. 이 방법상 문제를 우리 작가 시인들이 어찌 소홀히 취급할 수 있겠는가.

시형식에 대한 고려는 또한 정형시 문제에도 련결된다. 이는 또한 우리의 고전적 시문학의 비판적 계승 섭취 문제와도 결부된다.

내가 말하고저 하는 것은 어디까지나 우리의 시로 하여금 산문화를 방지하며 다양다채한 형식들의 개화 발전을 요망하는 데 있다.

짧은 시를 쓰자—이러한 이야기도 시인들 속에 있었다. 시조와 같이 짧은 시도 써 보자!

이 요구도, 나는 좋은 요구의 하나라고 생각한다.

우리의 선조들은 좋은 그림을 벽장에 붙이기도 하고 그림 족자를 벽에 걸어 놓기도 하고 좋은 시를 기둥에 붙여 놓고 생활하였다.

현대 우리 생활에도 벽장화는 다시 필요하며 벽시도 필요하다. 좋은 짧은 시는 벽시로 광범히 리용될 수 있을 것이다.

오늘 단막 작품과 단시들은 문학의 전투적 형식으로서 절실히 요구되고 있다. 단시 가운데서도 시조와 같은 짧은 형식은 그 삼장(三章) 가운데

기, 승, 전, 결이 명확히 보여지는 三행 단시로서 좋은 것이며 그 밖의 四행시 혹은 五행시의 단시 형식도 좋을 것이다. 이러한 창조는 시인에게 있어 '무제한한 자유'일 것이다.

다양한 형식, 다양한 쓰찔의 창조에 있어 시인들에게 무제한한 자유가 있으며 또 그 누구도 그것을 방해할 사람은 없을 것이다.

리 정구는 우리 시의 산문화의 요인이 시인들의 작시법상 무제한한 자유에 있는듯이 말하고 있으나, 그것은 오히려 시인들이 우리 시문학의 이러저러한 다양한 형식들을 무제한하게 리용하며 섭취하며 발전시키지 못한 그 점에 있다고 나는 생각한다.

우리 시인들은 새로운 정형시를 창조해도 좋을 것이다. 과거의 어느 시 형식을 발전시켜도 좋다. 탁월한 선진 시인들의 모범이 그것을 말하고 있는 것이다.

그렇다고, 일률적으로 정형시로 돌아 가자고 말하는 사람이 있다면 나는 그 의견에 동의할 수 없다. 왜 그런가 이미 우리의 자유시는 자기의 확고한 지반을 닦아 놓았기 때문이다.

전형적 형상들의 창작 방법은 다양하다. 그러므로 우리는 창작에 있어 어느 일률적 방법의 틀 속에 구애될 필요는 없다.

가령 기승전결의 법칙은, 희곡에도 있고 서정시에도 있다. 사건의 발단, 발전, 모순의 첨예화, 그의 정점과 전환, 그의 해결 등은 희곡 창작에 있어 불가결의 법칙으로 된다. 그러면 이러한 법칙이 서정시에서도 불가결의 것으로 되는가? 아니다. 서정시에서는 다른 방법으로 작용한다. 서정시에 있어서는 기승전결의 법칙이 있되 희곡과는 다른 방법으로 작용한다.

> 한산섬 달밝은 밤에 수루에 혼자 앉아
> 큰칼을 옆에 차고 깊은 시름 하는 적에
> 어디서 일성 호가는 나의 애를 끊나니

이 시에서 제一장은 기(起)가 되고 제二장은 승(承)이 되고 제三장은 전(轉)과 결(結)로 된다.

여기서 희곡에서와 같이 갈등을 찾으려고 한다면 무모한 일인 것이다. 그러면 이 시에는 갈등이 전혀 없다고 볼 것인가 우리는 생활의 법칙에서 볼때 이러저러한 모순의 대립과 갈등의 상호 관계를 떠나 우리의 생활도, 객관적 세계도 존재할 수 없으며 또 그것을 인식할 수도 없다는 것을 알고 있다.

그렇다면 어떠한 짜른 작품일지라도 객관적 세계를 반영하며 현실 생활을 반영하는 것이라면 어찌 모순의 대립과 갈등의 호상 관계가 없을 것인가.

문제는 그것들의 표현 방법이 다양한 거기에 있는 것이다. 서정시에도 갈등은 존재한다. 오직 그 형상의 방법이 다를 뿐이다. 상기 시조에서 본다면 갈등은 서정적 주인공인 리 순신 장군의 애국적 감정과 왜적과의 사이에 내재하고 있다. 그러나 이 갈등은 희곡에서처럼 갈등 자체의 기승전결로 되여 있지 않고 이 갈등에 립각한 애국적 감정의 기승전결로 되여 있다. 서정시에 있어서 은페된 갈등을 보지 않아서는 안된다.

희곡에 있어서는 어떠한가? 갈등 문제 하나만 가지고 보더라도 역시 작가들의 창작상 개성적인 이러저러한 방법을 천명하지 못하였다. 긍정과 부정, 새것과, 낡은 것 등의 로골적인 대립과 그 표현을, 그 상대적 인물 관계에서 보려고 하였다.

그것은 물론, 보다 명확한 것으로 가장 좋은 방법의 하나이라고 생각한다. 그러나 그의 일률적 강요는 전형화의 창작 방법을 협애한 것으로 만드는 것이다.

가령 「심청전」에서 기본 갈등은 어떻게 설정되였으며 어떻게 형상되였는가.

여기엔 일관된 긍정적 주인공들은 존재하나 일관된 부정적 인물은 존재하지 않는다. 문제는 여기에 있다. 「심청전」은 특수한 자기의 쓔제트를 가지고 있으며 갈등을 또 그렇게 설정하고 있다.

「심청전」의 갈등의 본질은, 봉건 사회의 계급적 모순에서 나온 것이다. 이 갈등은 광명과 암흑으로 표현되였다. 봉건 사회의 그 암흑한 제도는 암흑한 운명으로써 긍정적 주인공들을 압박한다. 심청의 림당수에서의 죽음은 곧 이 암흑한 운명이 빚어낸 비극의 절정으로 된다. 룡궁 장면은 갈등의 전환점으로 되며 왕궁에서의 심청의 영화 및 심봉사의 눈 뜨게 된 그 행복은, 긍정적 주인공들의, 당시 봉건적 암흑과의 갈등에 있어서의 승리적 해결로 되는 것이다.

이와같이 작가는 자기 작품의 갈등 형상을 어느 한 틀에 맞추어 만드는 것이 아니라 자기의 창작 방식에 의하여 자유롭게 할 수 있는 것이다.

오늘 우리 문학의 주공 방향은, 부르죠아 이데올로기와의 투쟁인 것이며 창작상의 류형적 틀, 협애한 방식들, 도식적 견해들을 깨뜨리는 데 있다.

현실 발전에 대한 진실한 체험과, 우리 문학 유산에 대한 진실한 연구, 선진 문화에 대한 진실한 섭취 이러한 사업 없이는 소기의 성과를 거둘 수 없다.

우리 문학에 더욱 높은 사상성과 생동성과 감동성을 부여하기 위하여 우리에겐 대담한 방책들이 필요하다.

형식을 위한 형식의 탐구라면 그것은 우리의 당 문학과 하등의 인연이 없다. 우리에게 있어 현재 가장 좋은 창작 방법은 사회주의 레알리즘이다. 사회주의 승리를 위한 리념으로써 우리의 현실 생활을, 우리 인민의 생활 감정을 진실하게 묘사하는 것 이밖에 다른 길은 없다.

당 정책을 실생활에 구현화하기 위하여 우리 문학은 자기의 온갖 재능을 다 발휘하여야 할 것이다.

조선 로동당 제三차 대회의 결정 정신에 립각하여 우리의 제二차 작가 대회를 앞두고 우리 작가들은 허심하게 문학상 문제들을 토론하며 모든 작가들이 이에 참가하여야 할 것이다. 작은 문제건 큰 문제건 솔직 대담히 토로함으로써 우리 문학 발전의 장애물들을 제거할 수 있다.

이러한 것이 또한 작가들의 고상한 품성이라고 생각한다.

서로 만나자

조령출, 『조선문학』, 조선작가동맹출판사, 1956.9

나는 여기서 수학적 문제나 철학적 문제를 제기하려는 것은 아니다. 나는 오직 우리 민족적 생활에 있어서 절박한 통일의 문제를 이야기하련다.

통일! 이는 하나로 뭉치자는 말이다. 우리는 왜 이 말을 가슴이 아프게 하지 않으면 안되는가?

해방후 우리 나라엔 인공적 분계선이 생기였다. 미군이 진주한 남조선 지역과 쏘련 군대가 진주한 북조선 지역과, 그리하여 한 나라에서 판의한 두 세계로 분렬되였다.

그런데 어째서 해방 ——주년을 맞이하는 오늘에 이르기까지 인공적 분계선은 그대로 남아 있으며 통일 정부는 세워지지 못하고 있는가?

여기서 리익을 보는 자는 그 누구며 고통을 받는 자는 그 누구인가? 사실은 명약관화하다. 리익은 오직 미군 백만 장자들과 그들의 주구들이 보고 있을 뿐이요, 고통은 조선 인민이 받고 있을 뿐이다.

부모와 형제와 처자들이 서로 갈라져 살고 있으며 그리운 사람들끼리 보지도 만나지도 심지어 편지 한장의 거래조차도 못 하고 있다.

우리는 단일한 민족으로 단일한 지역에서, 단일한 언어로, 단일한 문화 전통과 단일한 생활 풍속과 단일한…… 그렇다, 우리는 단일한 민족적 생활을 하여왔다.

우리는 하나로 살아 왔으며 하나로 살아야 하겠다,

그런데 누구가 이것을 원치 않는단 말인가? 남조선의 어머니들인가? 북조선의 아버지들인가? 아니다, 조선 사람들은 그 누구를 막론하고 하나로 살기를 원한다.

그러나 우리의 통일을 원하지 않는 '신사'들이 있다. 그는 바로 미국의 돈 많은 '신사'들이며 그는 바로 그 상전들의 충복 리 승만 역도들이다.

허나 그 '신사'들은 조선의 분렬이 마치 쏘련에 있는듯 떠들어대며 그 책임이 마치 조선 민주주의 인민 공화국에 있는듯 말한다.

진정하라! 쏘련이 언제 어데서 그러한 책동을 하였는가? 카이로에서, 혹은 포츠담에서, 혹은 모쓰크바에서 그러한 책동을 하였는가? 상기하라! 제네바에서, 그리고 유·엔의 연단에서, 쏘련은 조선 문제에 대하여 어떻게 주장하였던가?

조선에서 외국 군대는 물러가야 한다. 조선 인민의 정치적 생활에 대하여 간섭치 말라, 그들의 문제는 그들 자신에게 맡길 것이라고 주장한 정당한 사람들은 누구였던가?

미국의 '신사'들이였던가? 천만에, 그것은 바로 세계의 평화와 민족들의 자주권을 위하여 시종일관 투쟁하여 온 쏘련의 주장이였던 것이다.

쏘련은 북조선으로부터 솔선 자기들의 군대를 철거시키였다. 조선 인민이 자기의 신성한 자주권을 행사할 수 있도록 모든 조건을 지어 주었다.

그러나 미국의 '신사'들은 남조선에서 식민지 예속화 정책을 실시하며, 동족 상잔의 내란까지 도발시키면서 식민주의의 악질적 술책을 다하였다. 그들의 술책은 이미 낡은 술책이라고 그들의 어용 학자들까지도 말하고 있는 바이지만 그들은 남의 나라의 내정을 간섭하는 데 들어서 끝까지 집요하다. 그들은 오늘 애급이 수에즈 운하를 국유화한데 대하여 국제적 사변과도 같이 간섭하기 시작한다.

나는 여기서 흐루쑈브의 말을 인용하겠다.

"…… 수에즈 운하는 어데 있는가? 애급 땅에 있다. …… 이 운하는 누가 건설하였는가? 아랍인들 즉 애급 주민들이 자기들 자신의 손으로 이를 건설하였다. 현재 우리는 정복과 강점의 방법으로 설정된 관계로써는 다른 나라 인민들을 예속시켜 둘 수 없는 그러한 시대에 살고 있다."

그렇다, 우리는 새 시대에 살고 있는데 그들은 낡은 방법을 쓰고 있는 것이다.

미국은 세계의 통일적 패권을 수립하려는 허망한 꿈을 버리지 못하고 있다. 그러나 우리는 민족적 통일을 원한다. 여기에 모순이 있다. 또한 그들은 '미국식 생활 양식'을 남조선에 강요한다. 그러나 우리 조선 사람은 조선 민족의 민족적 생활 양식을 발전시키려 한다. 여기에 모순이 있다.

그러면 이 모순으로하여 우리는 민족적 통일과 통일된 민족적 생활을 가져올 수 없겠는가? 아니다, 우리에겐 우리의 념원을 달성할 수 있는 충분한 가능성이 있다.

오늘 조선 사람이면 그 누구나 통일에 대한 열망을 가지고 있다.

—통일이 언제나 됩니까요?

—언제라니요? 하루 속히 돼야지요, 되도록 투쟁해야지요.

이러한 대화 속엔 통일에 대한 열망과 불타는 의지가 있는 것이다.

오늘 우리들 속엔 사랑하는 자식과 혹은 늙은 부모의 생사를 몰라 애태우는 사람들도 많고 안해를 남쪽에 두고 그 안해를 간절히 생각하는 사람들도 많으며 또는 남편을 북쪽에 두고 그 남편을 끝없이 사모하는 녀인들도 많다.

남북의 분렬은 사랑과 결혼 문제에까지도 심각한 고민을 주고 있다. 남쪽에 없는 물건이 북쪽에 있기도 하고 북쪽에 없는 물건이 남쪽에 있기도 하다. 전력은 북쪽에 많고 쌀은 남쪽에 많이 난다. 대(竹)는 북쪽에 없고 석탄은 남쪽에 없다.

남북의 분렬은 우리 경제 생활에 심각한 타격을 주고 있다.

통일이 되는 날이면, 우리의 민족 경제는 유리한 조건하에 보다 급속히 발전할 것이다.

오늘 북반부의 인민 경제는 사회주의 건설을 향하여 계획적으로 급속히 발전하고 있다. 그러나 남반부의 생산은 파멸의 길로 들어 가고 있다.

그러므로 한쪽은 인민 생활이 향상되여 가며 한쪽은 인민 생활이 빈곤에 빠져가고 있다. 한쪽은 광명한 사회 제도에 살며 한쪽은 어두운 질곡으로 화하였다.

그러므로 우리의 통일 문제는 남조선 동포들을 예속과 빈궁의 구렁에서 해방시키는 문제와도 련결된다.

이보다 더 절박한 문제가 있겠는가.

우리 나라의 력사, 지리 및 기타의 모든 연구 사업에 있어 우리의 분렬은 얼마나 큰 지장을 주고 있는가.

우리의 문학과 예술 분야도 그러하다. 우리의 민족 문화도 분렬되여야만 하는가? 남조선의 문학 예술은 '미국식 생활 양식'이 강요하는 대로 색정과 퇴페와 영탄과 절망의 세계를 방황한다. 남조선의 영화는 〈춘향전〉을 색정주의로 모독하고 있다. 인간에 대한 증오 사상은 조선 민족의 고상한 품성들을 여지없이 더럽히고 있다.

이렇게 타락하는 남조선 문학 예술을 진실한 사실주의의 문학 예술에로 건져 올리기 위하여 우리의 통일 문제는 절박한 문제로 되는 것이다.

그러나 남조선의 어떤 사람들은 나에게 이렇게 말할 것이다.

"당신은 공산주의자들의 립장에 서 있다. 당신은 그 립장에서 통일을 하려고 한다."

물론 나에게는 일정한 나의 세계관이 있으며 인생관이 있으며 조국 통일에 대한 견해가 있다. 우리들은 같지 않은 견해들을 가질 수 있다.

"그러면 당신은 어느 립장에서 통일을 원합니까"고 나는 그 질문자에게 묻고 싶다.

그는 자기의 립장 혹은 견해를 털어 놓고 말할 수도 있을 것이다. 그러나 그가 남조선에 있고 내가 북조선에 있는 이상, 우리 사이에 장벽이 있어 서로 만날 수 없는 이상, 어떻게 서로 앉아서 말할 수 있을가.

문제의 고리는 여기에 있다.

첫째로 우리는 서로 만나도록 하자. 공화국 북반부에서는 외국 사람들과 통상을 협의하며, 문화 교류의 협정을 체결하고 있는 이때에, 어찌 한 민족 사이에 만날 수조차 없을 것인가.

그러나 독일에서는 분렬된 조건하에서도 극히 초보적이나마 서로 왕래하며 만나고 있다. 내가 작년에 독일에 갔을 때 독일의 저명한 시인 쉴러 서거 一五○주년을 기념하기 위한 행사가 와이마르시에서 개최되였는바, 서부 독일의 두 극단이 넘어 와서 경축 공연을 하고 돌아 갔다. 또한 백림의 극장 배우들은 서부 독일에 가서 공연을 하고 돌아 왔다. 또한 체육인들의 접촉도 그러하다. 심지어 독일 민족의 영예와 위신을 위하여, 동서 독일의 선수들이 합력하여 독일의 이름으로 국제 시합에 출전하는 일도 있다고 한다. 영화도 어느 정도 교류되고 있다.

시인 쉴러를 경축함에 있어 동부 독일은 물론 서부 독일 대표들도 참석하였다. 그 경축 총화에서 독일은 분렬되여 있으나 독일 문화는 분렬되여 있지 않았다는 결론에 도달하였던 것이다.

시인 쉴러에 대하여 말할 때 그는 동부 독일의 시인도 아니며, 서부 독일의 시인도 아니며 그는 '독일'의 시인이라고 하였다. 이 얼마나 통일된 독일에 대한 열망인가.

나는 민족적 아량과 긍지와 위신에 대하여 생각할 필요가 있다고 느끼였다. 만일 전 민족적 운명에 대하여, 그 영예에 대하여, 그 긍지와 위신에 대하여 생각하는 사람이라면, 이러저러한 정견이나, 신앙이나, 철학적 사고나 창작 방법상의 견해 등의 차이가 있다 하드라도 전체를 위하여 우선 최소 한도의 합의점을 가질 수 있다고 생각한다.

그러나 우리의 통일을 방해하는 미제와 같은 외부의 간섭에 대해서는 어떻게 할 것인가?

나는 이렇게 말하고 싶다. 외부의 간섭이란, 만일 우리 민족 자체가 한 마음이 되여 그 어떠한 외부의 간섭일지라도 받지 않겠다고만 한다면 그 어떤 파렴치한 간섭자들이라도 결국은 물러가고야 말 것이다. 문제는 우리 조선 사람들 속에 그자들의 간섭을 용인하며 심지어 그 자들의 간섭이 있어 주기를 희망하는 매국적 리 승만 역도들이 있기 때문이다. 그러나 이러한 자들이 우리 삼천만 속에 있어 몇이나 될 것인가. 그는 한줌도 못 되는 수효라고 생각한다.

우리 조선 인민의 절대 다수가 통일을 갈망하며 외부의 간섭을 원하지 않고 있다는 것만은 누구도 부인하지 못할 것이다.

조국 통일을 위한 가능성의 전제 조건은 바로 여기에 있다. 우리가 만나자고만 강력히 투쟁한다면 만날 수 있는 것이다.

우선 정치가는 정치가끼리, 학자들은 학자들끼리, 청년 학생들은 청년 학생들끼리, 예술가도, 작가도, 상인도, 종교가도, 로동자, 농민들도, 서로 서로 만날 수 있는 것이다.

가령 우리 민족은 단일한 언어를 가지고 있다. 철자법 통일안 같은 문제는 우리 언어 생활의 중요한 문제의 하나이다. 이러한 문제를 한자리에 앉아 토의하며 통일된 철자법을 남북 인민들이 동일하게 쓸 수 없겠는가. 응당 그렇게 되여야 할 것이다. 그가 만일 진정한 조선 사람이라면 이러한 제의를 어떻게 반대할 수 있겠는가.

또한 우리는 단일한 문화 유산을 가지고 있다.

박 연암, 정 다산, 김 홍도, 신 재호[효—편자] 같은 학자 예술가들을 기념함에 있어 어찌 한자리에 모여 기념할 수 없겠는가.

우리 작가들에 대하여 말한다면 우리는 이 세계 그 어데를 가나 조선의 작가로 불리워질 것이다. 우리는 조선 문학을 옳게 발전시키자는 하나의 지향에 있어 하등의 의견 차이는 없을 것이다. 우리에겐 오직 방법상 문제가 있을 뿐이다. 조선 문학을 '어떻게' 발전시킬 것인가에 대하여 이야기할 수 있다.

문예학의 견해가 서로 다르면 어떠냐, 서로 만나서 이야기해 보자.

우리는 우리의 민족 문학이 다양 다채하게 발전하며 여러가지 작가적 쓰찔이 있어 좋고 심지어 문학사조에 있어 상이한 것이 있다 하더라도 그것이 우리를 만나지 못하게 하며 중상하며 비방하며 격원시킬 아무런 근거로 될 수는 없다.

그러니 우리 남북의 작가들이 한자리에 모여 창작문제를 의논하며 고전 계승 문제를 토의한다면 이는 조선 작가들의 통일로 되는 것이며 이는 조국 통일을 촉진시키는 하나의 길이라고 생각한다.

이러한 의지가 모든 부분에서 불ㅅ길같이 일어난다면 그 의지는 하나의 통일을 위한 력량으로 될 것이다.

만나자! 만나서 이야기하자!

이 운동은 오늘 우리에게 당면한 민족적 운동으로 되는 것이다.

서로 도웁자! 부족한 것이 있으면 기탄없이 달래보고 쓰기로 하자!

조선 인민이 전통적으로 가지고 있는 고상하고 아름다운 성품인 호상 원조하며 협조하며, 뜨겁게 사랑하는 정신을 어찌 우리들 사이에 발휘하지 못할 것인가.

조선 민주주의 인민 공화국 정부는 북조선의 풍부한 전력을 남조선 인민들에게 제공하기 위한 아량있는 제의를 하였다.

남조선 수해 리재민들에게 구호 물자를 보낼 것도 제의하였다. 그런데 남조선 당국은 이에 대하여 거부하는 묵묵부답인 태도이다.

우리가 만일 민족적 위신을 생각한다면 동포와 부모 형제들의 배려, 그의 뜨거운 애정을 어찌 거부하며 묵묵부답의 태도로 대할 수 있겠는가. 이러한 일은 오직 식민주의자들에게 좋은 미끼로 될 뿐이다. 주체를 찾자!

말로써가 아니라 한시 바삐 행동으로 실현하자! '힘'을 가지고 해결하자는 것은 비겁한 일이다. 전세계 인민이 '힘의 정책'을 달갑게 생각지 않거늘 어찌 그의 피비린 뒷꼬리를 따를 것인가.

우리는 한민족이다. 어제도 그랬고, 오늘도 그렇고, 래일도 그렇다.

우리의 조국은 둘이 될 수 없다.

우리의 조국은 하나다. 하나의 길로, 아름답고 부강하며 살기 좋고 평화로운 우리의 나라, 통일된 조국의 끝없는 행복을 우리의 후손들에게 남겨 주자.

연암의 위대한 작가 정신을

조령출, 『문학신문』, 1957.2.28

내가 연암의 「도강록」을 읽은 것은 머리에 학모를 쓰고 다니던 학생 시절이였다. 그때 나는 그의 서적 가운데서 실학 사상을 배웠다.

연암은 중국의 발전된 건축과 그 건축의 자재들을 보고 감탄하였다.

벽돌집채는 "…… 담'벽에 부축되여 우는 가볍고 아래는 든든하며 기둥은 담'벽 속에 박혀 비'바람을 겪지 않으니 이로써 화재 념려가 없고 도적이 뚫을 걱정이 없고 더구나 새, 쥐, 뱀, 고양이의 피해가 없을 것이다…… 집을 짓는다고 많은 흙과 나무와 쇠붙이와 토역이 소용없고 벽돌을 한바탕 구어내는 때는 벌써 집은 다 된 폭이나 다름없다"

어찌 건축 문제 뿐이랴. 모든 문물에 대하여 이단의 것이라도, 오랑캐 것이라도 본받아 좋을 것이면 허심히 받아 들여 나라를 부강케 하고 인민 생활을 향상시키며 토지 분배를 다시 하여 농민들의 빈궁을 없애자는 것 등이 그의 주장하는바 원대한 사상이였다.

이는 곧 당시의 진보적 사상으로서 여기 바로 연암의 애국 사상이 흐르고 있는 것이다.

여기 또한 오늘의 우리 작가들의 본받아 좋을 위대한 작가 정신이 있다.

「량반전」, 「허생전」, 「호질」 등 일련의 작품들이 보여 주는바, 당시 부패한 량반 통치 계급에 대한 그의 강렬한 비판 정신은 실로 추상으로도 비하기 힘들다.

어떤 형이상학적 관념의 세계에서 돌(咄)이나 갈(喝) 따위를 내두르는 그런 질책이 아니라 그의 꾸짖음이야말로 사회적 부정에 대한 신랄한 비판이며 그 썩은 것들을 도려내는 비수라 할 수 있다.

몽롱한 것도 애매한 것도 누구의 비위를 맞추기 위한 미온적인 것도 누구를 치기 위해 치는 무모한 독설도 그의 정신 속에는 없다. 그는 명석하고 생동하고 창조적인 바로 자기의 체취를 감출래 감출 수 없는 그런 파격적 어조로써 말하며 꾸짖으며, 타이르며 론단한다.

오늘 우리가 그에게서 배울 점은 그의 고상한 비판 정신이다.

그의 모든 말 가운데는 심오한 문제성이 있다.

요즘 나는 어떤 부분적인 론쟁들에서 가히 론쟁할 바 없는 말꼬리나 혹은 문제'거리가 되기엔 극히 사소한 것으로 되는 그런 것들을 들어 큰 소리로 큰 문제나 있는듯 잘못을 론지하는 실례를 본다.

이는 강물을 옆에 두고 실개천에 사로 잡힌 격이다.

우리는 맑스—레닌주의적 립장에서 박 연암의 철저한 비판 정신을 계승 발전시켜야 할 것이다.

우리는 또한 항시 작가 정신은 높아야 한다고 말한다.

높다는 말은 자고 자대가 아니라 그의 갖는바 품이 높으며, 격이 높으며, 그의 지조와 정열이 높음을 말함이다.

작가는 세계와 시대를 통찰할만한 위치에서 있어야 한다. 그의 지혜와 지식도 그러하며 그의 통찰력도 그의 형상력도 그만한 위치에 서 있어야 한다.

한 개인의 리기적 정서에 서 있는게 아니라 천만 사람의 사활 문제에 대하여 심상이 연소될 때 그 작가는 높은 정신을 가졌다고 말할 수 있는 것이다.

연암의 정신은 바로 그러한 높이에 서 있었으며 거기서 연소되고 있었다.

그의 글을 읽는 사람은 누구나 그의 높은 정신을 감득하며 또 배울 수 있을 것이다.

많은 사람들이 말하는 바이나 『열하 일기』의 거리낌 없는 호호 탕탕한 기백! 「총석정 해돋이 노래」의 탁월한 서정!

그는 읽는 사람들로 하여금 모자를 벗게 하고 가슴을 쇄락케 한다.

해돋이 동해의 묘사는 상징의 명수인 마라르메도 모자를 벗고야 대하리라.

오늘 우리 시인들은 이러한 슬기로움과 현묘한 형상력을 본받을 것이다.

글 지음에 대하여 옛사람을 어떻게 배울 것인가. 새 수법을 어떻게 만들 것인가에 대하여 바로 연암은 좋은 교훈을 우리에게 남겨주었다.

「초정집서(楚亭集序)」에서 연암은 이렇게 말하였다.

"옛사람을 배우되, 남의 모방과 흉내를 일삼으면서 그를 부끄러운 줄도 모르는 사람이 되지 말아라…… 새 수법을 만들어 내되, 괴벽하고 허황한 소리를 늘어 놓으며 그를 겁낼 줄 모르는 사람이 되지 말아라."

"만일 옛사람을 배우면서도 변통성이 있고 새 수법을 만들어 내면서도 조리가 있다면 오늘의 글도 옛날의 유명한 글과 마찬가지일 것이니라."

이러한 교훈은 오늘 작가 수업에 관한 문제만 아니라 고전 계승 문제, 외국의 선진 문화를 섭취하는 문제 그리고 우리의 창조적 활동 문제에 있어 귀중한 고전적 명제로 되는 것이다.

연암은 오늘의 시인들을 고무한다.

연암의 위대한 작가 정신을 오늘 작가 생활에 계승 구현하자!

연암의 사실주의적 형상력

「량반전」을 중심으로

조령출, 『조선문학』, 조선작가동맹출판사, 1957.3[6]

연암의 정신 세계는 크고 넓고 선진적이며 그의 관찰력은 깊고 예리하며 그의 사실주의적 형상력은 신랄하고 풍부하다.

나는 그의 「량반전」을 희곡으로 각색하는 과정에서 그의 문학의 일면을 엿볼 수 있었다.

18세기 량반 봉건 통치 계급의 부패 몰락상을 폭로 비판함에 있어 그의 필치는 림상 의사의 칼과 같이 예리하다.

「량반전」에는 량반의 두 개의 형(型)이 형상되여 있다.

문학을 인간학이라고 볼 때, 문학에 있어서 인간 형상은 중요한 자리를 차지한다.

연암은 자기의 작품에서 그 시대에 존재하며 또한 있을 수 있는 이러저러한 인간의 형들을 형상하였다.

「량반전」에 등장하는 정선 고을의 한 량반 — 그는 '현명'하고 글 읽기를 좋아하며 문벌이 혁혁한 바 있으나 몹시 가난해서 해마다 그 고을 환자를 꿔먹는 자이다. 그 환자가 쌓이고 쌓이여 천 석에 이르렀다. 그런데 관찰사 순행 검열에 적발되여 당장 그 천 석을 갚지 않으면 안될 운명에 처하게 된다.

허나 극히 빈한하고 무능력한 이 량반이 무엇으로써 그 천 석을 갚겠는가.

량반은 울며 지낸다. 드디여 이 량반은 자기 이웃에 사는 부자에게 '량반'을 팔아 그 천 석을 갚게 된다.

---

6 '박연암 탄생 220주년 기념 특집'호이다.

이러한 사건을 통해서 연암은 량반 계급의 몰락상을 구체적으로 형상하였다.

량반이 '량반'을 부자에게 판다는 문제는 그들의 사회적 지위, 권세, 다시 말하여 그들의 계급적 지배 세력을 신흥 부르죠아지에게 넘겨주게 된다는 문제와 련결된다.

연암은 그 시대를 비판적으로 통찰함으로써 이와 같이 사회 발전에 관한 법칙을 반영시키고 있는 것이다.

부자는 각성한다.

"량반은 아무리 가난해도 항상 존귀한데 우리는 비록 부유하나 항상 비천하여…… 량반네를 보면 쩔쩔 매며 뜰바닥에서 절하고 코를 끄을고 무릎으로 걷게 되니 이런 치욕이 어디 또 있겠는가."

이 치욕에 대한 반항은 그가 비록 부자라 하더라도 이 시기에 있어서는 인민적 성격을 갖는 것이다.

「량반전」에는 지배 계급과 피지배 계급, 귀족과 상놈의 두 인물 및 그들의 호상 관계가 형상화되여 있다.

그들은 바로 당시 사회의 전형적 인물들인바 연암은 이 인물들을 통하여 당시 사회상을 풍부히 련상시키게 한다.

량반이란 어떤 것인가?

연암은 자기의 작품에서 량반의 일반적 본질을 극히 절묘한 형상력으로써 뵈여 준다.

「량반전」의 단편 소설적 기교에 대해서는 일정한 평가들이 론의되고 있는 바이나 실로 그의 압축된 극적 허구와 결말은 천의무봉(天衣無縫)이라 말할 수 있다.

그의 붓은 예리한 그것 뿐 아니라 불꽃이 튀는 듯하다.

그의 말들은 패기에 넘치고 거침이 없고 군색지 않고, 그의 풍자는 하늘이 옷깃을 바로 세울 정도이다.

그의 날카로운 관찰 앞에선 그 어떠한 가면도 그의 정체를 숨길 수 없으며 그 어떠한 그늘도 숨길 수 없는 것이다.

그는 량반이란 어떤 것임을 뵈여 줌에 있어 량반 매매 문서를 리용하였는바, 그의 탁월한 사실주의적 형상력을 우리는 여기서 본다.

그 한 줄 한 줄이 령롱한 주옥이며 풍자 문학의 절품으로 광채를 발휘한다.

량반이란 "비천한 일을 아예 하지 말며…… 항상 첫새벽에 일어나 유황불로 기름 등잔을 켜놓고 눈은 코끝을 내려다 보며 반드시 꿇어 앉아서 『동래박의(東萊博議)』를 얼음 우에 박밀듯이 외워야 한다."

"갓모자를 옷 소매로 쓸어 얼른거리는 무늬를 내야 한다. 걸음은 천천히 하면서 신은 끈다. ……『고문진보』와 『당시품휘』를 한 줄에 백 자씩 깨알 같이 잘게 베껴 쓴다."

"손에 돈을 가지지 말고 쌀값을 묻지 말라."

이러한 구절 구절에 연암이 풍자의 대상으로 세운 량반의 형상이 있는 것이다.

량반이란 사농공상(士農工商)의 으뜸으로서 존귀한 선비이며 군자로서의 생활 규범을 갖는다.

그러나 이 규범이야 말로 량반의 형식적이며 허례적인 것에 지나지 않는다.

이에 대한 연암의 비판은 바로 형식주의와 교조주의에 대한 신랄한 비판으로 되는 것이다.

연암이 다른 저작들에서도 뵈여 주는 바이지만 송유(宋儒)의 썩은 철학과 소위 대의명분(大義名分)을 입으로 떠들면서 자기 나라의 주체를 살리지 못하고 청국의 좋은 점들을 허심이 받아 들이지 않는 고리타분한 량반 인사들을 그는 여기서 대담히 풍자 조소하였다.

『동래박의』를 매일 아침 눈먼 소경이 경 외우듯 외워서 무슨 소용이 있을 것인가.

『당시품휘』나 『고문진보』를 한 줄에 백 자씩 베껴써서 그게 무슨 소용이 있단 말인가.

그런 일이 국가 생활과 인민 생활에 무슨 실리(實利)가 있단 말인가.

그러한 것과 연암의 실학 사상과는 상용될 수 없는 것이였다.

'부자'에게 있어선 량반 규범이 거북하고 몰취미할 뿐, 아니라 리'속이 없는 것으로 되는 것이다.

그리하여 '부자'의 비위에 맞도록 량반 매매의 두번째 문서가 작성된다.

여기서 연암은 량반의 다른 측면을 폭로한다.

량반에겐 어떠한 리'속이 있는가.

"잘하면 문과(文科)하고 못 해도 진사는 할 수 있다…… 문과 홍패(紅牌)는 두 자 길이에 불과한 것이나 온갖 물건이 그 가운데에 구비되여 돈주머니라고 한다."

"궁한 선비도 자기 시골서는 마음대로 세력을 부려 이웃집 소로써 제 밭을 갈게 하며 마을 상놈들을 시켜 김을 매게 하더라도 누가 감히 없수이 여기리요. 만일 그런 자가 있다면 그놈의 코'구멍에 재를 퍼넣으며…… 귀'쌈을 때려 부신들 누가 감히 원망하겠는가……"

이에 대하여 '부자'는 혀를 빼물고 이렇게 말한다.

"그만두시오! 필경은 나를 도적놈을 만들 작정이시오."

도적놈! 이 결론은 바로 연암이 량반에게 내린 준렬한 비판인 것이다.

이 우에 더 량반의 본질을 형상할 수 있겠는가.

생산과 유리된 자들, 인민을 착취하여 무위도식하는 량반 선비 층에 대한 연암의 증오는 컸다.

서울에서 놀고 먹는 자들과 모리간상배들을 그는 「민옹전」에서 황충이라고 풍자하였다.

"나는 이놈들을 잡으려 하나 도대체 이놈들을 잡아 넣을만한 큰 바가지가 없소그려!"

연암은 또한 「범의 꾸중」에서 량반의 한 전형을 뵈여 준다.

북곽 선생(北郭先生)은 방대한 책을 저술한 학자이며 도의가 높고 명망이 높은 선비이다. 그러나 이 선비는 동리자(東里子)란 과부의 안'방을 침범하여 사랑을 속삭인다. 이것을 안 과부의 다섯 아들들은 의논하기를 례절이 높은 북곽 선생이 그럴 리 없다. 이는 필시 여우가 사람의 탈을 쓰고 온 것이 분명하다. 여우는 쓸데가 많다더라. 이놈의 여우를 잡자.

그리하여 다섯 아들들이 북곽 선생을 친 바 선생은 귀신 짓을 하며 도망을 치다가 들 가운데 있는 똥통에 빠지고 말았다. 이 때, 범이 그 앞에 나타났다. 북곽 선생은 허우적거리며 똥통에서 머리를 쳐들었다.

범은…… 코를 가리고 고개를 돌이키면서 소리쳐 말하기를

"선비야 냄새가 흉하고나."

실로 선비란 범에게 있어 맛있는 음식으로도 되지 않았다.

북곽 선생은 범에게 절을 하며 "범님의 덕은 아주 극진합니다. …… 인간 세상의 천한 것이 감이 아래서 범님을 모시겠습니다" 하고 살기를 원하였다.

이때 범이 말하기를

"가까이 오지 말라. 일찍 내 들으니 글쟁이란 아첨쟁이라더니 과시 그렇구나 ……?" 하며 범은 선생을 꾸짖는다.

여기서 연암은 부패한 유학자의 전형적 본질—비굴하고 아첨쟁이인 성격을 뵈여 주고 있다.

입으로 삼강오륜(三綱五倫)을 떠들어 대고 말로 인의례지(仁義禮智)를 조자룡이 헌칼 쓰듯 하는 량반들이지만 실상 그들의 정체는 북곽 선생에 불과한 것이다.

연암은 이러한 량반보다는 차라리 매일 똥거름을 지는 천민 엄행수(嚴行首)의 덕을 찬양하여 「예덕 선생전(穢德先生傳)」을 썼다.

연암은 어디까지나 량반의 위선과 패덕과 그들의 형식적인 것, 교조적

인 것, 그들의 쇄국적 고식성, 그들의 어쭙지않은 상고주의(尙古主義) 등을 폭로 비판하며 풍자 조소하였다.

그들이 가는 길은 결국 「량반전」의 정선 량반이 갖는 멸망의 길인 것이다.

량반의 지체를 팔고 상놈의 동방옷을 입고 머리엔 관 대신 전립을 쓰고 땅'바닥에 엎드려 상놈 부자 앞에서 '소인' 자칭을 하지 않으면 안될 그 형상이야 말로 우스울 일이다.

이 웃음으로써 연암은 대의명분이니 춘추대의(春秋大義)를 떠받드는 부유(腐儒)들을 조소하였다.

이 썩은 선비들 가운데 입으로 중화를 숭상하고 오랑캐를 배척하는 자들이 많았다. 당시 오랑캐란 곧 청나라를 의미하는바, 청은 명나라를 점령한 후 사람들의 머리를 깎게 하고 호복을 입히였다.

또한 조선은 청의 침략을 받아 병자 호란의 치욕을 당했는바 소위 사대부들은 이 치욕을 씻어 보겠다는 경륜을 떠들었다.

그러나 연암은 이런 자들의 허위성을 자기 작품들에서 유감 없이 폭로하였으며 그들을 선명하게 형상하였다.

「허생전」에 등장하는 어영대장 리 완이 바로 그러한 인물의 하나이다. 이 량반은 「량반전」의 군수보다는 한층 정력적이며 그들의 형상으로서 한층 성숙된 형상인 것이다. 대체로 「량반전」이 내포한 사상은 「허생전」에서 성숙되였다고 말할 수 있다. 인물들의 성격도 그러하며 연암의 실학적 사상도 그러하다.

허생은 바로 작가 자신의 사상을 말하는 주인공이며 또한 작가 자신의 사상을 실천하는 인물인 것이다.

「량반전」의 정선'골 량반이나 「허생전」의 허생은 다 같이 가난한 선비로되 두 인물 형상은 전혀 다르다. 하나는 암매한 몰락의 길로 떨어지고 하나는 상승하는 시대적 정신을 간파함으로써 선진적 지식인으로 발전하였다.

「허생전」의 주되는 갈등은 허생과 리 완의 두 인물 관계에서 표현된다.

리 완은 병자국치(丙子國恥)를 씻기 위한 인재를 찾아 허생의 집을 방문한다. 허생과 리 완이 마주 앉아 주고 받는 대화의 장면이야 말로 연암의 작품 가운데 백미(白眉)의 하나라고 볼 수 있다.

허생의 형상은 큰 산을 의지한 범과 같고 리 완의 형상은 물'가에 앉은 한낱 고양이와 같다. 리 완의 '도도한' 포부와 풍모는 허생 앞에서 초라하기 짝 없으며 그의 위선적 가면은 초로 만든 탈과 같이 허생의 열렬한 비판 앞에 녹아 떨어진다.

진실로 나라를 근심하는 자라면 어떠한 어려운 일이던 하지 못할 것인가.

리 완의 물음에 대하여 허생은 세 가지 계책을 내놓는다. 허나 리 완은 이것도 저것도 다 어려운 일이라 실천하기 어렵다는 것이다.

허생은, 그 하나의 계책으로서 병자국치를 씻자면 청나라를 치는 일인데 그러자면 간첩을 써야 하며 국내 자제들을 머리를 깎고 호복을 입혀 청국으로 류학생을 보내며 그 나라에 가서 벼슬도 하게 하며 평민들은 무역을 시킬 것이며 그리하여 그 나라의 허실을 알고 그 나라의 호걸과 결탁하여 천하를 도모할 것이라고 제의한다. 다시 말하여 대국의 스승이 될 수 있는 계책까지를 내놓았다.

그러나 리 완은 그 일도 어렵다고 하였다.

"지금 사대부들이 모두 례의를 삼가 지키고 있으니 누가 머리를 깎고 호복 입기를 좋아하겠습니까?"

허생은 화가 벌컥 오르는 어조로 말한다.

"소위 사대부란 대체 어떤거냐? …… 복쑤를 한다고 하면서 오히려 머리털 깎기를 아까워하며…… 너는 한 가지도 실행할 수 없다고 하니 그러고도 스스로 조정의 신임 받는 신하라고 할 것이냐? 이 죽일 놈아!"

하고 자기 좌우를 살피여 칼을 찾아 찌르려 하니 리 완은 혼이 빠져 달아나고 말았다.

여기서 우리는 탁월한 사실주의 작가 연암의 위대한 형상력을 본다.

실로 량반 통치배들은 죽일 놈이요 도적놈인 것이다.

「량반전」의 도적놈은 바로 죽일 놈으로 되는 것이다.

연암의 생각은 호호탕탕하며 그의 문장은 자유 분방하다. 그가 송유(宋儒)의 도식을 멸시 분쇄한 그것은 그들의 고루한 사고 뿐 아니라, 그들의 문장 형식까지도 극복하였다.

그는 당시 우리 문학에 있어서 새로운 경지를 개척하였다. 그의 사실주의 문학은 오늘 우리의 고귀한 유산이며 구감으로 된다.

그는 모든 면에서 당시 낡은 견해들에 대하여 타격을 주었다.

그의 귀천설(貴賤說)이며 그의 우정론(友情論)이며 그의 장관설(壯觀說)이며 그의 토지개혁에 관한 학설이며……

「허생전」 이르러 그는 새 시대의 길을 관찰하고 모색하였다.

「량반전」의 사상은 그의 전 문학을 꿰여 흐르는 주제적 사상이며 그의 사실적 형상력의 기법은 그의 전 문학의 특징적인 것이다.

그의 시 「총석정에서 해돋이 구경」 등에서 보는바 그의 뽀에지의 세계는 중국의 두보, 리백의 세계와는 전혀 다르다. 뿐만 아니라 정 송강과 윤 고산의 세계와도 다르다. 이는 바로 그의 문학의 특징인 것이다. 우리는 이 특징을 앞으로 더욱 연구하며 그를 천명하여야 할 것이다.

「량반전」「호질」 등에서 보는바 그의 탁월한 사실주의적 풍자 문학은 앞으로 우리 세대가 계승 발전시켜야 할 영광스러운 유산이라고 나는 생각한다.

만일에 그가 오늘에 살아 계시다면 오늘의 새 사회와 우리의 제도를 보신다면 그는 다시 한번 감개무량한 심정으로 자기의 시 「총석정에서 해돋이 구경」의 마지막 구절을 소리 높이 읊으리라.

아! 어둠은 물러가고

광명이 돌아 왔고나

그 누가 이 광명

두 손을 들어 번쩍 치켜 올렸는가

1957 · 1

창극을 발전시키는 길에서

조령출, 『문학신문』, 1958.1.23

국립 민족 예술 극장이 창립된 때로부터 10년이 되였다.

세상은 변하였다.

10년 전 그때는 농업 협동 조합이 하나도 없었다. 그러나 오늘은 총 농가 호수의 95.6%가 이에 망라되였다.

10년 전 그때에는 우리 북반부에 창극 예술가는 극소수에 불과하였으며 민족 관현의 예술자도 그리 많지 못하였다.

서도 가요를 부르는 사람들은 명창 대회를 조직하고 민요극이란 이름으로 〈계월향전〉, 〈봉익이 김 선달〉 등을 상연한 일이 있었으나 창극 〈춘향전〉을 준비함엔 인재의 결핍을 느끼지 않을 수 없었다.

그러나 민족 예술의 우수한 전통을 계승하며 이를 발전시키기 위한 당 문예 로선에 의하여 '조선 고전악 연구소'가 창설되였다.

이는 협률단, 고전악단, 고전 예술 극장 등 시기를 거쳐 오늘의 훌륭한 국립 민족 예술 극장으로 발전한 것이다.

10년간 보람찬 길에서 창극은 자랐으며 새로운 창극 예술가도 많이 자랐다.

10년 전엔 수십 명에 지나지 않던 이 예술 집단이 오늘엔 250 여 명의 대 극장으로 자랐다.

작품만 하더라도 〈춘향전〉, 〈흥보전〉, 〈박 긴다리〉, 〈장화 홍련전〉, 〈심 청전〉, 그리고 수많은 민요, 민족 기악곡, 민족 무용 등 200여 편을 발표하였다.

우리의 창극과 민족 예술 프로들이 모쓰크바 축전 무대에서 높은 찬양을 받은 사실은 이미 세상이 다 아는 바이다.

오늘 우리의 작품들은 광범한 인민들의 뜨거운 사랑 속에 있다.

지난 섣달에 청진에서 창극 〈심 청전〉 공연을 가졌는데 멀리 부산에서 〈심 청전〉을 보기 위하여 우정 청진에까지 려행을 온 아바이, 어머이들이 많았다.

이는 바로 10년간의 보람찬 성과이며 이 거대한 성과는 실로 우리 당 문예 정책의 정확성의 또 하나의 실증이며 시위로 되는 것이다.

우리 극장 전람회를 조직함에 있어, 우리 극장 력사를 편찬함에 있어 우리는 감개 무량한 감회를 금할 수 없는 것이다.

우리는 평탄한 길을 걸어 온게 아니라 허다한 난관을 극복하면서 온갖 해독적인 사상들과의 투쟁 속에 자기의 승리적 길을 개척한 것이다.

고전 계승에 관한 관념론적 허무주의와 교조주의 등의 일련의 부정적 경향들을 분쇄함은 우리의 민족 예술을 옳은 방향으로 이끄는 데 결정적 의의를 갖는다.

주체의 확립! 이는 우리 나라 문화혁명을 수행함에 있어 강력한 생활력으로 되였다. 이는 곧 당 문예 로선의 위력인 것이다.

오늘 우리는 성과에 대하여 자만 도취할 수 없다.

우리의 레파토리는 아직도 불만족하며 당과 인민이 요구하는 수준에 비하여 멀리 뒤떨어져 있다.

창극에 있어서 지난해만 하여도 적지 않은 문제들이 제기되였다.

판소리 전통은 보다 풍부하고 아름답고 사회주의 시대의 인민의 문화적 욕구를 충족시킬 수 있는 창극 예술로 발전시킨다는 문제는 그리 용이한 것이 아니다.

남녀 성부를 보다 훌륭한 조화의 경지에서 구성하는 문제, 합창의 안쌈불을 제고하며 도창과 방창의 합리적 적용, 창극 연기의 특성을 발전시킬 것, 창을 주체로 하는 창극의 일반적 연출의 특징에 관한 문제, 작곡에 있어 판소리 유산을 보다 훌륭히 정리하며 새것을 보충하며 일련의 류형성을 퇴치하며, 보다 아름다운 선률의 세계를 확충하는 문제, 민족 관현악의 고유한 특성을 고도로 발양하면서 악기음들의 빈약성을 극복하는 문제, 무대 미술에서 조선화 도입은 보다 일관되고 조화된 경지에로 제고할 것 등 허다히 해결할 문제들이 있다.

우리는 보다 아름답고 선명한 일반적 민요 선률에 기초한 새로운 창극 잔르의 확장을 계획하고 있는바, 이는 어디까지나 현 단계에 있어 실험적 예술의 분야로 될 것이다.

우리는 또 고유한 민족적 형식에 현실적 내용을 담는 창조 사업에 대하여 심심한 관심을 돌리고 있는 것이다.

민요와 무용과 판소리 기악곡에서 우리는 적지 않은 실험적 작품을 내놓았다. 새 가사의 〈어랑 타령〉은 그 실례의 하나이다.

전방에서, 후방에서, 수없는 새 가사의 어랑 타령이 나왔다. 가창자가 소리를 즉흥적 가사로 부르는 민요의 한 특성이 생활력을 갖게 된 것이다.

민요에서 뿐 아니라 우리는 현실적 쩨마의 새 판소리의 창작이 가능하다는 것을 확인하였다.

우리는 현실적 쩨마의 창극을 창조하기 위한 연구와 기초적 준비에 착수하여야 할 것이다.

10년 후의 오늘, 민족 예술 극장은 광활하고 화려한 전망을 갖는다.

우리에겐 새로운 창극 작가와 작곡가들이 이 사업에 진출할 것을 요망한다.

고전 계승에 관한 확고한 리론을 수립하며 리론과 실천의 완전한 통일적 구현으로써 고전을 계승하며 민족 유산을 발전시킴은 우리의 영예로운 사명이다.

우리는 앞으로 다시금 10년을, 나아가 100년을…… 조국의 끝없는 번영과 민족 문화의 세계적 영광을 위하여 10년의 보람찬 성과를 공고 발전시킬 것이다.

무용 예술의 새로운 성과
〈옥란지의 전설〉을 보고

조령출, 『문학신문』, 1958.5.1

무용은 움직이는 시며 조각이며 회화이며 률동의 미의 세계이다.

인간 육체의 동작, 표정, 그것은 생명의 언어이며 인간 감정의 직접적 표현이며 이러저러한 품성의 언어이다.

아름다운 무용은 아름다운 시 정신을 말하며 인간의 아름다운 것을 보여준다.

심장을 설레게 하는 감동! 그것으로 하여 인간 생활이 아름다운 것을 더욱 느끼게 하며 인간을 고상한 세계로 끌어 올리는 것, 그것은 훌륭한 예술이다.

조화의 미, 균형의 미, 정, 동, 완, 급의 흐름의 미 — 이를 통하여 생활의 본질, 사회 발전의 지향성, 인간의 높은 보람을 보여 준다면 그것은 훌륭한 예술이다.

인간의 모범, 생활의 모범은 어느 시에도 있는 것이다.

우리는 고대 조선에 있어서도 그러한 모범을 허다히 발견할 수 있다.

삼국 유사나 삼국 사기 가운데 그러한 기록을 발견할 수 있다. 그뿐만 아니라 오랜 력사를 두고 민간에 구전으로 흘러져 내려온 민담, 전설 가운데 그러한 전형을 볼 수 있다.

온달, 설 랑, 을지 문덕, 관창, 그리고 황해도 사리원 마십굴 전설의 주인공 마십 등 이루 헤일 수 없는 것이다.

전설 운림과 옥란의 이야기도 우리 인간 생활에서 빚어진 아름다운 모랄의 전형인 것이다.

무용극 〈옥란지의 전설〉은 바로 이 이야기에서 소재를 가져 왔으며 그것을 더욱 풍부히 하였으며 고대 조선의 사회 계급적 모순을 더욱 심각한 것으로 보여 준다.

원작 및 예술 총지도를 수행한 최 승희와 무용 창작 및 연출을 담당한 안 성희는 있는 전설의 기본 정신, 그의 인민성에 립각하여 고대 조선의 사회적 배경을 확장하였고 환상의 세계를 크게 넓히였다.

하나의 소박한 전설이 풍부한 창조적 정신에 의하여 무대 예술 작품으로 훌륭히 형상화되였다.

옥란과 운림은 고대 조선의 전설적 형상인 것이다. 실로 오늘날에도 인간의 모범, 생활의 모범으로 되며 인간이 자기의 불행을 극복하며 자기의 순결성을 지키며 그를 위해 싸우며 폭군을 숙청하며 생활의 행복을 희구하는 인민의 열망을 보여 준다.

이 무용극은 우리 민족 무용극의 새로운 발전을 보여 준다.

국립 최 승희 무용 극장은 〈반야월성곡〉, 〈사도성의 이야기〉, 〈맑은 하늘 아래〉 등의 무용극 창작의 길을 개척하면서 고귀한 결실과 경험을 축적하였으며 민족 무용극이 해결할 제문제들을 점차로 믿음직하게 해결하면서 조선 무용 예술의 수준을 제고시키였다.

우리 민족 무용의 훌륭한 전통을 발전시킴에 있어 선진적인 외국 무용의 좋은 경험을 창조적으로 도입하여 우리 무용의 민족적 특성을 더욱 발양하며 무용극 창작의 새 분야를 개척함은 그리 용이한 일이 아니다.

무용과 묵극적 요소의 예술적 결합은 무용극 수립에 있어 하나의 난관이기도 하였으나 그것은 적지 않게 극복되였으며, 이번 작품에 있어 묵극적 처리가 현저히 무용적 형상으로 제고된 것은 창작가들의 새로운 로력의 결실인 것이다.

〈옥란지의 전설〉은 무용극의 드라마뚜르기야를 완성시키는 길에서 새로운 단계를 지었으며 무용 연출의 새로운 경지를 보여 주었다.

극적 갈등이 예술적 긴장을 높이며 감동적으로 전개되며 인물들의 성격이 무용을 통하여 선명하게 형상화되여 있다.

아름다운 사랑, 소박한 마을 남녀들의 춤, 진달래 춤을 비롯한 남녀 군무들, 인어의 춤들은 인상적이며 옥란과 운림의 쌍무, 옥란의 독무들 중에서 우리는 매우 세련된 예술의 감동을 갖게 된다.

무용 구도의 새로운 기법들의 도입, 무용적 률동의 선을 의상 속에서 시원히 뽑아 내며 인물의 내면 세계를 함축 있게, 심각하게, 또는 시원스러운 무용적 률동으로 표현하며, 이러저러한 에피소드가 쓔제트 발전에 있어 따분한 감이나 구김'살을 주지 않고 주선을 따라 강하게 그에 복종되어 있는 것도 좋다.

옥란의 궁전에서의 슬픔의 춤은 원쑤에 대한 저주와 해방에 대한 불타는 욕망으로써 더욱 감명적이며, 3막에서 애끓는 인어 옥란과 운림의 춤은 폭정이 빚어낸 인민들의 슬픔과 울분을 선풍처럼 불러 일으키며, 이는 4막에서 폭군의 쓰러짐과 함께 옥란의 몸에서 인어의 껍질이 벗겨지고 아름다운 인간의 생명을 다시금 쟁취하며 그를 축복하는 5색 무지개가 물 우에 꽂히는 때에 우리의 환희는 더욱 커지며, 예술적 감명은 고조에 달한다.

막이 내린 후에도 예술의 여운은 길게 우리의 심장에 울리여 아름다운 인민의 생활 창조에로 우리의 정신을 침투케 한다.

허나 부분적인 춤에 있어, 새로운 무용극의 세계를 확충했음에 반하여 아직도 우리 민족 무용 전통의 우수한 특성들을 더욱 발전시켜야 할 부분이 있는 것이며, 안 성희의 훌륭한 연출 기법과 무용 출연에 있어 앞으로 더욱 최 승희의 경지, 그의 민족 무용의 예술적 경지에로 더 접근하며, 우리 민족 무용의 풍부한 유산을 계승 발전시킴으로써 앞으로 더욱 큰 성과를 거둘 것이다.

우리는 최 승희 무용 극장의 무용 의상 고안과 그의 제작에 있어 항상 참신성을 보여주며 우리 민족 의상의 우월성을 백방으로 다양한 형태, 색조로 발전시킴에 대하여 감탄하지 않을 수 없다. 그러나 부분적 의상들의 색조, 문양의 대담한 구사는 때로 인물의 시대적 또는 생활적 특성에 불명확성을 줄 수 있는 것이다. 이는 옥의 티라고 생각된다.

무대 장치는 립체물을 대단히 간소화하였으며 무용극에 적응한 공간을 창조하였는바 이는 이 부문 일'군들의 새로운 로력이라고 볼 수 있는 것이다.

이번 무용극에서 음악은 우리 민족악과 양악의 합리적 배합을 기함으로써 민족 악기가 가지는 제한성을 타개하려 하였다. 그러나 역시 조화의 미에서 결함을 보여 주고 있으며 무용 자체가 어디까지나 우리 민족 무용의 세계인만치 그의 음악도 민족 음악의 특성으로 일관될 것이 요망된다.

이를 위하여 우리는 루루히 강조하는 바이나 민족 악기를 일부 개조하며 편곡상에서 혁신을 가져 오며 연주에서 극 음악으로서의 예술성을 높이는 문제이다.

새로운 경지

조령출, 『조선문학』, 조선작가동맹출판사, 1958.11

문학의 력사는 새로운 내용과 형식의 경지를 지향하며 탐색하는 길을 걸었다. 대체 새로운 경지란 어떤 것인가?

그것은 새로운 내용과 형식에 대하여 생각할 수 있다.

문학—예술의 내용이 그 형식에 대하여 선차적이며 주도적인 것임은 오늘날 평범한 상식으로 되였다.

문학—예술은 인간 사회 생활의 반영이며 객관적 진실의 반영인 것이다.

그러므로 인간 사회 생활의 진실, 객관적 현실은 곧 문학 예술의 내용으로 되는 것이다.

사회의 발전, 현실의 부단한 발전은 새 것과 낡은 것과의 교체에 의하여 부단히 새로운 것, 새로운 경지의 개척의 길을 지향한다.

새로운 내용은 새로운 형식을 규정한다. 새로운 내용은 새로운 형식을 탐색한다. 새로운 형식에 대한 탐색은 내용의 새로운 경지를 형상 표현하기 위한 욕구이다.

형식을 위한 형식의 탐구는, 바로 관념 유희에 불과한 것이며, 그것은 결국 현실과 유리된 초현실적 세계, 유미적 신비적 경지에의 타락으로 되는 것이다.

플라톤과 칸트를 비롯한 관념론적 철학이 이러한 타락의 구렁 우에 허망한 무지개를 걸어 논 사실들을 우리는 알고 있다.

우리는 행복하게도 이러한 구렁에 빠지지 않을 수 있는 확고한 자기의 세계관을 가지고 있으며 미학을 가지고 있으며 예술 창조에 대한 목적 의식성을 가지고 있다.

우리는 문학 예술이 갖는 사회적 역할의 힘을 알고 있기 때문에, 특히 혁명 수행에 있어 문학 예술이 갖는 숭고한 사명과 그 의의를 인식하기 때문에 현실 속에 발전하고 있는 새 것에 대하여 보다 큰 관심을 가지며 그것에 적응한 예술적 형식을 탐색한다.

오늘 우리 시대는 새 것의 발전이 천리마를 탄 기세로 상징되는 시대이다.

이 위대성, 이 장엄성, 이 약진성…… 실로 우리의 현실을 반영할 새로운 형식의 창조는 절실한 요구이다.

예술 분야에서 이번 공화국 창건 10주년 기념에 내놓은 대예술 공연은 바로 그 하나의 실례이다. 이는 미증유의 사변일 것이다.

3천 명의 예술가들이 출연하였으며 막이 없는 광활한 무대 우에 음악 무용의 서사적 대화폭이 현란하게 전개되였다.

이는 해방후 장성하였으며 개화 발전한 우리 예술의 보람찬 시위로 되였다.

사회주의 건설의 일대 고조기에 달한 우리 시대의 내용을 형상하기 위하여는 이러한 형식이 요구되였다.

우리 문학 분야에 있어 장편 소설, 장편 서사시들이 그 어느때보다도 왕성하게 창작된다는 것은 결코 우연한 현상이 아니다.

금년 상반년도에 『조선 문학』에 발표된 시편들을 본다면 적지 않은 수효의 시조들, '시 묶음'들이 있었다.

이 역시 약진하는 현실, 다양하고 풍부한 새로운 것의 화폭을 포착하기 위하여는 이러한 형식이 요구된 것도 사실이다.

민 병균의 「봄」, 원 진관의 「수로 이천리」, 박 아지의 「의로운 벗」, 리 효운의 「불타는 심장을 지닌 사람들」, 김 상훈의 「전원 시초」, 김 상오의 「기양 관개공사」, 조 운의 「평양8관」, 림 춘길의 「어머니와 아들」 등과 더불어 그밖의 일련의 시편들이 현실의 새롭고 풍부한 내용을 집약적으로 형상하기 위한 각자의 노력을 보여 주고 있으며 또한 적지 않은 작품들이 자기의 얼굴들을 보여 주고 있음은 금년도 시문학의 일정한 수확으로 되는 것이다.

확실히 우리의 시문학은 발전하고 있으며 새로운 경지를 개척하고 있다.

새로운 시인들도 수다히 등장하였으며 해방후 개화된 시문학은 자기의 현란한 화원을 시위하고 있다.

로동 계급의 위력이 사회주의 건설의 기적적 위업을 달성하고 있는 우리 시대의 강력한 공민적 빠포쓰, 사회주의적 애국주의 사상이 오늘 우리들의 시에 고조로 맥박치고 있으며 로동의 주제는 지배적인 것으로 되였다.

이는 바로 시인들이 현실 생활에 깊이 침투한 결과이다.

시인들은 인민 속에서, 로동 속에서 시를 찾았고 시의 새로운 경지를 개척하였다.

위대한 현실의 발전 속도를 따라 잡기에 벅찬 시인의 시구들은 때로 산만성도 보여 주고 있으며 다변적인 것으로도 되였으며 구호의 로출도 보여 주고 있다.

구호의 로출과 산문적인 것, 다변적인 것은 개별적 시인들의 개성으로도 나타나고 있다.

어떤 사람들은 잔잔한 서정을 좋아하기도 하고, 어떤 사람들은 정론적 호소의 편에 기호를 갖기도 한다.

문제는 시인의 불타는 시 정신에 있는 것이며 그 형상의 감동성에 있는 것이다.

시 아닌 희곡 가운데도 풍부한 시의 세계를 발견하기도 하고 시 형식을 갖춘 작품 속에 오히려 시 정신의 고갈을 발견하기도 한다.

민 병균의 시에선 로동 속에서 단련된 붉은 얼굴을 보며, 김 상오의 시에선 리지적이며 사고적인 면모를 보며, 천진무구한 정열, 홍안 백발의 시인 박 세영이 있는가 하면 섬세한 서정의 꽃을 꺾는 오솔'길의 시인 김 순석이 있다.

벽암은 어디까지나 견실하고, 용악은 침착하다.

이렇게 말하는 것도 일면적임에 불과하다.

정 서촌은 가곡적 리즘을 추구하고, 백인준의 시는 사변적이며, 림 학수의 시에선 시상의 분방한 날개를 보며, 김 상훈의 「전원 시초」는 민요적 어감의 세계를 특징적으로 보여 주고, 박 팔양, 박 석정의 시는 순탄한 호소의 문맥으로 견실하며, 박 아지는 소박하면서 다감한 서정의 분야를 개척한다.

적지 않은 시인들이 자기의 이채 있는 시 분야를 개척하기 위한 지향에 불타고 있는 것은 의의 있는 현상인 것이다.

우리 시대의 위대한 화폭을 위하여 장편 서사시와 시초, 시 묶음, 련시 등의 분야를 왕성히 개척하는 현상이 있는 반면에 우리는 또한 '단시' 운동이 일어 나고 있음을 간과할 수 없다.

나는 일찌기 시조의 출현을 요망하였으며 시조 형식의 단시가 오늘 우리 시대의 생활 감정을 담아 노래할 수 있는 전투적 형식이 될 수 있으리란 것을 말한 바 있다.

시조 시인 조 운은 『문학 신문』에 「평양 8경」을 발표하였고, 『조선 문학』 6월호에 다시금 「평양8관」을 발표하였다. 나는 「평양8경」을 더 좋게 읽었으며 거기서 시조의 전통적 운률과 서경 서정의 압축된 표현의 묘를 찾을 수 있었다.

이번 「평양8관」은 시조 형식의 다양한 측면을 보여 주는 시도로써 제 2장을 2행으로 부연하여 4행시로 구성하였다.

천 근 든 쇠북을 들 듯 안았던 꽃을 드립니다.
꽃도 머물렀다 한 번 핀 보람 있어
예와 고이고저 피인상 싶거늘
제주도 유자꽃이야 오죽 부러우랴

이는 해방탑을 노래한 것이다. 여기엔 조국 통일의 념원이 꽃을 통하여 또한 노래되고 있다.

물론 이와 같이 4행시적 형식의 시조도 내놓을 수 있으나 나는 일 장 일 행에 기초한 3행시적 시조 형식의 노래들이 더 많이 불리워졌으면 한다.

정 철의 「장진주사(將進酒辭)」도 시조 형식인 것이요, 수 많은 사설 시조 형식이 있음을 알고, 장편 서사적 가사 가운데 그 결구가 시조의 제 3장 형식으로 되여 있는 것을 적지 않게 우리는 알고 있다.

이렇게 보면 시조란 범주 가운데 무궁무진한 시 형식을 말할 수 있다.

허나 시조의 고전적 형식은 지난 시기 그 기사법에 있어 줄글로 기록했다 하더라도 일 장 일 행에 기초한 3장 3행시로 기사하는 형식을 취하는 것이 가장 아름다운 형식이 아닌가 생각한다.

단시일수록 집약적 표현의 극치를 보여 주어야 하며 그 간결한 형식 가운데 강렬한 시 정신의 불꽃이 빛나야 한다.

일반적으로 지난 시기보다 시들이 짧아진 것은 우연한 현상이 아니다.

이는 산문적 설명으로 떨어질 수 있는 경향으로부터 시적 형상의 추구를 지향하는 것이다.

리 효운의 「불타는 심장을 지닌 사람들」 중에, 리 봉재의 「복초」 등에 우리는 단시의 압축된 아름다운 형상의 추구를 발견한다.

느티나무 가지에 둥근 달 걸리여
고운 제 얼굴 쳐다보라네
달 밝은 밤 좋기사 하다만
복초는 네게만 눈 팔지 않는다.

고운 달이여 맑은 내'물이여
복초를 두고 무심타 하지 말아

네가 비치는 창문, 네가 흘러 지나는 곳마다
자고 나면 더해지는 행복 지켜 섰기에,

「복초」

복초의 애국적 정열은 정적인 아름다운 서정 가운데 표현되였다.

허나 이 시구들 가운데 “자고 나면 ‘더해지는’” 행복이란 부분에서 나는 좀 더 강력하고도 적절한 아름다운 시어가 없을가 하고 생각된다. “더해지는” 하고 표현해 놓고 보니까 어덴가 뜨뜨미지근한 감을 금할 수 없다.

우리는 시어들을 적절하게 포치하지 못함으로 해서 시의 형상을 약화시키며 그 시에 등장하는 인물의 성격 형상을 객관적으로 심화시키지 못하는 실례들을 본다.

리 달우의 「벼이삭」은 그 하나의 실례다.

땅이 꺼져라 드리운 벼이삭 벼이삭……

내 마음을 추켜 든 벼이삭
쭉정이 수염은 가슴을 찔렀다.

사회주의 동산이 두둥실, 벼이삭이 춤춘다

이는 그 시 가운데 있는 시구들이다. 물론 시인의 눈, 마음의 눈은 카메라와 같이 대지를 들었다 놀 수도 있고 대지가 머리를 들며 가슴에 황금물’결이 일고 거기 사회주의 동산이 두둥실 떠오게도 할 수 있다.

그러나 다수확을 하는 농민의 소박한 감정 표현으로써는 구구스러움을 느끼지 않을 수 없다. 바로 벼이삭 황금물’결 속에 있는 농민의 노래로, 구태여 가슴에 황금물’결이 친다고 할 것이 있겠는가.

시상에서 이러저러한 기교를 활용해보려는 기도—이는 시의 진실성을 상실하게 되는 것이다.

최 승칠의 「전설」에 대하여서도 이렇게 말할 수 있다.

들려 오는 지주의 웨침은 가슴을 훑는데
리별의 쓰거움에 웅담맛이 무엇이랴

이러한 표현들도 진실감을 상실하는 부분이다.

수림 덮인 언덕은 황홀한 눈을 들고
나래치누나…… 바다에 안기누나!

수림 덮인 언덕을 인격화해서 머리를 들고, 눈을 들고, 나래도 치게 할 수 있다. 그러나 기교를 부리고저 하는 인상을 주는 것은 손색이 아닐 수 없다.

김 상오의 「소원」은 그의 풍부한 랑만으로 이채를 주는 시다. 새해의 념원 가운데 남쪽에 있는 사람들을 만나고 싶은 심정이 불타고 있음은 당연하다.

이런 날엔 그 어데 남쪽에서 년하장도 날아 왔으면
싼타크로스 령감처럼 선물을 안고, 우리 진이의
아직 본 적 없는 외할머니가 달려 왔으면,

여기서 우리는 진이의 외할머니, 우리들의 할머니의 한 분이 오기를 념원하는 심정을 느낀다.

그러나 그 할머니는 어떤 형상인가? 그를 기다리는 마음에 있는 할머니의 형상은?…… 그것은 싼타크로스 령감 같은 인물로 되였다. 싼타크로스는 우리 조선 할아버지나 할머니의 형상과는 거리가 멀다. 이는 서양 사람의 형상이다. 그러므로 이 일구의 영향으로 '양풍'을 느끼는 것은 유감스러운 일이다.

우리는 신인 조 성관의 「바다에 돌아온 전사」에서 신인다운 재기와 패기를 본다.

> 갈매기 너두야 흰깃 흔들어
> 돌아 온 전사 반기누나……
> …………
> 간 데를 모를 넓이
> 작렬하는 이 해'볕
> 아, 온몸의 힘 총알처럼 뛰여 날가부다,

바로 전사의 심정이다. 그는 어로의 전사로 다시금 바다로 나아갈 큰 정열을 노래한다.

확실히 우리 시문학은 새로운 시인들 속에서 새 시대 새로운 로동의 정신으로 불타는 새로운 사회주의적 애국주의 시정신으로 발전하고 있으며 자기의 개성과 자기의 시 형식들을 개척하고 있다.

우리는 시에서나 희곡에서나, 기교를 위한 기교, 외국식 위트를 반대한다.

조선 사람의 사고, 조선 인민의 생활 감정에서 우리나는 시어와 대사들을 구사할 것이다.

우리의 시는 향가로부터, 고대 인민적 시가로부터 맥맥이 흘러 온 전통우에 서 있다.

공산주의의 문을 두드리는 사회주의 고조기에 들어 선 우리의 시문학은 보다 선진적인 세계로, 새로운 경지를 개척하며 나아 가야 할 것이다.

가요 창작에 대한 나의 소견

조령출, 『문학신문』, 1959.5.31

우리 당은 일찌기 우리의 문화와 예술은 인민의 것으로 되어야 한다고 교시하였다.

실로 해방 후 당 문예 정책의 정확한 로선에 의하여 우리 예술은 비약적으로 발전하였으며 인민 생활의 중요한 부분으로 되였고 인민들 속에서 교양자적 역할을 수행하였다.

우리 나라 혁명 발전의 객관적 합법칙적 요구로부터 우리 나라에 새로운 인민 가요 형식이 발전하였고 다양한 형식의 가요들이 발전하였다.

또한 가요 부문에서 인민 창작의 유산을 계승 발전시키는 사업에서도 일정한 성과를 거두었으며 적지 않은 민요들이 오늘 우리 시대에 생활력을 가지게 되였다.

그러나 우리 가요 창작의 형편과 보급되는 정황을 볼 때 실로 우리의 가요 예술은 인민의 요구를 충족시키지 못하고 있는 형편이다.

그러면 그 원인은 어디에 있는가?

우리는 결함의 원인을 다양한 각도에서 고찰할 수 있다.

노래가 불리워지지 않는 원인은 바로 우리 창작가들에게 있는 것이며, 이 부문에서 사업하고 있는 예술 행정 지도 일'군들에게 있는 것이다.

오늘 우리 나라 근로 인민들과, 로동 청년들, 학생들이 그들의 생활을 반영한, 그들의 정신 세계를 반영한 훌륭한 가요들을 얼마나 요구하고 있는가에 대하여, 또한 그 요구가 얼마나 간절한 것인가에 대하여 창작가들 자신들이 심장으로 느끼지 못하며 사상적으로 발동되지 못한 데 결함의 기본 고리가 있는 것이다.

천리마로 상징되는 오늘, 사회주의 건설의 완성에로 돌진하는 우리 시대의 거대한 감정, 풍부하고 폭넓은 생활의 정서, 문화성이 높아진 인민들의 고상한 정신 세계를 가요 창작에 훌륭히 반영하지 못하는 그 원인의 하나는 모든 토론자들이 분석 비판한 바와 같이 현실 생활에 대한 창작가들의 체험의 결핍에 있다.

인민들이 무엇을 사고하며 무엇을 노래하고 싶어하며 어떤 취미, 어떤 기호를 가지며 인민들 속에서 어떤 새로운 선률과 리듬과 화음들이 창조되고 있으며 그들의 새로운 미학이 발전되고 있는가를 깊이 모르는 탓이다.

이러한 인민들의 생활의 깊이를 떠나 창작가들 자신의 것으로 즉 인위적으로 시어를 조립하고 음의 소절들을 조립하는 데서 가요들의 도식성, 류사성이 산생되며 개성이 없는 노래들이 나오며 대중이 부르기 힘든 노래들이 산생되는 것이다.

최근 시기에 철과 기계의 중요성을 노래한 〈조국에 더 많은 무쇠를〉 하는 가요가 나왔다.

> 철과 기계는 공업의 왕이요
> 야금공 우리들은 나라의 보배
> 천리마로 달려 가는 조국은 부른다
> 더 많은 무쇠를 두 손 들어 부른다.

이 노래 역시 사상의 빈곤을 감출 수 없으며, 노래의 첫줄에 구호를 포치함으로써 딱딱한 구호시, 도식적인 가사란 비평을 받을 수 있는 결함을 보여 준다.

구호의 삽입, 그 자체가 일반적으로 나쁘다거나 안 된다고는 말할 수 없다. 경우에 따라, 그 노래의 성격에 따라 그 노래가 선전적인 것, 정론적인 것을 요구할 때 그 노래 전체의 시의 형상 속에 무리 없이 조화되고 그 시상을, 그 사상적 내용을 감동적으로 강력하게 두드러지게 빛나게 할 때 그것은 적절한 것으로 될 것이다.

〈꽃피는 5 개년 계획〉(김 우철 시 백 규철 곡)은 비교적 많이 불리워지는 노래이다.

노을보다 아름다운 전기로 불'빛
즐거운 로동일은 쇠'물처럼 끓는다
바치자 증산에 우리의 청춘을
절약하세 동무여 전력과 자재를

해'빛처럼 눈부신 우리네 살림
5개년 계획으로 꽃을 피우자 꽃을 피우자

이 시는 일견 구호적인 감도 준다.

그러나 시의 첫줄의 참신한 형상과 후렴'구의 첫행의 밝은 화폭으로 인하여 딱딱한 술어들이 밝고 경쾌한 선률 가운데 조화 있게 용해되였다고 생각된다.

그러나 박 산운 시, 정 종길 곡 〈무쇠 철마 달려 간다〉에선 그러한 구호적인 딱딱한 술어들이 전체 강력한 시'적 형상 가운데 조화 있게 살지 못하였다.

정론시에서 자기의 대담한 시도, 신랄한 필치를 보여 준 이 시인은 이 가사에서도 대담한 시도를 하였다.

그러나 보는 시나 읽는 시와는 달리 애창되기를 요구하는 노래로서는 어려운 가사로 되였다.

사상의 전달이 시'적 형상을 통해서 이루어질수록 그 사상은 더욱 선명하게, 힘있게, 감명 깊게 전달되는 것이다.

가요 창작에서 중요한 것은 단'적이며 집약된 화폭, 선명한 예술적 형상에 있다.

가사나, 곡에서나 그 모범은 바로 우리 나라 인민 구두 창작의 우수한 유산들에, 우수한 민요들에 있다.

조개는 잡아 젓저리고
가는 님 잡아 정들이자.

연분홍 저고리 남길소매
너 입기 좋고 나 보기 좋구나.

이는 로동 행정에서 빚어지는 사랑을 노래한 룡강 긴아리의 가사이다.

물레야 돌아라 빙빙 돌아라
남의 집 귀동자 밤이슬 맞는다

이 역시 사랑을 노래한 물레 타령의 주제적 가사이다.

나는 이 민요들의 간결하고 함축성 있고 선명한 형상력에 대하여 말하는 바이다. 짧은 시행 가운데 우리는 아름다운 화폭을 본다.

사랑의 노래 뿐 아니라 변방 수자리에서 국토를 지키는 옛무사들의 슬기로운 애국적 시조에서 우리는 좋은 모범을 본다.

삭풍은 나무 끝에 불고 명월은 눈 속에 찬데
만리 변성에 일장검 짚고 서서
긴 파람 큰한소리에 거칠 것이 없세라

한 무부의 슬기로운 기백, 그의 영웅적 패기, 그러한 성격을 상징하는 바로 그가 처한 자연 환경에 대한 묘사—바로 여기에서 거대한 애국적 정열을 감촉하게 된다.

오늘 우리 시인과 작곡가들이 좋은 가요를 창작하기 위해서는 현실에의 침투와 더불어 조선 사람들이 수천 년 수백년 사랑하며 불러 전해 온 가요 유산과 가곡의 유산들을 연구하며 그의 우수한 형상력 기법을 배우는 것은 극히 필요하다.

곡조를 창조함에 있어서는 더욱 그렇다. 남도 민요의 심도 있는 극적 표현력, 서도 민요의 선명하고 맑고 락천적인 특성, 충선 민요의 부드러운 서정, 그외 우아한 인민적 선률 등 선조들의 인민 유산을 풍부히 소유함으로써 우리 가요의 민족적 특성은 더욱 풍부화될 것이다.

우리 가요들 중에 만일 가사를 떼여 놓고 선률만 듣는다면 국적 불명의 작품들이 있음을 발견한다.

우리는 민족적 특성에 대하여 형식적 측면, 외형적인 것에만 첨예하게 생각하는 경향을 시정하여야 할 것이다.

우리는 우리 나라의 우수한 혁명가요들을 연구하여야 하며 리 면상 곡의 〈봄노래〉, 〈문경 고개〉 등이 어째서 인민들에게 사랑을 받는가에 대하여 알 필요가 있다.

여기에서 바로 우리 인민들에게 큰 미'적 감흥을 주는 민족적 특성이 형식에서만 아니라 내용에서도 반영된다는 실증을 본다.

우리는, 결함의 원인 중의 하나로 가요 창작에 대한 합평 사업, 평론 사업 등이 불만족하게 진행되였다는 것을 알고 있다.

서로 얼굴을 보며 예리하게 분석 비판함으로써 창작가들에게 방조를 줄 대신에 '좋은 말'로, 융화 묵과하는 경향이 있는가 하면 정당한 평가를 주지 못한 결함들이 있었다.

작품에 대한 정당한 평가!

이는 평자들 자신이 현실 생활에 대한 정확한 인식을 요구하며 인민의 립장에 설 것을 요구하며 맑스—레닌주의 미학 원칙에 설 것을 요구한다.

우리의 경험은 개별적 작품들이 과거의 류행가와 같다, 신민요와 같다는 평가로 매몰될 번 하였던 것도 알고 있다.

작품의 류사성을 일반적으로 같은 주제의 노래인 경우에 일반적 공통성을 갖는다. 그것은 배격할 류사성으로는 되지 않는다.

문제는 그것을 형상함에 있어 개별적 가요들이 자기의 개성을 명확히 갖는 문제이다.

여기에 개별적 창작가들의 독창적인 창조의 분야가 있다.

가사가 좋아야 작곡가에게 훌륭한 곡상을 갖게 하며 곡이 좋아야 인민은 그 노래를 사랑하게 된다.

가요 창작에 대한 당의 신호를 받들고 우리 창작가들은 가요 창작에서 실로 전변을 일으켜야 하며 그를 위하여 일련의 대책을 시급히 취하여 하루라도 빨리 좋은 작품을 내놓아야 할 것이다.

천리마 시대를 노래하는 전투적 가요, 힘있는 행진곡도 좋고 또한 다양한 생활의 감정을 표현한 부드럽고 류창한 서정 가요도 좋다.

전투적인 노래 가운데 풍부한 서정적 흐름이 배합되고 부드러운 서정적 가요 가운데 사회주의 건설의 벅찬 현실의 감정이 안받침되여야 할 것이다.

가요 보급 사업에 있어서도 출판과 방송 부문, 레코드 제작 부문, 군중 속에서의 가창 보급 사업 등 다양한 측면에서 개선하여야 할 점들이 많다.

가요 창작을 군중적 운동으로 전개하자!

모든 근로자들 속에서 그들이 직접 가사를 만들고 노래를 만들도록 고무하며 우선 음악 써클들에서 가요를 창작하며 그러기 위해서는 악보를 볼 수 있고 쓸 수 있도록 악보 공부를 하여야 할 것이다.

경음악 부문에서 그의 성격에 적응한 명랑하고 유쾌하고 재미 있는 대중 가요, 또는 풍자적 대중 가요도 창작되여야 할 것이다.

이 모든 과업은 우리 창작가들에게 있는 현실에서 뒤떨어진 가요 예술을 공산주의 예술에로, 인민의 사랑을 받는 예술에로 제고시켜야 한다.

영웅적 시대가 낳은 위대한 예술

조령출,[7] 『조선예술』, 조선작가동맹출판사, 1960.10

조선 예술사상에 길이 남을 기념비적인 작품이며 해방후 10년간에 축적된 우리 민족 예술의 성과를 집대성한 3천명 대 예술 공연—음악 무용 서사시 〈영광스러운 우리 조국〉은 1960년도 조선 민주주의 인민 공화국 인민상 계관 작품의 영예를 지니게 되였다.

이는 비단 이 공연에 참가한 예술인들의 영예일 뿐만 아니라 당의 품에서 육성 단련된 우리 전체 예술인들의 영예와 자랑으로 된다.

해방후 조선 로동당은 사회주의 사실주의 창작 방법에 의거한 당적이며 인민적인 민족 예술 발전을 위하여 항시 특별한 배려와 직접적인 지도를 아끼지 않았다.

오늘 우리의 민족 예술이 세계 인민들로부터 '동방의 꽃', '황금의 예술'로 불리워지게 된 것도 우리 당의 현명한 령도를 떼여 놓고는 생각할 수 없다.

영웅 서사시적 대화폭인 〈영광스러운 우리 조국〉도 우리 당의 직접적인 발기와 지도에 의해서만 창조될 수 있었다.

때문에 우리는 음악 무용 서사시 〈영광스러운 우리 조국〉을 당적 예술의 위대한 결실로, 영웅적 시대에 사는 우리 인민들의 천재의 발현으로 긍지 높이 자랑하게 된다.

작품은 간단 없이 흐르는 음악 무용의 매 장면들을 통하여 우리 인민의 혁명적 위업과 천리마의 기상이 나래치는 력사적 시기들을 심오하게 표

---

7 원문에는 조영출의 이름 앞에 '교육 문화성 부상'이라는 직함이 명기되어 있다.

현하고 있다.

음악 무용 서사시는 처음 합창으로 된 서곡 〈당과 조국에 드리는 영광〉으로부터 시작하여 1920년대를 회상하게 되는바 일제의 암흑 속에서 인민들은 자유와 광명을 찾는다. 위대한 10월의 붉은 서광은 억압과 학대와 착취에 신음하던 우리 인민들에게도 보람찬 희망을 안겨 주었다. 조국의 광명을 찾아 일어선 인민들의 투쟁의 불'길은 항일 무장 투쟁에로 타번진다.

간고한 혁명의 15개 성상, 김 일성 동지를 선두로 한 공산주의자들의 피어린 투쟁은 전개되고 위대한 쏘베트 군대에 의한 조선 해방의 대사변은 도래한다.

조선 인민이 그처럼 사모하여 기다리던 인민의 령장—김 일성 장군의 개선과 더불어 해방된 조선 인민에게는 환희로운 새 생활이 시작된다. 그리하여 영광스러운 우리 조국—조선 민주주의 인민 공화국은 창건된다.

허나 미제와 리 승만 역도들은 공화국을 반대하여 전쟁을 도발한다. 영웅적 조선 인민들은 위대한 국제주의 기치아래 사회주의 동방 초소와 세계 평화의 전초소를 굳게 지켜 드디여 승리를 쟁취한다.

평화의 비둘기는 맑은 하늘에 날으고 전쟁을 타승한 강의한 이 나라 인민은 다시금 평화적 건설에 나선다. 영웅적 인민의 사회주의 건설의 기상—천리마 시대는 열리여 이 땅에 행복한 사회주의 락원이 건설된다.

이 나라 로동 계급의 억센 투지인양 용광로는 일어서고 붉은 쇠'물이 폭포수로 쏟아진다.

전야에는 관개수 넘쳐 흐르고 오곡이 춤을 춘다. 어부들도 보화를 찾아 바다를 정복한다.

행복한 사회주의 지상 락원을 사람마다 노래한다.

이렇듯 음악 무용 서사시 〈영광스러운 우리 조국〉은 방대한 력사적 시기를 포괄하는 년대기적 대 형식의 작품으로서 우리 당의 혁명 전통과 우리 인민의 애국주의와 고상한 프로레타리아 국제주의 정신을 높은 예술성으로써 형상한 사회주의 사실주의 창작 방법의 새로운 모범으로 된다.

이로부터 출발하여 음악 무용 서사시 〈영광스러운 우리 조국〉은 년대기적 내용의 대 서사시적 화폭을 형상함에 있어서 세계 예술사상에 일찌기 있어 본 일이 없는 전혀 새로운 쟌르적 특성을 나타내고 있다.

우선 그것은 이 작품의 드라마뚜르기야의 구성에서 나타나고 있는바 그 구성은 군중 장면으로 표현된 혁명적 인민들과 (무대에 나타나지 않았으나 형상적 수법으로 묘사됨) 집단적 주인공들의 투쟁과 전진을 가로 막으려는 온갖 부정적인 것(일제의 억압과 미제의 침략 등)의 극복을 위한 정신적 발전 면모로써 이루어지고 있다.

그러기에 서사시는 자기의 관객들에게 울분과 환희, 분노와 감격, 그리고 아름다운 서정과 영웅적 기백 등을 강하게 안겨줌으로써 근로 대중으로 하여금 우리 당의 빛나는 혁명 전통과 당 정책이 가지는 위대한 생활력을 형상적으로 파악하게 하며 그들을 사회주의 건설을 위한 로력 투쟁에로 고무하여 준다.

이 작품에서의 연출 방법상 특징도 주목할만한 것인바 이는 간단없는 흐름 속에 매개 장면들이 하나의 '독립된 작품'으로 호상 련결되여 있음에도 불구하고 매 종목마다에서 자기가 설정한 주제성을 명확히 표현하고 있다. 그러면서도 영광스러운 우리 조국의 륭성 발전을 구가하는 전체적인 주제 내용에 철저히 복종하여 매 노메르마다에서 완벽한 안쌈블의 통일성과 립체적인 련관성을 표현하여야 하는 복잡하고도 어려운 문제들을 매우 생동하게 처리하고 있다.

이러한 대 예술 공연의 창조는 우리가 주력하는 예술에 있어서의 현대성과 민족적 특성 구현을 위한 과업 해결에서도 거대한 기여를 하였는바 그것은 음악 무용 형상에 있어서 섬세한 민족적 정서와 혁명적 기백으로 충만된 현대적 빠포스의 유기적 배합으로서 내용과 형식의 완벽한 통일성을 가지고 있는 데서 나타난다. 즉 작품에 표현된 조국의 혁명적 위업과 영웅적 현실에 대한 심오한 파악과 그것의 민족적 음악 무용의 가장 보편화된 대중적 형식으로서의 묘사는 오직 사회주의에 의거함으로써만 가능하였던 것이다.

작품은 선행한 음악 무용의 모든 형식들을 일반화하여 자기의 주제 형상에 복종시키고 있는바 우선 성악 분야에서 깐따따—오라또리야를 비롯한 각종 합창 형식과 가장 단순한 절가 형식의 가요 등을 유기적으로 배합하고 있으며, 관현악에서는 교향시적인 서곡과 단순한 무곡 전주곡 등의 형식이였음에도 불구하고 심각한 심포니즘이 내포되여 작품 전반을 관통하는 강한 극성을 안받침하고 있다.

또한 무용에서도 각종 군무—조곡 등에서 극적인 것, 빤또미마, 춤, 조각적인 군상 등의 제반 무용 형식들이 옳게 배합되여 작품 속에 일관된 혁명적 및 랑만적 빠포스를 훌륭히 살리고 있다. 이로써 서사시는 극 음악 쟌르에서도 표현하기 어려운 대목들을 자기의 고유한 형상적 위력으로써 그 누구에게나 리해될 수 있는 대중성의 모범으로 훌륭히 형상되고 있다. 관현악 연주에서 민족적 독창성의 제고, 무용 창작에서 새로운 무용 언어와 구도의 확대 문제도 주목할만 하지만 서사시 창조 과정에서 민족 관현악의 표현 기능이 비상히 확대된 사실은 특기할만 하다.

쇠'물춤을 비롯한 일부 장면들의 민족 관현악의 음역, 음량의 확대는 물론 중요하게는 그의 음악 언어에서 민족적 독창성의 약간한 손색도 없이 현대 로동 계급의 약동하는 기백과 동작들을 그대로 안받침하여 주었는바 이러한 모범적 시도들은 우리의 민족 관현악으로 하여금 벅찬 현실의 다양한 측면들을 능히 손색없이 형상할 수 있는 무한한 가능성을 갖게 하였다.

음악 무용 서사시 〈영광스러운 우리 조국〉의 창조는 실로 우리의 민족 예술 발전에 있어서 획기적인 전변이며 새로운 전환점으로 된다. 그러기에 우리의 경애하는 수령 김 일성 원수께서는 이 공연을 관람하시고 이렇게 예술이 발전한다면 비약적으로 발전하는 생산력 발전 템포에 결코 뒤떠러지지 않을 것이라고 말씀하시면서 현실적 주제의 작품은 현실을 반영하는데 그치는 것이 아니라 생산력 발전에 추동을 줄 것이라고 교시하시였다.

음악 무용 서사시 〈영광스러운 우리 조국〉은 의심할바 없이 생활의 진실 반영을 자기의 본질로 하는 사회주의 사실주의 창작 방법의 위대한 승리이며 우리 당 문예 정책의 정당성에 대한 재 확인으로 되는 것이다.

이는 해방후 우리 당 문예 정책에 의한 민족 고전의 정당한 계승과 혁신, 쏘련을 비롯한 선진 국가 예술의 창조적 도입, 당의 품속에서 자란 문학 예술인 대렬의 비약적인 장성 강화로써 이루어진 10여 년간의 우리 예술의 빛나는 금자탑이 없었던들, 우리가 이와 같은 영웅 서사시적 대화폭의 창조를 상상이나 할 수 있었겠는가.

대 예술 공연의 창조는 예술 창조에 있어서 집체 창작의 우월성을 유감없이 과시한 모범을 보여 주었다.

작사, 작곡, 안무, 연출, 지휘, 무대 미술 등 근 50명에 달하는 창조 집단과 3천 명의 출연자들이 한결같이 집단의 정치 사상적 단결을 강화하며 당 문예 정책에 대한 일치한 리해를 가지고 혁명 전통과 현실을 심오하게 파악하며 대중적 창발성을 고도로 발휘함으로써 창작과 형상에서의 높은 견지를 개척할 수 있었다.

그리하여 추상과 독단, 진실의 외곡과 형상의 왜소화를 철저히 반대 배격하는 길에서 산 모범을 보여 주었다.

특히 창조 집단이 이 작품을 창조하기 위하여 우리 당의 빛나는 혁명 전통과 사회주의 건설로 들끓는 위대한 천리마의 현실, 그리고 당 정책을 심오하게 연구 체득하는 등 실로 헤아릴 수 없는 꾸준한 창조적 정력을 아끼지 않는 사실들에 대해서 다시 한 번 상기할 필요가 있을 것이다.

바로 그와 같은 모범들은 우리 당에 의하여 교양된 우리 붉은 예술인들의 고귀한 품성이며 자랑이 아닐 수 없다.

오늘 우리 나라에서 처음으로 개척된 음악 무용 서사시의 쟌르는 자기의 쟌르적 특성을 더욱 빛내이고 있다.

우리는 8·15 해방 15 주년을 기념하면서도 음악 무용 서사시 〈붉은 서광〉을 창조하였는바 이는 이미 창조한 음악 무용 서사시 〈영광스러운 우리 조국〉이 거둔 창조적 성과를 보다 공고히 하였으며 그에 기초하여 새로운 창조적 형식을 도입하여 서사시의 생활적 측면과 극성을 더욱 심화시킴으로써 이 쟌르의 발전에 일보 전진을 보여 주었다.

우리의 현실 자체가 위대한 것만큼 우리는 현실 생활을 진실하게 묘사한다면 그것은 곧 위대한 예술 작품으로 되리라는 것을 의심치 않는다.

앞으로 예술인들은 모두가 단합되여 예술의 인민성과 당성을 고수하는 길에서 인민 대중의 요구를 잘 알며 그 요구를 해결할 줄 아는 그러한 예술 작품들을 더 많이 창조하기 위하여 노력할 것이다.

우리가 거둔 귀중한 창조적 성과를 토대로 하여 보다 위대한 예술 작품 창조를 위하여 모두다 한결 같이 나아가자!

언어의 세련성

조령출, 『문학신문』, 1962.7.24

우리의 경애하는 수령 김 일성 동지께서는 대중이 리해하기 쉬운 인민적인 조선어를 사용할 데 대하여 여러 번 말씀하시였다.

그 글이 지루하게 길지 않으며, 그 말이 선명하고 정확하여야 하며, 그 언어와 문장이 듣고 보는 사람들에게 감동을 주어야 한다고 항상 가르치시였다.

금번 5월 3일 교시에서 수상 동지께서는 사람들이 문화 수준이 높고 지식이 있고 인간성이 있어야 하며 정신 생활이 높아야 공산주의로 들어 갈 수 있다고 말씀하시였다.

이러한 인간으로 대중을 교양하며 청소년들을 교양하기 위해서는 우리 문학이 언어 교양적 측면에서도 자기의 역할을 더욱 높여야 한다.

× ×

문학은 언어 예술이다.

언어의 인민성! 이에 대한 철저한 인식 없이는 수상 동지의 교시를 관철할 수 없다.

우리 작품의 긍정적 주인공들은 당성과 계급성의 일면만을 설교하는 딱딱한 인물인 것이 아니라 높은 문학성과 풍부한 인간성을 가진 새 인간의 전형으로 형상화되어야 할 것이다.

그의 언어에 그의 성격이 반영되며 그의 언어에 그 인물의 풍격이 선명하게 반영되여야 할 것이다.

우리 일부 희곡들에 등장하는 당 일'군과 긍정적 주인공들은 딱딱한 정치적 설교나 하는 일면적인 인물로 형상화되여 있다.

그것은 우선 우리 작가들이 당성에 대한 옳은 인식을 갖지 못한 데로부터 나온 결함이다.

당성이란 인간성과 문화성을 떠나서 생각할 수 없는 것이다. 그것은 인간성과 문화성이 당성의 두 개 측면을 이루고 있는 통일체이기 때문인 것이다.

× ×

작품에 등장하는 매개 인물들은 자기 성격에 부합된 성격적인 언어를 요구한다. 그 언어들이 반드시 씌여질 자리에 씌여질 때 그 언어들은 아무리 평범한 것이라 해도 보석과 같이 광채를 발휘한다.

희곡 〈해바라기〉 제3막 2장에서 그러한 실례를 찾아 볼 수 있다.

유격대 녀대원인 순실은 중국 소년의 생명을 구원하기 위하여 자기의 피를 뽑아 달라고 군의에게 제기한다.

> 순실 — 군의 선생 제 피를 넣어 주십시요.
>
> ……
>
> 진동 — 안 되요, 내 피를 뽑소.
>
> 순실 — …… 당신의 피에는 딴것이 섞여 있어요. □□피가…… 이 애는 오늘 당신을 부르면서 몹시 원망을 했답니다.
>
> 진동 — (격분하여) 뭐야!! 건방진 소리 말아!

우리는 이 대화에서 두 인물의 서로 다른 성격을 발견한다.

그 어휘들은 얼마나 약동하고 신랄한 어휘들인가.

그러나 우리의 적지 않은 작품들에는 생기 없고 성격이 모호한 대사들이 씌여지고 있다.

도식적이요 무맥한 언어들은 인물들의 성격을 또한 도식적인 틀에 집어 넣게 된다.

× ×

이와 반면에 언어 구사에서 참신성을 기한다 하여 '쓸데 없는 멋'을 추구해서도 안 될 것이다.

양풍의 번역식 멋은 우리 인민들의 기호와는 아무런 인연이 없는 것이다.

우리 인민들은 오랜 민족 생활 가운데 계승되고 체험된 훌륭한 조선 사람의 멋, 조선 말의 멋을 가지고 있으며 또한 그것을 사랑한다.

우리 조선 말은 아름다우며 풍부한 어휘를 가지고 있다.

우리 인민들이 쓰고 있는 다양한 생활의 언어 가운데는 새'별처럼 생기있게 빛나는 속언 속담들이 있다.

실로 그 한 마디 한 마디는 생활의 진리를 말하여 주는 것들이다.

혁명 가요들과 민요를 보라. 그것이 얼마나 솔직하고 소박하고 힘이 있고 형상적인가.

칼바람 추운 겨울 물러 갈 때에
꽃피여줄 붉은 바람 일어 났도다

혁명 가요 〈붉은 불 돌아 왔다〉

해나려 해나려 간다
여험 해나려 해나려 간다
수천 길 물 속으로 해나려 간다

해발아 해발아 가시구려
여험 해발아 해발아 가시구려
물 아래 □[봉－편자]녀야 해발아 가려무나

황해도 민요 〈감내기〉 중에서

인민 창작인 이 가사들에서 우리는 창작 기법에 대하여 많은 것을 배워야 하겠다.

× ×

문장은 길어서 맛이 아니라 짧고 간결할수록 좋다.

문제는 작가가 이야기하자고 하는 그 내용을 선명하게, 정확하게, 감동 깊게 표현하는 데 있다.

오히려 장황한 글 가운데 그 초점이 흐려지기 쉽기 때문이다.

우리 작가들은 인민성이 풍부한 조선어의 능숙한 기사가 되며 조선어를 더욱 아름답게 정화 발전시키며, 보다 훌륭한 작품을 창작하기 위하여 자신들의 자질을 계속 꾸준히 향상시켜야 하겠다.

창극 〈홍루몽〉 창조에서 얻은 경험

『홍루몽』을 창극화하면서

조령출, 『문학신문』, 1962.12.21

조 설근의 원작 『홍루몽』은 중국 고전 문학의 우수한 작품의 하나이다. 봉건 귀족 사회의 부패와 몰락의 면모를 가장 풍부히 보여 준 그 방대한 소설을 극화하는 문제는 중국에 있어서도 매우 어려운 일의 하나로 되고 있었다. 이미 중국에선 경극과 월극을 비롯한 각종 극종의 형식으로 무대화되였다는 것도 우리는 알고 있다.

또한 『홍루몽』에 대한 해석 평가에 있어서 부르죠아적 미학의 관념론적 견해를 분쇄하는 론쟁이 오래 동안 지속되였다는 것도 우리는 알고 있다.

가장 심각한 사상 투쟁을 통하여서만 『홍루몽』에 대한 정당한 맑스—레닌주의적 평가를 줄 수 있었던 것이다.

그것은 서 진의 월극 대본에서 훌륭하게 정식화되였다.

봉건 귀족 사회의 질곡이란 어떤 것이며 그것이 정상적인 인간 발전에 어떠한 장해를 주며 어떠한 비극을 자아내며 그것을 뚫고 질곡으로부터 벗어나려는 그 지향은 어떤 것인가?

월극 대본은 이 점을 잘 보여 주었다.

우리 민족 예술 극장이 『홍루몽』을 창극화함에 있어서 상해 월극단이 상연한 대본을 기초로 한 것은 바로 이 점에 있었다.

우리는 창극으로 대본을 윤색(潤色) 함에 있어서 원작의 기본 사상을 부각하는 데 첫째 목표를 두었던 것이다. 우리 창조 집단은 월극 대본의 번역을 정확히 하는 작업으로부터 시작하였으며 그에 기초하여 창극적 가사로 정리 윤색하는 작업을 하였으며 그와 함께 일부 장면들과 가사들을 조선 관중들을 념두에 두면서 압축하고 부연하였다.

가사와 대사들을 통하여 주인공들의 각이한 성격들을 형상함에 있어서 또한 심중한 고려를 들렸다.

봉건 귀족 가문에 대한 '반역자'로서의 보옥의 형상, 봉건 제도의 유린 속에서 결백한 세계를 지향하며 애처럽게 한 송이 꽃처럼 떨어지는 슬픈 대옥의 형상, 봉건주의에 충실한 설 보차의 형상 그리고 무너지는 봉건 가정의 운명을 끝까지 고수해 보려는 가모와 가정의 형상 등, 그 모든 인물들의 형상을 부각시키기 위하여 노력하였다.

번역조가 아니라 완전히 우리 말의 고전적 풍격을 부여하는 문제에서 좀더 대담해 보려고 시도하였다.

우리는 〈꽃을 장사 지내는 노래〉, 〈시고(詩稿)를 불사르는 노래〉, 대옥의 령구 앞에서의 보옥의 노래 등에서 사람의 가슴을 어여 내는 깊은 서정과 애절 처절한 격정과 낡은 시대에 대한 반항 정신이 견딜 수 없는 눈물 속에서 떨쳐 오르는 순결한 인간의 목소리를 듣는 것이다.

그것은 관중들의 가슴을 뒤흔드는 대목들이다.

우리의 창극에서 어떻게 이러한 장면들을 자기의 언어와 음악적 형식으로 형상할 수 있을 것인가?

그것은 쉬운 일은 아니였다. 그러나 고상한 사상 감정을 표현하는 우리의 아름다운 언어와 우리의 민요의 음악적 세계가 우리 인민들의 사랑을 받고 있다는 데로부터 출발하여 우리 창조 집단은 자신심을 가지고 『홍루몽』을 창극화하였다.

'첫 술에 배 부를 수 없다'는 진리로부터 우리는 대담하게 첫 시도에 착수하였다. 금번 우리의 창극 〈홍루몽〉은 실로 첫 시도에 불과하다.

만일 이러한 시도가 우리 시대, 우리 조선 관중들에게 감명을 주게 된다면 그것은 비단 조선 관중에게만 국한된 것이 아니라 중국 인민들에게도 감명을 줄 수 있으리란 것을 스스로 생각하게 된다.

우리 창조 집단 앞에는 창극 〈홍루몽〉을 보다 완성시킬 과업이 나서고 있다.

금번 『홍루몽』의 창극화는 외국 작품을 우리의 창극으로 만드는 길에서 새로운 길을 개척하고 큰 걸음을 내디딘 것으로 되며 우리의 사회주의적 사실주의 예술의 보다 풍부한 발전을 의미하며 예술을 통하여 발현되는 조 중 량국 인민의 프로레타리아 국제주의 정신의 훌륭한 구현이라고 생각한다.

극 예술 발전과 친선의 공고화

연극 〈네온등 밑의 초병〉을 보고

조령출, 『문학신문』, 1963.10.25

금번 국립 연극 극장에서 중국의 희곡 〈네온등 밑의 초병〉이 상연되였다.

이 연극을 사회주의적 사실주의 연극 창조에서 또 하나의 새로운 성과로 되며 조 중 두 나라 친선 관계의 공고 발전에서 또 하나의 새로운 결실로 된다.

최근 년간에 우리 두 나라 인민들 간의 형제적 친선은 더욱 심화되고 특히 최근 시기에 극 예술 부문에서 두 나라 예술의 교류가 왕성하여졌다.

연극 〈붉은 선동원〉이 중국 인민들 속에서 지극한 사랑을 받고 있으며 창극 〈홍루몽〉이 우리 인민들 속에서 절찬을 받고 있을 뿐만 아니라 상해 실험 가극원의 우리 나라 방문과 작가, 예술인의 호상 친밀한 왕래, 이 모든 사실은 우리 두 나라 인민들 간의 친선 관계를 더욱 두텁게 하며 사회주의적 대 가정의 륭성 발전과 문학 발전을 더욱 촉진시켜 주는 것이다.

'잘 되는 집안에 경사가 잦다'는 말을 나는 다시금 생각하게 된다.

실로 우리는 정치 경제 생활에서 맑스—레닌주의의 확고한 진리와 신념으로부터 승리의 길로 전진하고 있을 뿐 아니라 사회주의 문화 건설에서 빛나는 성과를 달성하고 있다.

이러한 성과는 우리 문학 예술에서 당성과 계급성을 옹호 관철한 투쟁의 성과이며 이러한 성과 자체가 우리의 투쟁의 정당성을 실증하여 주는 것이다.

〈네온등 밑의 초병〉은 어떠한 주제 사상으로 우리에게 무엇을 말하여 주는가?

현 시기 우리는 반제 투쟁의 기치를 더욱 높이 들었으며 썩어 가는 부르죠아 사상의 온갖 형태의 침습을 반대하며 현대 수정주의자들의 비렬한 온갖 책동과 맑스–레닌주의 원칙에 대한 외곡된 온갖 견해들을 견결히 폭로 분쇄하고 있다.

〈네온등 밑의 초병〉은 바로 이 투쟁 정신을 반영한 작품이다.

이 극에서 중국 인민 해방군의 한 중대가 해방된 상해의 거리 — 남경로를 지키게 되는 데 극적 사건은 역시 여기에서 벌어진다.

상해 — 그것은 복잡한 력사를 가진 대 도시다.

지난 시기 상해는 자본주의 '모험가들의 락원'이라고 불리운 곳이다.

상해의 지난 력사는 외래 침략자들의 소굴이였으며 국내 반동 세력의 복마전이였다. 또한 자본주의의 가혹한 착취와 세기말적 퇴페, 허영과 인간을 자멸과 범죄의 구렁으로 유혹하는 '악의 화원'이였으며 건전한 리성을 마취시키는 쟈즈와 '향그런 바람'이 설레이던 곳이였다.

이러한 자본주의 상해가 인민의 상해로 되였다.

그러나 낡은 상해의 잔재는 하루 아침에 청산될 수는 없었다.

남경로엔 반혁명 분자들이 잠복해 있었고 자본주의의 찌꺼기들이 남아 있었다. 또한 낡은 제도의 부화한 생활 습성이 남아 있었고 낡은 계급의 끊어진 신경들이 양풍을 풍기고 있었다.

네온등 밑에 선 초병의 귀엔 아직도 쟈즈의 음향이 빈틈을 찾으며 '향기로운 바람'이 초병의 심장을 유혹하려 마수를 뻗친다.

이것은 바로 해방군 초병들에게 있어 새로운 환경이 아닐 수 없었다.

향촌 공작과 전투의 불'길 속에서 백전 불굴의 의지로 세련된 그들이였으나 상해와 같은 복잡한 대 도시의 공작에서는 아직 생소한 그들이였다.

새로운 환경은 의지가 박약한 일부 초병들에게 낡은 자본주의적 유습을 감염시킬 수 있었으며 해방된 인민을 사회주의 의식으로 개조함에 있어서 지장을 조성하였다.

'부르죠아지들의 아첨이 우리 대오 가운데 의지가 박약한 자들을 정복

할 수 있다. 이러한 공산당원들은 그들이 일찍이 총을 쥔 원쑤에겐 정복되지 않았으며 그러한 적들 앞에서는 영웅의 이름으로 부끄럽지 않으나 사탕 바른 포탄의 공격에는 견디여 내지 못 하는 것이다.'

이 극의 희곡 작가들(심 서□, 막 안, 려 홍신)은 모 택동 동지의 상기 교시로부터 출발하여 남경로의 초병들이 어떻게 치렬한 계급 투쟁 속에서 사탕 바른 포탄을 격파하며, 발전하는 혁명 단계를 따라 어떻게 자기를 혁명 의지로 무장하며, 어떻게 자기의 낡은 공작 방법과 작풍을 고쳐 나가는가를 생동하게 보여 주었다.

희곡 작가들은 이 극의 주인공들인 동 아남, 조 대대, 진 희, 중대장 등 중대 성원들의 형상을 통하여 그것을 사실적으로 잘 보여주었다.

상해 로동 계급 출신의 청년 동 아남과 함께 해방 전투에서는 영웅적 용감성을 발휘하였으나 남경로와 같은 새로운 환경에서는 개체 의지의 박약성을 폭로하게 되는 진 희 등의 인물들이 어떻게 당'적인 전사로 발전하여 가는가, 또한 낡은 것과 새 것과의 투쟁을 통하여 상해 사람들이 어떻게 새로운 공산주의 사상으로 접근하며 혁명 발전의 거류 속에서 그들이 어떻게 개변되는가 하는 일련의 문제성을 제기하면서 총괄적으로 작가들은 혁명에 대한 확고부동한 맑스-레닌주의 사상 미학적 견지에서 상해의 전변 모습과 그 인물들의 발전 면모들을 훌륭히 보여 주었다.

동시에 극은 라오케이 — 반혁명 간첩 도당들의 심오한 형상을 통하여 제국주의 앞잡이들인 반동 계급들의 멸망의 불가피성을 설득력 있게 천명하였다.

또한 긍정적 주인공들을 통하여 양풍과의 투쟁에서도 비타협적이였다는 것을 보여 주었다.

이 모든 것을 통하여 극은 철저하게 맑스-레닌주의와 로동 계급의 립장에서 자기의 당성, 계급성을 명백히 드러 내였다.

그것은 혁명의 최후 승리까지 계급 투쟁으로부터 한 발작도, 한 시각도 물러 서지 말아야 된다는 사상이다.

그것은 이 지구 상에 제국주의자들이 숨쉬고 있으며 자본주의 반항이 존재하는 한 자기의 무장을 해제할 수 없을 뿐 아니라 더욱 튼튼히 손에 무기를 틀어 잡아야 하며 프로레타리아 독재의 기능을 강화하여야 한다는 사상이다.

이러한 주제 사상으로 하여 이 극은 제국주의를 반대하며, 현대 수정주의를 반대하는 투쟁에서 예리한 무기로 될 수 있으며 혁명하는 인민들의 훌륭한 교과서로 될 수 있다.

이 극의 당성, 계급성은 각이한 인물들의 형상을 통하여 또한 그들 호상간의 관계를 통하여 반영되고 있다.

이 극의 특성의 하나는 각계 각층 인물들의 다양한 성격 창조에 있다.

대개 인물들은 자기 계급의 처지로부터 형성된 일반적 성격적 특징과 개별적인 인물들의 개성과의 호상 통일의 원칙에서 구체적 인간들이 형상화되였다. 그것은 중대 성원들의 각이한 성격들에서, 빈가의 출신인 신입 대원 동 아남과 자산 계급 가정의 출신인 진보적 처녀 림 원원의 성격에서, '향기로운 바람'을 풍기면서 '사탕 바른 포탄'을 가지고 있는 특무 곡 만녀와 그가 속한 반혁명 잔당들, 아직도 상해 거리에 배회하는 자본가들의 군상 등에서 찾아 볼 수 있다.

실로 이 각이한 인간들의 성격을 창조함에 있어서 작가들은 도식과 류형성을 극복하였으며 생동한 생활 화폭을 보여 주는 데 성공하였다.

그것은 작가들이 당해 시기의 구체적 사회 현실을 깊이 연구하고 당해 시기의 각계 각층 인간들의 각이한 특징들을 세심히 관찰하고 그로부터 예술적 전형을 창조한 데 있다.

작가들은 인민 해방군 중대 성원들의 각이한 개성을 창조하는 데 성공하였다.

작가들은 어느 인물이나 '리상화'하지 않았다.

중대장이나 소대장이나 분대장이나 모두 평범한 사람들로 현실 발전과 함께 성장하며 비판과 호상 비판에 의하여 자기의 결함을 시정해 나가며 발로되는 자기의 낡은 사상 요소를 개조해 나가는 혁명적인 인간들로 묘사하였다.

소대장 진 희는 새로운 환경인 남경로 초소에서 일시 '향기로운 바람'에 유혹되여 자기의 진실한 애인까지를 고향으로 돌려 보낸다.

중대장은 오랜 투사이다. 그러나 그의 과격한 작풍으로 하여 상해 사람(동 아남) 과의 사업에서 결함을 갖게 된다.

신입 대원 동 아남은 중대장이 지나치게 비판을 한다고 해서 자의로 중대를 떠나는 자유주의적인 현상을 발로시킨다.

그러나 극은 이 모든 인물들이 끝까지 혁명을 하자는 사람들이요 그 생활 과정에서 산생된 약점들을 바로 그 생활을 통하여 극복하고 시정해 나가는 성실하고 사랑스러운 사람들로 형상화되였다.

조 대대 분대장은 촌스러운 장대한 인물이다. 그는 대포'구멍 같이 우둔한 사람이란 말을 듣는다. 그러나 쟈즈를 증오하는 그의 비타협적 정신, 전투적이며 정열적인 그의 성격은 극 전반에 걸쳐 감동적인 인상을 준다.

취사원 홍 만답은 중대의 어머니와 같은 친근한 그러나 원칙적인 인물로 형상되였다.

동 아남은 이 극의 중심에 서 있는 인물이다. 작가들은 자산 계급 가정 출신의 림 원원을 설정함으로써 이들의 형상을 보다 부각시켰다.

작가들은 이 두 인물을 통하여 반혁명 분자를 제외한 로동 계급을 위시로 하여 민족적 량심을 가진 각이한 계급적 처지에 속하는 인간들이 하나의 혁명의 길로 어떻게 나아가는가를 보여 주고 있다.

원원은 동 아남을 통하여 자기 계급을 부정하고 진보적인 사상의 소유자로 장성한다.

이 청소한 처녀는 부르죠아지 리상주의로부터 출발하여 남경로의 초소를 지키는 것보다는 남경에 가서 군정 대학엘 다니며 '새로운 생활'을 하는 것이 얼마나 시적이겠는가고 동 아남에게 말한다.

그러나 그 후 그러한 것이 그야말로 '꿈'이라는 것을 그는 깨닫게 된다.

특무의 일당이 체포되는 사건을 계기로 계급 투쟁이 무엇인가를 알게 되며 진실로 혁명적인 계급의식을 갖는 데로 발전한다.

작가들은 설정된 매개 중요 인물들에 대하여 정확한 결론을 주고 있으며 전망을 주고 있다.

반혁명 분자를 제외하고는 원원의 어머니도, 예술 지상주의자인 라 국문도 새 시대가 요구하는 그 길로 흘러 간다.

각이한 계층의 인물들이 새로운 시대의 해'살 아래 마치 얼음'장이 풀려 대하의 흐름을 따라 흐르듯 그들 호상 간의 모순을 극복하면서 도도한 혁명의 흐름을 따라 나아간다.

이러한 현상은 바로 맑스—레닌주의 당들이 과도기에 실시하는 계급 정책과 군중 로선의 구현인 것이다.

우리 극작가들과 연극인들은 이 극에서 훌륭한 교훈을 찾아야 할 것이다.

극의 긴장성, 극적인 흥미, 다양한 인물로 형성된 사회적 화폭의 넓이와 깊이에 대하여……, 작가들은 극의 치밀한 구성과 다양한 인물들 호상 관계의 능숙한 극적 처리에 의하여 작품의 주제, 사상을 잘 표현하였다.

이 극이 우리에게 깊은 감동을 주는 것은 결코 우연하지 않다.

그것은 이상에서 지적한 바와 같이 희곡 자체의 사상 예술성에 있는 것이며 그것은 또한 이 희곡을 번역 상연한 국립 연극 극장 창조 집단의 진지한 로력에 있는 것이다.

창조 집단은 작품의 세계를 정확히 파악하였으며 매개 인물들의 내면 세계를 체험하는 데서도 일정한 성과를 거두었다.

물론 중국 인민의 생활 감정, 그의 민족적 특성을 인물 형상에서나 환경 묘사에서 여실히 구현한다는 것은 그리 용이한 일이 아닌 것이다.

앞으로 더욱 해결하여야 할 문제들이 있다고 생각한다.

집체 연출과 무대 미술에서도 좋은 창조적 성과를 보여 주고 있다.

끝으로 이 연극을 통하여 우리가 다시금 느끼게 되는 것은 프로레타리아 국제주의 정신이다.

그것의 훌륭한 구현, 그것은 바로 이 극 자체의 결속에 있다.

남경로를 지키던 세 명의 초병이 '항미 원조'의 길로 조선을 향하여 상해를 떠난다.

공동의 원쑤 미제를 무찌르자!

바로 미제와의 싸움 속에서 우리의 친선은 피로써 맺어졌으며 오늘 더욱 강화되고 잇다.

이 연극에 대한 중국의 친근한 희곡 작가들과 연극인들의 적극적인 방조에 대하여 심심한 사의를 표하면서 이러한 예술 활동이 극 예술 발전과 우리의 친선을 더욱 공고화하리란 것을 다시금 확신하는 바이다.

혁명적인 작품 창작을 위하여 사상 미학 교양 사업을 강화하자!

조령출, 『문학신문』, 1964.11.24

혁명적인 작품을 왕성하게 창작할 데 대하여 지난 11월 7일 수상 동지는 력사적이며 강령적인 교시를 주시였다.

이 교시는 혁명하는 우리 문학 예술이 나아갈 방향을 다시금 천명하여 주시였다.

혁명의 시대, 싸우는 인민에게는 보다 혁명적이며 전투적인 문학 예술이 요구된다.

그 중에서도 혁명적 대작을 창작하는 문제는 우리 시대 작가, 예술인들이 해결하여야 할 가장 영예로운 력사적 과업이다.

항일 빨치산들의 불굴의 투쟁 사적과 높은 정신 도덕적 풍모, 아름다운 리상은 생생한 화폭 속에 영원히 살아 있어야 한다.

그것은 우리 혁명의 뿌리가 바로 거기에서부터 시작되였기 때문이다.

청춘도, 사랑도, 생명도 오직 조국의 영예와 전쟁 승리를 위하여 바쳐 싸운 영웅적 우리 인민군 용사들과 후방 인민들의 불멸의 형상은 엄혹하고 준엄한 3 년간의 조국 해방 전쟁의 시대적 화폭 우에 불사신처럼 아로새겨져 후손 만대에 길이 전해지도록 해야 한다.

또한 우리 문학 예술의 화폭 우에는 응당 외적을 물리치고 국토를 지켜 싸운 우리 인민의 애국적 투쟁과 우리 시대 로동 계급의 거인적 기상과 천리마를 타고 폭풍우를 뚫고 힘차게 내달리는 우리 인민의 슬기로운 기상이 나래치도록 해야 하며 사회주의 농촌 문제에 관한 테제를 받들고 전진하고 있는 우리의 농촌 현실이 훌륭히 형상화되여야 한다.

그러나 이것으로 우리 시대 작가, 예술인들 앞에 부과된 영예로운 임무를 다 수행할 수 있다고 말할 수 없다.

어찌 우리 작가, 예술인들이 조국의 량단과 민족 분렬의 비운을 참을 수 있으며 도탄 속에 헤매이는 남조선 동포들을 구원할 조국 통일의 성스러운 력사적 위업을 한시인들 잊을 수 있겠는가!

모든 작가 예술인들은 미제를 몰아 내고 조국 통일을 이룩하고야 말리라는 우리 인민의 확고부동한 결의와 신심과 민족 지상의 념원을 절실히 반영하며 더 높은 새로운 투쟁에 전체 조선 인민을 고무 추동할 혁명적인 작품 창작에 온갖 정열을 다 바쳐야 한다.

특히 오늘 미제와 박 정희 도당을 반대하여 용감히 싸우고 있는 남조선 인민과 청년 학생들의 영웅적 투쟁을 묘사함으로써 그들의 혁명적 전진을 고무하여야 한다.

전체 작가 예술인들은 혁명적 시대의 문학 예술 작품으로 하여금 인민의 수중에 장악된 예리한 무기로, 투쟁에 대한 고무적 기치로 되게 하여야 한다.

우리가 할 일은 많다.

우리의 민족 예술을 보다 새롭고 다양하고 혁명적이며 전투적인 예술로 보다 훌륭히 발전시켜야 하며 우리 무대 우에 그러한 공연 종목들이 충만되게 하여야 한다.

이 모든 것은 우리 시대 작가 예술인들의 어깨 우에 놓여진 실로 방대하고도 무겁고 어려운 임무이다.

인간 정신의 기사일 뿐만 아니라 인민에 대한 혁명적 교양자, 선전자, 그리고 인민을 위한 투사들인 우리의 전체 작가 예술인들은 이러한 임무를 영예롭게 수행함으로써 비로소 시대와 혁명과 인민의 요구에 보답하게 될 것이다.

이는 바로 수상 동지의 교시를 충실히 실천함으로써 이루어질 수 있다.

그러나 이러한 임무를 영예롭게 수행하며 인민의 높은 존경과 신임에 보답하기는 결코 쉬운 일이 아니다.

이를 위하여 우선 우리 작가 예술인들은 인민을 위한 열렬한 투사, 혁명적 시대의 교양자가 되여야 하며 인간 정신의 기사로서의 견결한 사상과 풍부한 자질을 소유하여야 한다.

오늘 우리 문학 예술의 독자, 관중은 혁명적 시대의 주인공들이며 교양있고 문명한 사회주의 근로자들이며 혁명을 위하여서라면 죽음도 맞받아 나가 싸울 각오로 충만되여 있는 투사들이다. 문학 예술에 대한 그들의 요구는 비할 바 없이 높아 가고 있다.

이러한 사정은 오늘 우리 작가 예술인들 앞에 더욱더 긴장되어 학습하고 분발하여 창작할 것을 요구하고 있다.

이로부터 출발하여 우리 작가 예술인들은 무엇보다 먼저 자신을 열렬한 공산주의 투사로 준비하며 혁명적 시대에 사는 작가 예술인으로서의 고상한 정신 도덕적 풍모를 소유하기 위하여 노력하여야 한다.

전체 작가 예술인들은 그 어느 때보다도 긴장되고 동원된 태세로 국내외의 모든 정세를 경각성 있게 주시하며 항상 혁명적으로 사고하고 움직이며 혁명을 위하여 자기의 모든 창조적 정열을 다 바쳐 싸울 튼튼한 사상, 미학적 준비를 갖추도록 해야 한다.

여기에서 우리 당 문예 정책과 해방 후 문학 예술 부문에 주신 수상 동지의 교시를 체계적으로 심오히 연구하며 그를 창작 실현에 구현하는 문제는 가장 선차적인 과업으로 나선다.

당 문예 정책과 수상 동지의 교시는 맑스-레닌주의 문예 리론을 우리나라 민족 문화 예술 발전의 특수성과 우리 혁명의 구체적 형편에 창조적으로 발전 풍부화시킨 맑스-레닌주의 문예 리론이다.

특히 우리 문학 예술 창작의 매 과정에 따르는 수상 동지의 구체적인 교시는 우리 작가 예술인들의 실천 활동에 있어서 강령적 지침으로 된다.

우리 문학 예술의 당성과 계급성, 민족적 특성과 현대성, 계승과 혁신문제에 대하여 그리고 혁명적이며 전투적인 작품을 창작할 데 대한 수상 동지의 제반 교시는 실로 우리 작가, 예술인들의 앞길을 환히 밝혀 주시는 등대로 된다. 문제는 우리의 작가, 예술인들이 수상 동지의 교시 사상으로 무장하고 그를 철저히 구현하기 위한 창조적 실천 활동 여하에 달려 있다.

해방 후 우리 문학 예술이 이룩한 제반 성과의 기저에는 당 문예 정책의 정당성과 수상 동지 교시의 현명성과 그의 관철을 위하여 투쟁한 작가, 예술인들의 훌륭한 창조적 노력이 스며 있는 것이다.

그러므로 당 문예 정책과 수상 동지의 교시에 대한 심오한 연구와 체계적인 파악은 작가, 예술인들의 창작 활동에 있어서 결정적 의의를 가진다.

금후 우리 작가, 예술인들은 당 문예 정책과 수상 동지의 교시를 연구함에 있어서 매개 교시의 기본 내용과 사상적 의도를 일반적으로 리해하는 데만 그칠 것이 아니라 당 문예 정책과 교시 내용을 문제 별로 체계화하고 창작의 실천적 문제와 밀접히 결부시켜 심오히 체득하는 한편 그의 구현 방도를 탐구하기 위하여 진지하게 연구하며 집체적으로 토론하는 등 혁명적 학습 기풍을 철저히 확립해야 한다.

다음으로 주요한 것은 우리 작가, 예술인들이 선진적인 맑스—레닌주의 미학 리론에 정통하는 문제이다.

선진적인 맑스—레닌주의 미학 리론으로 무장함이 없이는 변천되는 복잡한 혁명 정세와 생활 현상들을 미학적으로 분석하고 파악할 수 없으며 장성하는 독자들의 사상—미학적 요구를 충족시킬 만 한 우수한 혁명적 문학 예술 작품을 창작할 수 없다.

맑스—레닌주의 미학 리론 학습은 우리 당 문예 정책의 정당성과 수상 동지 교시의 현명성과 창조성을 확신성 있게 리해함에 있어서도 큰 의의를 가진다.

창작 실천이 보여 주는 바와 같이 우리 작가, 예술인들은 지금 혁명 전통을 형상화한 장편 소설을 비롯한 다양한 주제의 문학 작품들과 영화, 연극 및 가극, 창극, 무용극 등 다양한 형식의 우수한 예술 작품들을 창작하여 근로자들과 청소년들의 교양에 이바지하고 있다.

그러나 우리의 문학 예술 작품은 아직 량적으로도 부족할 뿐만 아니라 독자 관중들의 장성하는 사상 미학적 요구를 충족시켜 주지 못 하고 있다.

특히 우리에게는 우수한 혁명적이며 전투적인 작품과 기념비적인 대작이 부족하다.

그것은 우리의 작가 예술인들이 혁명적 시대가 제기하는 거대하고 심오한 미학적 주제를 탐구하며 혁명 력사와 투사의 전형을 높은 미학적 리상 속에 재현하지 못 하는 사정과 주요하게 관련되고 있다.

우리 문학 예술 작품들에서 아직도 자취를 감추지 못 한 기록주의 편향, 성격들의 류형성, 줄거리들의 류사성, 갈등의 모호성 등의 모든 결함들은 생활에 대한 작가 예술인들의 미학적 주장과 형상의 독자성이 결여된 사정과 관련된다.

이러한 문제들에 대한 정당한 해명을 위하여서는 모든 작가 예술인들이 선진적 맑스-레닌주의 미학관으로 자신을 확고히 무장하여야 한다.

다음으로 작가 예술인들의 자질 향상에 있어서 다른 하나의 주요한 측면은 광범한 일반 지식과 풍부한 생활 체험으로써 자신의 지식과 식견을 넓히는 문제이다.

원래 문학 예술 작품이란 소여의 생활 자료에 대한 단순하고 직선적인 반영이 아니라 광범한 생활 자료들의 일반화된 예술적 재현인 만큼 그것을[은-편자] 광범한 지식과 풍부한 생활 체험의 축적을 전제로 한다.

특히 장구한 력사적 시대와 혁명적 사변들을 포괄하는 혁명적 대작을 비롯한 큰 형식의 서사 작품과 극작품을 창작함에 있어서 이러한 요구는 더욱 필수적인 것으로 된다.

만약 우리의 작가 예술인들이 자연과 사회, 그리고 혁명 발전에 대한 광범한 지식과 풍부한 생활 체험으로 자신을 준비하지 않는다면 창작된 작품은 단조롭거나 협소하고 메말라서 독자, 관중들에게 혁명 발전과 생활의 합법칙성을 인식시키지 못 할 것이며 그들에게 풍부한 정신적 량식을 주지 못 할 것이다.

독자 관중들은 작품을 단순한 흥미'거리로 대하는 것이 아니라 생활에 대한 백과 전서적인 교과서로, 투쟁에 대한 고무적 기치로 대한다.

우리의 작가 예술인들이 현실에 대한 보다 광범한 지식과 풍부한 생활 체험을 축적한다면 그에 의하여 창작된 작품들은 반드시 폭 넓고 깊이 있고 다양할 것이며 풍랑을 헤치고 대하를 건너 광명을 향해 나아가는 혁명 투사들의 운명의 우여곡절을 보다 확신성 있게 펼쳐 보일 수 있을 것이며 혁명 투쟁에 대한 참다운 교과서로서 독자들의 끝없는 사랑을 받게 될 것이다.

작가 예술인들이 생활에 대한 풍부한 체험이 없어야 어찌 대중과 더불어 흉금을 터놓고 진실을 말할 수 있겠는가?

더우기 중첩되는 난관과 시련, 복잡하고 간고한 투쟁으로 일관된 혁명 력사와 투사들의 전형을 창조함에 있어서랴!

우리에게 혁명 투쟁의 기념비적인 대작이 많지 못 한 것도 중요하게는 우리 작가 예술인들에게 혁명과 련결된 풍부한 생활 체험이 결여되고 있는 사정에도 기인한다.

때문에 우리의 작가, 예술인들은 생활 속에 더욱 깊이 침투하며 우리 나라 혁명 력사와 남반부의 현실을 철저히 연구하며 혁명 투사들의 사적을 체득하기 위하여 인내성 있게 노력하여야 할 것이다.

이상과 같은 자질 향상의 기본 내용에 근거하여 매개 작가 예술인들은 자기 전문 분야의 예술적 기량을 한 계단 높이기 위한 목표를 설정하고 보다 훌륭한 혁명적인 작품을 왕성하게 창작하기 위한 방향에서 자체 수양과 학습을 강화하여야 할 것이다.

다음으로 우리 작가, 예술인들에게 있어 또한 중요한 것은 자기 부문의 기량을 높이기 위한 부단한 투쟁이다. 이것이 없이는 완벽한 작품을 창작할 수 없다. 때문에 작가 예술인들은 전문 기교를 완성하기 위한 훈련을 꾸준히 진행하여야 하며 우수한 혁명적인 작품을 더 많이, 더 빨리 내놓기 위하여 온갖 창조적 정열을 다 바쳐야 할 것이다.

자질 향상에 있어서 무엇보다도 작가, 예술인 자신들의 노력이 중요한 것은 물론 작가, 예술인들에 대한 교양 단체로서의 해당 동맹들의 활동과 조직 지도적 역할이 매우 중요하다.

작가, 예술인들을 교양하지 않고 좋은 작품을 쓰라고 하는 것은 무리한 요구인 것이다.

오늘 맹원들에 대한 사상 미학 교양 사업은 창작 조직 지도 사업과 창작 동맹 앞에 나선 가장 중요한 사업이다.

금후 동맹들은 맹원들의 사상 미학 교양 사업에 력량을 집중하여 혁명적 작품을 왕성하게 창작하는 데로 전체 작가, 예술인들의 창조적 열정을 조직 동원하여야 한다.

매개 동맹 단체들은 당 문예 정책과 문학 예술 부문에 주신 수상 동지의 교시를 체계적으로 침투시키며 창작 활동에서 당 정책과 수상 동지의 교시를 철저히 관철하도록 작가, 예술인들을 조직 동원하여야 한다.

또한 금후 동맹들은 혁명적 작품 창작과 관련한 연구 토론회, 합평회, 발표회들의 질적 수준을 더욱 높이기 위한 사업을 잘 조직하여야 하며 연구회들로 하여금 맹원들의 자질 향상과 혁명적 작품 창작을 위한 믿음직한 배움터가 되도록 하여야 한다.

맹원들의 자질을 높임에 있어서 출판물은 중요한 역할을 한다.

금후 동맹들은 맹원들의 사상 미학 교양 사업에 필요한 출판물의 질을 높이도록 노력하는 한편 기관지들을 더욱 효과적으로 리용하며 혁명적 작품 창작과 관련한 리론과 평론 활동을 일층 강화함으로써 동맹원들의 창작에 적극 복무하도록 할 것이다.

맹원들의 자질 향상과 함께 문학 예술의 새로운 후비 대렬을 확대 강화하는 문제는 우리 문학 예술의 장래 발전을 위하여 극히 중요한 의의를 가진다.

동맹 단체들은 자기 부문의 후비들을 계통적으로 선발 장악하고 계획적으로 교양 육성하여 우리 문학 예술의 진지를 새롭고 우수한 력량으로 부단히 보충하도록 해야 한다.

전체 작가, 예술인들이여!

오늘 우리 문학 예술인들 앞에는 혁명적이며 전투적인 작품을 더욱 왕성히 창작할 중대한 사명이 놓여 있다.

더 한층 긴장되여 학습하며 분발하여 창작함으로써 혁명적 시대에 사는 작가, 예술인의 고상한 임무를 영예롭게 완수하자.

위대한 태양아래

조령출, 『조선문학』, 조선문학예술총동맹출판사, 1967.11

오늘 조선인민은 자기의 주권 자기의 조국을 소리높이 노래한다.

잊을수 없는 1948년!

위대한 수령 김일성동지의 령도하에 우리 인민은 자기 주권에 대한 선거를 실시하였고 영광스러운 인민의 조국 조선민주주의인민공화국을 창건하였다.

이는 조선민족이 살아온 수천년 력사에서 일찍 있어보지 못한 인민자신의 주권으로 이룩된 새로운 국가이다.

이는 조선민족이 자기 력사에서 전혀 새로운 기원을 열어놓게 된 거대한 전변으로 된다.

그 언제 밭갈이하는 농민자신들이, 광산판에서 쇠돌을 캐는 광부들자신들이 나라의 주인이 되여 국사에 참여한 일이 있었던가.

봉건시기 국사를 의논하는 이른바 조정에 모인 사람들은 봉건귀족들이였고 자본주의나라들의 이른바 '국회'에 모인자들은 인민의 고혈을 빨아먹는 자본가, 지주들이며 그 계급의 사환군들이다.

실로 수천년 인류력사의 창조자인 인민자신들은 압제와 굴욕, 무권리의 진창속에 살아왔고 인류생활의 사회적재부를 창조한 인민자신들은 착취와 빈궁, 온갖 천대속에 살아왔다.

그러한 인민이 자기 손에 주권을 틀어잡은것이다.

그러한 인민들속에서 나라의 운명, 민족의 운명 문제를 토의하고 결정할수 있는 주권기관의 대의원들이 선출되였다.

그러한 인민들속에서 상도 국장도 나오고 지배인도 관리위원장도 나왔다.

누구도 침해할수 없는 위대한 권리, 공화국헌법은 제2조에 그것을 규정하였다.

"조선민주주의인민공화국의 주권은 인민에게 있다."

공화국의 국장은 이 주권의 상징이다.

황금의 벼이삭을 묶은 테두리안에 웅장한 발전소가 있고 그우로부터 붉은 별의 빛발이 내려비친다.

누구나 이 나라에 탄생된 어린이들에겐 이 영광스러운 국장이 찍혀진 출생증이 그들 가슴에 안겨진다.

누구나 열여덟살 청년으로 자라면 이 나라의 당당한 공민으로 그 영광스러운 국장이 찍혀진 공민증을 가지게 된다.

이 공민증을 가진 사람은 누구나 나라생활의 모든 부문에서 동등한 권리를 갖는다.

이 공민증을 가진 사람은 누구나 최고인민회의 대의원을 선거할 권한도 최고인민회의대의원으로 선출될 권리도 있다.

생각해보라. 일제시기 우리 인민에게 이러한 공민증 대신 무엇이 있었는가?

그것은 식민지망국인민의 노예살이 귀신딱지의 상징인 '일본천황'에 대한 충성을 강요당하고 말도 성도 민족의 모든 권리가 무참히 짓밟히지 않았던가.

김일성동지는 일찌기 이렇게 말씀하시였다.

"나라 없는 백성은 상가집개만도 못하다는 말이 있는데 이것은 참으로 옳은 말이다. 우리에게 있어서 그 무엇보다도 귀중한것은 조국이다."(『김일성선집』 1권 12페지)

실로 귀중한 그 조국이 없음으로 하여 비통한 가슴을 치며 억울히 피흘리며 쓰러진 조선사람은 얼마였던가. 우리의 수령은 그 조국을 위하여 15개성상 일제와 싸우시였다.

“우리는 해외에서 이것을 더욱 뼈저리게 느끼면서 조국의 독립을 위하여 싸워왔다. 그때 우리는 비록 어떠한 곤난이 있더라도 앞으로 반드시 가장 큰 기쁨의 날, 조국을 찾고 나라를 세워 행복을 누릴 날이 있을것을 굳게 믿고 용감히 싸웠다.”(『김일성선집』 1권 12페지)

그 기쁜 날이 오고야 말았고 그 행복한 앞날이 오늘 이 땅에 펼쳐진 것이다.

그이는 해방된 땅에 백전백승의 조선로동당을 창건하시고 그 당을 인도하시며 사회주의조국에 대한 위대한 구상을 실현하시였다.

세월은 흐르고 세상은 변하였다.

사람들은 자기의 위력한 주권과 행복한 제도를 노래한다.

해방후 첫 출생증을 받은 우리의 아들딸들은 오늘 푸른 공민증을 받아들고 대의원선거장으로 나설수 있게 되였다.

그들은 계급사회를 모르며 자랐기에 가난과 슬픔으로 무너져가는 오막살이를 모른다.

그들은 굶주림의 창자를 거머쥐고 거리를 방황하는 실업자들을 모른다. 그들은 돈이 없어 학교엘 가지 못하여 구두닦이품팔이를 하는 소년들을 모른다. 그들은 병든 부모를 두고 팔려가는 처녀들의 피눈물을 모른다.

그들은 소설에서나 부모들의 이야기에서나 그런 세상이 있음을 알뿐이다.

그들은 그처럼 수령이 마련해주신 공화국의 품에서 정녕 그이의 거대한 사랑속에 한없이 따사로운 은혜속에 자라났다.

추우면 추울세라 철따라 옷을 해입혀주시고 누구나 학교에 들어가 공부할수 있는 길을 그이가 열어주시였다.

9년제기술의무교육의 실시, 이는 조선사람들의 세기적숙망의 또 하나의 실현이다.

어찌 이것뿐이랴. 제도의 우월성으로부터 오는 인민의 행복은 이 나라 어디에 가나 무르익는다.

공부도 치료도 무료인 이 세상, 협동농장에선 현물세 없는 농사를 짓고 공장마다에선 로동계급이 기업관리의 주인으로 혁신을 일으킨다.

우리 조국, 우리 제도의 륭성발전은 인류가 사는 지구우에 하나의 찬연한 기적과도 같다. 우리는 사회주의락원을 조선이란 금수강산우에 펼쳐놓은 것이다.

우리 세대의 인민은 수세기동안 우리 조상들이 생각조차 하지 못한 일들을 많이 해놓았으며 사랑하는 조국앞에 실로 위대한 업적들을 쌓아올렸다.

우리 나라의 면모는 몰라보게 변하였으며 우리 인민의 력사와 생활에는 일대 전환과 비약이 이루어졌다.

그러므로 오늘 외국사람들은 조선이야말로 진짜 사회주의의 모범이며 혁명하는 인민들의 모범이라고 말하는것이다.

우리 혁명의 수도, 붉은 수도 평양을 방문한 사람들, 우리의 천리마현실을 목격한 외국사람들은 이렇게 말한다.

"조선에 대한 우리의 상상이 아무리 훌륭한것이였다할지라도 그 상상은 우리자신들이 여기에 와서 직접 보고 체험한 이 현실을 초월하지는 못하였다.

현실은 우리의 상상을 너무나도 초월하였다."

위대한 이 현실, 우리 혁명이 달성한 이 위대한 업적 어찌 우연한것이랴.

만일 우리 인민이 자기 수중에 주권을 틀어잡지 않았더라면 오늘의 이러한 조국을 가질수 있었겠는가. 그렇다, 주권을 쟁취하는 문제로부터 출발하여 사회주의혁명과 건설에 관한 문제, 이것은 하루아침에 이루어진 것도 아니며 결코 쉽사리 해결될수도 없는것이다.

여기엔 항일무장투쟁의 간고한 십오개성상이 놓여있고 해방후 오늘에 이르는 혁명과 건설의 눈부신 투쟁력사가 놓여있다.

이 장구한 혁명의 길, 영광스러운 투쟁의 력사는 조국과 민족의 운명을 한몸에 지니시고 우리 인민을 이끄신 4천만조선인민의 경애하는 수령 김일성동지의 위대하고 현명한 령도를 떠나서는 전혀 생각할수 없는 력사이다.

그이는 그때 벌써 유격근거지의 혁명정부를 지도하시면서 사회주의조국의 앞날을 구상하시였고 조국광복회강령을 작성하시면서 오늘의 조국건설을 내다보시였다.

북만원정의 멀고 먼 길에서 혁명의 씨앗을 인민들속에 뿌리시고 조국진군의 길-국경지대로 나아오시며 혁명간부를 교양육성하시였다.

오직 그이 계심으로 하여 우리 인민은 조국해방의 대사변을 준비있게 맞이할수 있었으며 해방직후 혁명의 변절자들, 혁명의 원쑤들이 "나도 애국자요", "나도 공산주의자요"하며 나서는 복잡한 정세에서 온갖 오물들을 단호히 청산하고 조국건설의 옳은 길로 전진할수 있은 것이다.

오직 그이 계심으로 하여 민주기지로선이 천명되고 그것이 조국통일의 혁명기지로 공고발전되였다.

해방된 한나라 조상땅이 미제의 침략으로 하여 남북으로 분렬된 엄중한 사태, 이것은 우리 조국이 부닥친 새로운 시련이 아닐수 없는것이다.

더구나 오만한 미제야수들의 전쟁도발은 3년간 우리의 공화국을 포화에 휩쓸게 하였으며 놈들은 청소한 우리의 주권을 교살하려 하였으며 우리의 제도를 말살하려 발광하였다.

허나 닭알로 바위를 치는 격으로 깨여져나간것은 미제야수들이 그처럼 자랑하던 신화, '아메리카의 강대성'이다.

어찌 우연하랴.

조선인민이 그처럼 영웅적으로 '아메리카의 신화'를 쳐부신, 그 정녕 기적과 같은 위력의 원천은 어디에 있었던가, 그 위력은 바로 최고사령관동지 김일성원수의 위대한 령도이다.

그러기에 수많은 청춘들이 그이의 이름을 높이 부르며 적들의 화구를 가슴으로 막으려 달려나아갔고 그이에게 맹세를 다지며 결사전으로 달려나아갔다.

우리의 온 고지들이, 우리의 온 전선이, 우리의 온 후방이 그이에게 바치는 충성으로 심장을 불태우면서 그이 부르신 길로 철석같이 뭉쳐 승리를 향해나아갔다.

그리하여 우리의 주권, 혁명의 전취물들을 원쑤의 침해로부터 영예롭게 지켜낸것이다.

전후 페허우에서도 조선인민은 락심하지도 않았으며 방황하지도 않았다.

그이는 벌써 전쟁의 불길속에서 전후의 복구건설을 구상하시였고 인재도 설계도 마련하시였다.

허리띠를 졸라매면서도 우리 인민은 승리의 신념을 안고 복구건설의 첫삽을 들었다.

회상해보라, 도시와 마을과 공장이며 광산 그 어디에서나 복구의 첫삽을 든 그때로부터 온 나라가 얼마나 불도가니처럼 들끓었는가.

삽소리, 곡괭이소리, 따찌까 달리는 소리, 불도젤이 으르렁거리고 온 대지에 울려퍼지는 복구건설의 노래소리……

페허의 재더미를 털고 우리 인민은 불사조와 같이 일어났다.

그이는 부르시었다.

전후 경제건설의 기본로선을 천명하시면서 우리 인민을 주체의 사상, 자력갱생의 정신, 천리마의 기상으로 용맹을 떨쳐 전진하도록 부르시였다.

그이 가신 강선땅에 천리마는 나래쳐오르고 그이 가신 청산리에 만풍년은 나래쳐 내리였다. 그이 가신 그 어디에나 소극파의 장애물들은 마사지고 혁신과 기적의 불꽃은 일었다

3년! …… 5년! 그것은 비록 짧은 기간이였으나 세월을 주름잡으며 위대한 전변을 일으킨 기적과 혁신의 시기이다.

회상해보라. 얼마나 많은 천리마기수들의 전설 속에서 우리의 도시가 일어서고 공장이 일어서고 사회주의농촌들이 건설되였는가……

오랜 세월을 살아온 로인들은 말한다.

"이제 죽어 한이 없네."

"없구 말구, 허지만 이 좋은 세월 더 살아야지. 한백년 더 살아야지." 이 좋은 세월을 마련해주신 그이가 하냥 고맙고 하냥 그리워 량강도 어느 할아버지는 수상님을 형상한 연극을 보고 너무나 감격하여 수상님을 분장한 배우를 찾아 무대로 올라가서 하는 말이 "나의 평생소원이 수상님을 한번 뵙고 수상님께 감사의 인사를 한번 꼭 드리자는것이였소. 그런데 오늘 마침 연극에서 수상님을 뵙게 되였으니…… 수상님께 드리는 나의 절을 받아주시오" 하고 그 배우앞에 절을 하였다.

이 심정 어찌 그 로인만의 심정이랴. 실로 그이의 위대한 령도로 하여 날로 생활이 꽃피고 우리의 조국이 부강발전한다.

자립적민족경제의 거대한 밑천으로 오늘 우리 나라는 자주적인 문명한 나라로 되였다.

어델 가나 전기가 있고 어델 가나 기계가 일한다.

오늘 우리 북반부의 생활은 이렇거니 아아 저 남녘형제들의 생활은 어떠한가. 미제강점하에 그들은 기아와 빈궁과 무권리에 신음한다.

미제의 식민지통치가, 박정희도당의 파쑈테로통치가 남조선을 지배하는 한 남조선형제들에게 정치의 자유, 생존의 권리란 있을수 없다.

미제를 몰아내고 박정희역도들을 타도하고 남조선인민들자신이 주권을 틀어잡기전에는 사회정치생활의 변혁을 가져올수 없다.

오늘 우리 앞에 놓인 숭고한 민족적과업은 남조선을 해방하고 조국을 통일하는것이다.

닥쳐올 새로운 혁명적대사변에 대한 주동적인 준비! 우리의 수령께선 오늘 강력히 이것을 호소하신다.

우리는 만단의 준비를 갖추어야 한다.

미제는 남조선에서 순순히 물러가지 않을뿐만 아니라 오늘 더욱 분계선지대에서 파렴치한 도발책동을 끊임없이 감행하고있다.

이러한 정세에 대처하여 우리의 수령께선 진작 경제건설과 국방건설을 병진시킬데 대한 로선을 제시하시였다.

오늘 이 로선의 생활력은 거대하다.

누구나 한손에 총을 틀어잡았고 누구나 다른 한손에 마치가 아니면 낫을 들었다.

전 인민이 무장을 들었고 전국이 하나의 요새로 되였다.

만일 원쑤들이 범접을 한다면 그놈들은 단번에 소멸될것이다.

만일 그이께서 명령만 내리신다면 모든 포신은 머리를 들것이며 그의 충직한 전사들은 원쑤격멸의 길로 달려나갈것이다.

우리의 이 태세를 보고 탄자니아의 『올리므엔구』지 주필은 말하였다.

"우리는 온 세계가 조선의 전투적준비와 태세를 따라 배워야 한다고 생각한다."

오늘 우리의 조국은 경제와 국방, 교육과 문화 모든 부문에서 세계인민의 높은 존경을 받고있으며 조선혁명의 빛나는 업적은 혁명하는 신생국가인민들의 등대로 되고있다.

이는 오직 우리 혁명의 위대한 수령이신 김일성동지에 의하여 이루어진 위대한 업적이다.

아아 우리 조선인민은 얼마나 행복한가!

"김일성수상과 같은 지도자를 모신 조선인민은 무한히 행복하다"고 탄자니아정부문화대표단 단장 피터아브달라흐 키수모는 말하였다.

오늘 남조선인민들은 공화국북반부를 우러러 4천만인민의 수령이신 김일성동지를 마음속에 끝없이 흠모하면서 해방의 날을 위해 싸운다.

그날은 반드시 올것이다.

남조선인민들이 서울에서 대구와 부산에서 공화국기발이 날리는 해방된 하늘아래 그처럼 흠모하던 수령님을 만나뵈올 날은 반드시 올것이다.

그때로부터 4천만조선인민은 위대한 태양아래 수령의 노래 함께 부르며 남북의 리별 없이 끝없는 행복을 누릴것이다.

〈피바다〉식 혁명가극의 탄생

조령출, 『조선예술』, 문예출판사, 1978.9[8]

참으로 조선인민은 오늘 영광의 시대에 살고있으며 행복한 나라에 살고있다.

세상사람들은 오늘의 우리 시대를 '주체시대'로 노래하며 우리 조국을 '주체의 조국'이라고 칭송하며 우러러본다.

오늘 우리들은 영광스러운 조국—조선민주주의인민공화국창건 30돐을 맞는다.

오늘의 조선은 세상사람들이 그처럼 흠모하여 마지않는 위대한 수령 김일성동지를 모시고 사는 사회주의락원으로 전변되였다.

그리고 이 락원에는 '20세기 대문예부흥'의 화원이 솟아나 찬연한 빛을 뿌리고있다.

문학예술의 찬연한 꽃밭!

위대한 수령님의 현명한 령도와 은혜로운 해빛 아래 우리는 얼마나 자랑찬 길을 걸어왔던가!

나는 여기서 활짝 피여난 문학예술의 화원속에서도 〈피바다〉식혁명가극이 탄생된 인류문예사적사변에 대하여 감회깊이 돌이켜보게 된다.

1971년 7월 17일.

위대한 수령님께서는 평양대극장을 몸소 찾아주시였다.

이날 위대한 수령님을 모시고 불후의 고전적명작 『피바다』중에서 혁명가극 〈피바다〉의 첫막이 올랐다.

---

8 '공화국 기치따라 영광의 30년' 특집호이다.

작품에서는 농촌의 평범한 한 어머니가 어떻게 혁명가로 성장하는가를 보여준다.

마을과 사람들이 피바다에 잠긴다. 어머니의 남편은 왜놈들이 지른 불길속에 화형을 당하여 억울하게 죽게 된다.

어린 세 자식들을 데리고 어떻게 살아갈것인가, 어머니는 땅을 치며 통곡한다.

이때 〈토벌가〉가 방창으로 비통히 울린다.

어머니 어머니는 왜 우십니까
어머니가 울으시면 울고싶어요
품안에 안기여서 울음을 운다

어머니는 눈물을 거두고 아이들을 데리고 백두산이 바라뵈는 마을을 찾아간다. 세월이 흐른다. 맏아들은 자라서 유격대로 들어가고 어머니도 점차 혁명의 길에 나서게 된다.

오직 한마음 위대한 수령 김일성장군님만을 믿으며 일편단심 혁명절개를 지켜 싸워나간다.

마을과 사람들은 또다시 피바다에 잠기게 된다.

나어린 을남이는 원쑤놈들에게 처참히 희생된다.

어머니와 누이 갑순이의 원통한 마음을 무엇으로 누를수 있겠는가?

갑순이는 흐느끼며 노래부른다.

설한풍 스산한 원한의 피바다야
참혹한 주검이 묻노니 얼마냐
혁명에 피흘린자 그 얼마에 달하였나

이 〈피바다가〉의 선률은 혁명가극에서 극적으로 중요한 대목에서 반복되여 불리워진다.

드디여 인민들은 폭동에로 일어서고 어머니는 원쑤놈들에게 복수의 총탄을 퍼부으며 성문을 열어 성시해방전투에로 인민혁명군을 안내한다.

어머니는 승리한 성시의 군중들앞에서 〈혁명만이 살길이다〉의 노래를 부르며 인민들을 혁명투쟁에로 힘차게 불러일으킨다. 이 노래는 가극에서 혁명투쟁의 진리를 밝혀주는 극적으로 중요한 대목에 불리워지고있다.

이것은 바로 경애하는 수령님께서 1936년 8월에 만강에서 공연하도록 친히 지도하신 불후의 고전적명작 〈피바다〉에서 밝혀주신 위대한 사상이며 진리인것이다.

그때로부터 서른다섯해가 흘렀었다.

위대한 수령님께서 창시하신 주체사상울[을—편자] 문학예술분야에 구현한 독창적인 혁명가극건설에 관한 리론과 방침의 은혜로운 해빛아래 혁명가극 〈피바다〉가 대극장무대에 오르게 된것이다.

잊을수 없는 이날, 1971년 7월 17일, 대극장주변에는 7월의 푸른 나무잎들이 조용히 설레이는데 극장안에서는 어버이수령님을 모시고 우리 문학예술부문일군들은 혁명가극 〈피바다〉에 대한 귀중한 가르치심을 받았다.

위대한 수령님께서는 원작에서 주려고 하는 사상이 총체적으로 가극에서도 잘 반영되었다고 하시면서 우리식으로 잘 되였다고 하시였다.

위대한 수령님께서 주시는 치하의 말씀을 받는 우리의 가슴은 너무나 큰 감격으로 하여 뜨거웠고 눈시울이 젖어옴을 금할수 없었다.

우리의 혁명가극은 이처럼 위대한 수령님의 현명한 령도와 은혜로운 해빛아래 세상에 태여났다.

위대한 수령 김일성동지께서는 다음과 같이 교시하시였다.

"혁명적인 노래들은 사람들의 감정에 맞게 지어야 하며 알기 쉽고 부르기 헐하게 만들어야 합니다."

위대한 수령님의 교시를 높이 받들고 〈피바다〉식혁명가극에 나오는 노래들은 사람들의 감정과 미학적요구에 맞게 지었으며 누구나 알기 쉽고 부르기 헐하게 만든 우리식 노래들이다.

'우리식'이란 어떤 식인가?

위대한 수령님께서는 혁명가극 〈피바다〉에 나오는 노래들을 들으시고 노래들은 이런 식으로 작곡해야 한다고 하시면서 즉 선률이 고와야 한다고 가르치시였다.

위대한 수령님께서는 가사를 절가로 하고 유순하게 곡을 붙이는것은 우리 가극에서 독창적인 형식으로 되여야 한다고 하시면서 오늘 본 가극에서 주고받는 말을 그대로 하는 대화창을 구라파식으로 하지 않고 그것을 가사화하여 절가로 만든것은 아주 잘된것이라고 치하의 말씀을 주시였다.

이와 같이 위대한 수령님께서는 혁명가극 〈피바다〉에 나오는 노래를 분석평가하시면서 바로 '우리식'가극의 본질적특성을 밝혀주시였다.

다시말하여 가사도 곡도 철저히 절가화하여 종래의 가극들에서 하던 대화창을 절가화할데 대한 당의 방침이 혁명가극 〈피바다〉에서 처음으로 빛나게 구현된것이다.

이것은 가극에서 위대한 혁명이다.

경애하는 수령님께서는 우리 나라 가요유산의 우월한 인민적특성을 깊이 통찰하시고 항일혁명시기에 혁명가요들을 친히 창작하시였으며 몸소 그 창작을 지도하시고 널리 보급하도록 하시였다.

불후의 고전적명작 〈조선의 노래〉를 비롯하여 〈유격대행진곡〉, 〈총동원가〉 등 참으로 우리는 항일혁명투쟁시기에 이룩하여주신 혁명가요의 풍부한 전통을 계승하고있는것이다.

혁명가요야말로 절가형식으로 하여 인민들이 그 누구나 리해하기 쉽고 부르기 헐한 노래로 되여있다.

가극의 가사와 노래형식에서 수백년동안 내려오던 '아리아'요, '대화창'이요 하던 낡은 틀이 마사지고 혁명가극 〈피바다〉에서 노래들을 전면적으로 절가화하는 위업이 비로소 이룩되였다.

시대가 요구하는 가극혁명은 이렇게 시작되였다.

위대한 수령님께서는 다음으로 '우리식' 가극의 본질적특성의 하나로 방창을 넣은것이 좋다고 하시면서 방창은 구라파식가극에는 없는것을 우리 실정에 맞게 새로 도입하고 발전시킨것인데 많은것을 보충해준다고 가르치시였다.

방창이 가극에 도입됨으로써 가극에 등장하는 주인공들의 심리정서세계를 대변해주기도 하고 제3자의 립장에서 주인공의 운명문제를 객관적으로 이야기해주기도 한다. 그리고 방창은 극의 정황과 분위기를 설명해주기도 하며 관중의 심정을 대신 말해주기도 하는 다양한 형상적기능을 수행한다.

아름답고 힘있는 성부구성을 가진 녀방창단과 남방창단이 관현악대 좌우에 자리를 잡고 극진행에 따라 가극형상세계에 참여하여 극의 사상주제적내용을 더욱 풍부하게 감동깊게 해준다.

방창의 도입! 이것은 완전히 '우리식' 가극창조에서 새로운 발견이다.

어버이수령님의 주체적문예리론에 의하여 혁명가극을 건설하는데서 방창의 발견은 참말 위대한 발견으로 된다.

이리하여 세계가극발전에서 방창도입의 력사는 조선에서 시작되였다.

조선은 가극분야에서 〈방창의 조국〉으로 되였다.

위대한 수령님께서는 방창의 가사와 함께 무대우에서 부르는 노래들의 가사를 자막환등으로 주는것이 좋겠다는 가르치심을 주시였다.

가극공연에서 가사를 자막환등으로 주는 것은 '우리식' 가극을 더 잘 알게 하고 노래 보급을 하는데 보충하는 중요한 측면으로 된다.

또한 '우리식' 가극의 본질적특성의 하나를 이루는 무용에 대하여 위대한 수령님께서는 무용을 배합한것이 잘된것이라고 하시면서 앞으로 가극 창작에 있어서 필요한 장면에 무용을 잘 배합한다면 다양한 방법으로 형상이 부각될것이라고 귀중한 가르치심을 주시였다.

이른바 종래의 가극에서는 무용이 들어가는 경우에 여흥적인 무용, 막간적인 무용에 지나지 않았다.

그러나 혁명가극 〈피바다〉에서는 무용들이 극적으로 중요한 계기들에서 주인공의 내면세계를 랑만적으로 펼쳐보이면서 주인공의 성격을 부각해주기도 하고 인민들의 생활모습과 정신세계 또는 당시의 력사적환경, 시대상을 펼쳐보여주기도 한다.

가극에서 이러한 무용의 배합! 이것은 완전히 '우리식'인 가극무용의 발견이며 혁명가극 〈피바다〉에서 처음으로 정식화되였다.

위대한 수령님께서는 잊을수 없는 이날 '우리식' 가극의 창작상 원칙적 문제들을 밝혀주시면서 그를 더욱 완벽하게 구현할데 대한 강령적인 가르치심을 주시였다.

위대한 수령님께서는 7월 24일에 다시금 대극장에 몸소 나오시여 혁명가극 〈피바다〉를 보시고 매우 만족해하시면서 치하의 말씀을 또 주시였다.

노래와 무용들이 잘 고쳐졌고 무대장치도 잘 고쳐졌다고 기뻐하시였다.

'우리식' 무대미술은 조선화의 화법에 기초하여 우리의 민족적특성을 구현하는데 그 우월성이 있고 립체적무대를 형성하면서 주인공의 운명발전에 복무하고 주인공의 내면세계와 생활체험을 보여주는데 그 특성이 있다.

위대한 수령님께서는 가사로부터 무대미술에 이르기까지 완성된 혁명가극 〈피바다〉를 보시고 이번에 한 혁명가극 〈피바다〉에는 새롭고 독창적인것이 많습니다. 앞으로 가극은 이런 식으로 하여야 합니다. 라고 가르치시였다.

이런 식 가극이란 바로 '우리식'가극의 새롭고 독창적인 특성들이 집대성되고 그 우월성이 정식화된 〈피바다〉 형식의 가극인것이다.

인류가극사우에 혜성처럼 솟아 빛을 뿌리는 혁명가극 〈피바다〉의 창작공연은 〈피바다〉식 혁명가극의 탄생을 온 세상에 선포하는 일대사변으로 되였다.

이 위대한 탄생을 위하여 지새운 창조의 그 밤들은 얼마이며 맞이한 감격의 새벽노을은 얼마였던가.

위대한 수령님의 현명한 령도와 그 은혜로운 해빛이 없었더라면 넘기 힘든 창조의 고개들을 어떻게 그처럼 넘을수 있었겠는가.

위대한 수령님께서 이 작품을 만들기 위해 배우들이 밤을 밝히면서 일했다고 하니 푹 쉬도록 하자고 하신 사랑의 말씀을 받아안았을 때 우리 예술인들은 위대한 수령님 만세를 부르면서 서로 붙안고 너무나 큰 행복과 감격에 흐느껴 울었다.

〈피바다〉식혁명가극의 탄생!

력사적인 이 포성은 아세아대륙을 넘어 구라파의 하늘에로, 아프리카의 먼곳에로 울려갔다.

위대한 수령님의 주체적인 문예사상과 은혜로운 해빛아래 〈피바다〉식 혁명가극들이 계속 세상에 탄생되였다.

불후의 고전적명작들을 가극에 옮긴 〈꽃파는 처녀〉, 〈한 자위단원의 운명〉을 비롯하여 〈당의 참된 딸〉, 〈밀림아 이야기하라〉, 〈금강산의 노래〉 등 수많은 기념비적혁명가극들이 매우 짧은 기일에 창조되여 〈가극의 시대〉, 가극의 화원을 찬란히 펼치였다.

〈피바다〉식혁명가극은 우리 나라 인민들속에서뿐만아니라 혁명적세계인민들로부터 "〈피바다〉는 사상성과 예술성이 완전무결한 작품", "혁명가극의 새로운 본보기"로 절대적인 지지와 찬양을 받고있는것이다.

뻬루의 한 벗은 다음과 같이 말하였다.

"혁명가극 〈피바다〉는 예술의 총체이며 예술의 종합적학교이다.

음악, 무용, 무대배경, 미술, 관현악, 의상, 분장 등 어느 하나도 흠잡을 데가 없다.

조선의 예술은 세계최고봉의 예술이다."

〈피바다〉식혁명가극의 탄생은 경애하는 수령님께서 창시하신 영생불멸의 주체사상과 그를 가극건설에 구현한 주체적문예리론과 방침의 위대한 승리이며 어버이수령님의 령도와 은혜로운 해빛아래 이루어진 위대한 업적으로 된다.

〈피바다〉식혁명가극의 탄생은 우리 시대의 행복이며 우리 조국의 자랑으로 된다.

우리는 이 긍지와 행복을 안고 주체적인 〈피바다〉식혁명가극을 더욱 빛내이기 위하여 자기의 모든 충성을 다하여야 할것이다.

오늘도 대극장 동쪽정원의 푸른나무들은 꽃향기 품은 바람을 안고 조용히 설레인다.

력사의 집, 사랑의 불빛이 어린 동쪽 그 창문을 우러러 푸른잎들이 우리의 마음처럼 설레인다.

은혜로운 당에 영광을

조령출, 『조선예술』, 문예출판사, 1980.10

력사적인 우리 당 제6차대회!

시간과 달을 주름잡으며 얼마나 뜨겁게 기다리던 이날인가.

위대한 수령 김일성동지께서는 다음과 같이 교시하시였다.

"조선로동당 제6차대회는 우리 당과 인민이 사회주의건설에서 이룩한 빛나는 업적과 고귀한 경험을 총화하고 새로운 투쟁강령을 제시하는 력사적인 대회로 될것이며 우리 당의 전투력을 더욱 강화하고 우리 혁명을 보다 높은 단계에로 발전시키는데서 획기적인 계기로 될것입니다."

대회의 높은 연단을 우러르는 인민의 마음과 마음은 한없는 감격으로 설레이고있으며 은혜로운 당에 영광을 드리는 축원의 환호성은 온 강산에 메아리쳐간다.

당의 령도따라 달려온 지난 10년의 위대한 승리의 총화, 새로운 혁명단계의 전투적강령을 받아안게 되는 이 영광, 이 기쁨.

돌이켜보면 참으로 영광찬란한 불멸의 위업으로 수놓아진 로정이였으며 어머니당의 뜨거운 사랑으로 수놓아진 나날이였다.

하기에 사람들은 이 영광의 나날을 온 사회의 주체사상화에서 자랑찬 승리를 이룩하고 우리 문학예술의 일대 전성기를 열어놓은 1970년대라고 찬양한다.

우리 당은 경애하는 수령님의 위대한 주체의 혁명위업을 받들어 이 70년대를 자랑찬 승리의 력사로 영광떨치게 하여주었다.

10년이면 강산이 변한다고 하였다. 우리의 조국강산은 단순히 세월의 풍상으로 변해진것은 아니다.

페허우에 아름다운 도시와 마을이 일떠서고 락원이 일떠선 이야기는 50년대 60년대의 이야기다.

70년대는 온 나라가 당의 하나의 사상, 하나의 숨결로 숨쉬며 움직이며 '사회주의락원'으로 우리의 조국강산이 그 존엄과 위용을 온 누리에 떨친 새로운 전설적이야기로 수놓아진 년대이다.

은혜로운 당의 향도, 그 손길따라 사람들은 힘들고 고되고 유해로운 로동에서 해방되여가고있으며 쇠물이 끓는 용해장으로부터 천길 지하막장에 이르는 그 모든 일터에 자동화, 기계화의 노래울리고 서해기슭에 바다물을 막아 지도에 없던 새로운 땅들이 생겨 그 넓은 땅우엔 꽃피고 나비 날아들고 새 곡식이 무르익고 약값도 월사금도 세금도 모르는 행복한 마을들이 여기에도 일떠선다.

새로운 기술로 장비된 야금공장 화학공장… 실로 70년대의 대기념비적 창조물들은 또 얼마나 시대의 거인처럼 이 땅우에 일어섰는가! 갑문언제들이 솟아오른 푸른 강물들은 대자연개조에 관한 원대한 구상을 담아싣고 인민의 행복을 꽃피우고있다.

사람들은 모두 당의 품에 안겨사는 영예와 긍지를 간직하고 당과 수령을 위하여, 조국과 인민을 위하여 모든것을 바쳐 일하며 투쟁하는 충성의 오직 그 한길에서만 행복을 찾는 주체의 혁명가다운 시대의 주인, 혁명의 주인들로 되였다.

이와 같은 온 사회의 주체사상화의 거창한 흐름을 령도하면서 우리 당은 자애로운 손길로 우리 작가, 예술인들의 대오를 더욱 튼튼히 묶어주고 매개 작가, 예술인들을 혁명가로 키워주었고 문학예술을 혁명화하는 세기적위업을 이룩하였다.

당 제5차대회이후 당의 향도따라 우리 문학예술이 인류문예사에 높이 오르게 된 그 광휘로운 로정을 돌이켜볼 때 참으로 감개무량하다.

10년전 무대예술부문 형편만 보아도 음악무용서사시 〈영광스러운 우리 조국〉을 공화국창건 열돐 기념작품으로 10여년간 보충공연하여왔으나 우리로서는 더는 어떻게 할바 없었다.

가극의 형편은 더욱 그러하였다. 이때 당에서는 영화사업을 틀어쥐고 영화혁명을 일으킴으로써 불후의 고전적명작들이 영화로 옮겨지고 주체적이며 혁명적인 영화예술의 찬란한 새시대가 열려졌다.

이에 계속하여 우리의 영명한 당은 가극혁명의 위업을 향도하여 〈피바다〉식혁명가극의 새시대를 또한 열어펼쳐놓았다.

당시 민족가극 〈춘향전〉은 우리 나라에서 고전가극작품을 민요바탕에서 현대적미감에 맞게 개조 완성한 첫작품이였지만 우리 인민의 미감에 맞지 않는 낡은 가극형식, 낡은 틀에서 벗어나지 못한 처지에 놓여있었다.

이 문제는 우리 나라에서의 가극사에서만이 아니라 인류가극발전에서 커다란 진통을 겪고있는 문제였다.

주체시대, 자주성의 완전한 실현을 위하여 폭풍을 일으키고있는 오늘 우리 인민들은 낡은 가극예술에 대한 근본적인 변혁을 요구하였다.

이 시대적요구와 가극자체발전의 절박한 요구는 오직 우리 당이 내놓은 〈피바다〉식가극건설에 관한 독창적인 사상과 리론, 그의 현명한 령도에 의해서 빛나게 실현될수 있었다.

〈피바다〉식혁명가극의 탄생! 그것은 어두운 밤을 지새운 동녘하늘에 솟아오른 새별과도 같이 가극사발전의 길우에 솟아올라 찬연히 빛을 뿌리였다.

대화창과 같은 낡은 가극의 노래형식에 대한 철저한 거부와 절가화방침의 전혀 독창적인 구현!

가극에서의 새로운 방창의 발견! 가극의 주제사상을 체현하고 형상하면서 자체의 예술적기능을 전면적으로 구현한 무대미술과 무용예술의 새로운 창조!

한마디로 혁명가극의 새로운 형식은 불후의 고전적명작 〈피바다〉를 옮겨담는 혁명적위업이 안받침됨으로써 내용과 형식이 완전히 예술적으로 통일된 〈피바다〉식혁명가극으로 되였고 혁명가극 〈피바다〉는 그의 첫모범으로 되였다.

불후의 고전적명작 『꽃파는 처녀』를 각색한 혁명가극 〈꽃파는 처녀〉는 혁명가극 〈피바다〉와 함께 〈피바다〉식혁명가극의 본보기작품으로서 새별과도 같이 70년대의 이른새벽에 찬연히 빛을 뿌린 작품이다.

이러한 혁명가극의 본보기를 따라 〈당의 참된 딸〉, 〈밀림아 이야기하라〉, 〈금강산의 노래〉가 불과 1년남짓한 사이에 창조됨으로써 우리 나라는 '〈피바다〉식혁명가극의 조국'으로 되였다.

"조선의 가극은 현시대의 완전히 새로운 가극이다. 이러한 새형의 혁명가극은 현시대의 가극의 전형이다."

"종래의 가극은 일반적으로 인민생활과 동떨어지고 리해할수 없는 내용과 음악으로 이루어지고 있는데 조선의 가극은 그것과는 대조적이다. 음악이 우아하면서도 어렵지 않으며 대중적이기때문에 누구나 다 리해할수 있다."

"조선의 가극은 사회주의적사실주의가극작품의 모범이며 모체", 세상사람들은 이렇게 경탄하였으며 "세계가극추세의 일반적리해를 초월하는 가극"이며 "현시대의 가장 혁명적인 가극의 모범"이며 "유일하게 조선에서만 창조된 가극"이라고 높이 찬양하였다.

이는 우리 당의 위대한 향도의 빛발아래서만 이룩될수 있는 위업의 하나이다.

당에서는 가극혁명에 이어 혁명연극의 새길을 개척하여 〈성황당〉식혁명연극의 새 시원을 열어놓았다.

지난시기 연극예술은 19세기 낡은 연극의 형식에서 벗어나지 못한것으로 하여 우리 시대의 벅찬 현실을 반영하지 못하고 시대적미감으로부터 멀리 뒤떨어져 조락의 운명에 처하여있었다.

연극이 발생하여 오랜 세월이 흘렀으나 그 누구도 연극예술에 대한 근본적인 혁신에 대하여 엄두도 내지 못하였다.

바로 이러한 때 우리 당은 혁명연극에 관한 독창적인 사상과 리론을 내놓고 연극혁명의 위업을 완성하였다.

이것이 바로 〈성황당〉식혁명연극의 탄생인것이다.

〈성황당〉식혁명연극은 력사의 주인, 자주적인 인간이 주인공으로 등장한 가장 혁명적인 연극이며 한막이 끝나면 암전속에서 무대전환의 마치소리를 따분하게 들으며 다음 막을 기다리던 어둡고 답답한 낡은 실내극적인 질곡으로부터 완전히 해방된 새형의 연극이다.

밝은 현실그대로 시공간의 중단이 없이 무대가 흐르고 전환되며 생활을 폭넓고 깊이있고 지속성있게 형상하기 위하여 음악이 도입되고 화술에서 새로운 변혁을 일으킴으로써 '신파'적 낡은 화술의 잔재를 철저히 극복한 자주적인 인간의 산 연기를 보여주는 혁명연극!

이 연극은 주체시대가 절박하게 요구한 연극이며 만민의 심장을 격동시키고있는 주체의 혁명연극예술이다.

그 첫작품인 불후의 고전적명작 혁명연극 〈성황당〉이 공연되여 중단함이 없이 500회이상을 계속 공연하여도 관객들이 더욱 인산인해를 이루는것은 바로 이 연극이 우리 시대에 맞는 새로운 연극이라는것을 웅변으로 말하여준다.

혁명연극! 이것이 바로 은혜로운 당의 향도에 의하여 70년대에 이룩된 위대한 업적의 또 하나이다.

이 기간에 당의 원대한 구상과 정력적인 령도에 의하여 무대예술에서 음악무용서시시극과 음악무용이야기 등 새로운 예술의 형식들이 창조되였다.

음악무용서사시극은 위대한 수령님의 불멸의 혁명력사를 생동한 력사적사실에 기초하여 위대한 수령님의 탁월하고 독창적인 전략전술과 령도의 현명성, 수령님의 고매한 공산주의적덕성을 혁명활동의 중요한 시기별로 형상하는데 가장 힘있는 형식으로 개척되였다. 〈고난의 행군〉, 〈두만강반에서의 한해 여름〉, 〈대부대선회작전〉, 〈압록강반의 홰불〉, 〈백두산서남부에서〉 등 작품들이 이 새로운 서사시극형식으로 혁명력사의 교과서와 같은 훌륭한 작품으로 창작되였다.

음악무용이야기는 날로 륭성번영해가는 우리 나라의 현실과 사회주의제도의 우월성을 생동한 예술적화폭으로 보여주는 춤도 있고 노래도 있고 극적인 이야기도 있는 무대예술의 새로운 형식으로 개척되였다.

이것은 우리의 조선에서 70년대에 위대한 당의 향도의 손길에 의하여 발견되였다.

음악무용이야기 〈락원의 노래〉가 만수대예술극장에서 막을 열게 되자 이 작품을 본 수많은 외국의 대표들은 한결같이 감탄하여 말하였다.

"음악무용이야기 〈락원의 노래〉는 새로운 형식을 갖추고있으며 조선의 예술발전에서 새로운 단계와 그 발전면모를 보여주는 대단히 훌륭한 걸작"이라고.

이딸리아의 한 교수 박사는 이렇게 말하였다.

"조선의 아름다운 노래와 우아한 춤에 대한 인상은 나의 가슴속에 영원히 간직될것이다. 음악무용이야기는 조선의 위대한 력사를 서사시적화폭으로 깊이있게 펼쳐보이고있다. 조선인민의 번영을 위하여 위대한 수령 김일성주석께서 만수무강하시기를 삼가 축원합니다."

조선의 예술을 보면서 위대한 수령 김일성동지께 축원의 인사를 드리는 이 심정은 세계인민들의 한결같은 심정인것이다.

위대한 수령님 계시고 영광스러운 당의 향도가 있음으로 하여 우리 혁명은 승리의 길을 걸어왔고 우리 문학예술을 혁명화하는 사업에서 거대한 승리를 이룩한것이다.

어버이수령님의 혁명위업을 빛나게 꽃피워나가는 우리 당의 문예방침에서 가장 중요한 자리에 놓인 방침이고 그 구현에서 가장 숭고하고 만대에 길이 빛날 위업으로 칭송하게 되는것은 위대한 수령님의 혁명력사와 존귀하신 모습을 형상한 불멸의 문학예술작품들이 창조된것이다.

위대한 수령님의 혁명력사를 형상한 총서『불멸의 력사』중에서『1932년』,『백두산기슭』을 비롯한 혁명소설들이 창작되였으며 혁명영화〈백두산〉을 비롯한 기념비적작품들이 창조되였다. 왕재산대기념비와 삼지연대기념비에 숭엄히 모신 어버이수령님의 동산을 비롯하여 이 나라 공장과 농촌, 먼바다기슭의 이름없는 어촌에 이르기까지 현지지도의 길을 걸으시며 가르치심과 온갖 사랑과 배려를 안겨주시는 어버이수령님의 자애롭고 은혜로운 사랑을 반영한 불멸의 미술작품들이 빛나게 창조되였다.

인류력사는 우리 당의 끝없는 충성의 모범에 의하여 위대한 수령님의 불멸의 형상을 창조하는 위업을 이룩하였고 우리의 문학과 영화, 미술을 비롯한 예술작품들은 위대한 수령님의 혁명사상으로 인민들을 교양하는데 이바지하는 영광을 지니게 되였다.

이 영광은 우리 문학예술이 받을 영광이 아니라 영명하고 은혜로운 우리의 당중앙에 삼가 드려야 할 영광이다.

70년대 우리의 문학예술은 당의 향도따라 참으로 주체예술의 대화원으로 펼쳐졌다. 수많은 명곡들과 무용소품들과 교예작품들이 창작되여 세계무대에서 "금강석보다 더 빛나는 예술"로 찬양되고 우리의 학생소년들의 예술을 본 세상사람들은 "조선어린이들의 공연은 은하계의 별처럼 빛나고 호수가에 비낀 무지개처럼 아름답고 신비하다"고 감탄하여마지 않았다.

실로 우리 주체예술의 승리, 이 영광을 안겨준 당!

아 당이여!

20세기 70년대를 승리로 이끌어준 당을 우러러 인민은 감사를 드린다.

80년대 첫해의 대문을 활짝 열고 우리 당 제6차대회를 맞이하는 오늘 우리의 모든 승리가 총화되고 새로운 혁명진로의 강령을 받게 되는 당대회를 우러러 영광을 드린다. 당에 영광을 드린다.

우리 조국, 우리 인민, 작가예술인들에게 승리와 행복을 안겨준 은혜로운 당을 우러러 영원히 변함없을 충성의 맹세를 드리노라, 감사와 인사를 드리노라.

당이여 그대를 따라 당 제6차대회의 새로운 강령을 받들고 80년대를 또한 온 사회의 주체사상화의 새로운 승리의 로정으로 수놓아갈것을 다시금 맹세하노라.

조선의 별, 위대한 태양을 우러러

조령출, 『조선예술』, 문예출판사, 1981.4

1920년대 조선의 청년공산주의자들이 경애하는 김일성동지를 조선의 별로, 민족의 태양으로 높이 우러러 부른 노래가 반세기가 넘는 오늘에 와서 우리 인민의 가슴을 더욱 격동시키는것은 무엇때문인가.

불멸의 혁명송가 〈조선의 별〉,

이 노래에는 일제식민지통치의 암흑속에서 짓밟히고 신음하는 조선인민의 참담한 운명을 구원할, 삼천리강산의 새날을 고하는 려명의 새별로, 민족의 태양으로 솟아오르신 경애하는 김일성동지의 위대성과 그이의 숭고한 풍모가 담겨져있고 그이를 우리 인민의 유일한 령도자로 추대하여 모신 청년공산주의자들의 끝없는 환희와 감격, 티없이 맑은 충성심이 담겨져있기때문이다. 그리하여 차광수, 김혁을 비롯한 20년대 청년공산주의자들속에서 처음으로 조선의 향도성을 노래한 혁명송가가 탄생하였고 인민은 이 불멸의 혁명송가를 부르며 위대한 수령님을 통일단결의 중심으로 충성으로 높이 모시고 혁명의 길을 억세게 걸어나갔다.

석양노을이 비낀 광야의 황량한 길을 한대의 말파리가 달려간다.

차광수가 가자는대로 위대한분을 처음으로 뵈오러 가는 김혁의 가슴은 얼마나 높뛰였던가.

과연 그이는 어떤분이신가.

열네살 어리신 나이에 혁명의 길에 나서시고 열다섯살에 '타도제국주의동맹'을 무으시고 투쟁의 기치를 높이 드셨다니…

길회선철도부설반대투쟁에로 대중을 힘있게 이끄시여 노도와 같은 시위대렬의 진두에 거연히 서나가시는 그이의 모습은 얼마나 위대한 청년

장군의 모습이였던가.

김혁은 그처럼 위대하신분을 수수한 농가집마당에서 만나뵈온다.

너무도 소탈하시고 겸허하시고 혈육의 정보다도 더 뜨겁고 친근한 혁명동지의 사랑으로 대해주시고 얼싸안아주실 때 그의 가슴속엔 형언할수 없는 큰 감격의 뜨거운 눈물이 솟구쳐올랐다.

카륜의 추녀 낮은 집 회의장에서 그이의 연설을 듣고 그이께서 밝혀주시는 「조선혁명의 진로」를 받아안았을 때 청년공산주의자들은 얼마나 거대한 감동을 안고 심장깊이 웨쳤던가.

아 김성주! 한별동지! 저렇듯 조선혁명의 앞길을 명철하게 밝혀주시는 위대한 령도자를 어찌 한별로만 모시랴… 하면서 그이를 태양으로, 그이의 존함을 김일성동지로 모신것이다.

그 누가 시켜서가 아니라 청년공산주의자들스스로가 혁명의 수령을 우러러 태양으로 모시였고 혁명동지들의 단결의 중심으로, 령도의 중심으로 그이를 추대하여 모신것이다.

열혈청년들의 이 숭고한 충성심은 누가 안겨준것도 아니고 어데서 배워온것도 아니였다.

혁명진로의 위대한 진리와 탁월한 전략에 하나로 감화되고 혁명동지에 대한 뜨거운 사랑에 하나로 뭉쳐진 티없이 맑은 마음들의 심연속에서 새롭게 승화되여 피여오른 붉은 수정꽃과도 같은 충성심이였다.

그들이 걸어온 길에는 의병들의 싸우다 부러진 화승총들도 있었고 독립군들의 피에 젖은 기발도 있었다. 하지만 그 누구도 그들에게 싸움의 참된 길이 이것이다라고 가르쳐준이는 없었다.

그들이 걸어온 길에는 나는 '애국자'요 하며 열변을 토하는 사람들도 많았고 나는 '사회주의자'요 하며 맑스와 엥겔스의 명제를 외우며 프로레타리아혁명을 웨치는 '사상가'들도 있었다.

하지만 준엄한 현실은 그 '애국자', '사상가'들의 위선을 고발하였고 조선의 청년들은 혼탁된 어둠의 기로에서 헤매이였다.

그러던 그들이 천신만고하여 위대한 태양을 높이 우러러모시였을 때 그 기쁨이 얼마나 컸으랴!

30년대, 산전수전을 겪을대로 다 겪어온 '대통령감'이 찾아안은 행복도 이것이였다.

민족주의거두들의 이른바 '조선독립론'도 허황한것이였고 공산주의리론가라는 사람들의 '혁명론'도 공허한 말공부로만 여겨진 '대통령감'은 세상을 비관하고 가정에 파묻혀 여생을 마치자 하였던 것인데… 김일성장군님의 높으신 명성을 듣고 과연 그분이 어떤분이신가, 위대한 그분을 한번만이라도 만나뵈와야겠다는 결심을 지니고 항일유격대를 찾아갔던것이다.

너무나 소박하신 모습으로 유격대원들속에 계시는 장군님을 뵙게 되였을 때 '대통령감'은 놀랐었다.

대원들과 별로 다름없는 군복을 입고계시는 장군님!

무서운 전염병으로 앓아누운 대원들의 초막에도 서슴없이 들어가시여 환자들의 이마를 짚어보시며 돌보시는 장군님!

한 대원이 희생되였다는 슬픈 소식을 접하였을 때 비통한 마음을 참지 못하시여 눈물 흘리시며 밤을 새워 추도사를 쓰시는 장군님!

조국광복의 성스러운 위업을 위하시여 반일민족통일전선로선을 밝혀주실 때 "김일성장군 만세!"의 환호성은 '대통령감'의 심장깊이에서만 터져오른것이 아니였다.

유격대원들모두의 심장깊이에서, 국내인민들의 막혔던 가슴깊이에서 그이를 향도의 태양으로 우러러모신 감격과 행복의 환호성이 터져올랐던 것이다.

"김일성장군 만세!" 이 환호성속에 그들의 한없이 뜨겁고 고결한 충성심이 메아리쳤다.

수령과 전사, 수령과 인민, 이 관계는 결코 기정사실화된 관계가 아니다.

전사와 인민이 자기의 수령을 충심으로 추대하여 받들어모신 그 뜨겁고 순결한 감정, 그것은 김일성동지를 우리 인민의 수령, 혁명의 태양으로 모신 그때 비로소 인류력사에서 처음으로 뜨겁게 굽이친 인민의 참된 충성심의 감정으로서 결코 기정사실화된 정신적자세가 아니였던것이다.

혁명과 건설의 주인은 인민대중이며 혁명과 건설을 추동하는 힘도 인민대중에게 있다는 영생불멸의 주체사상을 창시하시고 그 위대한 사상과 리론으로 혁명과 인민을 령도하시는 위대한 수령님이시기에, 조국과 민족의 운명을 한몸에 지니시고 오직 조국과 인민을 위하시여 풍찬로숙하시며 모든것을 다바쳐 싸우시는 수령님이시기에 고마움에 목이 메고 감사의 눈물 뜨겁게 흘리며 오직 그이만을 받들어모실 마음뿐만아니라 그이의 안녕을 위하여서는 청춘도 목숨도 서슴없이 바치려는 우리 혁명전사들의 가장 아름다운 정신세계가 개척된 것이였다.

바로 여기에 주체형의 공산주의혁명전사들의 가장 아름다고 숭고한 충성심이 놓여있는것이다.

위대한 수령 김일성동지께서는 다음과 같이 교시하시였다.

"나는 부모의 사랑보다 동지들의 사랑을 더 많이 받아왔습니다. 나는 아버지의 사랑은 15살까지 받았고 그다음날부터는 계속 동지들의 사랑속에서 살아왔습니다.

지난날 지하투쟁과 항일무장투쟁을 할 때 많은 동지들이 곤난과 위험을 무릅쓰고 나를 도와주고 보호하여주었습니다."

불요불굴의 공산주의혁명투사이신 김정숙동지께서 어려운 행군길에서 사령관동지의 젖은 옷을 품속에 안아 말려드린 정성은 단순한 혁명전사의 아름다운 정성만이 아니시였다.

홍기하전투때 사령부를 에워싸고 불의에 달려드는 적들을 유도하시여 달려가신 김정숙동지의 배낭을 뚫고나간 두발의 총탄흔적은 바로 아슬아

슬한 위험한 순간에 사령부를 목숨으로 보위하신 그이의 충성심을 말하여주는 흔적이기도 하였다.

안도현대사하치기에서 가장 악질적인 '토벌대'―'신선대'놈들을 소탕하는 싸움에서도 몸으로 적탄을 막아 사령관동지의 안녕을 보위하신 김정숙동지의 그 충성심의 높이를 우리 어찌 다 헤아릴수 있겠는가.

수령님이 계시여 조국이 있고 혁명승리가 있다는 높은 정치적자각과 확고한 신념에 기초하여서만 이러한 자기 희생적인 가장 높은 충성심이 발양될수 있었던것이다.

원쑤의 철창속에서 지하조직의 한 공작원이 자기의 혀를 끊고 하나밖에 없는 귀중한 청춘을 영생의 꽃으로 피운것도 위대한 수령님을 모신 혁명의 사령부의 비밀을 지켜낸 가장 순결한 충성심의 발현이였다.

이러한 충성심은 항일혁명대오에 차고넘치였으며 그것은 우리 당의 가장 영광스러운 혁명전통으로 되였다.

어찌 잊으랴,

일제의 백만대적을 쳐물리치시고 광복된 조국에 개선하신 항일의 령장이시며 전설적영웅이신 김일성장군님을 높이 우러러 온 나라 인민이 감격과 기쁨의 눈물 흘리며 만세의 환호성 높이 올린 그날을!

3년간의 가렬한 조국해방전쟁에서 수적기술적우세를 호언장담하던 미제국주의침략자들의 가증스러운 운명도 서산락일의 함정골에 처박아넣으시고 승리의 광장에 오르신 백전백승의 군사전략가이신 위대한 수령 김일성원수님을 높이 우러러 환호하며 감격과 영광의 눈물을 뜨겁게 뜨겁게 흘리던 그날을!

어찌 잊으랴,

참으로 어버이수령님을 모심으로 하여 승리와 영광의 로정을 전진해온 창조와 건설의 나날들을! 민주건설도, 사회주의건설도, 사상, 기술, 문화의 3대혁명기치 높이 전진해온 그 모든 투쟁도, 온 사회를 주체사상화하는 위업의 길로 돌진하는 1980년대의 오늘에 이르기까지 어버이수령님의 령도를 따라서만 승리의 위업을 이룩해왔으며 가장 락후했던 우리 나라가 사회주의공업강국으로 동방일각에 찬연히 솟았다.

어버이수령님께서는 행복한 세상을 마련해주시고도 반세기전 압록강을 건느시며 맞으시던 그날의 그 눈을 아직도 맞으시며 우리 인민에게 더 큰 행복을 안겨주시려 현지지도의 길을 걷고 또 걸으신다.

오직 인민을 위하시여 한평생을 바쳐오시는 수령님의 이루 헤아릴수 없는 그 로고를 생각할때 언제면 수령님의 심려와 로고를 덜어드릴수 있겠는가, 언제면 하루라도 편히 모실수 있겠는가, 하는 자책감으로 아픈 가슴을 어쩌지 못하는 심정, 이것이 우리 인민의 마음이다.

당 6차대회의 연단을 내리신 그길로 인민들의 식생활을 더욱 높여주시기 위하여 동해바다 어느 부두가 선창에 오셨다는 소식을 들은 한 할아버지는 식사를 하던 순갈을 든채 그만 목이 메여

수령님! 바람찬 이 아침에 고기잡이 선창엘 또 오셨단말입니까… 하며 끝내 뜨거운 눈물을 쏟고야말았다.

한 할아버지의 이 심정은 온 나라 인민모두의 심정인것이다.

나라사정이 어렵고 종파분자들의 준동으로 하여 심려하실 때 태성할머니가 수령님의 손을 잡고 눈물이 글썽하여

수령님! 얼굴이 많이 축간것 같은데 너무 근심하지 마십시오… 그래도 우리가 이기지 종파놈들이 이기겠습니까? 라고 한 그 절절한 마음도, 강선의 로동계급이 수령님! 종파놈들을 우리에게 보내주십시오. 전기로 쇠물속에 처넣어버리겠습니다. 라고 격분에 넘쳐 말하던 그 마음도 모두 수령님을 심장으로 받들어모시는 우리 인민의 가장 순결한 충성심의 발현이였던것이다.

이 충성심은 절대성, 무조건성의 정신으로 일관된 가장 견결하고 억센 의지의 결정체이다.

이 충성심은 어버이수령님의 혁명위업을 빛나게, 가장 완벽하게 계승해나가며 인민들을 주체의 한 길로 믿음직하게 령도하는 당중앙에 대한 절대적이며 무조건적인 신뢰의 정신으로 또한 일관되여있다.

당을 따르는 마음은 곧 수령을 받드는 마음인것이다.

위대한 수령님의 심려를 덜어드리기 위해 당에 무한히 충실하려는 티없이 맑은 충성심, 바로 이것이 오늘 우리 인민의 가장 고상한 품성으로 되고있다.

오늘 온 나라에는 숨은 영웅들의 충성심이 그 어디에나 꽃피고있다.

백두고원의 자그마한 생물학실험실에서도, 험한 산발을 넘고헤치며 광맥을 찾는 탐사대원들속에서도…

지난날 청년공산주의자들이 조선의 향도성으로 우러러모시고 다진 맹세 변치 말자고 한 그 열렬한 충성심이 오늘은 온 나라 이르는곳마다에 대하로 굽이친다.

어느 직장 어느 조직에서나, 어느 거리와 어느 가정에서나, 그 어느 사람들 가슴속에서나 충성심의 불꽃은 붉게붉게 타오른다.

2천만동포가 우러러 노래한 〈조선의 별〉을 오늘은 온 세계 혁명적인민들이 노래한다.

그이를 우러러모시는 인민의 충성심은 오늘 국경을 넘어 온 지구를 감돌아 도도히 흐른다.

우리 인민은 단결의 중심, 혁명의 태양으로 그이를 모시고 주체사상이 완전히 구현된 인류리상의 세계 — 공산주의사회로 곧바로 나아갈것이다.

우리 인민은 금강석보다도 더 순결하고 굳센 우리의 이 신념, 우리의 이 충성심을 그 어떤 폭풍에도 흔들림이 없이 굳세게 지켜나갈것이다.

주체의 위대한 태양을 우러러 노래하며 공산주의향도의 영원한 태양을 따라 축복받은 주체의 락원을 우리의 이 충성심으로 더욱 찬란히 꽃피우며 나아갈것이다.

압록강 기슭에서

조령출, 『조선예술』, 문예출판사, 1981.12

혜산에서 김정숙군으로 가자면 령신령이라는 큰 령을 넘어야 한다.

아득한 령마루를 넘어서도 아흔아홉굽이, 절벽우에 길이 있고 길아래 절벽이 아찔하게 보인다.

우리가 탄 자동차가 시원한 가을바람속에 령길을 굽이굽이 돌아내리는데 어느덧 절벽아래, 멀리 이깔나무로 덮인 산굽이아래 한줄기 푸른 강물이 보이였다.

아 압록강!

그것은 바로 백두의 전설, 항일혁명투쟁의 잊을 수 없는 이야기들을 담아싣고 흐르는 력사의 강이였다.

위대한 수령님께서 열네살 어리신 나이에 조국 광복의 큰 뜻을 품으시고 건느시던 이 강! 혈전만리 풍찬로숙하시며 항일전쟁의 승리의 자욱을 남기신 거룩한 력사의 이 강!

어찌 그뿐이랴, 위대한 수령님의 혁명전사들이 광복의 해발을 조국땅 삼천리에 펼치려 이 강물을 넘나든 그 자욱은 또 얼마였던가!

불요불굴의 공산주의혁명투사이시며 녀성혁명가의 위대한 구감이신 김정숙동지에 대한 작품을 삼가 쓰기 위하여 신파땅을 찾게 된 우리의 감회는 더욱 컸다.

령신령을 내린 우리는 유서깊은 신파땅에 들어섰다. 이 군은 량강도 인민들의 뜨거운 념원을 헤아리시여 위대한 수령님께서 배려해주신 영광스러운 김정숙군인것이다.

참으로 혁명투사의 고귀한 업적의 자욱이 찍혀 있고 그 이름 지닌 이 영광의 땅을 어찌 무심히 디디고 발걸음을 옮길수 있으랴.

우리는 경건한 마음으로 옷깃을 여미며 가장 아름답고 문화적으로 건설된 중심거리를 걸었다.

우리는 먼저 남산기슭에 모셔진 존경하는 김정숙동지의 동상앞에 꽃다발을 드리였다.

위대한 수령 김일성동지께서는 다음과 같이 교시하시였다.

"김정숙동무는 조국의 광복과 우리 혁명의 승리를 위하여 자기의 모든것을 다 바쳐 싸운 열렬한 혁명가였습니다."

푸른 록지를 형성한 광장 동남쪽 평평한 언덕우에 높이 모셔진 어머님의 동상은 조선인민혁명군녀대원의 군복을 입으신 슬기롭고 숭고한 모습이였다. 오른손엔 권총을 잡으시고 왼손엔 군모를 쥐시고 예지로운 안광으로 오늘도 신파땅을 굽어보시는 모습!

아, 우리의 마음은 뜨거웠다. 오른손에 잡으신 그 총은 바로 위대한 장군님을 목숨으로 보위하신 그 충성의 총이 아닌가, 치렬한 전투의 그 위기일발의 순간 어머님께서는 자신의 몸으로 장군님을 보위하면서 기여드는 원쑤들을 백발백중의 명사격으로 모조리 쏘아눕히시였다.

적들은 소멸되였다. 장군님께서는 지휘처에 거연히 서계시며 어머님께 미소를 보내시였다. 그 숭고하신 모습, 백전백승의 강철의 령장이신 장군님의 슬기로우신 모습을 우러러 뵙는 어머님은 너무나 고마움에 목메이시여 바로 저 권총을 쓸어만져보시고 또 쓸어만져보시지 않으셨던가.

어머님의 손길을 바라보는 우리의 눈시울에는 뜨거운 이슬이 맺히였다. 고난의 행군길에서도 정성으로 장군님의 식사를 보장하신 그 손길!

무산으로의 진군길 청봉밀영 아름드리 나무들에 "조선청년들이여! 속히 달려나와 일제를 반대하는 전쟁에 참가하자!", "일어나라, 단결하라, 전체 로력대중아, 자유와 해방을 위하려 싸우자!"라는 구호를 쓰시여 우리 청년들을 혁명투쟁에로 힘차게 부르신 그 손길.

나의 눈앞에는 청봉의 나무에 새기신 어머님의 글씨가 떠오르고 그 손길로 장군님의 식사를 보장하시던 청봉밀영의 작식터와 옹달샘물이 떠오르고 무포의 숙영지와 신사동의 잊을수 없는 사적들이 떠오른다.

장군님을 위하여 모든 정성을 다 바치신 어머님! 군모를 쥐신 손에서는 장군님께서 주신 반지가 빛나고 있다.

장군님께서 주신 임무라면 그 어떤 위험도 무릅쓰시고 끝까지 수행하시여 기쁨의 보고를 드리신 어머님.

어머님 걸으신 혁명로정을 더듬어가는 우리의 마음은 어머님에 대한 그리움으로 하여 한없이 뜨거웠다.

회령의 오산덕 고향땅을 떠나 두만강을 건느신 그때로부터 부암동과 유격근거지의 나날을 거쳐 장군님의 높으신 뜻을 받들고 걷고 걸으신 그 길을 어찌 천리로 헤이며 만리로 헤이랴

우리는 어머님의 발자욱이 찍혀진 옛거리를 걸었다.

지나는 바람결속에서 어머님의 발걸음소리 들려오는듯 어데선가 지하조직원들을 만나 이야기하시는 어머님의 부드러운 음성이 들려오는듯하여 우리의 가슴은 헤아릴수 없이 설레였다.

부암마을에서 공청활동을 하신 때로부터 지하공작으로 이름을 날리신 어머님께서는 장백현 도천리와 이 신파지구에서 지하혁명활동으로 불멸의 위훈을 이룩하시였다.

우리는 이 위훈의 이야기가 깃든 신파의 옛거리를 지나 압록의 물결 푸른 나루가로 갔다.

그것은 벌써 44년전 일!

1937년 봄 도천리에 나오신 어머님께서는 적들의 삼엄한 경계망을 헤치시고 이곳 신파에 자주 건너오시여 활동하시였다.

강물은 여전히 그 옛날처럼 흐른다. 나루가 언덕 오른쪽에는 왜놈들이 국경수비에 눈을 부라리던 대안감시소포대가 서있고 왼쪽길옆에는 어머

님께서 들리군하시던 도천리합숙이 있다.

물결은 고요하고 나루배는 보이지 않았으나 우리의 눈앞에는 김정숙어머님과 부녀회원들을 태운 나루배가 물결을 헤가르며 삼수골에서부터 기운차게 압록강을 건너오는것이 보이는듯하였다.

노젓는 소리, 물결치는 소리 들리는듯하고 어머님의 인자하신 모습도 눈앞에 어려왔다.

자주갑사저고리에 검은치마를 수수하게 입으신 어머님께서는 도천리에서 30리를 걸어 13도구마을을 거쳐 삼수골나루가에 오시여 그리운 조국땅 신파로 건너오시군하였던것이다. 어리신 나이에 정든 고향을 떠나 이국의 하늘밑에서 풍상고초를 겪어오신 어머님께서 압록강을 건너 조국의 땅을 밟으실 때 그 감회 가슴에 사무쳐 눈시울 얼마나 뜨거우셨으랴.

그날의 어머님의 심정을 안고 어머님 옮기신 발자욱을 따라 우리도 발길을 옮기며 어머님의 사적을 더듬었다…

어머님 들리신 양복점을 바라보았다. 어머님과 함께 왔던 부녀회원도 어머님께서 양복점에 들어가신 내막은 몰랐다고 한다.

부녀회원은 양복점밖에서 기다렸다가 한참만에야 나오신 어머님과 함께 잡화상점에도 들리고 식료상점에도 들리였다.

어머님께서는 잡화상점에서 유격대의 총기름으로 쓸 머리기름도 사시고 식료상점에선 인민혁명군에 보낼 소금과 식료품도 사시였으며 포목점에 들리시여서는 광목을 사시였다. 그렇게 하시고는 유격대 군복감으로 백두산밀영으로 광목을 보내기도 하시였고 양복점 지하실에서 그것으로 군복을 만들어보내기도 하시였다.

원쑤들이 살판치는 속에서 어찌 이런 활동이 수월했으랴.

참으로 어머님께서 옮기시는 한발자국한발자국은 피어린 투쟁의 발걸음이였다.

우리는 신파장마당터에서 어머님의 활동의 자욱을 더듬었다.

5일마다 서는 그 옛날 신파장마당은 복잡하였다. 압록강을 내려 후창으로 통하고 압록강을 거슬러 혜산으로 통하며 삼수, 갑산을 거쳐 멀리 함흥과 북청으로 통하던 이 신파는 지난시기 압록강 연안의 군사요충지이며 상업중심지의 하나로 번잡하였다고 한다.

위대한 수령님께서는 신파의 지리적특성을 고려하시여 김정숙동지를 이 지역에 보내시고 신파는 물론, 멀리 북부조선의 넓은 지역에서 조국광복회와 반일청년동맹을 비롯한 혁명조직들을 무어 각계각층인민들을 묶어세우도록 하시였으며 그 인민들을 동원하여 유격대원호사업도 하고 적들의 동태도 알아내도록 하시였던것이다.

어머님께서는 신파중심거리에만 오신것이 아니라 장진강합수목기슭에 있는 비밀사업장소인 물레방아간집에도 가시고 령신령고개 오르는 오함덕비밀사업장소에도 가시였으며 남산너머 뒤쪽으로 먼 아안리라는고장에도 가시여 조국광복회조직을 확대해나가시였다.

이처럼 먼길을 걸으시면서도 어머님께서는 도천리에서 싸가지고 오신 주먹밥과 언감자로 요기를 하시였다.

한때는 공산주의운동을 했다는 사람들이 날로 강화되는 일제의 탄압을 개탄하면서 투쟁의 길을 찾지 못하고있을 때 어머님께서는 장군님의 해발이 되시여 그들이 나아갈 길을 밝혀주시였다.

지난날 독립군에 참가하여 부상까지 당한 량심적인 민족주의자가 투쟁에서 물러나 객주집이나 하고있을 때에도 어머님께서는 그를 장군님의 혁명사상으로 교양하여 새로운 신념을 가지고 조국광복회 회원으로 활동하도록 하시였다.

어머님께서 다니신 그 비밀사업장소들은 멀리 동해안일대와 국내깊이에로 혁명조직을 확대해나가신 거점이였다. 이 거점으로 유격대에 보낼 원호물자가 화물자동차로 실려왔고 그 물자들은 어머님의 작전에 의하여 비밀나루에서 압록강을 건너 도천리를 거쳐 백두밀영으로 들어갔다.

이처럼 어머님의 위대한 사적이 깃든 영광의 땅에 서있다는것을 생각할 때 참으로 우리의 감격은 끝없었고 한없는 긍지감으로 하여 가슴은 더더욱 뜨거워졌다.

우리는 어머님께서 자주 들리시던 광선사진관앞으로 갔다. 장거리 길옆에 우뚝 서있는 2층목조건물이였다.

어머님께서는 여기서 지하조직원들을 만나 비밀공작을 하시였는데 사진을 찍으러 사람들이 자유롭게 드나드는 유리한 조건도 리용하시고 2층 사진수정실에는 사진사밖에 아무나 드나들수 없는 실정도 리용하시여 바로 그 사진수정실에서 비밀공작을 하시였다.

이 사진관에도 어머님께서는 도천리의 부녀회원 리동무를 데리고 오시였다. 허나 어머님께서는 언제나 혼자 2층으로 올라가시였고 리동무는 사진관문앞에서 어머님을 기다리군하였다.

김정숙어머님께서는 그때 '옥순'이라는 가명을 쓰고계시였는데 그 부녀회원과는 허물없이 지내는터이여서 그 부녀회원도 김정숙동지를 언니라고 부르며 친형제와 같이 대하였다.

그 부녀회원은 어머님의 교양을 받아 부녀회장까지 되였으나 어머님께서 진행하시는 혁명활동의 그 깊고 넓은 내용에 대하여서는 알지 못하였다.

어머님께서는 신파지구에서 공산주의자들을 만나 당창건준비사업도 하시고 회원들을 만나 적들에 대한 정찰자료도 장악하시였다.

그 부녀회원은 이런 내용에 대해서는 알리 없었으나 어머님께서 하시는 일이 지극히 중요한 혁명사업이라는것만은 짐작하고 어머님의 신변안전을 위하여 사진관앞에서도 왜놈경찰과 수비대놈들의 움직임을 살피군하였다.

그는 어머님에게서 적을 무서워하지 말라는 가르치심을 받고 정안군부대에 들어가 감자를 깍아주는 일을 해주면서 정찰임무를 수행한 일도 있었다.

적을 무서워하면 혁명사업을 할수 없다. 어머님에게서 교양을 받아 이것을 신조로 삼고있는 부녀회원들이였으나 막상 놈들과 부닥치는 때는 당황해지기도 하였다.

한번은 어머님께서 몇명의 부녀회원들을 데리고 신파에 건너오시여 일을 보고 돌아가시던 길에 나루터 대안감시소놈들에게 보짐수색을 당한 일이 있었다. 보짐들에서는 머리기름이 나왔다.

놈들이 유격대에 보낼 기름이 아닌가고 시비를 걸기 시작하자 부녀회원들은 은근히 당황하였다.

그러자 이때 어머님께서는 우리는 도천리녀자들인데 야학방 등잔불의 기름으로 쓰자구 머리기름을 사가지고 간다고 태연스럽게 말씀하시였다.

사리정연하게 말씀하시는 어머님앞에 말문이 막힌 놈은 하는수 없이 투덜거리며 부녀회원들을 돌려보내였다.

이런 일은 한두번이 아니였으며 그때마다 부녀회원들에게는 어머님을 마음속으로 존경하며 따르는 마음이 더욱 깊어졌다.

어느날 사진관앞에서 어머님을 기다리던 리동무는 이런 생각을 하였다.

(언니와 함께 기념사진을 한장 찍자.)

어머님께서 사진관에서 나오시자 그 부녀회원은 어머님의 손을 덥석 잡으며 오늘은 같이 사진을 한장 찍자고 자기의 간절한 소원을 말씀드리였다.

어머님도 반갑게 웃으시였으나 이어 그 동무의 손을 따뜻이 어루만지시며 나도 사진을 찍고싶지만 조국이 광복되거든 마음놓고 찍자고 조용히 말씀하시였다.

녀성공작원으로 얼마나 사려깊으신 말씀이신가. 리동무의 눈에서는 저도모르게 뜨거운 눈물이 솟아흘렀다.

한없이 서운하면서도 한없이 고마우신 그 말씀!

이런 과정을 거쳐서 부녀회원들은 혁명가로 자랐고 어머님에 대한 그들의 존경과 사랑은 더욱 깊어갔다.

어머님께서는 원쑤놈들에게 잡혀 옥중고초를 당하시면서도 오직 장군님께서 주신 혁명임무를 지켜 싸우셨고 그 임무를 훌륭히 수행하신 다음 그해 10월 유격대로 돌아가시였다.

어머님께서는 도천리뒤산에서 리동무를 비롯한 도천리 부녀회원들과 리별하시였다.

리동무는 떠나시는 어머님의 품에 안겨 울었다.

"어디루 가시는지 주소나 대줘요!"

어머님께서는 그들과 헤여지시며 김일성장군님께서 계시는곳으로 간다, 우리의 주소는 언제든지 그분이 계시는곳이라고 대답하시였다.

"백두산쪽에서 바람이 슬슬 불고 총소리가 울리거든 정숙이도 거기서 김일성장군님 모시고 잘 싸우는줄 아세요!"

신파혁명사적관 강사동무에게서 이런 이야기를 들으며 어머님 밟으신 자욱을 따라 더듬는 우리는 감동의 눈물을 금할수 없었다.

압록의 바람결속에 어머님의 그 말씀 들려오는듯하고 백두밀영으로 오르시는 충성의 그 발자욱 보이는듯하여 가슴이 후더웠다. …

영광의 땅, 신파땅을 떠나면서 우리는 다시 어머님동상을 우러러보며 인사드리였다.

충성의 절정우에서 모든 녀성들을 혁명의 길로 부르시며 이끄시는 인자하시고 위대하신 그 모습 우러러 나는 마음의 노래를 드리였다.

장백의 줄기와 더불어
압록의 흐름과 더불어
쌓으신 그 위업
만대에 전하여 길이 빛나리

아 혁명의 어머니
김정숙어머님!

친선의 나라 중국을 찾아서

조령출, 『조선예술』, 문예출판사, 1983.10

잊을 수 없는 베이징

비행기는 푸른 하늘을 날았다. 둥근 유리창으로는 흰구름송이들이 눈 아래 보이고 구름송이들 아래로 아득히 땅우의 풍경이 내려다보였다.

압록강을 넘어 중국의 하늘을 날을 때부터 나의 심장은 각별한 감정으로 설레였다. 그것은 단순한 이국정서가 아니라 친선의 나라 우의 두터운 형제의 나라를 방문한다는 그 친근한 감정, 뜨거운 감정이였다.

평양을 떠난지 두시간후에 우리는 중국의 수도 베이징가까운 상공에 들어섰다. 아름다운 푸른 전원의 풍경이 앞으로 앞으로 다가왔다. 정연한 규격 포전들이 기름진 화폭으로 펼쳐지는 거기서 중국 농민들의 아름다운 교향곡이 울려오는듯하였다.

지난해 나는 두번째로 중국을 방문하게 되면서 중국에 대한 친밀감을 더욱 깊이 느끼였던것이다.

1958년 위대한 수령님께서 중국을 방문하신 력사적인 시기에는 조선예술단의 성원으로 방문하였었고 작년에는 조선문학예술총동맹대표단으로 방문하게 된것이였다.

바로 24년전 그때는 달리는 기차의 창밖으로 형제의 나라의 번영하는 모습을 보았고 이번에는 하늘을 날으는 비행기의 창문가에서 친선의 나라의 부강한 국토와 기름진 전야를 보았다.

우주공간에서 보는 록색의 지구의 표면이 가장 아름답게 보인다는것을 나는 바로 베이징으로 날으는 비행기우에서 더욱 감명깊게 느끼였다.

우리가 베이징항공역에 도착하자 중국문학예술계련합회 부주석을 비롯하여 많은 동지들이 우리를 따뜻이 맞이해주었다. 지난해 중국문학예술계대표로 조선을 방문했던 동지들은 우리를 맞이하여 더욱 기쁨을 금치 못해하였다.

우리는 그야말로 '지기'의 벗들이 만난 기쁨이였다. '지기'란 리상과 리념이 같고 서로 마음속으로 친근히 생각하던 사이로서 비록 처음 만났다해도 십년친구와 같이 서로 마음이 통하고 정이 뜨거워지는 참된 벗들을 두고 하는 말이다.

우리는 바로 그러한 친근하고 숭고한 감정속에서 인사를 나누고 허물없이 이야기를 하면서 승용차에 올라 베이징시내로 들어섰다. 차창밖으로 번영하는 베이징시의 모습이 물결처럼 흘러갔다.

서서히 달리는 승용차에 앉아 천안문주변을 돌아보며 나는 감개무량함을 금할수 없었다.

천안문쪽으로는 24년전 그때와같이 고궁의 높은 황금색지붕들이 해빛에 번쩍이였다. 그러나 천안문 맞은편 대광장주변에는 새로운 기념비적건물들이 서있었다. 특히 인민대회당의 건물은 나에게 감명깊었다. 24년전 우리가 이곳에 왔을 때는 인민대회당건물의 기초공사를 하고있을 때였다.

그때 우리 조선예술단성원들은 위대한 수령님께서 중국을 방문하신 가장 영광스러운 시기에 중국을 방문하여 참으로 행복한 나날을 보내였다.

어느날 우리는 인민대회당건설장에 나가 친선의 로력지원의 한때를 보내였다.

우리가 흙 한삽을 떠옮길 때 중국의 벗들은 몇십배의 친선의 정을 우리의 가슴에 안겨주며 치하해주고 환대해주었다. 우리들 사이에 있었던 그날의 그렇듯 뜨거운 친선의 정을 회상하며 웅대하게 일떠선 인민대회당을 보니 참으로 감회깊었다.

세월은 흘렀으나 24년전 그날의 감회는 천안문 앞거리를 지나며 더욱 새롭게 가슴에 젖어왔다. 중국인민의 위대한 수령 모택동 동지의 초청에 의하여 우리 인민의 위대한 수령 김일성동지께서 중국을 방문하시였을 때 천안문앞 광장은 꽃바다를 이루었었다.

아니 온 베이징이 꽃바다를 이루어 우리의 수령님을 환영하였다. 나는 일찌기 그러한 환영의 성대함을 보지 못하였다.

가는곳마다 화려한 옷을 입고 단장을 한 환영군중이 크고작은 북을 치고 금빛 제금을 치며 붉고 푸른 소매를 떨쳐 춤을 추었고 각색 꽃들과 수건들을 들고 무도를 하였다. 룡이 오색빛 바다를 뚫고나와 춤을 추기도 하고 채색목걸이에 황금방울을 단 크고작은 사자들이 달려나와 춤을 추며 온갖 재주를 부리기도 하였다.

꽃같은 소년소녀들은 긴 붉은띠를 휘감아돌리기도 하고 꽃부채춤을 추면서 환호성을 올리였다.

온 베이징이 환호의 바다, 환영의 물결로 출렁이는듯하였다.

"환영! 김일성동지!"

"환영! 김일성동지!"

흠모와 존경, 진심의 그 뜨겁고 열렬한 감정으로 온 누리를 충만시키는 그칠줄 모르는 환호성속에서 나는 심장으로 웨쳤다.

"아 위대한 친선이여!"

위대한 수령 김일성동지와 존경하는 모택동 동지, 주은래동지에 의하여 마련되고 뿌리내린 우리 두 나라 사이에 이룩된 전통적인 불패의 친선은 참으로 위대한것이다.

위대한 수령 김일성동지께서는 다음과 같이 교시하시였다.

"조중 두 나라 인민들은 일찍부터 서로 굳게 손을 잡고 민족해방과 계급해방, 사회주의혁명과 사회주의건설의 길을 개척하여왔으며 실생활을 통하여 자기들의 운명이 뗄래야 뗄수 없는 순치의 관계에 있다는것을 체험하였

습니다.”

위대한 조중친선은 경애하는 수령님 탄생 70돐을 맞이하여 새로운 높은 단계로 발전하였다. 위대한 수령님의 탄생일을 축하하기 위한 중국의 호요방동지와 등소평동지의 우리 나라 방문은 실로 우리 두 나라, 두 당의 친선관계의 발전에서 새로운 력사적사변이였던것이다.

중국의 벗들은 우리 문예총대표단을 뜨거운 형제의 정으로 맞이해주었다.

그들은 제일 좋은 ‘베이징호텔’에 우리의 숙소를 정하여주고 려행의 피로를 풀도록 보살펴주었으며 도착한 날 저녁에는 중국문학예술계련합회 주석동지가 연회를 차려 우리를 극진히 환대해주었다.

베이징의 저명한 작가, 예술인들이 우리의 중국 방문을 진심으로 환영해주었다.

이자리에서 련합회의 한 일군은 매우 감동적인 연설을 하였다.

그는 조선의 사회주의건설과 문학예술사업에서의 거대한 성과에 대하여 사심없는 자기의 기쁨을 이야기하다가 격동적인 심정을 금치 못하여 “조선에서의 성과는 결코 우연한것이 아닙니다. 혁명위업수행에서 수령의 후계자문제가 중요합니다. 그것은 혁명의 운명에 관한 문제입니다. 탁월한 후계자가 혁명의 대를 잇지 않고서는 혁명위업을 계승할수 없습니다. 조선에서는 걸출한 후계자가 나서시였습니다. 참으로 걸출한 후계자이십니다. 그이는 친애하는 김정일동지이십니다. 동지들! 축배를 듭시다” 라고 뜨겁게 말하고나서 그는 위대한 수령 김일성동지의 만수무강을 위하여 친애하는 김정일동지의 만수무강을 위하여 축배를 들자고 제의하였다. 연회장은 참으로 크나큰 감격에 휩싸였다.

70고령의 이 로작가가 조선인민의 행복과 우리 혁명의 전도양양한 미래를 심장으로 기뻐해주는 진심의 목소리!

나는 여기서 우리 두 나라 당과 인민간의 친선의 깊고깊은 진정을 발견하고 눈시울을 적시였다.

그렇다, 우리의 친선은 의례적인것도 아니며 상례로 되는 일반적인 우의의 관계도 아니다.

진정으로 생사운명을 같이하는 참된 전우의 우정, 혁명동지의 사랑, 그 공고한 의리에 깊이 뿌리박힌 가장 아름다운 관계이며 숭고한 사상감정이다.

우리는 중국의 저명한 작가, 예술인들과 좌담회도 가지였다. 여기서 우리들은 두 나라 문학예술발전의 현실태에 대하여 서로 통보하고 고무하고 고귀한 경험들을 교환하였다. 중국문학예술계련합회의 한 일군은 특히 중국의 문학예술이 4인무리의 후과를 청산한 이후에 비약적으로 발전하고있으며 중국공산당의 령도밑에 사회주의현대화건설과업수행에 적극 이바지하고있다고 말하였다. 그는 문학예술에 대한 당의 령도를 견지하며 모든 창작가들이 자기의 재능을 대담하게 풍부히 발양시키기 위하여 모택동동지가 제시한 방침을 구현하고있다고 하였다. 우리는 베이징에 체류하는 기간 예술영화들과 무대예술작품들, 미술전람회, 영화촬영소를 보고 광범한 작가, 예술인들과의 상봉모임에도 참가함으로써 발전하는 중국의 문학예술에 대한 리해를 깊이할수 있었으며 그들과의 형제적친선의 정을 더욱 두터이하였다.

또한 중국국무원 위원인 희붕비동지는 우리 대표단을 인민대회당에서 접견해주었다.

그는 우리를 매우 반갑게 맞이하고 얼마전에 있은 평양에서의 우리 두 나라 당과 국가의 지도자동지들의 력사적인 상봉에 대하여 감격적으로 말하였으며 이런 기쁜 시기에 우리 대표단이 중국을 방문하게 된것을 진심으로 환영한다고 말하였다. 그리고 조선의 예술에 대하여 높은 평가의 말을 해주었다.

"지난 기간 우리는 조선의 예술에서 많은것을 배웠습니다. … 얼마전에 호요방동지가 조선에 가서 음악무용서사시 〈영광의 노래〉와 집단체조를 보고 와서 많이 소개하였으며 우리도 잘 배워서 그렇게 하자고 하였습니다."

나는 그의 겸허한 말에 깊이 감동되면서 중국을 방문하여 지극히 행복한 나날을 보내고있는 우리대표단은 중국의 문학예술에서 많이 배우고있다고 심중의 말을 하였다.

희붕비동지는 4인무리를 분쇄한후 중국의 문학예술분야에서 새로운 작품들이 많이 창작되고있는데 특히 1981년도부터 좋은 작품들이 나온다고 하였다. 그러면서 예술영화 〈목마인〉(말을 방목하는 사람)이 괜찮은 영화인데 한번 보기를 바란다고까지 친절히 말하였다.

그날밤으로 그 영화를 감상한 우리는 사상예술적으로 깊은 감동을 받았다.

참으로 베이징에서 더욱 깊어진 친선의 정은 잊을수 없다.

유서깊은 서안에서

우리는 잊을수 없는 깊은 인상을 안겨준 베이징을 떠나 비행기로 서안에 도착하였다.

섬서성작가협회주석을 비롯하여 그곳의 이름있는 문학예술계인사들이 우리를 따뜻이 맞아주었다.

서안은 중국 당나라시기의 수도로서 7세기부터 9세기에 이르는동안 세계에서 큰 도시의 하나였으며 시가와 음악, 미술이 발전하여 당대문명을 꽃피웠던곳이다. (서안을 그 당시 장안이라고 하였다.) 황하의 한 지류인 위하의 류역 풍요한 남녘지대에 자리잡고있는 장안은 '옥야천리 천부의 나라'라고 불리웠었다.

우리는 유서깊은 이 서안에서 고대국가의 유적들과 유물들을 많이 참관할수 있었다.

도착한 날 우리는 '비림'을 보았다.

'비림'이란 '비석의 숲'이란 뜻인데 고대로부터 유명한 비석들이 집대성되여있는 큰 박물관이다. 안내하는 동무는 이곳이 고대서법예술의 일대 보고라고 하였다. 그러므로 중국문학예술계련합회산하에는 서예협회가 독자적인 협회로 활동하고있었다.

'비림'의 비석들은 그 형태도 각이하였을뿐아니라 그 쓴 글씨의 체도 각이하였다. 제1실에서 우리는 비문들을 볼수 있었고 제2실에서는 당나라시기의 유명한 비석들과 명필들의 글씨를 볼수 있었다.

참으로 국보적인 비석들은 여러 방에 전시보관되여있었다. 우리에게 더욱 흥미를 돋구어준것은 그림들을 새긴 비석들이 보관되여있는것이였다. 이곳은 귀중한 문헌의 보고이며 글씨의 보고일뿐 아니라 그림의 보고이기도 하였다. 제4실에서는 귀중한 사료들과 미술작품들을 볼수 있었다.

이렇게 우리는 이 '비림'의 유산들을 통하여 중국인민의 재능이 얼마나 훌륭하였는가를 똑똑히 알수 있었으며 중국의 문화재가 훌륭히 보관관리되고있는것을 통하여 중국공산당의 옳은 정책에 대하여 다시한번 가슴뜨거이 느낄수 있었다.

다음 우리는 진시황병마용박물관을 관람하였다.

이 박물관에는 진시황을 수호하기 위하여 지하무덤속에 대오를 지어 세워넣고 묻었던 수많은 병사들과 군마와 마차의 조형품들을 발굴하여 그대로 자기 위치에 보관전시해놓고있었다.

이 유물들은 진나라시대의 정치, 군사, 경제, 문화, 예술 및 과학기술을 연구함에 있어서 매우 중요한 실물자료로 되는것이다.

병마의 조형적형상들은 당시 진국의 무력이 얼마나 강대하였던가를 보여주고있었다.

이 유물들은 중국인민의 풍부한 예술적재능을 보여주는 귀중한 유산으로 또한 가치가 있었다.

우리를 안내하는 서안의 한 작가가 병마용박물관을 보고 나오면서 진시황에 대하여 구체적으로 이야기해주었다.

이날밤, 서안의 저명한 작가, 예술인들은 우리 대표단을 위하여 연회를 베풀어 진심으로 환대해주었으며 다음날 서안에 있는 섬서성가무단동무들은 우리를 환영하여 상봉모임을 조직해주고 당나라무용을 비롯한 노래와 춤으로 우리를 기쁘게 해주었다.

특히 조국해방전쟁시기 문공단원으로 조선을 방문했던 예술인들은 그날에 불렀던 〈항미원조보가위국〉의 노래도 부르고 우리의 노래 〈샘물터에서〉도 불러주었다.

참으로 우리의 친선은 공동의 원쑤를 반대하여 싸우는 혈전의 길우에서 뜨겁게 맺어진 계급적형제, 잊을수 없는 전우의 친선이였다.

실로 우리 대표단의 중국방문은 우리의 가슴속에 지울수 없는 커다란 인상을 남겨주었으니 중국 인민들의 극진한 환대와 혈육의 정을 안고 조국으로 돌아오는 우리는 그 누구도 깨뜨릴수 없는 력사적인 조중친선이 영원히 더욱 아름답게 꽃펴나리라는것을 믿어의심치 않았다.

승리의 신심 드높이

조령출,[9] 『조선예술』, 문예출판사, 1985.8

조국이란 얼마나 귀중한것이며 고마운것이며 영예로운것인가 하는것은 조국을 잃었던 민족으로 망국노의 비참한 생활을 체험해본 사람의 느낌과 체험해보지 못한 사람의 느낌의 심도에서 차이가 있다!

조국에 대한 느낌의 그 심도!

일제식민지통치시기부터 70여년을 살아온 나의 체험은 세월이 갈수록 조국에 대한 귀중한 생각을 더욱 뜨겁게 가지게 한다.

식민지노예로 천대와 학대, 무권리 속에 피눈물을 흘리며 살아오던 우리 민족이 위대한 수령 김일성동지의 은덕으로 일제의 철쇄로부터 해방되고 우리 조국이 광복되였을 때 우리는 너무나 큰 기쁨과 감격으로 하여 뜨거운 눈물을 흘리였다.

그것은 벌써 40년전 일이였다.

그때 그 눈물속에는 그 어떤 침략의 원쑤들에게도 다시는 짓밟히지 않겠다는 억센 의지의 불길이 있었다.

절세의 애국자이시며 우리 민족의 태양이신 위대한 수령 김일성동지의 현명한 령도아래 당이 창건되고 우리 인민의 공화국이 창건되였다. 이 공화국은 위대한 주체사상의 기치를 높이 들고 참다운 민주주의를 실현하며 사회주의와 공산주의로 지향해나아가는 위대한 조국이였다.

이 조국은 경애하는 수령님을 모신 조국인것으로 하여 가장 영광스러운 우리 조국이였으며 한없는 긍지와 행복의 상징으로 되는 조국이였다.

---

9 원문의 이름 앞에 '김일성상계관인'이라는 직함이 명기되어 있다.

허나 조국의 절반땅인 남반부를 강점한 미제는 그의 주구 리승만역도를 사촉하여 1950년 6월 25일에 우리 조국을 식민지로 만들려고 강도적인 전쟁을 일으켰다.

전체 인민이 위대한 수령님의 부르심을 받들고 원쑤 격멸의 성전에로 한사람처럼 일떠섰다.

우리 작가, 예술인들도 일어났다.

내가 〈조국보위의 노래〉를 쓴것은 바로 미제원쑤놈들이 전쟁도발에 미쳐날뛰던 시기였다.

우리의 조국이 어떠한 조국이기에 놈들에게 다시금 짓밟힐수 있단말인가.

나는 심장의 피로써 붓을 달리였고 작곡가는 곡을 썼다.

> 가슴에 끓는 피를 조국에 바치니
> 영예로운 별빛이 머리우에 빛난다
> 　　나가자 인민군대 용감한 전사들아
> 　　인민의 조국을 지키자 목숨으로 지키자

머리우의 그 별빛은 위대한 수령님께서 항일무장투쟁시기 조선인민혁명군의 군모에 달아주신 붉은 별의 별빛이며 조국에 개선하시여 조선인민군의 군모에 달아주신 붉은 별의 별빛이며 우리 인민들의 가슴에 조국의 상징으로 안겨주시고 승리의 상징으로 안겨주신 그 별빛이였다.

그 별빛을 빛내이며 인민군용사들은 침략의 무리를 남으로남으로 무찔러 나아갔으며 조국을 위하여 우리 작가, 예술인들도 전선과 후방에서 인민군전투원들과 인민들에게 승리의 신념을 북돋아주었다.

승승장구하는 우리 인민군대에 의하여 서울이 해방되고 남녘의 넓은 지역이 해방되고 우리의 전선은 락동강계선을 훨씬 넘어섰다.

이때 나는 종군작가로 락동강을 건너 현풍에까지 나아갔다. 현풍고지에서 대구는 불과 60리에 불과하였다.

우리 인민군용사들의 사기는 충천하였다.

으스름 달밤에 락동강을 건느는 인민군용사들과 포탄을 이고지고 나르는 후방인민들의 슬기로운 모습은 오늘도 눈앞에 떠올라 나의 마음을 뜨겁게 흔들어준다.

사단지휘처 전호속에서 인민군용사들은 락천적으로 생활하였다. 전선수기를 쓰고있는 나에게 그들은 락동강기슭에 열린 수박을 따다 단도로 썩썩 베여 친절히 권하기도 하였다. 참으로 락동강의 수박은 달고 맛이 있었다.

그들은 평양의 유명한 배우들의 노래가 듣고싶다는 이야기까지 하며 소탈하게 웃음꽃을 피웠다.

그들의 가슴에는 승리의 신념만이 불타고있었다. 그들의 머리우에는 언제나 위대한 수령님께서 달아주신 붉은 별이 빛나고있었기에……

이러한 때 미제는 패망의 막다른 골목에서 몸부림쳤다. 미제는 유엔의 간판밑에 추종국가들의 고용병들을 동원하여 조선전선에 들이밀었고 하늘과 바다, 륙지로 미친듯이 덤벼들었다.

1950년 10월, 우리는 전략적후퇴의 일시적시련을 겪게 되였다.

나는 대구에 있는 전방지휘부의 지시에 따라 후퇴의 길에 들어섰다.

리승만괴뢰통치하에 있던 수많은 작가, 예술인들이 위대한 수령 김일성동지의 품을 찾아 북으로북으로 달려왔다.

전방 먼 지역에 나가 공연활동을 벌리던 인민군협주단 배우들이 적후 수천리 험난한 산발을 헤쳐 압록강기슭의 고산진을 찾아 어버이수령님 품에 안겼을 때 그들은 모두 기쁨과 감격에 넘쳐 뜨거운 눈물을 흘리며 흐느끼였다.

어버이수령님께서는 그들의 등을 어루만져주시며 우리 예술인들을 치하하시면서 조선의 예술은 살아있다고 따뜻한 고무와 사랑을 안겨주시였다.

드디여 위대한 수령님께서는 재진격의 명령을 내리시였다.

재진격!

나의 심장은 뜨거운 피가 쾅쾅 소리치며 끓어솟는듯하였다.

멸적의 기세를 안고 재진격하는 인민군전사들의 노래소리는 멀리 하늘가에 메아리쳤다.

나의 온몸은 승리의 신념으로 불타는듯하였다. 참으로 나의 심정은 감개무량하였다.

북쪽으로 깊이 들어왔던 적들은 청천강반을 비롯한 눈덮인 산야에서 섬멸적타격을 받으며 남으로남으로 패주하였다.

우리의 예술인들은 적들의 발악적인 폭격이 쉬임없이 감행되고있는 불비속에서도 싸우는 전사들을 찾아다니며 예술공연을 진행하였다. 전쟁의 승리를 위하여 자기의 귀중한 목숨까지 바친 그 작가, 예술인들을 우리는 잊을수 없다.

참으로 가렬처절한 전쟁의 나날, 우리앞에 그 어떤 난관과 시련이 닥쳐와도 우리는 승리의 신념을 안고 싸웠다.

나자신 락동강 최전선에까지 나갔다가 수천리 후퇴의 길을 걸어 강계, 만포에까지 들어갔고 다시금 평양으로 나온 당시의 그 시련에 찬 로정을 돌이켜보면 그 로정은 바로 승리의 신념으로 가슴에 붉은피가 약동하던 청춘의 로정이였다.

백전백승의 강철의 령장이시며 우리 인민의 위대한 수령이신 김일성동지께서 우리 당을 이끄시고 우리 인민을 이끄시고 정의의 전쟁을 이끄시고계신다는 철석같은 믿음이 있었기에 그 어떤 난관에도 우리의 눈앞은 어둡지 않았고 그 어떤 슬픔이 닥쳐와도 그것을 딛고 일어서는 천백배의 힘이 우리의 가슴에 용솟음쳤던것이다.

위대한 수령 김일성동지께서는 다음과 같이 교시하시였다.

"전쟁승리를 위한 투쟁에서 문학예술의 임무는 매우 크고 중요합니다.

작가, 예술인들은 문학예술활동을 통하여 싸우는 우리 인민군대와 인민을 전쟁승리에로 더욱 힘있게 고무하여야 합니다."

위대한 수령님께서는 전쟁의 그 어려운 나날에도 작가, 예술인들을 부르시여 우리 문학예술의 사명과 작가, 예술인들의 임무에 대하여 밝혀주시고 전쟁승리를 위하여 우리 문학예술이 참답게 복무하는데서 나서는 창작실천적문제들을 일일이 가르쳐주시였다.

위대한 수령님의 불후의 고전적로작 「우리의 예술은 전쟁승리를 앞당기는데 이바지하여야 한다」, 「우리 문학예술의 몇가지 문제에 대하여」, 「우리 예술을 높은 수준에로 발전시키기 위하여」를 비롯하여 우리 문학예술 부문에 주신 교시들은 우리 문학예술로 하여금 전쟁승리를 앞당기는데 이바지하게 한 강령적인 지침이였으며 우리 문학예술발전에서 새로운 혁명적전환을 가져오게 한 력사적인 문헌들이였다.

위대한 수령님의 교시를 높이 받든 우리 작가들은 우리 인민군대와 인민의 숭고한 애국심과 그들의 대중적영웅주의를 형상한 작품들을 쓰고 작곡가들은 그러한 주제의 곡을 짓고 배우들은 그것을 무대우에 형상하여 전선과 후방의 전투원들과 인민들을 고무하였다.

이 시기 〈진군 또 진군〉, 〈문경고개〉, 〈결전의 길로〉, 〈전호속의 나의 노래〉, 〈자동차운전사의 노래〉, 〈우리 님 영웅되셨네〉, 〈해안포병의 노래〉, 〈내 고향의 정든 집〉, 〈샘물터에서〉, 〈봄노래〉, 〈압록강 2천리〉, 〈매봉산의 노래〉 등 잊을수 없는 작품들이 많이 나왔다.

평양에서는 지하극장에서 모든 행사공연을 진행하였고 전선에서는 싸우는 고지우에서 위문공연을 진행하였다.

적기의 폭격이 끊임없이 감행되고있는 멀고 험한 길을 헤쳐 공연집단이 활동하는 길은 바로 사선을 헤치는 길이였다.

그속에서도 우리는 언제나 위대한 수령 김일성동지를 마음속에 우러러 모시고 그이께 모든 운명을 의탁하고 전쟁을 이겨나아갔다.

가렬처절한 조국해방전쟁을 승리에로 이끄신 위대한 수령님을 전승의 광장에 높이 모셔 승리의 만세를 부를 때 볼을 적시며 흘러내리는 뜨거운 눈물을 우리는 금할수 없었다.

그것은 어버이수령님께 드리는 감사의 눈물이였고 영광의 눈물이였고 수령님의 전사된 행복의 눈물이였다.

그때로부터 어느덧 30여년의 세월이 흘렀다.

조국해방 40돐이 되는 이해, 더욱 감회가 새로와지는 오늘의 추억속에 준엄한 조국해방전쟁의 그 시절에 있었던 일들은 어제런듯 더욱 생생하게 되살아난다.

우리가 '세계최강'을 자랑하던 미제를 타승하고 우리 조국을 빛나는 주체의 조국, 부강한 나라로 발전시키게 된것은 언제나 위대한 수령님과 친애하는 지도자동지만을 믿고따르면 반드시 승리한다는 확고한 신념과 혁명적락관주의가 우리의 가슴속에 충만되여있었기때문이였다.

참으로 우리의 이 드팀없는 신념은 전쟁의 불비속에서 시련의 언덕을 넘고넘으며 사람들의 심장마다에 더욱 확고하게, 소중히 간직된 신념인 것이다.

우리의 이 신념을 꽃피우고 빛내이기 위해서는 사람마다 자기의 초소에서 충성심을 높이 발휘해야 할것이다.

위대한 수령님의 혁명위업을 대를 이어 빛나게 이어나가시는 친애하는 지도자 김정일동지를 모시고 혁명하는 시대에 살면서 한층 더 굳세여진 이 신념, 이 신념을 간직하고 포화의 나날에 발휘하였던 그 혁명정신대로 싸워나가는 우리들이기에 우리가 향해가는 사회주의, 공산주의의 휘황찬란한 언덕에 승리의 기발을 반드시 휘날리고야말것이다.

〔민족의 력사와 대중가요〕 ①

잊을수 없는 가요들에 대한 범죄적위조행위

정지용과 가요 〈그리워〉

조령출, 『朝鮮新報』, 1988.3.18[10]

> 얼마전에 우리 나라의 무소속대변지인 『통일신보』는 시인 조령출이 쓴 「잊을 수 없는 가요들에 대한 범죄적위조행위」라는 제목의 글을 실었다.
>
> 1945년 우리 나라가 일제의 통치에서 해방된 후 미제가 남조선에 기여들어 험악한 식민지통치를 실시해나가자 그곳의 많은 문화인들이 광명한 세상을 우러러 공화국에 들어왔다.
>
> 1930년대초부터 시창작을 진행해온 조령출씨도 바로 그러한 '월북문화인'의 한사람. 본명과 더불어 조명암, 리가실의 필명으로 지난날 〈인도의 달밤〉(〈신라의 달밤〉으로 외곡됨), 〈서귀포 칠십리〉, 〈락화삼천〉 등 수많은 대중가요를 작사한 것으로도 널리 알려져있다.
>
> 이러한 경력으로 당시의 가요사정에 밝은 그는 이글에서 자신과 '월북시인'들의 가사를 외곡하며 작품을 탄압하고있는 미제와 남조선괴뢰도당의 범죄행위를 구체적인 사실관계에 기초하여 준렬히 고발하고있다.
>
> 오늘부터 6번으로 나누어 소개한다.

가요는 시정신(詩精神)의 산물이다.

참다운 시정신, 참다운 시의 넋을 체현한 진보적 가요들이 력사를 전진시키고 사회를 발전시키는데서 노는 역할은 참으로 크다.

우리 민족의 창조적 재능과 지혜가 깃들어있는 민족가요들은 겨레의

10 『조선신보』는 재일본조선인총연합회가 주3회 발행하는 기관지이며, 발행처는 '日本 東京都 新宿區 筑土 八幡町 2番4号'로 표기되어 있다.

가슴마다에 절절한 민족적감정을 심어주고 하나의 강토에서 하나의 민족으로 사는 긍지, 민족일체감을 안겨주며 목숨보다 조국을 귀중히 여기는 고상한 애국심을 고취하는 위력한 수단이다.

더우기 우리 겨레가 일제에게 나라를 빼앗기고 식민지망국노의 설음에 모대기던 그 시기에 창작된 민족가요들은 우리에게 있어서 참으로 귀중한것이다. 나라 잃고 살길 찾아 헤매이던 그 시기에는 풀 한포기, 나무 한그루를 보아도 빼앗긴 고향과 조국에 대한 그리움과 서글픈 감정이 마음속에 갈피갈피 젖어들어 가슴이 쓰리고 아팠다. 하여 이 시기에는 슬픈 노래들이 많이 창작되였으나 그 울분의 선률속에는 겨레들의 조국에 대한 열렬한 사랑의 감정과 독립에 대한 절절한 요청, 앞날에 대한 밝은 희망의 념원이 맥맥히 흐르고있었다. 바로 그렇기때문에 일제는 이 민족가요들이 대중속에 보급되는것을 매우 두려워하면서 창작가들과 가요들에 대한 탄압에 그처럼 미쳐날뛰였던것이다.

우리는 응당 망국의 비운속에서 애국적문인들에 의해 창작되고 인민들속에서 애창(愛唱)되던 민족가요들을 귀중히 여기고 연구하며 보존해야 할것이다.

그런데 오늘 남조선에서는 미제와 그 주구들에 의하여 이러한 애국적인 가요들이 일대 수난을 겪고있다.

1945년 우리 조국이 일제의 기반에서 해방된후 미제침략군이 남조선을 강점한것으로 하여 나라가 분렬되고 북과 남은 서로 판이하게 다른 길을 걷게 되였다. 이러한 정세하에서 남조선에 있던 많은 문화인들이 광명한 세상, 민족의 태양 김일성장군님을 우러러 공화국북반부로 들어왔다.

그후부터 미제와 남조선괴뢰들은 공화국북반부로 들어온 문화인들의 작품들에 대한 탄압을 시작하였다. 전후에는 지난 조국해방전쟁시기 북으로 들어온 문화인들의 작품들에까지 탄압의 마수가 뻗쳐졌다.

미제와 남조선괴뢰도당은 북으로 들어온 사람이 지은 가사나 곡으로

된 노래는 부르지 못하게 하였으며 무대에서도 영화화면에서도 어떠한 모임장소에서도 금지시켰다. 일부 노래들에서는 작사자와 작곡가를 바꾸어버리고 가사를 뜯어고치는 철면피한 위조행위도 감행하였다.

오직 북으로 들어온 사람의 작품이라는 그 한가지 리유로 잊을수 없는 가요들에 가해지는 미제와 남조선괴뢰들의 탄압과 위조 행위는 만천하에 낱낱이 고발되여 온 겨레와 세계인류량심의 응당한 규탄을 받아야 할것이다.

정지용(鄭芝鎔)은 일제 식민지통치시기였던 1930년대부터 민족적량심을 가지고 서정시를 쓴 시인이다. 그는 공산주의사상을 가진 시인도 아니였고 8·15후 '좌익작가'로 지목된 사람도 아니였다. 그는 오직 외세가 없는 광명한 땅에서 자기류의 서정시를 마음껏 써보려는 하나의 지향을 안고 1950년 가을에 북으로 들어오다가 미군비행기의 폭격에 맞고 애석하게도 일찌기 세상을 떠났다.

정지용을 생각할 때 우리는 그가 남긴 시 하나하나가 귀중히 여겨진다.

그런데 남조선에서는 그의 시에도 탄압의 촉수를 뻗치고 어디에도 쓰지 못하게 하였다.

남조선잡지 『정경문화』 1986년 6월호에 실린 어느 한 글에는 다음과 같이 씌여있다.

"지금 〈그리워〉로 불리우는 가곡도 본래의 시는 정지용의 시인것이다. 다만 정지용이 월북했기때문에 그의 시를 쓸수 없게 되여 노산 리은상이 시를 개편해서 부르고있는것이다."

이 얼마나 격분할 일인가.

이미 고인이 된 정지용, 그의 시에 대하여 옳은 평가를 주고 귀중히 보전하여야 할 의리가 어찌 이렇듯 짓밟힐수 있단 말인가.

그가 남긴 시를 잠시 살펴보자.

그리워 그리워
돌아와도 그리던 고향은 어디더뇨
들녘에 피여있는 들국화 웃어주는데
마음은 어디고 붙일곳없어
먼 하늘만 바라보노라

눈물도 웃음도 흘러간 옛추억
가슴아픈 그 추억 더듬지 말자
내 가슴엔 그리움이 있고
나의 웃음도 년륜에 새겨졌나니
내 그것만 가지고 가노라

시인은 이 시에서 망국의 시절 빼앗긴 조국, 짓밟힌 고향에 대한 애절한 마음을 「그리워」로 승화시켰다.

고향에 돌아와도 빼앗긴 조국의 그 고향은 그리운 것이였다. 들녘에 피여있는 들국화는 웃어주지만 시인의 허무하고 비창한 심정은 어데라 붙일곳 없어 먼 하늘만 바라보며 마음속으로 우는것이다.

흘러간 옛추억으로 된 가슴아픈 그것은 차라리 더듬지 말자고 자기 넋에 호소하며 '그리움'만을 안고 돌아가면서 시인은 이렇게 시를 매듭지었다.

그리워 그리워
그리워 찾아와도 고향은 없어
진종일 진종일 언덕길 헤매다 가네

이 시에 담긴 그리움은 그 시기 우리 겨레 모두의 절절한 감정이였다. 하기에 우리는 이 시의 뜻을 귀중히 여기는것이다.

그런데 지용이 북으로 들어오려 한 그 하나의 리유로 이 시를 금지시킨 행위야말로 반역행위가 아니고 무엇이며 지용의 원시(原詩)에서 문구 몇개를 고쳐가지고 작사자를 바꾸어버린 행위는 또 얼마나 너절한 행위인가.

고쳐진 시를 보자.

그리워 그리워
찾아와도 그 님은 아니 뵈네
들국화 애처롭고 갈꽃만 바람에 날리고
마음은 어디고 붙일곳없어
먼 하늘만 바라본다네

눈물도 웃음도 흘러간 세월
부질없이 헤매지 말자
그대 가슴엔 내가 내 가슴에는 그대가 있어
그것만 가지고 가자구나

그리워 그리워
찾아와서 진종일 언덕길 헤매다 가네

지용의 원시에서 무엇이 달라졌는가? 표현상 '고향'은 '님'으로 되고 들국화 핀 언덕에 '갈꽃'이 더해지고 흘러간 '추억'은 '세월'로, 가슴의 '그리움'은 '그대'로 되였다. 원시와 크게 달라진것이 없이 표현만 몇가지가 바뀌였으므로 얼핏 보면 문제되는것이 없을상싶다. 그러나 남조선괴뢰들은 이 시에서 노래하고있는 대상을 '고향'으로부터 '님'으로 바꾸어놓음으로써 외래침략자들에게 무참히 짓밟히고있는 사랑하는 조국 산천과 고향에 대한 그리움과 통절한 마음을 그린 원시의 사상주제적 내용을 말살해버리고 단지 '님'을 그리며 애달파하는 저속한 련정의 넋두리로 만들어버린 것이다. 괴뢰도당은 남조선인민들속에서 반북대결의식을 고취하고 외래 침략세력이 없는 자주적인 조국과 민족에 대한 그리움, 통일열망을 말살하려고 이따위 짓을 하고있다.

지금도 나의 눈앞에는 단정하던 지용의 모습, 정기 돌던 그의 눈빛이 삼삼히 떠오른다. 1947년에 내가 쓴 시 「칡넝쿨」을 놓고 함께 토론하던 그, 갑오농민전쟁을 내용으로 한 나의 희곡의 마지막장면에서 봉건통치배들의 아성을 향하여 농민봉기군이 "진주개명으로!" 하고 웨치는 대목이 좋다고 몇번씩 말하던 지용, 그가 만약 살아있어 그의 시 「그리워」가 남조선에서 당하고있는 박해와 모독을 안다면 얼마나 통탄할 일인가.

(계속)

〔민족의 력사와 대중가요〕 ②

잊을수 없는 가요들에 대한 범죄적위조행위

〈목포의 눈물〉의 작사자는 누구인가

조령출, 『朝鮮新報』, 1988.3.24

작품주인의 이름이 달라진 사실을 우리는 가요 〈목포의 눈물〉을 놓고도 말할수 있다.

이 노래는 1930년대초부터 '오케'레코드의 전속가수였던 리란영(李蘭影)이가 부른 인기가요로서 대중속에 널리 알려졌다.

사공의 배노래 가물거리며
삼학도 파도깊이 스며드는데
부두의 새아씨 아롱젖은 옷자락
리별의 눈물이냐 목포의 설음

일제의 야만적인 악정학정밑에서 더는 살래야 살 수 없어 남부녀대(男負女戴)하고 조상의 유골이 묻힌 정든 고향산천을 떠나 쪽배에 몸을 싣고 정처없이 목포항을 떠나는 우리 동포들, 언제 다시 만날지 기약할수 없는 그들을 바래우며 부두가에 눈물짓고 서있는 가족친척들…… 작사자는 〈목포의 눈물〉을 통하여 식민지노예살이를 하는 민족의 슬픔을 절절하게 노래하였다.

일제통치시기 나라잃은 망국의 설음을 선률에 태워 오열하던 리란영은 8·15후에도 미제침략군이 강점한 남조선에서 여전히 〈목포의 눈물〉과 같이 비탄에 젖은 노래만을 부르다가 세상을 떠났다. 그가 죽은 이후 사람들은 목포에 이 노래의 비(碑)를 세웠는데 거기에는 〈목포의 눈물〉 1절부터 3절까지의 가사가 새겨져 있고 그 옆에 세운 다른 비에는 이렇게 씌여 있다. "살아있는 보석은 눈물입니다. 남쪽하늘아래 꿈과 사랑의 열매를 여기 심습니다. 리란영의 노래가, 문일석의 가사가 여기 청호의 넋처럼 빛나고있습니다."

보는것처럼 여기에 세워진 비에는 작사자가 분명히 "문일석"으로 되여있다. 그런데 얼마전에 남조선에서 출판된 『한국가요 반세기』에는 "김릉인 작사"라고 되여있다. 어느것이 진실이며 어느것이 위조인가? 1960년대 초에 세운 비석에 새겨진 이름이 진실이 아니겠는가.

도저히 리해가 되지 않아서 나는 얼마전에 1930년대 '오케'레코드에서 제작한 〈목포의 눈물〉 레코드판을 다시 확인해보았다. 거기에는 "문일석 작시"라고 쓴 글자가 아직도 명백히 남아있었다. 이 레코드판을 가지고 있는 사람이 아직 한둘이 아닌데 어떻게 작사자를 바꾸어버릴수 있단 말인가.

내가 문일석(文一石)을 전혀 모르는 사람이라면 그 시기 김릉인(金陵人)의 필명이려니 하고 속을수도 있겠지만 나는 그들을 다 잘 알고있다.

여기서 한가지 더 언급할것은 처음의 비문(碑文)에는 작곡가의 이름이 밝혀있지 않았다는것이다. 나는 당시 남조선사진화첩에 실린 이 비문을 보면서 작곡가가 북으로 들어왔기 때문에 그런것이라고 생각하였다. 그런데 『정경문화』 1986년 10월호에 실린 사진에는 이 비문을 다시 고쳐서 "손목인 작곡"이라고 첨부하였던것이다. 내가 알기에는 손목인이 당시 〈타향살이〉, 〈짝사랑〉, 〈바다의 교향시〉, 〈사막의 한〉 등 많은 노래들을 작곡한 것은 사실이지만 '오케'레코드에 〈타향살이〉와 〈목포의 눈물〉, 〈울어라 문풍지〉, 〈역마차〉 등을 편곡(編曲)하여 손풍금독주로 취입하였을뿐 〈목포의 눈물〉의 원작곡가는 아니라는것이다. 만약 손목인이가 원작곡가라면 처음 비를 세울때 작사자와 가수의 이름을 밝히면서 남조선에 살아있는 손목인이 작곡가라는것을 왜 빼놓았겠는가. 손목인은 어디까지나 〈목포의 눈물〉의 편곡자였지 원작곡가는 아니였다.

1960년대초에 출판된 한 남조선출판물에 의하면 〈목포의 눈물〉과 함께 리란영의 인기가요의 하나였던 〈울어라 문풍지〉도 작곡가가 북으로 들어왔다 하여 손목인 작곡으로 만들어놓았고 〈련락선은 떠난다〉, 〈잘 있거라 단발령〉의 가수로 인기를 모았던 장세정(張世貞)의 취입곡인 〈역마차〉는 리봉룡 곡으로 되였으며 백년설이가 부른 남해림(南海林) 작사인 〈대지의 항구〉는 추미림 작사로 바꾸어 놓았다.

남조선괴뢰들이야말로 반공대결과 민족영구분렬을 위해서라면 세상이 다 알고있고 물적증거가 명백한 사실을 위조하는것까지도 서슴지 않는 철면피한들이다.

남조선에서 작품의 주인이 무시되고 있는 실례로는 민요 〈노들강변〉도 들수있다. 이 민요는 〈봄아가씨〉를 비롯하여 민요풍의 노래를 많이 창작한 작곡가 문호월(文湖月)의 대표작이다.

공화국북반부에서는 이 민요가 지금 무대에서도 많이 불리워지고있고 무용곡으로 편곡되여 무용 〈노들강변〉이 인민들의 사랑을 받고있다. 우리는 이 노래를 들을 때나 이 무용을 볼 때면 작곡가 문호월을 생각한다.

그런데 남조선에서는 문호월이 8·15전에 고인이 되였다고 해서 그런지 그의 명곡 〈노들강변〉을 작곡가의 이름도 없이 편곡자의 이름만 밝혀 『민요곡집』에 내고있다. 누구의 이름도 밝히지 않고 냈다면 몰라도 편곡자의 이름은 밝히면서 작곡가의 이름을 밝히지 않는다는 것은 말이 되지 않는다. (계속)

〔민족의 력사와 대중가요〕 ③

잊을수 없는 가요들에 대한 범죄적위조행위

민족의 넋을 지켜보려고

조령출, 『朝鮮新報』, 1988.3.25

우리 민족이 일제의 식민지통치밑에서 신음하던 그 슬픈 시절에 나도 많은 가사들을 썼다. 그 시기 내가 가사를 쓰게 된데에는 비통한 사연이 얽혀져 있다.

나는 1913년에 충청남도 아산군 령인산밑의 한 시골에서 출생하였다. 그래서 내 이름을 '령출'이라 지었다 한다. 내가 네살나던 해에 서울로 올라간 부모님들은 어려운 생활속에서도 나에게 한문공부도 시키고 나를 보통학교에도 넣어 공부시켰다. 아홉살때 아버지를 여의고 남의 집 고용살이를 하는 홀어머니를 따라 전전하며 눈물겨운 생활을 하던 나는 안변에서 보통학교를 졸업하였다. 그때 나는 문학에 뜻을 두고 아동문학작가 남응손과도 휩쓸리며 많은 습작을 하였다.

1930년대초부터 나는 시를 발표하기 시작하였다.

당시 해마다 진행하던 '동아일보문예작품현상모집'에 나는 가사 한편을 투고하였다. 이미 출판물들에 시를 발표하고있었던 나는 본명대신에 조명암(趙鳴岩)이란 필명으로 투고하였다.

그런데 뜻밖에 나의 가사 〈서울노래〉가 입선되였던것이다.

그때는 내가 고학으로 서울보성고등보통학교에 다니고있을 때였다. 식민지노예살이의 울분을 안고 경복궁대궐뒤 소나무숲속을 헤매며 시정신을 불러 가슴을 치기도 하고 시를 쓴다기보다 가슴속에 응어리져 불타오르던 울분을 뱉아 원고지우에 휘갈기던 정열의 시기였다. 그러한 시의 밤에 얻어진 한수의 시가(詩歌) 〈서울노래〉가 입선되고 그것이 '콜럼비아'

레코드에 취입되여 그 음판이 이듬해 봄에 나왔다.

나는 그 음판을 한장 구하려고 이미 약속해놓았던 안국동 네거리 축음기상점으로 갔다.

거기서 나는 놀라운 사실에 접하였다. 내 일생에 처음 쓴 가사이고 처음으로 가곡으로 된 〈서울노래〉가 레코드상점에 나오자마자 일제경찰들이 달려들어 압수해가지고는 그자리에서 판들을 깨여버렸다는것이였다.

내가 그 노래의 작사자임을 알고있던 젊은 점원은 몰래 감추어놓았던 음판 하나를 축음기에 걸고 조용히 들려주었다. 작곡은 당시 류행되였던 가요 〈처녀총각〉을 작곡한 김준영(金駿泳)이 하였고 노래는 채규엽(蔡奎燁)이 불렀는데 애절한 그 선률은 축음기에서 흘러 나의 비분한 심금을 울려주었다.

한양성 옛터전 옛날이 그리워라
무궁화가지마다 꽃잎이 집니다
한강물 푸른 줄기 5백년 꿈이 자고
앞남산 봉화불 꺼진지 오랩니다.

……
종소리 스러진 밤 나그네가 웁니다
꽃피는 3천리 잎트는 3천리
아세아의 바람아 서울의 꿈을 깨라

여기에서 "아세아의 바람아 서울의 꿈을 깨라"는 선동적인 시구가 일제의 비위에 거슬렀던것이다. 당시 아세아대륙에서 파동쳐오던 혁명의 풍운, 백두산에서 전하여 들려오던 항일무장투쟁에 대한 전설같은 이야기를 이 노래에 "아세아의 바람"이란 은유적표현으로 담을수밖에 없었다.

그렇지만 일제놈들은 이것에 놀라 판까지 깨버렸으며 이를 계기로 조선말 레코드에 대한 탄압을 강화하였다.

이때 나에게는 마음속으로 생각되는바가 있었다.(이 대중적가요형식에다 짓밟혀 스러져가는 민족의 넋, 민족의 정서를 담아 살려보자!) 그후부터 일제패망에 이르는 10여년동안 나는 스러져가던 민족정서를 가사에 담아 〈조선의 밤〉, 〈고구려애상곡〉, 〈락화삼천〉, 〈락화류수〉, 〈서귀포 칠십리〉, 〈조선의 달〉, 〈인도의 달밤〉 등 많은 가사들을 썼다.

그중에서 진짜 가사라고 할만한것은 얼마나 되겠는지…… 또 많은것은 노래가 되기도 전에 일제의 검열시 시꺼먼 먹줄이 그어져 말살되여버렸으며 〈락화삼천〉 등 노래들은 일제통치 말기에 금곡으로 되기도 하였다. 어쨌든 적지 않은 노래들이 인민들에게 공감을 주고 겨레들속에서 널리 불리워지며 사랑을 받은것만은 사실이다.

오늘은 그 노래들이 슬픈 시절에 남긴 잊을수 없는 추억의 노래들로 되였다.

8·15후 남조선에 있을 때 나는 희곡 몇편을 썼고 그것이 무대에서 공연되였다. 이때에도 나는 내가 쓴 작품에 대한 탄압의 쓴맛을 겪어야만 했다.

어린시절부터 험난한 길, 식민지노예살이의 피눈물을 헤치며 살아온 나로서는 시가(詩歌)를 써도 민족비운의 슬픔을 많이 노래하였던것만큼 8·15후에는 새세상에 대한 꿈도 컸고 지향도 컸다.

그리하여 나역시 민족의 태양을 모시고 외세가 없는 새세상에서 새로운 삶과 시정신을 꽃피울 불타는 포부를 안고 공화국북반부로 들어왔다.

북으로 들어온후 나는 지난날 내가 쓴 노래들이 남조선에서 탄압을 받으리라고는 꿈에도 생각지 못했다. 그런데 미제와 남조선통치배들은 내가 민족비운의 시기에 쓴 그 추억의 노래들에 대해서도 내가 북으로 들어왔다는 한가지 리유로 일제통치시기보다 더한 탄압을 가하며 금곡령(禁曲令)을 내리고 일부 노래들은 가사를 뜯어고치거나 작사자의 이름을 바꾸어버렸다. (계속)

〔민족의 력사와 대중가요〕 ④

잊을수 없는 가요들에 대한 범죄적위조행위

〈인도의 달밤〉이 〈신라의 달밤〉으로

조령출, 『朝鮮新報』, 1988.3.28

1950년 6월에 조국해방전쟁이 개시되고 서울이 해방되자 나는 곧 그곳에 나갔다. 준엄한 전쟁시기였으나 헤여졌던 친척과 친지들을 다시 만난다는것은 참으로 기쁜 일이 아닐 수 없었다.

망국비운의 시기에 가요 창작의 길에서 고락을 같이하던 친구들도 다시 만나 회포를 나눌수 있었는데 그중에서도 잊지 못할 상봉의 하나는 작곡가 박시춘(朴是春)과의 상봉이였다. 우리는 서로 손을 마주잡고 감개무량하여 눈시울을 적시면서 오래동안 이야기를 나누었다.

이야기를 나누는 과정에 그는 내가 북으로 들어온 이후 일제통치시기 내가 쓴 가사의 노래들은 금지되여 부르지 못했다고 하였다.

나는 놀라지 않을수 없었다. 일제통치시기 그래도 우리 민족의 스러져가는 정서를 살려 담은 노래들이였고 8·15후 별로 문제됨이 없이 부르던 노래들이였는데 내가 북으로 들어온 이후 그런 환난을 입으리라고는 생각지 못했던것이다.

박시춘과 이야기하는 과정에는 가요 〈신라의 달밤〉에 대한것도 나왔다. 그의 말에 의하면 내가 썼던 〈인도의 달밤〉이 〈신라의 달밤〉으로 되여버렸다는것이였다.

나는 다시 놀랐다. 〈인도의 달밤〉은 일제통치말엽, 식민지통치자들이 우리 겨레가 면면히 지녀온 민족의 넋, 민족의 정서마저도 말살하려고 조선말연극, 조선말노래마저 만들지 못하도록 악독한 폭압만행을 벌리던 시기에 쓴것이였다. 식민지노예처지의 슬픈 심정, 나라도 고향도 빼앗기고 정처없이 헤매는 방랑자의 서글픈 심정을, 당시 영국의 식민지노예로 신음하던 인도인민의 심정을 노래하는 방법으로 표현한것이 가요 〈인도의 달밤〉이였다.

아 인도의 달이여
마드라스교회의 종소리 울리다
지나가는 나그네야 걸음을 멈추어라
달빛어린 수평선 흘러가는 파도에
마음을 실어보자 방랑의 이 설음

당시 압박받고 천대받던 인도인민의 비통한 생활감정은 우리 민족과 공통한것이였다. 그들의 비가(悲歌)는 곧 우리의 비가였다.

나라없는 식민지방랑자의 설음! 이것이 이 노래의 주제인것이다.

망국의 방랑자는 잃어버린 나라와 고향에 대한 향수에 젖어 달을 보는것이요 마드라스항구교회의 종소리를 듣는것이다. 시에서 그 종소리는 단순한 교회의 종소리가 아니라 그리운것의 총체인 그 무엇이 방랑자의 가슴에 음향으로 울려오는것이였다. 달빛어린 수평선과 흘러가는 파도는 일제통치시기 망국의 설음을 안고 부산항을 떠나 이국으로 방랑하던 그때 현해탄에서 보던 그 달빛, 그 수평선, 그 파도와 다름이 없었다.

이러한 주제정서의 노래가 어떻게 〈신라의 달밤〉으로 될수 있겠는가.

아 신라의 밤이여
불국사의 종소리 들리여온다
지나가는 나그네야 걸음을 멈추어라
고요한 달빛 어린 금속산기슭에서
노래를 불러보자 신라의 밤노래를

고쳐진 이 가사를 보면 그 형식에서는 인도가 '신라'로 되고 교회의 종소리가 '불국사의 종소리'로 되고 달빛어린 수평선이 '달빛어린 금속산기슭'으로 바뀌여졌다. 이렇게 함으로써 남조선괴뢰들은 망국인 방랑자의 설음을 통탄한 이 노래를 신라회고(新羅懷古)의 밤노래로 내용을 완전히 바꾸어버린것이다.

신라도 물론 세나라시기 우리 겨레가 살던 나라의 하나였다. 그러나 남조선괴뢰들이 무슨 목적으로 우리 나라에서 첫 통일국가였던 고려나 국력이 제일 강하고 애국심도 가장 높았던 고구려에 대해 말하는것은 달가와하지 않으면서 외세와 야합하여 동족의 나라들을 멸망시켰던 신라만을 그처럼 내세우고 있는지는 잘 알려져있다. 그들은 이때부터 벌써 하나의 가요까지도 저들의 외세의존정책과 사대매국행위, 북침전쟁소동과 영구분렬책동을 합리화하고 남조선인민들속에서 북과의 동족의식과 통일열망을 말살하는데 악용하고있었던것이다.

원작에 대한 남조선괴뢰들의 이러한 태도를 무엇이라 해야 할것인가. 량심을 가진 지성인이라면 누구나 분개할 일이라고 생각한다.

나는 격분을 금할수 없었다. 량심의 문화도 무참히 짓밟히는 외세지배하의 남조선풍토와 북으로 들어간 작가의것이라 하여 금곡령을 내리고 위조행위를 일삼는 장본인들에 대하여……

그때 나는 다시는 〈인도의 달밤〉 같은 망국인의 노래는 쓰지 않으리라는 의지의 불길을 안고 락동강화선천리에까지 나갔던 것이다. (계속)

〔민족의 력사와 대중가요〕 ⑤

잊을수 없는 가요들에 대한 범죄적위조행위

금지된 가요들

조령출, 『朝鮮新報』, 1988.3.30

나는 최근시기 남조선에서 출판된 『한국가요반세기』라는 책을 보게 되였다.

이 책이 진정 반세기의 가요사를 서술한것이라면 공정하게 민족문화사적량심에서 그 시기시기의 전형적인 노래들, 인민대중속에 깊이 침투되여 생명력이 있었던 가요들을 무시하지 말았어야 할것이다. 더우기 일제통치시기의 애국적인 노래와 민족적정서를 담은 노래들을 옳게 평가했어야 할것이다.

그런데 여기에는 〈서귀포 칠십리〉, 〈울며 헤진 부산항〉, 〈락화삼천〉, 〈집없는 천사〉, 〈락화류수〉 등 수많은 노래들이 제외되였다.

이 노래들은 일제가 조선민족에 대한 억압착취를 강화하면서 우리 인민의 민족성을 영원히 말살해버리려고 악랄하게 책동하던 1930년대후반기로부터 1940년대초기까지의 사이에 나온 노래들이다.

이 노래들은 우리 인민의 생활감정과 민족정신의 한줄기 숨결이나마 담아보려고 발버둥친 시혼(詩魂)들이다.

북으로 들어온 사람이 가사를 쓴것이라 하여 이노래들을 모두 말살한다면 그들을 보고 어찌 조선민족의 넋을 지녔다고 할수있겠는가. 을사오적만 어찌 매국노라 하랴. 이러한 조치를 취한자는 간악한 외세 미제이며 그 추악한 주구 오적의 후예들이다.

우선 〈서귀포 칠십리〉를 놓고 보자.

당시 많은 사람들이 공감을 가지고 이 노래를 불렀다. 나는 이 노래에

'그리움'에 대한 애절한 망국인의 심정을 담아 가사를 썼던것이다.

망국인이 그리워하는것이란 무엇이겠는가? 그것은 선조의 분묘가 있고 자기의 동심시절의 발자취가 력력한 고향과 조국이였다. 서귀포 칠십리의 그모든것에 의탁하여 나는 그리운 그것을 노래하였었다.

바다물이 철썩철썩 모래 젖는 서귀포
진주 캐던 아가씨는 어데로 갔나
자개알도 그리워라 쌍돛대도 그리워
서귀포 칠십리에 물새만 운다

자개알이 철썩철썩 물에 젖는 서귀포
조개 줏던 아가씨는 어데로 갔나
저녁달도 그리워라 저녁별도 그리워
서귀포 칠십리에 황혼이 진다

여기에 노래한 그리운 그것 진주 캐고 조개 줏던 아가씨, 자개알, 쌍돛대, 저녁달, 저녁별 그 모든것은 그립고 그리운 고향과 조국의 분신(分身)들이였다. 하기에 나자신도 당시 거리에서 들려오는 이 노래를 들을 때면 눈물을 흘리기도 하였다.

어찌 이러한 노래가 금지되고 『한국가요반세기』에서는 이름도 찾아볼수없어야 한단 말인가.

〈락화삼천〉도 그 당시 모르는 사람이 없던 노래이다.

이 노래에서는 6백여년의 력사를 가진 백제가 외래침략세력에게 하루아침에 무너진 비운을 노래하는 방법으로 리조 5백 년의 조선이 왜적에게 하루아침에 망국이 된 비운을 통탄하였다.

반월성너머 사자수 보니
흐르는 붉은 돛대 락화암을 감도네
옛꿈은 바람결에 살랑거리고
고란사 저문 날에 물새만 운다
물어보자 락화삼천 간곳 어데냐
물어보자 락화삼천 간곳이 어데냐

백화정 아래 두견새 울어
백마강 굽이굽이 천년꿈이 새롭네
림해루 옛터전의 저녁연기는
무심한 강바람에 날아오른다
물어보자 락화삼천 간곳 어데냐
물어보자 락화삼천 간곳이 어데냐

여기서 말하는 락화삼천, 간곳이 어데냐고 울부짖는 그것은 바로 조선의 넋이였다.

그러기에 일제놈들은 이 노래에 금곡령을 내리고 나에게 대중가요를 많이 썼다는 '죄'를 들씌우며 위협해나서기까지 하였었다.

그 사상주제적내용에 겁을 먹고 일제가 부르지 못하게 하던 노래를 일제가 패망한 이후에도 계속 부르지 못하게 하는자들이야말로 우리 민족의 철천지 원쑤 침략자들이고 쓸개빠진 매국역적들이 아닐수없다.

일제통치시기에는 민족의 비운으로 슬픈 노래들이 많았으나 이럭저럭 살아보자는것이 아니라 그래도 밝은 지향의 노래, 희망의 노래도 있었다.

그러한 노래의 하나가 〈락화류수〉일것이다.

이 강산 락화류수 흐르는 봄에

새파란 잔디 얽어 지은 맹세야
세월의 꿈을 실어 마음을 실어
꽃다운 인생살이 고개를 넘자

이 강산 흘러가는 흰구름속에
종달새 울어울어 춘삼월이냐
홍도화물에 어린 봄물결 우에
이 강산 봄소식을 편지로 쓰자

오늘 다시 회상하여보아도 밝은 지향을 주는 노래이다.

나는 나의 시고(詩稿)들을 남조선에 두고왔기때문에 이 노래 가사 원본을 가지고있지 못했다. 내가 가지고있던 음판들도 지난 전쟁시기 모두 마사졌다.

몇해전에 나는 이 노래가 수록된 음판을 구하여 들어보았다. 이 노래의 3절에는 "행복의 물새 우는 포구로 가자"라는 구절이 있는데 나는 레코드에서 흘러나오는 이 구절을 들을 때 눈시울이 뜨거워졌다.

행복의 물새 우는 포구!

그것은 나뿐이 아니라 우리 겨레모두의 희망이였고 리상이였고 꿈이였다.

민족의 태양 김일성장군님께서 계시는 공화국북반부에서 나는 그처럼 념원하던 '행복의 포구'를 찾았고 인생말년에 이르기까지 복락을 누릴수 있게 되였으니 어찌 눈시울 뜨겁지 않았겠는가.

〈락화류수〉는 리봉룡이 작곡도 잘하였고 남인수가 부르기도 잘한 노래였다. 지금도 밝은 서정의 선률, 가창자의 청아한 소리는 나의 귀전에 사무쳐 회고의 정을 자아낸다.

『한국가요반세기』에 묻노니 이러한 밝은 지향의 노래는 문밖으로 내쫓기고 그럭저럭 살아보자고 하는 〈산팔자 물팔자〉와 극도의 동물적선정(煽情)을 추구하는 〈기타부기〉와 같은 노래들은 꽃방석에 올라야하겠는가? (계속)

〔민족의 력사와 대중가요〕 ⑥

잊을수 없는 가요들에 대한 범죄적위조행위

량심과 가요

조령출, 『朝鮮新報』, 1988.4.1

남조선에서 출판된 가요집들을 보면 〈꼴망태목동〉, 〈화류춘몽〉, 〈진주라 천리길〉, 〈코스모스탄식〉 등 일제통치시기 내가 가사를 썼던 노래들에서만도 작사자와 가사를 뜯어고치는 위조행위를 감행한것이 한두가지가 아니다.

〈꼴망태목동〉은 해방전 민요가수 리화자(李花子)가 인기를 독차지하고 있을때 〈어머님전상서〉 등과 함께 가장 많이 부른 노래다.

꼴망태 둘러메고 소를 모는 저 목동
고삐를 툭툭 채며 코노래를 부르다가
이랴 이소 어서 가자 정든님 기다릴라 응

석양산 바라보며 소를 모는 저 목동
곰방대를 툭툭 털어 잎담배를 피워물며
이랴 이소 어서 가자 정든님 기다릴라 응

여기에는 우리 나라의 농촌정서가 담겨있고 생활적인 시어의 운률이 곡의 특성을 이루고있다.

1938년경에 나는 작곡가 김룡환과 민요가수 리화자와 함께 강원도의 산간마을에 잠시 머무른적이 있었다. 김룡환은 원산사람으로서 나는 이미 그와 그의 누이, 동생들과도 친교가 있었다. 그는 흥취있는 민요를 많이 작곡하였다.

이곳에서 우리는 산촌농가 목동의 생활을 담아 이 민요를 지었고 계속하여 〈어머님전상서〉 등 여러 편의 민요를 창작하였다. 그후 이 민요들은 유명한 민요로 되였다.

그런데 놀라운것은 남조선에서 출판된 『흘러간 옛노래』에는 이 노래의 작사자가 추미림으로 바뀌여진것이다. 그러면 1930년대 후반기에 나온 리화자의 그 유명하던 민요 〈꼴망태목동〉이외에 다른 〈꼴망태목동〉이 또 있었단 말인가. 이것은 말도 되지 않는다.

남조선괴뢰들은 내가 쓴 〈화류춘몽〉도 추미림 작사로 위조하였다.

『한국연예대감』이란 책에서는 내가 쓴 〈진주라 천리길〉의 작사자도 바꾸어버렸다.

〈진주라 천리길〉은 임진조국전쟁시기 의기 론개가 왜장을 안고 강물에 떨어져 장렬히 죽은 그 애국의 사연이 깃든곳, 진주 촉석루와 남강을 노래한것이다. 나라의 넋을 찾아 진주라 천리를 갔건만 론개의 넋은 어디 가고 촉석루에는 달빛만 나무기둥을 안고 흐느껴울뿐 타향살이심사를 위로할줄 모르는것이다. 여기서 타향살이설음이란 제 나라땅에 살아도 주인노릇을 못하고 이리저리 쫓기우며 천대만 받는 설음이였다.

나는 당시 이 가사에 조령출이나 조명암이라는 이름이 아니라 리가실(李佳實)로 이름을 밝혔었다.

당시 이 노래는 사람들에게 공감을 주며 널리 불리워져 남녀로소 모르는 사람이 거의 없었다. 오늘도 50대이상 사람들은 이 노래를 기억하며 감개무량한 마음으로 대한다.

일제통치시기 이미 대중의 소유로 되였던 〈진주라 천리길〉은 리가실 가사의 그것 하나뿐이였는데 오늘 남조선에서 출판된 『한국연예대감』이란 책에는 이 노래가 리부풍(李扶風) 작사로 바뀌여졌다.

황금심의 인기가요였던 〈알뜰한 당신〉 역시 리가실 작사, 즉 나의 가사였는데 『한국가요반세기』에서는 리부풍 작사로 위조되였다.

나는 리부풍을 8·15전부터 잘 알뿐아니라 허물없이 지낸 사이였다. 나는 그가 스스로 이런 비량심적인 행위를 하였으리라고는 생각지 않는다. 이것은 분명히 남조선파쑈분자들이 저지르고있는 범죄행위의 산물이다.

마지막으로 가요 〈코스모스탄식〉의 실례를 하나 더 들려 한다.

코스모스 피여날 때 맺은 인연도
코스모스 시들으니 그만이드라
국경없는 사랑이란 말뿐이더냐
울면서 헤여지는 두만강 다리

코스모스 피여날 때 다정든 님도
코스모스 시들으니 그만이드라
구름같은 인정이라 날려가더냐
봄없는 내 청춘이 한이로구나

이 가요는 불행한 세상에서 빚어진 리별의 슬픔을 노래한 것이다. 두만강을 사이에 두고 넘나드는 사람들속에 얽혀진 인연과 리별, 어쩔수 없는 리별에 대하여 미처 리해못하는 순정의 녀인의 슬픔을 노래하였다.

1939년에 나온 이 노래는 그 시기 널리 알려졌던 추억의 노래의 하나이다. 그런데 남조선에서 얼마전에 출판된 『대중가요곡집』에는 그때의 노래라고 하면서도 박남포 작사로 이름을 바꾸어놓았고 가사도 뜯어고쳤다.

당시 '오케'레코드에는 박남포란 작사자가 없었다. 력사가 이를 어찌 허용하랴.

고쳐진 가사를 보자.

코스모스 피여날 때 맺은 첫사랑
코스모스 시들으니 그만이드라
산을 두고 지은 맹세 말뿐이더냐
철없이 매달리는 한강의 다리

보는것처럼 별로 달라진것이 없고 다만 '두만강다리'를 '한강다리'로 바꾸어놓았지만 이것은 당시 혁명의 풍운이 설레이던 두만강의 사회적환경 대신에 인정비극으로 투신자살이나 하는 한강으로 장소를 바꿈으로써 원작의 시의를 모독하고있다.

남조선괴뢰들은 내가 북으로 들어왔다는 한가지 리유로 가요계에서 내 이름을 지워버리고 내가 쓴 가사들의 시의도 저들의 범죄행위에 맞게 뜯어고치고있다. 다시말하여 이 보잘것없는 시인까지도 반공대결의식고취와 민족영구분렬책동의 희생물로 삼고 있는것이다. (계속)

〔민족의 력사와 대중가요〕 ⑦

잊을수 없는 가요들에 대한 범죄적위조행위

글을 마감하면서

조령출, 『朝鮮新報』, 1988.4.4

1948년 북으로 들어온 당시 내 나이는 30대 중엽이였고 그때는 아직 젊은 시절이였다. 그때로부터 세월은 흘러 내 나이도 어느덧 70고령을 훨씬 넘어섰다.

공화국북반부로 들어온 이후 나의 생활과 창작에서는 실로 커다란 전변이 일어났다.

지난 40년간 나는 위대한 수령님과 친애하는 김정일 선생님의 두터운 신임과 배려 속에서 씨나리오창작사(현재 영화문학창작사) 초대주필, 조선문학예술총동맹 중앙위원회 부위원장 등 문예부문의 중요직책에서 사업하였다.

또한 모든 조건이 충분히 보장되는 가운데 창작사업에도 전념하여 〈조국보위의 노래〉, 〈압록강 2천리〉, 〈모란봉〉 등 여러 건의 가사를 썼으며 시와 희곡들도 여러편 내놓았다.

그 기간 과분하게도 국가에서는 별로 한 일도 없는 나에게 '김일성상'계관인의 영예도 안겨주고 국기훈장제1급을 비롯한 높은 국가표창도 여러번 안겨주었다.

위대한 수령님과 친애하는 지도자선생님께서 돌려주시는 뜨거운 사랑과 배려가 계심으로 하여 80나이를 눈앞에 바라보게된 오늘도 나는 혈기왕성하여 시와 장편소설을 쓰고있다.

공화국북반부에 들어와 생활하는 기간 참된 생활의 행복, 창작의 자유란 어떤것인가를 체험하였고 우리 나라 반만년력사에서 가장 위대한 조국에 살고 가장 위대한 민족으로 사는 그 높은 존엄과 영예가 어떤것임을 체험하였다.

나에게 한이 있다면 두가지뿐이다. 하나는 받아안은 행복과 사랑, 은정에 보답하지 못하고 인생말년을 맞이하게 된것이며 다른 하나는 아직 조국이 통일되지 못하여 분렬된 민족의 슬픔을 가시지 못하고있는것이다.

미제의 남조선강점으로 하여 우리는 북과 남으로 갈라져 어느덧 40여년이 되였다. 나라의 분렬은 우리 동포들이 겪고있는 모든 불행과 고통의 화근으로 되고있다. 이 분렬로 하여 북으로 들어온 작가의 작품에 대한 탄압과 모독도 파생된것이 아니겠는가.

우리는 북과 남에 갈라져있어도 한겨레요 다시 만날 사람들이다. 그러기에 우리 겨레는 하루빨리 통일되기만을 바라는것이다.

우리 북남의 겨레가 손을 잡고 힘을 합친다면 얼마든지 통일의 길을 열수있고 상봉의 마당에서 기쁨의 눈물을 흘릴수 있을것이다. 이러한 신념으로 통일의 길에 몸과 마음을 다 바침이 우리의 신성한 의무로, 량심으로 된다.

민족공동의 재부인 민족문화유산을 귀중히 여기고 보존하며 발전시키는것은 나라의 통일을 위해서도 절실히 필요한것이다.

그런데 앞에서 서술한바와 같이 북으로 들어온 사람의 작품이라 하여 금령을 내리고 창작가와 작품내용을 위조하는 전고미문의 불미한 행위를 하는 남조선위정자들을 두고 무엇이라 해야 할것인가. 참으로 통분할 일이다.

미제와 남조선괴뢰도당은 북남의 겨레가 서로 반목질시하고 적대적관계를 유지할것만을 바라고있으며 우리 겨레를 새 전쟁, 핵전쟁의 희생물로 삼으려하고있다. 그들은 북남의 겨레가 힘을 합치는것을 가로막고 우리 나라에 '두개 국가', '두개 민족'을 존속시키려 하면서 남조선 인민들에게서 민족의 넋, 애국심을 깡그리 말살하려하고있다.

그러나 미제와 남조선괴뢰들은 그 어떤 술책으로써도 민족의 력사를 변경시킬수 없으며 그들의 범죄행위는 후세에까지 알려져 천추만대를 두고 규탄을 받을것이다. 력사기록을 바꾸어버리려는 그들의책동은 민족의 량심, 인류의 량심이 결코 용허치 않을것이다.

해내외의 전체 우리 겨레는 사상문화분야에서의 '두개 조선' 조작책동의 산물로서 남조선인민들속에서 동족일체감을 말살하고 민족이질감을 고취하며 나아가서는 '이국'적이고 배타적인 감정으로 공화국북반부 겨레들을 대하게하여 민족분렬영구화의 밑바탕을 마련하려고 미제와 남조선괴뢰도당이 잊을수 없는 가요들에 가하는 반역적범죄행위를 지체없이 분쇄해야 한다.

우리 문화인들은 민족의 재부인 귀중한 문화유산을 애호보존하며 연구발전시키기 위해서도 남조선에서 외세와 매국세력을 청산하고 나라의 통일을 이룩하기 위한 투쟁에 한사람같이 힘차게 떨쳐나서야 할것이다. (끝)

위대한 령도, 불멸의 업적

새로운 극작술을 마련해주시며

조령출, 『문학신문』, 1991.11.8

우리가 친애하는 지도자동지로부터 현실주제의 새로운 혁명가극 한편을 책임지고 만들데 대한 과업을 받은것은 1972년 11월 27일이였다.

이날 친애하는 지도자동지께서는 혁명가극 〈꽃파는 처녀〉 창조에서 해결하여야 할 문제들을 하나하나 일깨워주시고 그 해결방도들을 현명하게 밝혀주신 다음 위대한 수령님의 크나큰 은덕아래 꽃펴나는 우리 나라 사회주의제도의 우월성을 반영하는 가극 〈금강산처녀〉를 문예총에서 맡아 만들데 대한 과업을 주시였다.

친애하는 지도자동지의 크나큰 믿음에 우리는 진정 몸둘바를 몰랐다. 그것은 이렇듯 분에 넘치는 믿음을 받아본적이 일찌기 없었기 때문이였다.

대본창작은 물론 작곡과 안무, 무대미술을 비롯하여 자체의 힘으로 새 혁명가극을 창조해야 하는 이 방대한 과업을 과연 우리들이 원만히 수행해낼수 있겠는가 하는 위구심도 없지 않았다.

우리의 이러한 심정을 헤아리신 친애하는 지도자동지께서는 인자하신 미소를 띠우시고 사랑이 넘친 음성으로 가극 〈금강산처녀〉를 만들어놓고 위대한 수령님의 주체적인 문예방침을 관철하는 투쟁에서 거둔 성과와 혁명가극 〈꽃파는 처녀〉를 비롯한 가극창조사업에서 거둔 성과들을 총화할데 대하여 말씀하시였다.

진정 이 말씀속에는 우리 문예총 일군들과 창작가들을 당의 문예전사로 튼튼히 키워주시려는 친애하는 지도자동지의 높은 뜻이 담겨져있으며 우리 문예전사들모두가 당의 영원한 동행자, 충실한 방조자, 훌륭한 조언자로, 우리 당 문예로선의 견결한 옹호자, 철저한 관철자로 되기를 바라시는 그이의 한량없는 믿음이 깃들어있었던것이다.

친애하는 지도자 김정일동지께서는 다음과 같이 지적하시였다.

"문학예술작품이 자기의 고유한 특색을 가지지 못하면 문학예술로서의 생명을 잃게 됩니다. 그러므로 작가, 예술인들에게는 언제나 새롭고 독창적인것을 발견하고 개척하려는 탐구정신이 강하여야 합니다."

얼마후 가극창조집단이 무어졌고 우리는 모두 충성의 일념을 안고 창작전투를 벌리였다.

그러나 전투가 심화될수록 새로운 혁명가극을 창조한다는것이 결코 쉬운 일이 아니라는것을 점점 더 깊이 느끼게 되었다. 노래 한 곡을 고르는 것도, 한장면의 무대미술원화를 선정하는것도 간단한 문제가 아니였다. 참으로 한걸음을 옮길 때마다 고심어린 노력을 경주하여야만 하였다.

가극창작의 모든 부문들이 다 그러하였지만 그중에서도 특히 어렵게 진행된것은 작곡이였다. 주인공들의 성격에 맞는 명곡을 창작해내는 문제는 여간만 힘든 일이 아니였다.

수십편의 노래를 지어놓고 한편의 곡을 골랐고 그래도 마음이 놓이지 않아 일부 동무들은 선정해놓은 노래들을 친애하는 지도자동지께 미리 결론을 받자고 하였다.

하지만 우리 창조집단은 이제는 제발로 걸어나가야 한다고 간곡히 깨우쳐주신 친애하는 지도자동지의 그 믿음의 말씀을 다시금 가슴에 새기며 탐구와 사색을 거듭하였다.

난관은 작곡에서만 제기되는것이 아니였다.

극조직문제를 비롯하여 가극전반에 걸쳐 어느것하나 순조롭게 풀리는 것이 없었다.

우리는 이때처럼 자신들의 힘이 부족함을 통절히 느껴본적은 없었다. 참으로 친애하는 지도자동지의 가르치심이 한없이 그리웠다.

바로 이러한 때인 1973년 3월 6일 친애하는 지도자동지께서는 또다시 우리를 찾아 평양대극장에 나오시였다.

해빛같이 밝은 그이의 미소와 한없이 정겨우신 그 음성앞에서 우리모두는 지금까지 쌓였던 시름이 한순간에 다 풀리는듯하였다.

그이께서는 먼저 무대미술원화들을 보아주시며 지도하여주신 다음 이번에 창작된 노래들을 들어보자고 말씀하시였다.

어떤 노래는 록음한 것으로 또 어떤 노래는 배우들의 노래를 직접 들으시면서 한곡한곡 노래를 선정해주시였다.

밤은 소리없이 깊어가고 시계의 초침은 천금같이 귀중한 시간의 흐름을 새기며 달리고있었지만 친애하는 지도자동지께서는 깊은 사색에 잠기시여 두번세번 노래를 들으시였다.

우리는 노래 한곡을 선택하시는 데서도 그처럼 깊이 생각하시고 예리하게 분석하시는 그이의 빛나는 예지와 숭고한 풍모앞에서 자신들의 창작적 자세와 열정에 대하여 다시금 돌이켜보지 않을수 없었다.

그때까지만 해도 우리들딴에는 가극작품을 자체의 힘으로 완성해내기 위해 연구도 깊이 하고 열정과 지혜도 다 쏟아붓고있다고 생각해왔었다.

그러나 친애하는 지도자동지께서 새로운 혁명가극의 창조를 위해 불면불휴의 탐구와 노력을 기울이시는데 비해볼 때 전문창작가들인 우리들의 열정과 노력이 얼마나 먼 거리에 있었는가를 통절히 느끼지 않을수 없었다.

친애하는 지도자동지께서는 적지 않은 곡들은 매우 좋다고 평가하시며 친히 가극의 노래로 정하여주시였다.

그리고 몇곡의 노래들은 다시 써야 하겠다고 지적하시면서 가극의 노래들을 창작완성하는데서 지침으로 되는 귀중한 가르치심을 주시였다.

이리하여 우리들이 갈피를 잡지 못하고 모대기던 문제들이 그이의 비범한 예지로 하여 환히 밝혀지게 되였다.

그이께서는 가극의 무용작품들에 대해서도 세심한 지도를 주시면서 금강마을 과수원장면에는 무용소품 〈사과풍년〉을 넣도록 하라고 가르쳐주시였다.

순간 우리는 눈앞이 환히 트이는것을 느꼈다.

그것은 바로 금강마을 과수원장면에서 걸리고있던 무용문제를 훌륭히 해결하여주셨기때문이였다.

이날 친애하는 지도자동지께서 주신 가르치심은 새 가극을 창조하는 우리 집단에 새로운 힘을 주었고 창조의 불길을 더욱 힘있게 지펴주었다.

우리는 앙양된 창작적열정을 안고 긴장된 전투를 벌려나갔다.

그런데 창조과정에 일부 동무들 속에서는 작품의 극적갈등관계를 더 예리하게 하자는 의견도 제기되였고 어떤 동무들은 황석민부부의 리별장면에서 비극적생활바탕을 더 진하게 줌으로써 그들의 상봉장면에서 감동을 더 크게 주도록 하자고 주장하기도 하였다. 그리하여 황석민의 딸 순이의 동생으로 목란이라는 젖먹이를 더 설정하여 그 어린것이 비극적으로 죽게되는 생활을 더 넣었다. 뿐만아니라 상봉장면에서 감동을 돋구기 위해서 주인공 황석민이가 금강마을에 내려가 안해를 먼저 만난 다음 그와 함께 평양으로 올라가 극장무대에서 딸을 만나게 하는 등 '대담한' 수정작업을 하기도 하였다.

바로 이러한 때에 친애하는 지도자동지께서 시연회를 보아주신다는 기쁜 소식이 전하여졌다.

친애하는 지도자동지께서는 이 작품을 잘 만들어야 하기때문에 회의도 중이였지만 나왔다고 말씀하시면서 문예총의 솜씨가 어떤지 한번 보자고 웃음을 지으시며 객석으로 들어가시였다.

가극의 서막이 오르자 우리의 심장은 높뛰고 가슴은 진정할수없이 설레였다.

작품을 다 보아주신 친애하는 지도자동지께서는 잠시 생각에 잠기시였다가 우리들을 돌아보시며 부드러우신 음성으로 이 가극은 한 작곡가의 생활을 기본으로 그린것만큼 가극제목을 〈금강산처녀〉로 하는것보다

〈금강산의 노래〉로 하는것이 더 정확하다고 말씀하시였다.

순간 우리는 가슴이 뭉클해졌다.

친애하는 지도자동지의 말씀을 구절구절 가슴에 새겨갈수록 우리들은 커다란 자책감에 휩싸여졌다.

사실 친애하는 지도자동지께서는 이미 오래전부터 위대한 수령님께서 마련해주신 우리 나라 사회주의제도의 우월성을 노래하는 작품을 구상하고계시였으며 가극의 대본과 노래들 그리고 무대원화들을 지도해주실 때 벌써 그 형상방도에 이르기까지 다 가르쳐주셨던것이다.

그러나 우리 창조집단은 친애하는 지도자동지의 그 구상과 의도를 바로 리해하지 못하였기때문에 그이의 높으신 뜻을 제대로 받들어가지 못하고있는것이였다.

친애하는 지도자동지께서는 자책감에 잠겨있는 저희들에게 너그러운 미소를 보내시며 다시금 작품의 주제와 양상적특성에 맞게 사회주의현실주제의 가극을 창작하는데서 나서는 제반 미학적문제들을 심오히 밝혀주시는것이였다.

친애하는 지도자동지께서는 우선 사회주의현실주제의 작품창작에서 갈등에 관한 문제에 명확한 해명을 주시였다

지금까지 극에는 의례히 갈등이 설정되고 그것이 예리하고 심각할수록 극성이 강화되고 극적흥미가 보장되는것으로 간주되여왔다.

친애하는 지도자동지께서는 사회주의사회의 계급관계와 그 반영으로서의 예술적갈등문제를 깊이 통찰하신데 기초하시여 사회주의 현실주제의 작품에서는 갈등이 없이도 훌륭한 극작품을 만들수 있다는 새로운 진리를 밝혀주시면서 이것은 이미 가극 〈은혜로운 해빛 아래〉를 지도할 때 이야기한 문제이라고 말씀하시였다.

그런데 우리들은 지난 시기 주체적문예리론의 진수를 깊이 체득하지 못한데로부터 갈등이 없는 가극작품에서 어떻게 감동과 흥미를 보장할수

있겠는가 우려하면서 확고한 방도를 찾지 못하고있었던것이다.

예술영화 〈금강산처녀〉에서는 순이가 아버지를 찾는 이야기를 줄거리로 하고있지만 신인을 육성하는데서 나타나는 보수주의와의 갈등을 중요하게 취급하였다.

그러나 가극에서는 이러한 갈등관계를 없애고 순이모녀와 그 아버지와의 비통한 리별과 감격적인 상봉의 이야기선을 끌고가면서 눈물의 금강이 어떻게 락원의 금강으로 되였는가 하는것을 보여주도록 하였던것이다.

그런데 감동을 주지 못하는 원인을 갈등문제에 있다고 우리는 생각하고있었다.

친애하는 지도자동지께서는 작품이 내포하고있는 부족점들과 허약한 대목들을 예리하게 통찰하시고 감동을 주지 못하는 원인은 갈등문제에 있는것이 아니라 극의 초점문제를 옳게 해결하지 못한데 있음을 밝히시면서 주인공이 안해와 생리별을 하는데 초점을 두고 등장인물들과 함께 관중이 비극속에 파묻히게 하여야 한다고 가르치시였다.

초점문제!

참으로 그것은 우리 창조집단이 관심을 돌리지 못한 문제였다.

우리는 부부리별장면의 비극을 강조한다고 하면서 순이의 동생 목란이를 설정해놓고 그의 죽음으로 비극을 더 보태였던것이다. 그런데 이것은 비극의 초점이 부부리별에 집중되는것이 아니라 목란이의 죽음에로 쏠리게 됨으로써 부부리별의 비극은 오히려 뒤로 밀리게 되고말았던것이다. 뿐만아니라 20년만에 부부가 서로 상봉하는 장면의 감동까지도 손색을 주게 되였던것이다.

우리는 또한 주인공이 금강마을로 달려가서 안해를 먼저 만나게 하고 그와 함께 평양으로 가서 딸을 만나게 하였던것이다.

친애하는 지도자동지께서는 이러한 설정의 부당성을 명철하게 분석하시고 작품이 잘 안된 근본원인이 극의 초점을 옳게 해결하지 못한데 있다는것을 밝혀주시면서 극조직과 감정조직에서 생명으로 되는 극의 초점문제를 구체적으로 가르쳐주시였다.

그이께서는 주인공이 평양의 극장무대에서 딸을 만나고 금강마을로 가서 마지막에 안해를 만나게 함으로써 딸보다 안해를 만나는데서 정서가 더 깊어지게 하도록 구체적인 가르치심을 주시였다.

그리고 안해와 만나는 장면이 오르지 않는것은 딸보다 어머니의 생활을 적게 보여준것과도 관련되여있다고 하시면서 죽은 아이선은 결정적으로 빼고 부부생활을 더 보여주어야 한다고 세세히 가르쳐주시였다.

이렇듯 극의 초점문제를 옳게 해결하도록 하여주심으로써 갈등이 없이도 가극을 훌륭한 명작으로 완성할수 있게 하는 열쇠를 찾아주시였던것이다.

새로운 극작술의 열쇠로서의 초점문제! 이것은 그 누구도 아직 발견하지 못한 또하나의 주체적인 극작술의 위대한 발견이다!

나는 마음속으로 이렇게 부르짖었다. 나뿐이 아니라 우리 모든 일군들과 창작가들이 흥분과 감격으로 설레는 가슴을 안고 그이를 우러르고 또 우러렀다.

4부_

관련 자료

1933년의 詩壇의 回顧와 展望 (五)

金起林, 『朝鮮日報』, 1933.12.12

現代詩는 技術의方面에 잇서서 여러가지의 새로운方法을 開拓하엿다

나는지금 主로 雜誌 『新女性』의 詩欄을 通하야 쑤준히 빗다른詩를 보여주는 한사람의숨은 詩人에 대하야 讀者의注意를 喚起하려고하는것이다

새로운詩人 朴載崙씨는 今年中에 『新女性』에 發表한 몃 篇의 詩로만도 그는 現在의 詩壇의 一般的水準보다 노픈 實力에到達한것을 스스로 말하엿다

그가 驅便하는 이메—지(影像)은 決코傳統的인것은아니다 그러한 特異한 이메—지를 連結하야 비저내는그의 메타폴라(隱喩)는자못含蓄만흔思想의 衣裳과 기픠를 가지고 잇다

勿論 우리들의先驅者 鄭基[芝—편자]鎔씨가 그의天才的인 詩에서의미 試驗한것이지만 詩人 朴載崙씨는 그의詩에서 恒常릭슌(語法)의美에대한 周到한注意과 彫啄을 베풀고잇다

다만 單語 그것의 美보다도 單語와 單語의 位置와 配置에 依하야 생겨나는 意味의 香氣를 자아내려고 하는곳에 그의릭슌의 特徵이 잇는것갓다

그는 의미 매우 老熟한詩境에 到達하고 잇스나 우리는 오히려 이詩人의 今後의 努力에 만은것을 期待하고십다

趙 靈 出

다음에 나는 한개의 커—다란 素材에대하야 이야기하려다

幾多의詩를 통하야趙靈出씨가 우리에게 보여준것은 한개의 큰 希望이며 約束이며野心이다 西洋詩에잇서서 都會라고하는것이 斷片的이아니고 한 詩의 當當한主題로서 노래되기시작한것은 내가 記憶하는 範圍에서는 멜하—렌으로써 濫觴이아닌가한다

그때까지는 田園은詩의 唯一한寵兒엿다 朝鮮에잇서서는都市그것을 完全히 그詩속에消化한詩人은 나오지안엇다

그런데 우리는 趙靈出씨에게서 都會詩人으로서의 非凡한 素質을 發見하엿다 우리는이와는 아주反對인 辛夕汀씨의 牧歌도 否定하지는 안엇다 그러고 여기에또 한사람의 優秀한 都會詩人이 잇다고하면 그도 우리는歡迎할 것이다 그러함으로우리의 詩의視野는 더넓은領土를 가질수잇기때문이다

趙靈出씨의 詩속에서또한남달리 빗나는것은윗트(機智)의片鱗이다 그런데윗트는 실로새로운詩의 큰特徵의하나다로맨티스즘이후 어제까지의詩人은 이윗트를 非詩的인것이라고 하야極力排除하엿다 그代表的인 意見으로서 매듀-아-놀드의 다음말을 들을수잇다

"純粹한 詩와드라이덴 포-ㅂ프와 밋그流派의 詩사히의 區別은 簡單히 말하면 이것이다 그들의詩는그들의 윗트(機智)로써 채여젓는데 純粹한詩는 靈魂속에서 考案된것이다"

이말에대하야 英國의 저뛰여난女流詩人이-디스씻트웰은 무엇이라고 하엿는가

"그러나 호을로機智로서만考案되는것도아니요 그러타고 靈魂만으로도 考案되는것이 아니다 그것은 心情과 本能에와마찬가지와 피와皮膚의 表面에도 關聯한다"

事實 무서운詩人쟌콕토-의詩들에잇서서 윗트는얼마나 重要하엿는가 우리는 이윗트(혹은에스푸리)가 엇더케 새로운詩的歡喜를 이르킬수가잇는가를 의미 經驗하엿다

우리들의 趙靈出씨는 이윗트의 片鱗을만히가지고잇다

나는 前에내가한개의큰素材에대하야말하려고한다고前提햇다 그러타 그는 한큰素材다그가詩人으로써 큰足跡을남기고 안남기는것은 오로지今後의그의努力과工夫에잇다고생각한다

歌劇 〈假面舞蹈會〉

國都劇場(寶城前)

광고, 『東亞日報』, 1946.5.27

歌劇 假面舞蹈會

趙鳴岩　作並演出

鄭志樹 協助演出

李福本君贊助出演名컴비

李鍾哲君과의握手出演

도 하나의 異彩

드듸여 二十八日! 門은 열닌다!!

〈項羽와 虞美人〉

中國古典抒事詩

광고, 『東亞日報』, 1946.5.27

樂劇団 羅美羅 公演

趙鳴岩 編劇導演

補導演 金正燮

裝置 金貞恒

案舞 尹風 金敏子

照明 任彬 崔進

特別贊助出演 徐一星 梁白明 金敎聲

27日부터 國際劇場

〈論介〉를 보고

文生, 『自由新聞』, 1946.10.11

朝鮮의演劇界가 巨大한試鍊에 當面하야 서글피도 二十年前으로 도라가고잇는今日 斯界의 最精鋭를모은 藝術劇場〈論介〉를들고'國際'에 나타낫슴은 그것만으로도 저윽히기뿐일이다

趙 靈出의 올흔 作家精神은 副次的 下人階級을 周到히 驅使하야 壬辰亂當時 李朝社會의 一般民衆生活의 空氣를 舞台우에 그윽히풍겨 作品이 軍人과 佳人中心의 淺薄한 메로드라마가 되는것을 避하엿고 黨爭에썩은 官僚와 義兵隊의 將士와를 對照시키면서 當時의 政□[勢—편자]도 그려보여주엇다

演出者 安英一의 리리씨즘은 애련하게 全篇을 물드려 殺伐한 戰鬪씬가운데도아름다움을보여준다 다만 氏가間或즐겨試驗하는 演技의 □[様—편자]式化는 여러人物의 生氣를 減殺하고 特히 論介는 年前의 申思任堂과도가튼 失敗를하고말앗다

金一影의 裝置는오래간만에 보여주는 堂々한것으로 基本무台의 驅使도 自然스러웟고 特히 끗幕은 〈花郎道〉以來의 逸品이다 論介에 紛한金陽春은 그熱演은 可賞할만하나 미쓰캐스트엿다 哀調와 淸楚를 基調로하는 氏의 演技톤—으로는 場面場面에서 珠玉가튼 名演技를 보여줌에도 不拘하고 變化가적고 濃艶한 面이 업서 매力이업는 妓生이되고말앗다 여기에는 演出者도 多分의 責任이 잇다 朴學(象乾)은 鍊習不足인탓인지 台辭가 流暢하지못하고 役의性格도全體的으로뚜렷치못하다

乙福役의太乙民은 所謂名人式熱演이나 氏獨特한버릇이奧氣를發한다

曹鉉(張서방) 兪慶愛(銀只)河玉珠(養母)三氏의熱과努力은 놉피評價할만하다

〈偉大한 사랑〉

3·1記念 演劇祭, 本社 後援 26日부터 國都에서

기사, 『自由新聞』, 1947.2.21

三·一 운동은 일본제국주의에대한 우리민족의거족적인 민족항쟁사다 이날을 영원히기념하기위하야 본사후원으로 朝鮮文化團體總聯盟과 朝鮮演劇同盟에서는 산하단체중 文化 民衆 樂浪 藝術 自由革命등 연극체를 중심체로하야오는卄六日木부터 二주일간을 계속하야 國都극장에서 기념공연을하기로 되엿는데 제一부는 咸世德작 〈太白山脈〉全五幕六場을 李曙鄕演出 金一影장치로 제二부는 三월五일부터十一일까지 趙靈出작 〈偉大한 사랑〉全五幕을 安英一연출 蔡南仁장치로써 합동공연을하게되엿는데 이는 일직이조선연극계에서는 보지못한일대호화한 三·一기념연극제라하야 벌서부터장안의인기를 집중식히고 잇다한다

〈청사초롱〉 公演

樂劇 中堅 總動

기사, 『京鄕新聞』, 1947.4.6

해방이후불우한경제적환경과난마와같이얼크러진사조(思潮)가운데날로저속침체하여가는악극계에이룩하고자악극의중견이 총동원하여 혁신적대공연을 하기로 되었다그는 본사후원으로 四월七일부터 一주일동안 서울국도(國都)극장에서날마다 주야두번식 공연하기로 된조선악극단 十五주년 기념공연으로서 예제는 조명암(趙鳴岩)씨의 회심작 서정음악극 〈청사초롱〉 十경(景)이며 이번공연은 전체적으로 저조한 조선악극의 건전한새국면을 타개하려는 야심적 기획인만치 지금부터그성과가 매우주목된다

情緒 樂劇에 喝采

기사, 『京鄕新聞』, 1947.4.9

〈청사초롱〉 熱演大人氣

朝鮮樂劇團 15周年紀念公演

침체한 조선악극(樂劇)의획기적 비약을 목표로하여 지난 七일부터 一주일예정으로 하로에밤과 낮 두번식 서울국도(國都)극장에서 막을연 조선악극단十五주년기념공연은성황가운데 첫날을 마치고 제二일인八일에는 보슬비가나리는 구진날세 임에도 불구하고 앞을다투어 장내 가득히모여든 관중의 갈채를받으며낮공연을시작하였다 상연극본 서정음악극 〈청사초롱〉 十경(景)은 조명암(趙鳴岩)씨의 역작(力作)인만치 전연적으로조선의 정서(情緖)가 품기면서 상당한품격을 갖추었고 이와보조를 합하는 김정항(金貞恒)씨의 장치(裝置)와한상기(韓相基)씨의 음악 김정섭(金正燮)씨의 연출(演出) 백봉희(白鳳嬉)씨의 안무(案舞)등과아울러 송달협(宋達協)고운봉(高雲峰)김영필(金永弼)최성(崔城)유정희(劉貞姬)김백희(金白姬)이계선(李季宣)주애선(朱愛善)강윤복(康允福)등 정예(精銳)연기진의 열정적인연기는 악극의 독자적(獨自的)인매력을 강력하게 주창한바있었다 공연기일은 오는 十三일까지 할예정이며 개막은 낮에는오전열한시이고 밤에는 저녁여섯시부터이다

佛教藝術同盟結成

기사, 『京鄕新聞』, 1947.8.1

三十일 오후三시에 시내필동(筆洞)동국대학강당에서 불교예술인이 다수참집하여 불교예술 동맹을 결성하고목하극단 '예우극장'에서 상연준비중인 〈목련기〉(目蓮記)의밀양불교 영화사에서 제작중인 불교영화를 동동맹에서 인계하기로 결의하였다는바 동동맹 위원장에는 조영출(趙靈出)씨가선거되었다한다

佛教藝盟 映畵 製作

기사, 『自由新聞』, 1947.8.3

三十日結成된 佛教藝術同盟에서는 劇団 藝友劇場에서 上演準備中인 〈目蓮記〉의上演과 密陽佛教映畵社에서 製作중인 佛教映畵二種의 製作을 同同盟에서 引受키로決議하엿는데 同同盟의部署는다음과갓다

委員長 趙靈出　副委員長 金亞夫 金必濟 李禎洙　書記局長 鄭珉

고전에 충실하자

조령출 작 〈창극 춘향전〉에 대하여

『문학예술』, 문예총출판사, 1953.1

조선 연극 동맹에서는 지난 一一월 一九일 조령출 작 〈창극 춘향전〉」(七막 一二장)에 대한 합평회가 개최되였다.

회의에 참가한 인사는 조일명 부상을 비롯하여 김승구 윤두헌, 한원래, 안영일, 박태영, 박세영, 조운, 추민, 조령출, 라웅, 박동실, 안기옥, 정남희, 조상선 등 작가 및 무대 예술인 다수에 달하였는데 먼저 사회자 추민 동무는 우리의 고전으로 내려오는 「춘향전」을 아직도 이렇다 할만한 작품으로 각색하여 무대 위에 충분히 올려놓지 못하고 있는 이때 조령출 동무의 작품 〈창극 춘향전〉은 민족 고전을 계승 발전 시키는데 커다란 의의와 역할이 있을 것을 말하면서 이 날 고전에 조예 깊은 동지들과 합평회를 가지게 된 경유를 밝히였고 다음 보고자 김승구 동무는 요지 다음과 같은 보고를 진술하였다.

원본 춘향전에서 정리하고 각색하는 태도는 좋으며 더우기 어휘가 아름다워 성과가 크나 그러나 좀더 대담하게 각색했으면 좋았을 것과 리조 말엽의 인민 생활의 도덕적 풍모가 생활과 더불어 나왔으면 좋았을 것과 옥중 장면이 좀 더 집약되였으면 하는 것과 계급 관계에 있어 갈등의 비극이 대담히 그려져 있지 않다고 지적하면서 사회 제도를 비판하는 것이 예술적으로 과장되지 못했으며 새로운 것의 태동과 낡은 것과의 마찰이 불꽃 같이 일어나지 못하고 애정, 서정에 기우러지는 이 작가의 우점이면서도 결점이 들어나고 있으며 동헌 장면에 있어 당시 관료들의 학정과 탐오를 말로서가 아니라 사건 형상으로써 폭로 과장 할 것과 방자 성격을 직접적인 인물로 유모어하고 건방지게 할 것과 월매, 춘향, 리도령 관계에 있어 대사를 '하우'로 고쳐졌으면 한다고 말하였으며 십장가는 뒷소리로 돌리는 것이 좋겠다는 것과 해설을 노래로 손질해야 할 것과 또한 장면마다 아리아(독창)가 있어야 할 것을 언급하였다.

보고에 뒤이여 안영일, 박세영, 윤두헌, 박동실, 조운, 조일명, 추민 동무들이 토론에 참가하였는데 안영일 동무는 장면 구성이 평면적이란 것과 리별 장면이 중복되였다는 것과 사랑 장면도 압축되였으면 좋겠다는 것과 동헌 장면에서 학정을 사건으로 내세웠으면 좋겠다는 것과 책방에서 새 인간 모습을 강조하였으면 하는 것과 월매 인간을 부정인물 같이 그려진 감이 있다는 것과 춘향 형상을 옥중 장면에서 지배 계급에 대한 끓는 분노로 표현되였다면 좋았을 것이라고 말 하였다.

박세영 동무는 디테일이 너무 치우쳤다는 것과 가극으로는 쏠로가 너무 많다는 것과 어휘와 술어가 많이 고쳐지기는 했으나 아직도 고쳐질 점이 많다고 지적하였다.

윤두헌 동무는 고전 스타일을 그대로 가지게 하였으면 좋겠다는 것과 가극으로는 더 대담한 구성 묘사가 필요하며 인습에 대한 반항을 좀더 뚜렷이 하였으면 한다는 것과 춘향의 성분 보다도 인간 감정을 그려야 할 것이라는 것과 문장에 한문을 그대로 사용한 것은 좋지 않다고 지적하였다.

박동실 동무는 광한루 장면에서 리도령의 인생관이 더 나왔어야할 것과 동헌 장면에서 통치계급의 악랄한 모습이 더 나왔어야할 것이라고 말하였다.

조운 동무는 이 작품을 각색하는데 있어서 두가지 태도가 있다고 지적하면서 첫째로 창작적인 태도로 하느냐? 둘째는 고전(원본)에 충실하느냐? 에 있어 자기는 원본에서 계급적이며 사상적인 면을 취하고 확대 강조하는 편이 중요하다고 말한 다음 작가 조령출 동무가 과거 문투를 버리고 인민들에게 알려지기 위한 문장을 쓰려는 노력을 한 것이 보이며 원본을 어느 정도 두두러지게 표현하였다는 것과 그러나 아직 세부에서 나타난 계급성과 사회상을 끄집어 내여 확대 묘사하지 못했다는 것 — 그 실례로는 리도령과 변학도의 인간 모습이 좀더 뚜렷이 되지못했다는 것, 리도령의 가정생활과 광한루 장면을 좀더 대비 시킬것과 그당시의 부정 인물 변학도를 통하여 악랄한 지배 계급을 폭로하는 대변자를 만들어야 할 것과 춘향의 량반 성분을 밝힐 필요는 없다는 것을 말하면서 고전에 있어서 미묘, 함축, 기발등이 극적으로 째여 있지 않고 전통(판소리)에 치중한 것도 아니고 창작적 각색에 치중한 것도 아니며 다만 이 작품은 연극으로 되여있지 창극으로는 잘 째이지 않았다고 론급하였으며 대사중 '해라'를 '허우'로 고치라는 보고자의 의견에는 반대 의견을 말하면서 그때의 사회 생활을 반영하는 데는 원본대로 '해라'로 하는 것이 적당하다고 주장하였다.

추민 동무는 보고와 토론에서 나온 고전에 대한 기본적인 작품 형식에 대한 토의 구성, 인물, 성격 디테일에 이르기 까지 매우 주요한 문제들이 제기되였다는 것을 말하면서 작가는 이 회합에서 지적된 좋은 의견들을 접수하여 새로운 의욕이 넘치는 성과 있는 작품이 되도록 노력할 것이 믿어진다고 격려하였으며 작가 조령출 동무는 보고와 토론에서 나온 지적들을 대체로 접수하면서 이 작품이 박동실 동지의 구전 판소리를 중심하여 각색한 것인데 금후 조운, 박동실 동지의 의견을 중심하여 수정하겠다고 말하였다.

끝으로 조일명 동지로 부터 다음과 같은 요지의 결론이 있었다.

이 작품이 상연을 전제로할진댄 현실적 조건을 보아 한 반쯤은 압축해야겠다는 것과 이 작품이 창극이건 가극이건 간에 인민이 해득할수 있는 노래로 되여야 하겟다는 것, 가극일진댄 쏠로, 합창이 적절히 있어야 되겠다는 것, 방창은 가극에서는 없어야 될 것이라고 지적하면서 이 작품은 고전 그대로를 중심하여 각색할 것이지 창작적인 태도를 가지지 말아야 할 것이라고 주장하였다.

토론자들이 지적한 바와 같이 원본에서 취사, 선택, 확대, 강조를 작자는 좀더 연구해야겟다는 것과—그 일례로서는 리몽룡이 양반 계급의 봉건 가정과의 투쟁을 (더우기 혼인 관계에 대한) 두두러지게 해야 할 것이며 계급적 갈등과 사회적 폭로를 중심으로 할 것과 군중의 투쟁 모습이 좀더 련관성 있게 적극적으로 그려졌으면 한다.

『조 령출 시 선집』을 읽고

김학연, 『조선문학』, 조선작가동맹출판사, 1958.1

시인 조 령출은 자기의 '사고 모색의 력사이며' 자기의 '사상 발전의 로정이며' 자기 스스로가 걸어 온 '생활의 기록'으로 되는 『시 선집』을 묶어 세상에 내놓았다.

이 『시 선집』 속에 담긴 서정 시편들은 각이한 시대적, 인간적 특질들을 진실하게 우리 앞에 전시하여 주고 있다.

이 시인의 젊은날의 사고 모색, 그것은 다름아닌 암담하였던 일제 통치 시기의 그 숨가쁜 암흑 속에서의 광명에 대한 열망이였으며, 정의를 수긍하는 그의 몸부림이였다.

…… 전략 ……
차디찬 나무 걸'상에
쫓기는 어버이 아이들 피곤히 잠들고
소란한 차'소리 헤치며 침묵은 층층 고이여 드는데
허나 높으락낮으락 들리는 숨'소리
부풀어 오르는 가슴들에는
삶의 불꽃이 튀는듯……
한 녀인은 붉은 목도리 쓰고 돌아 눕는다.

「북행 렬차」

우리는 이 시기의 그의 사고 모색에서, 이윽고 도래할 새로운 현실에 대한 확신과, 반드시 새 현실을 꼭 전취해야 한다는 그의 강렬한 빠포쓰를 감촉할 수는 없다. 그러나 우리는 그 당시의 시인의 사색과 지향에서, 고통 속에 신음하던 향토와 겨레에 대한 뜨거운 애정을 력력히 발견할 수 있으며, 비록 현저한 기복은 이루고 있으나 시대적 거류 속에서 그의 현실에 대한 리해심이 점차 발전하고 있었음을 알 수 있다.

이러한 당해 시기의 시인의 정신적 특징을 우리는 「목련화」편에서 선명히 본다.

젊은 수부여, 별'빛을 간직하라
너 어두운 항로에 방향을 찾으리니
붉은 기폭이 펄럭거리는
지상의 파라다이스를 찾으리니

「바다'가에서」 1934

우리는 여기에서 시인의 앙양된 정신세계와 리상의 언덕을 향하여 줄달음치려는 성숙된 리성의 경지를 형상 속에서 엿볼 수 있다.

그러나 그 다음 해인 1935년에 와서 시인은 이렇게 조용히 속삭이듯 읊었다.

눈'발은 어둠을 때리며 날린다.
창문을 닫고 나는 차디찬 자리에 눕는다.
…… 중략 ……

언제부터 내 고향을 잃었더뇨
님이여, 대답을 하소, 어디메 계신가
…… 중략 ……

쌓이는 시름을 견디여 새자니
산동 추운 밤이 더욱 길구나

「밤」에서

우리는 유감스럽게도 여기에서 시인의 견딜 수 없는 현실적 중압에 대한 인내성과 그 밑바닥에 잠긴 시인의 침울한 사색과 만나게 된다.

그러나 마침내 우리는 그로부터 몇 해 뒤인 1939년 오대산에서 쓴 그의 「해당화」를 통하여

오오 해당화 내 운명을 지닌 너
바다로 가자, 바다로 가자

라는 현실에 대한 울분과 함께 새로운 것에 대한 지향으로 충만된 그의 심리적 세계 — 진실한 사고 모색의 깊이와 만나게 된다. 사상 발전은 현실에 대한 인식을 촉진할 뿐만 아니라 현실에 대한 적극적 태도에로 점차 당도하게 한다는 진실을 우리는 시인 조 령출의 경우를 두고도 수긍하게 된다.

물론 한 인간의 사상적 성장의 길, 한 시인의 사상 발전의 로정은 결코 평탄할 수가 없다. 객관적 충격은 부단히 한 인간의, 한 시인의 내'적 정신 세계에 작용하면서 직접적으로 사념을 제한하기도 하며 발전시키기도 한다. 여기에 또 자체의 주관적 처지와 나약성이 각양하게 작용한다.

물론 「목련화」 편에서의 그의 정신적 변화의 기복도 바로 이에 의존된다고 본다.

현실의 약진 속에서 시인의 예지만이 한 지점에 머물러 있을 수는 없는 것이다.

내 만일 백묵을 손에 쥐인 채로

어느 길목에 쓰러지거던
아아 이 거리 못 잊을 부모와 형제들이여!
그때는 나의 눈'동자에서 읽으시라
영광스러운 조국의 이름……

「한 자루 백묵을 쥐고」

'자주권을 빼앗겼을' 당시의 불행과 '울분한 청년들의 심정을' 스스로 체험하였으며 자기의 심정을 가슴 펴고 마음껏 웨칠 수 없었던 시대의 격랑을 넘어 온 이 시인에게 있어서, 해방된 조국의 자유와 민족의 권리는 그 무엇보다도 가장 존귀한 것이였다. 그런 까닭으로 일제를 대신하여 조국 땅 남쪽에 기여 든 미제의 마수와 리 승만 매국 도당의 악행에 대한 시인의 인식과 태도는 서슴없이 분노와 증오, 항거와 투쟁의 진실한 경지에 도달하게 되였다.

해방 직후 조국 남녘 땅에서의 시인의 서정적 주인공들은 모두가 다 투쟁적이다. 그들은 시인 자신의 사상을 지니고 미제와 리 승만 매국 도당을 반대하는 싸움에 나섰으며 조국과 인민을 위한 정의의 싸움에서 자기의 목숨을 아끼지 않았으며, '산'으로 간 자기의 아들을 정의와 용감성에로 고무하였다.

이러다가 드디여 시인은

북으로
북으로
장단역을 떠나서
25킬로
길 없는 길을 뚫고
첩첩한 산을 넘어

……

「북조선으로」에서

조국 통일의 강력한 민주 기지인 공화국 북반부의 영광스러운 품에 안기게 되였다.

바로 그날부터 시인의 날개는 새로운 현실 속에 활짝 나래를 폈으며 맑스—레닌주의를 자기의 생활적 기치로 삼고 영광스러운 당의 가수로서 벅찬 우리의 현실을 격조 높이 노래하기 시작했다.

「목련화」 편에서 우리가 암흑적인 현실에 대한 조선 청년의 울분과 려명에 대한 열망을 보았다면 「북조선으로」 편에서 우리는 그의 성장한 사상적 지점과 그로 인한 투쟁적인 빠포쓰를 보며 「나의 편지」 편에서 우리나라 청년들의 고상한 도덕적 풍모와 원쑤들에 대한 불처럼 뜨거운 증오를 보았다면 「탄의 노래」 편에서 우리는 영광스러운 사회주의 건설의 길에서 약진하는 조국의 슬기로움과 우리의 위대한 인민들의 높은 정신력을 본다.

×

제 2차 작가 대회는 현 시기 우리 시문학의 긍정적 주류의 성과를 명확히 인정하면서 현존하는 우리 시문학 분야에서의 결함들과 유해로운 것의 편향을 심오하게 특징지었다.

우리 시문학 분야에서의 결함들과 유해로운 것, 그것은 두말할 필요도 없이 일부 작품들에 잔존하고 있는 도식주의이며 기록주의이다.

이러한 현상들과의 싸움에서 우리 시문학은 특히 대회후 혁혁한 성과를 거두면서 있다.

그 사이 많은 '시집'들이 출판되였다.

이 시집들은 한결같이 시에 있어서 죽음인 도식주의와 기록주의를 배격 배제하기 위한 진지한 노력을 엿보게 하여 주며, 시에 있어서 생명인 형상에로의 전진을 위한 비상한 노력의 흔적을 력력히 보여 주고 있다.

좋은 시들은 응당 그 속에 형상이 있기 때문이며 그런 까닭으로 읽고 난 뒤에도 머리에 오래 남는다. 사실 형상이 없는 시라면 과연 그것이 우리에게 무슨 필요가 있겠는가?

『시 선집』 초두에 편집된 「북조선으로」를 두고 우리가 이야기할 때 형상이란 결코 까닭 모를 신비로운 심리적 전개의 변화에 있는 것이 아니라 현실에 대한 정확한 리해, 생활에 대한 진실한 태도, 자기 감정의 꾸밈없는 토로, 서정적 주인공의 명확한 립장과 위치로써 그것이 이루어지는 것임을 확인하게 된다.

시 「북조선으로」에 본래는 없었던 소제목이 붙은 것이 오히려 부자연스러운 감을 주기는 하나 이 시에 일관되고 있는 시인의 감정 세계의 전개에는 아무런 장식도, 아무런 제스츄어도, 또 특별한 '기교'도 없다. 그러나 우리의 가슴에 매개 시행들이 자연스럽게 그리고 힘있게 안겨 온다.

이 작품에는 시인 자신이 서정적 주인공으로 등장하고 있다. 우리 독자들은 이 작품의 진전을 따라 끊임없이 서정적 주인공과 더불어 생각하며 움직이게 된다. "북으로! 북으로, 장단역을 떠나 25킬로" 첫련에서부터 독자들은 벌써 시인과 함께 강한 긴박감과 자신의 행동에 대한 확신의 감정에 사로잡힌다. 별로 시어를 선택하기 위한 노력도 보이지 않으며, 별로 행과 련의 배정을 정리하기에 애쓴 흔적도 보이지 않는다. 그러나 어쨌든 독자들은 시인과 함께 38선 패말이 서 있는 황폐한 산협을 달리게 되며, 38선을 넘어 선 시인과 함께 "아, 여기가 인민의 대표로 우리를 부른 조국의 민주 기지!"라고 웨치게 된다. 그 다음 새로운 현실을 감격적으로 목격하는 시인의 흥분도 우리에게 건실한 공명을 일으키며 거침없이 전개된다.

오오, 푸른 하늘이여
한 점의 티도 없는
자유의 맑은 이 하늘은
나로하여금
한없는 자유를 노래부르게 하는구나,

보라, 네 앞에
무연히 펼쳐진 북쪽 벌판 우에
대견히 머리 숙인 나락들
조국의 자유인 양 물'결치는 밀 파도 보리 이랑
숨을 쉬여도
숨을 쉬여도
가슴 터지게 풍겨 오는 향기로움이여!
……

이런 의미에서 볼 때 「나의 편지」도 동일한 형상적 특질을 가지고 있다. 물론 우에서 말한 「북조선으로」에 비하여 시인의 지성이 작용된 점과 너무 다변적인 것 등, 불만이 없지는 않으나, 역시 호상 유기성이 보장된 매개 련이 강물처럼 흐르면서 개개의 생활적 화폭을 독자들의 눈앞에 감명 깊게 보여 주고 있다. 「북조선으로」에서 우리가 시인의 소박한 주정 토로를 들었다면 「나의 편지」에서는 시인의 랑만성을 감득하게 된다. 그러나 나는 이 두 개의 시편이 서로 환경과 주제를 달리는 하고 있어도 한 부류의 구조와 흐름으로써 생활의 론리를 진실하게 노래하고 있다고 본다. 여기에서 한마디만 강조할 것은 이 시인에게 있어서 특징적인 시'적 정론성과 류창한 운률을 앞으로 보다 더 생활 속 깊이에서와 보다 더 소박한 구도에서 발전시켰으면 하는 그것이다.

…… 전략 ……

이 바람속 설레는 언덕에
이 고장 한 소년이 서 있었나니
해적의 무리는 이 소년을 향하여
미친 소리로 웨치였다! 아는 것 말하라!
…… 중략 ……
소년의 가슴은 그리 두텁지 않아도
홰'불 휘장으로 단 그의 작은 가슴은
인민의 조국을 지키고 서 있었노라
여기 조선의 철벽이 있었노라

「잊을 수 없는 이야기」

이 시는 미제 살인귀들의 총'부리 앞에서도 오히려 굴함이 없이 거연히 가슴을 내밀고 서 있는 용감한 소년의 모습을 보여 주고 있으며 그의 불굴의 용자만이 아니라 그의 높은 정신적 세계, 조국에 대한 사랑, 자기 스스로의 행동에 대한 확신, 어린 꿈 속에 있는 혁명적 랑만주의를 화폭처럼 보여 준다.

시인은 극적 화폭을 우리에게 전시하면서 서정적 주인공의 살아 움직이는 정신적 풍모를 형상적으로 우리의 가슴에 안겨 준다. 한마디로 말해서 시인은 소년을 우상화하지 않고 진실하고도 조용한, 그러면서도 긴박감 있는 서정을 전개시키면서 그의 성격을 전형화하고 있다.

이러한 각도에서 볼 때 「탄부와 신부」 라든가, 「독일 방문 시초」 에서의 「국경의 봄」, 「친선의 잔을 든다」 등도 상대적 의미에서 형상에 성공한 작품들이라고 말할 수 있다.

특히 「국경의 봄」 에서 우리는 이 시인이 가지고 있는 삼가하여야 할 점인 장황한 말, 즉 형상에서의 다변 등을 극복하려는 반가움을 느낀다.

…… 전략 ……

이러한 사랑을 그 어느 시절에
국경을 지나며 받은 적 있었나
현해탄 건너던 슬픈 시절이
기억에 살아서 눈앞이 흐린데

어느새 기차는 한층 다정히
봄의 강물을 건너서 간다.

이는 두 행으로써 련을 형성했다는 거기에 있는 것도 아니며 상대적으로 보아 그 문장이 짧다는 거기에 있는 것도 아니다. 시인은 시의 형상 행정에서 불필요한 수식을 피하기에 애썼으며 또한 까다로운 이메지의 조직을 피하면서 체험 속에서의 가장 아름다운 것, 가장 충격을 많이 받은 것을 소박하게 전하고 있다.

×

다음에 나는 『시 선집』에 수록된 몇 편의 시에 대한 불만을 이야기하고저 한다.

예술적 수법과 개성적 쓰찔은 시의 아주 중요한 위치에 놓인다. 시인 조 령출은 일정한 자기의 수법과 쓰찔에서의 개성적 특질을 오랜 기간의 시문학 창작활동을 통하여 갖추면서 있다. 그리하여 이런 또는 저런 형(?)의 서정 시편들이 적지 않게 독자들과 이미 친숙되고 있다.

이를 몇마디로 나누어 이야기한다면, 하나는 그의 서정 시편들이 소여의 주제를 독자들에게 형상을 통해 거침없이 전해 주는 그것이며, 둘째로는 잘 정돈되지는 못하고 있으나 개개의 행들에 음악성이 있는 그것이며,

세째로는 환경 묘사와 성격 창조에 있어서 화폭의 선명한 축성 그것이다.

그러나 이 좋은 측면들이 그의 적지 않은 시편들에서 그 진미를 왜 상실하군 하는가, 왜 그것이 이 시인의 독특한 예술적 개성으로 널리 알려지지 않고 있는가, 하는 것을 나는 생각하게 된다. 나의 이 의문은 이 『시 선집』을 한번 읽고 다시 읽고 난 뒤에 곧 풀리였다.

하나는 형상이란 생활 체험이 없이는, 감정의 심화 없이는 아니 되는구나 하는 그것이며 다음으로는 아무리 정당한 론리이라도 그것이 예술의 경지를 벗어나 다변적인 륜리의 강요로 되여서는 더욱 아니 되는구나 하는 그것이다. 사실 나는 충심으로부터 하는 나의 이 말이 나의 선배인 이 시인에게 절실히 도움되리라고 확신한다.

몇 편의 시를 례로 들겠다.

「산으로 간 나의 아들아」를 두고 말해보아도 그렇다. 이 시는 참으로 거침없이 어머니의 심정을 담은 채 진전되고 있으며 개개의 행과 련에는 이 시인의 특징적인 내재률이 보장되고 있다.

…… 전략 ……
산으로 간 아들아
마을로 보낸 너의 마음
　　내 어찌 모르랴
　　내 어찌 모르랴

시어도 엄밀히 선택되였으며 리즘도 있다. 그러나 이 시를 끝까지 다 읽기는 좋으나 읽고 난 뒤 무엇을, 그 무엇을 우리의 가슴'속 깊이에 남겨주었는가? 또 다른 시 「강변에서」도 그렇다.

하늘'가 잠시

폭음은 멎어 들리지 않는다.

고요히 흐르는 달'빛을 밟으며
강변'길을 걷는 두 젊은이

걸어도 걸어도 싫지 않던
이 강변'길에서
그들은 다시 이 밤 이렇게 만났다.
……

역시 거침없는 서정의 흐름이 있는 운률적인 전개이다. 물론 우에서 이야기한 「산으로 간 나의 아들아」에 비해서 이는 후부에 이르러 사회적 문제를 철학적 사색을 거쳐 결속짓고 있기는 하나 무슨 사연이 그리도 구구하며 또 문제의 본질에 돌입하기가 어찌하여 그리도 힘든가?

역시 「가을의 노래」라든가 「탄의 노래」편에 수록된 일련의 시편들에서도 우리는 그러한 감촉을 받는다. 특히 「탄의 노래」편의 일련의 작품들이 다른 분류된 편의 시들에 비해 저조함을 느끼게 된다.

비교적 밝고 명랑한 작품인 「선광장에서」도 현실이 그렇게도 애타게 시문학 앞에 요구하는 생활의 진실에 대한 예술적 형상이 채 이루어지지 못하고 있으며 서정적 주인공들의 품격이 우리의 눈앞에 보여지지 않으며 다만 훌륭한 일터와 만세와 그들의 노래로써만 꾸며지고 있을 뿐이다. 그러므로 나는 소여의 주제를 독자들에게 거침없이 전달하려는 론리성보다도 오히려 주제의 어머니인 생활 속 깊이에 침투되여 체험과 사색을 통하여 생활의 론리를 형상함이 앞서야 할 줄로 믿고 있으며, 성격 창조 내지는 서경 묘사도 추상적인 극적 요소의 관계 설정이나 상념적인 화폭의 축성으로가 아니라 생활에서 추동 받은 높은 예술적 심화 과정과 형상 과

정을 거쳐 전형화되여야 하는 줄로 믿고 있다.

『조 령출 시 선집』을 읽고 난 뒤의 나의 생각 몇 가지는 이러하다.

우리의 영광스러운 당은 조석으로 우리 서정시의 찬란한 화원에 은혜로운 태양빛을 뿌려 주고 있다. 서정시의 화원은 제 2차 작가 대회의 높은 정신력과 얼마 전 있은 제 2차 중앙 위원회 전원회의의 믿음직한 실천적 대책으로 말미암아 나날이 풍만해지고 있으며 더욱더 찬란해지고 있으며, 더욱더 다양해지고 있다.

『조 령출 시 선집』은 우리의 자랑스러운 이 서정시의 화원 속에 핀 아름다운 꽃 중의 하나이다.

조령출동지의 서거에 대한 부고

기사, 『노동신문』, 1993.5.9

'김일성상' 계관인인 작가 조령출동지는 오랜 병환 끝에 1993년 5월 8일 오후 3시 30분에 79살을 일기로 애석하게도 서거하였다.

남반부에 고향을 둔 조령출동지는 1948년 당과 수령의 품에 안긴 이후 인민의 사랑을 받는 재능있는 작가로, 문학예술부문의 책임일군으로 자라나 우리 당의 문예 사상과 로선을 관철하기 위하여 헌신적으로 사업하였다.

동지는 당의 령도를 높이 받들고 〈조국보위의 노래〉, 〈어머니 우리 당이 바란다면〉을 비롯한 가사작품들과 민족가극 〈금강산팔선녀〉, 〈춘향전〉, 음악무용극 〈밝은 태양아래〉 등 우수한 작품들을 수많이 창작하여 인민들의 혁명교양에 크게 공헌하였다.

동지는 생의 마지막순간까지 당과 수령에게 무한히 충실하였으며 주체적문학예술의 발전을 위하여 모든것을 바쳤다.

동지는 비록 서거하였으나 주체문학예술발전에 이바지한 그의 공로는 길이 남아있을것이다.

조선문학예술총동맹 중앙위원회 조선문학창작사

조영출의 삶과 예술

정우택

1. 이향(離鄕)과 표랑의식

조영출(趙靈出, 1913~1993)은 1930년대 초반에 공식적으로 등단하여 약 150여 편의 시를 쓴 시인이며, 550여 곡의 대중가요를 발표한 작사가이자 레코드회사 프로듀서였으며, 여러 편의 희곡과 가극을 창작한 극작가이자 연출가였다. 그는 활동 당시에 본명인 조영출(趙靈出) 외에도 조영출(趙永出), 조중연(趙重連, 趙重蓮), 조명암(趙鳴岩), 금운탄(金雲灘), 이가실(李嘉實), 김다인(金茶人)[1] 등의 필명을 사용하였다. 이러한 사실은, 그의 다양한 활동상과 함께 간단치 않은 이력과 복합적인 정체성을 보여주고 있다.

호적에 따르면 조영출은 충청남도 아산군 탕정면(湯井面) 매곡리(梅谷里) 643번지에서 아버지 양주(楊州) 조 씨 조경희(趙慶熙)와 어머니 조희정(趙熙定) 사이에서 1913년 11월 10일 출생했다.

> 나는 1913년에 충청남도 아산군 령인산 밑의 한 시골에서 출생하였다. 그래서 내 이름을 '령출'이라 지었다 한다. 내가 네 살 나던 해에 서울로 올라간 부모님들

1 김다인이라는 필명은 재고의 여지가 있다.

> 은 어려운 생활 속에서도 나에게 한문공부도 시키고 나를 보통학교에도 넣어 공부시켰다. 아홉 살 때 아버지를 여의고 남의 집 고용살이를 하는 홀어머니를 따라 전전하며 눈물겨운 생활을 하던 나는 안변에서 보통학교를 졸업하였다.[2]

그의 아버지는 "마을에 조그만 약방을 차려놓고 근근히 생계를 유지해 가는 한미한 고려의사였다."[3] 조영출은 4세(1917년) 때 가족을 따라 서울로 이주했는데, 9세(1922년)에 아버지가 별세하는 바람에 형편이 어려워지면서 "남의 집 고용살이 하는 홀어머니를 따라 전전하는 눈물겨운 생활"을 하였다. 1921년부터 1년 반 동안 서당 수준의 보통학교를 다니다 중퇴하고 말았다.[4] 결국 어머니는 생활과 자식 감당이 어려워 조영출을 데리고 함경도 안변의 석왕사(釋王寺)에 의탁하게 된다.[5]

어린 나이에 충남 아산의 고향을 떠나 서울생활을 하면서 가난하고 힘들었던 기억, 어머니를 따라 남의집살이를 하다가 함경도까지 흘러들어가야 했던 유년 시절은 그에게 기억하고 싶지 않은 망각의 대상이었다. 그런 까닭에 조영출은 살아가면서 습관적으로 '나는 고향이 없다'고 말하곤 했다.

> 나는 하늘을 지붕 삼아 떠도는 신세
> 동서남북 바람 속에 갈 곳이 없어
> 찬이슬 잔디 위에 쓰러져 울면
> 어머님의 옛사랑이 다시 그립다
>
> —〈집 없는 천사〉[6] 1절

---

2 조령출, 「민족의 력사와 대중가요 ③—잊을 수 없는 가요들에 대한 범죄적 위조행위 : 민족의 넋을 지켜보려고」, 『조선신보』, 일본 동경, 1988.3.25.

3 김성희, 「그가 찾은 영생의 노래」, 『운명의 선택』 1권, 평양 : 평양출판사, 2012, 189쪽.

4 김성희, 위의 글, 189쪽. 1922년 제2차 교육령에 따르면 보통학교는 수업 연한 6년, 지역에 따라 5년 또는 4년으로 입학 연령은 6세 이상이었다.

5 조영출의 보성고보 학적부(1930~1934) '가정란'에 "母, 兄一"로 기재된 것으로 보아, 형이 한 명 있었던 것 같다.

1941년 조영출이 작사한 〈집 없는 천사〉는 자기 생의 설움을 투사한 것이다. '고향이 없다'고 말하는 그의 행동 속에는 '고향'과 '고향'으로 표상되는 안락함에 대한 간절한 소망이 자리하고 있었다. 다음의 글은, 조영출이 보성고보 4학년(21세) 때 경주로 수학여행을 가는 도중에 천안역을 지나는 기차 안에서 느낀, 고향에 대한 자신의 감회를 밝힌 것이다.

> 天安에서는 牙山 한울이 보일 터이지? 생각할사록 가슴이 막々하여젓다. 世上을 원망해 무삼 소용이 있으랴만은 쓰듸쓴 世流에 밀이고 부닥기어 漂浪의 길 웋에 한 쪼각 '生'을 더듬어 헤매는 이어 自身을 생각할 새 心臟의 어여지는 듯한 늣김이 없지 않엇다.
>
> 故鄕이 어데냐고 누가 물으면 나는 故鄕이 없다고 對答하는 것이 내의 習慣이엇다. 고개를 숙이며 '나는 故鄕이 없소'라고 언제나 같은 對答에 같은 한숨을 흝이는 것이다. 그리든 故鄕 — 내 낳은 牙山이 天安에서 머지 않은 것이다. 悲哀의 차듸찬 구름은 내 넋을 안고 故鄕 한울에 떠낦어 갓다. 누구나 故鄕이 않이 그립으랴만 記憶에서도 찾어볼 수 없고 오즉 空想에서만 찾어볼 수 있는 내 故鄕 牙山은 넘어나 이 애를 쏠아 먹은 存在이엇다. 내 故鄕은 西海ㅅ바다의 물결이 찰삭이는 곳이라 한다. (…중략…) 내 낳은 靈仁山 밑 조그만 草屋은 只今 엇지 되여 있는지 꿈에서도 찾어 볼 수 없는 내 故鄕은 넘어 애처러운 存在이다. (…중략…) 내 마음속으로는 하염없이 울엇다. 그러나 '그래도 큰 뜻 먹엇으니 웃음 웃고 나가지' 하며 불으지젓다.[7](띄어쓰기와 마침표 — 인용자)

스물한 살의 조영출은 자신의 정체성을 '표랑의 길 위에' 떠도는 나그네로 규정하고 있다. 마음의 정처가 되는 고향도 없이 떠도는 생에 대한 설움과 자기 연민이 '기억에서도 찾아 볼 수 없는' 고향 인근의 기차역을 지

6 〈집 없는 천사〉, 조명암 작사, 박시춘 작곡, 남인수 노래, 오케 31062, 1941.

7 조영출, 「경주순례기 – 옛달울을 찾어서 (一)」, 『불교』, 불교사, 1933.4.

나면서 북받쳐 오른다. 그런 비애와 설움 속에서도 가슴에 품은 '큰 뜻'을 위해 '웃음 웃고 나가지'라며 다짐한다. 식민지 시대에는 이처럼 실향민 의식이 망국민 의식과 연결되는 경우를 쉽게 발견할 수 있다. 고향의 상실과 민족의 상실이 동일시되면서, 개인이 처한 현실의 고난과 설움을 민족이라는 대자아에 의탁하여 극복하고, 미래를 기획하는 주체로 재탄생하게 되는 것이다. 조영출이 앞에 쓴 경주 기행문을 더 살펴보자.

> 언제나 짓밟힌 民族. 그것을 憐憫에만 붙일 것이 않이다. 오히려 꾸짖고 십고 先輩를 원망하고 십다. 半萬年의 歷史의 페-지의 大部分이 남의 발밑에 짓뭉겨지고 짓찢어지지 않엇는가.
>
> 姑息的 '生', 慘憺한 過去의 '生'. — 現在 —.
>
> (…중략…)
>
> 新羅를 찾어낼 수 있지 않은가. 그의 文化를 찾어낼 수 있지 안은가. 만일 이 存在가 그 記錄에서 찾어낼 수 없엇드라면 이 결에는 얼마나 暗澹하엿스랴. 얼마나 애처러운 한 가닭 꿈이엇스랴. 그래도 이 文化가 있기 까닭게 自慰의 곰팡내나마 맛지 안는가. 우리는 黃金時代 新羅의 藝術이 있다고 자랑하지 안는가.
>
> (…중략…)
>
> 廢墟여! 잘 있으라.
>
> 鐵馬여! 가을에 검은 입김을 뿜으며 廢墟를 등지고 가자.
>
> 아, 慶州 巡禮의 마즈막을 알외우는 붓끗은 눈물의 過去와 逼迫의 現實의 交叉點에서 이 날의 黎明을 더듬어 躍動하노라.[8](띄어쓰기와 마침표 — 인용자)

이 글에서 조영출은 자신의 정체성을 '길 위를 떠도는 나그네'에서 '옛 서

8 조영출, 「경주순례기－옛달울을 찾어서 (三)」, 『불교』, 불교사, 1933.7.

울' 경주의 영광과 폐허를 조망하는 '역사의 순례자'로 설정하고 있다. 그는 침략의 역사로 얼룩진 우리 민족의 참담함을 경주의 찬란한 문화예술로 상쇄하고자 한다. 그리고 '눈물의 과거'와 '핍박의 현실'이 교차하는 폐허의 현재를 넘어서 미래의 '여명을 더듬어 약동'하는 주체(철마)를 불러낸다.

2. 조영출과 문화지리적 장소성

아버지 별세 후 '눈물겨운 생활'을 견디다 못해 약 1922년 즈음에 조영출은 어머니를 따라 함경남도 석왕사에 의탁했다. 석왕사는 고려 후기(1386년)에 창건되었는데, 이성계가 왕이 되는 것을 해석해 주었다는 사찰연기 설화가 전한다. 일제 때는 31본산의 하나였다. 경원선에 '석왕사역'이 있을 정도로 석왕사는 유명한 휴양지이자 관광지였고, 이광수 소설 『재생』, 염상섭 소설 『사랑과 죄』의 주요 배경이기도 했다. 석왕사는 자체적으로 정규학교인 사립 석왕사학교를 설립하여 운영했다.[9] 1914년 전후에 설립된 석왕사학교는 석왕사 주지가 교장으로 재직했으며[10] 인근의 학생들을 입학시켜 근대식 교육을 하였다. 그리고 정규 교육을 받지 못하는 사람들을 위해 석왕사불교청년회 주최로 명성야학부(明星夜學部)를 설립하였는데 70~80명의 학생들이 입학했다고 한다.[11] 석왕사불교청년회는 신고산청년회 등과 함께 안변에서 소인극, 영화 상연 등 문화계몽행사를 주도하기도 했다. 이처럼 석왕사는 단순한 사찰이 아니라 안변, 원산 일대의 교육문화 주체이자 중심이었다.

---

9 "사립 석왕사학교는 설립된 지 8, 9년에 비록 교통이 불편한 山門이나 (…중략…) 승려 제씨가 노력한 결과 기본금도 상당할 뿐 아니라 근년에는 신풍조에 따라 日增月加하"고 있다는 기사를 확인할 수 있다(「석왕사교 위치 변경」, 『동아일보』 1922.2.25).

10 「석왕사 주지 강청월 화상의 長逝(장서)」, 『동아일보』, 1924.3.19.

11 『동아일보』, 1921.12.12.

조영출은 1920년대 초·중반에 석왕사보통학교를 다니고 졸업했다. 조영출의 보성고등보통학교 학적부(졸업번호 874호)[12]의 '입학전 학력'란에 "석왕사보교졸(釋王寺普校卒)"로 기재되어 있다. 조영출 스스로 "나는 안변에서 보통학교를 졸업했다"[13]고 밝히고 있다.

그동안 조영출의 생애를 정리한 연구들에서는 그가 강원도 간성군 건봉사에서 운영하는 봉명학교를 졸업한 것으로 설명해왔다. 이는 한계전의 「만해 한용운 문단의 문하생들—만해 문단의 성립과 문하생들의 작품 세계를 중심으로」(『문학사상』, 1992.1)와 「만해 한용운과 건봉사 문하생들에 대하여」(『만해학보』 창간호, 만해학회, 1992)를 시작으로 윤여탁, 이동순으로 이어져 정설화되었다.[14] 조영출의 출신학교를 봉명학교(鳳鳴學校)로 설명한 기존의 연구들은 '한용운-건봉사-봉명학교'로 연결되는 '만해문학권' 혹은 '만해문단'을 설정하고 그 자장 안에서 조영출의 의식과 문학세계를 규정하고자 한다. 만해 중심의 '한용운-건봉사-봉명학교-조영출'로 이어지는 민족문학의 장을 조명한 것은 중요하다. 이 글에서는 조영출을 중심으로 좀 더 넓은 장소성을 구성해보고자 한다.

애초에 조영출과 건봉사 봉명학교를 연결하는 구도는, 1930년대 중반 봉명학교를 다닌 박설산(朴雪山) 스님(1919년생, 15세에 건봉사로 출가)의 증언에 크게 의존하고 있다. 박설산은 민족주의와 독립운동을 핵심으로 삼아 가족 서사(아버지의 의병운동)를 구성하는 과정에서 만해와 조영출을 적극 호명

12 이 책의 화보 참고.

13 조령출, 「민족의 력사와 대중가요 ③—잊을 수 없는 가요들에 대한 범죄적 위조행위 : 민족의 넋을 지켜보려고」, 『조선신보』, 일본 동경, 1988.3.25.

14 윤여탁, 「모더니즘에서 리얼리즘에로의 선택—조영출의 문학과 삶」, 『만해학보』 창간호, 만해학회, 1992, 180쪽; 이동순, 『조명암 시전집』, 선, 2003, 646쪽. 이숭원은 조영출이 "건봉사의 불교 강원인 봉명학교에서 공부했으나 고등보통학교 진학을 위해 석왕사보통학교를 졸업한 것으로 서류를 만들었을 것이다"(「조영출(조명암) 시문학의 위상」, 『탄생100주년 문학인 기념문학제—겨레의 언어, 사유의 충돌』, 대산문화재단 · 한국작가회의, 2013.5.2, 87~88쪽 참조)라고 추정했다.

하고, 이들과 접속하는 거점으로 건봉사와 봉명학교를 거론하였다.[15] 이 증언과 서사에 근거하여 '만해 문단'이 설정된 것이라고 해도 과언은 아니다. 실제로 만해 한용운이 1928년 편찬한 『건봉사급건봉사말사사적』에서 봉명학교가 폐교 상태라고 기술[16]한 것을 보더라도, 조영출이 봉명학교를 다니지 않았을 가능성이 높다. 그렇다고 조영출의 봉명학교 수학 개연성을 완전히 배제할 수는 없다. 박설산이 회고한 내용을 참고하면, 조영출이 동경에 유학 중이던 1930년대 중반 융성하던 봉명학교를 적극 후원했던 것은 분명하다.

건봉사 봉명학교는 1906년 8월 개교하면서, 신학문(新學)과 불교(聖學)를 결합한 교육방식으로 "국민"을 양성하여 "나라"의 "독립"과 "자유"를 성취하고 "進步 開明"의 "太平時代"를 열겠다는 「취지서」를 발표하였다.[17] 봉명학교 교직원 및 학생 일동은 국채보상의연금 146원 76전을 기탁하기도 했다(『대한매일신보』, 1907.4.9). 1907년 6월 봉명학교 운동회가 거창하게 개최되어 인근에서 3천 명이 몰렸다는 기사도 발견된다(『대한매일신보』, 1907.6.22). 기록에 따르면, 봉명학교는 1920~30년대에 개교와 폐교, 재개교를 거듭했던 것으로 보인다. "강원도 간성군 건봉사에셔는 (…중략…) 본사 봉명학교 내에 일개월간 국어 강습소를 설립하야 강습생이 50여 명에 달하얏다더라"[18]는 기사를 보면, 1918년 8월엔 봉명학교가 운영되고 있었다. 1923년 3월엔 건봉사가 "고등보통 초등보통 혼합제의 鳳林學校(봉림학교)를 설립하기로 결정하고 설립원을 당국에 제출하얏"[19]다는 기사도 있다.

---

15 박설산, 『뚜껑 없는 조선 역사책』, 삼장, 1994; 설산스님, 「의병의 자손으로 태어나서」, 한국불교근현대사연구회, 『22인의 증언을 통해 본 근현대 불교사』, 선우도량출판사, 2002.

16 한용운이 편찬한 『乾鳳寺及乾鳳寺末寺事蹟』(한성도서, 1928)에는 1906년에 개교한 봉명학교에 대해 "翌年에 봉명학교를 폐함"이라고 서술되어 있다.

17 「강원도 금강산 건봉사 봉명학교 취지서」, 『황성신문』, 1907.1.26(김광식, 「건봉사의 재일 불교 유학생과 봉명학교」, 『금강산 건봉사의 역사와 문화』, 인북스, 2011, 180~183쪽에서 재인용).

18 「간성, 건봉사의 국어 강습」, 『매일신보』, 1918.8.9.

19 「건봉사 和尙 교육열」, 『동아일보』, 1923.3.24.

『불청운동』 9·10호(1933.2) 「사원 상황 조사 보고」 '건봉사' 편에 의하면 "鳳鳴學校(大正五年 現在廢止)" 현재는 폐지 중이라고 되어 있다. 이에 대해 김광식은 "건봉사의 신학교의 개교, 폐교, 재개교를 거듭한 것은 그만큼 불교 근대화에 대한 이견과 난관이 많았음을 말해주는 것"[20]이라고 진단했다. 따라서 박설산이 봉명학교가 "1931~2년에 대단히 융성했어요"[21]라고 기억한 것은 착오이다. 하지만 박설산이 봉명학교를 다닌 1930년대 중반에는 아주 융성했던 것으로 보인다. 1930년대 중반의 봉명학교 학예회와 가장행렬 행사 사진이 당시의 융성과 문화적 역할을 입증하고 있다.

조영출은 1924년 이전에 금강산 건봉사로 출가했다. 1924년 건봉사에 건립된 '萬化堂大禪師 碑銘(만화당대선사 비명)'에 '만화당'[22]의 법통을 이어받은 고손자 제자인 '法高孫(법고손)'으로서 '重連(중련)'이라는 조영출의 법명이 보인다. '龍雲(용운)'은 만화당의 '法孫(법손)'으로 기재되어 있다. '法曾孫(법증손)'에 기재된 '大輪(대륜)' 스님이 바로 조영출에게 법명을 내려준 사승(師僧)인데, 그가 조영출의 보성고보 보증인인 고치조(高致祚)이다.[23] 조영출의 보성고보 '학적부'에 의하면, 보증인 고치조는 원적이 '함남 안변 문산면(文山面)'(석왕사 소재지)으로, 1930년 현재는 경성 창의(彰義) 산외(山外) 소림사에 거주하는 것으로 기재되어 있다. 이로보아 고치조(대륜 스님)는 석왕사와 건봉사를 왕래한 것 같고 조영출도 그와 함께 움직였을 가능성이 높다.

---

20 김광식, 앞의 글, 199쪽.

21 「설산스님과의 대담」, 『만해학보』 4호, 2002, 137쪽.

22 만화당 대선사(법명은 寬俊, 1850~1918.9.13)는 13세 전후 건봉사로 출가하여 1872년에는 석왕사 香官(향관)에 보직되었다가 다시 건봉사로 돌아와 염불만일회 화주가 되었다. 한용운에게 '만해'라고 법을 내려준 스님이다. 이영선 편, 『金剛山 乾鳳寺事蹟』, 동산법문, 2003, 185~191쪽 참조.

23 '건봉사 본말사 사법' 제8장 '승규' 제46조에 의하면 "승니(僧尼)의 분한(分限)은 사승(師僧)을 정하야 입사(入寺)하여 득도식을 행하고 본사로부터 도첩(度牒) 급부를 받음에 따라 이루어짐으로 함"(이영선, 위의 책, 450쪽). 대륜 스님이 고치조(高致祚)로서 조영출의 법명을 지어준 사승이라는 사실은 조영출의 딸 조혜령 여사가 설산 스님으로부터 직접 들었다고 증언해 주었다. 실제로 와세다대학교우회 『회원 명부』(1943.8 발행)에 기재된 조영출의 주소가 "경성부 숭인정 16 고대륜 방"으로 되어 있다는 점도 이를 증명하고 있다.

이처럼 석왕사와 건봉사는 상호 교류가 긴밀했다. 위의 만화당 스님도 석왕사와 건봉사에서 번갈아 보직하였고, 이대련 스님은 건봉사의 주지(재직기간 1926~1936)를 마치자마자 1936년에 석왕사 포교사로 부임하기도 하였다. 만해 스님도 석왕사와 건봉사에 각각 머물며 심신을 단련하거나 일을 맡았다. 대륜 스님도 석왕사와 건봉사에서 시무한 것으로 보인다. 이런 관계 속에서 석왕사에 있던 조영출이 건봉사로 출가한 것이고, 이에는 대륜 스님의 영향이 컸던 것 같다. 조영출이 석왕사보통학교를 다닌 시점이 출가 전인 1922~1924년 사이인지, 아니면 출가 이후 보성고보 입학 이전인지는 명확하지 않다.

조영출은 보성고보와 와세다대학교 유학 중에 건봉사 학승의 신분으로 건봉사의 학비 지원을 받았다.[24] 1930년대 중반에 건봉사 승려로서 장학금을 받아 유학 중이던 조영출은 후배 지도와 봉명학교 문화 발전에 큰 역할을 하였다. "겨울방학 때 와세다대학에 다니는 조영출이 독서반을 모아 독서하는 방법과 독서에 대한 여러 가지 이야기를 해 주었"[25]으며, 조영출이 경성 중앙도서관 박봉석을 통해 한 궤짝의 책을 보내주는 등 "조영출이 책과 팸플릿을 가져와 나눠보며 (봉명학교 학생들의 — 인용자) 지식을 넓혀" 나갔다는 것이다.[26] 또 조영출, 황영진 등이 『첫걸음』이라는 회람잡지를 매달 만들었으며 동화대회, 강연회, 토론회 등을 지도했다고 기록하였다.[27]

---

24 건봉사는 식민지시대 31본산의 하나로 금강산불교와 관동불교를 대변하는 사격(寺格)으로 유구한 역사와 막강한 경제력을 갖추고 있었다. 건봉사의 '1931년 현재 상황'을 보면, 재적자 103명, 신도수 4,098명, 세입출 총액 13,649원으로써 교육사업과 사회사업, 포교사업을 활발하게 펼치고 있다. 교육사업으로는 사내(寺內) 강원(講院)을 경영하고, 유학생 13인을 파견하고 1년에 2,940원을 지원하고 있다. 피교육자 현황을 보면 일본 대학에 유학 중인 자부터 국내, 만주 용정 등지의 학교에 다니거나 졸업한 명단이 발표되어 있는데, 조영출("조중연 보성고보 재학")도 포함되어 있다. 사회사업으로는 "鳳鳴學校(大正五年 現在廢止)"라고 기록되어 있고, 한편으로 건봉사 농민조합을 운영하고 있었다. 포교사업으로 강릉, 경성, 인천, 회령, 대전 등지에 교당을 세워 주관하고 있었다(「사원 상황 조사 보고」, 『불청운동』, 조선불교청년총동맹, 1932.10, 45쪽 참조).

25 박설산, 『뚜껑 없는 조선 역사책』, 삼장, 1994, 99쪽.

26 위의 책, 114쪽.

조영출의 출신학교 문제가 중요한 이유는, 그의 소년기와 청년기의 성장과정과 의식, 감각이 장차 그의 문학세계와 긴밀하게 연결되어 있기 때문이다. 조영출의 회고를 보면, 안변에서 보통학교를 다닐 때부터 문학에 뜻을 두고 많은 습작을 했다고 한다.

> 나는 안변에서 보통학교를 졸업하였다. 그때 나는 문학에 뜻을 두고 아동문학작가 남응손과도 휩쓸리며 많은 습작을 하였다. 1930년대 초부터 나는 시를 발표하기 시작하였다.[28]

기록에 따르면 남응손(南應孫)은 석왕사 소재지 함남 안변군에서 신고산 소년단을 조직해 단장으로 활동[29]하였고, 『동아일보』 1928년 8월 17일과 24일자 '어린이 차지'란에 동시 「반짝별」과 「가을」, 「해바라기」가 실렸다. 비슷한 시기에 조영출도 조선불교학인연맹에서 발간하는 『회광』 창간호에 시 「가을」(1929.3)을 발표하였다. 이처럼 '석왕사-안변-원산'의 문화지리적 장소성 속에서 그의 일상적인 신체와 의식이 성장하였을 뿐 아니라 시인으로서의 사유와 감성이 형성되었던 것이다.[30] 시인에게 그의 문화적·사상적·정서적 장소성(토포스, topos)은 중요하다. 필자는 조영출의 문학세계가 함경도(석왕사)와 강원도(건봉사), 경원선과 동해 바다, 금강산 등을 바탕으로 경성 혹은 동경이라는 모더니티와 접속하면서 생성·확장되었다고 파악한다. 조영출의 시와 대중가요에는 이러한 장소성이 내재되어

27 위의 책, 116쪽.

28 조령출, 「민족의 력사와 대중가요 ③ — 잊을 수 없는 가요들에 대한 범죄적 위조행위 : 민족의 넋을 지켜보려고」, 『조선신보』, 일본 동경, 1988.3.25.

29 「신고산소년정총」, 『중외일보』, 1928.8.12. 남응손은 '조선아동예술연구회'(1933.11.28) 창립 멤버로 참여했고, "동경에 있는 남응손"이 동요집 『해가 떴나』를 발행 준비 중이라는 기사(『동아일보』, 1934.3.4)를 확인할 수 있다.

30 조영출은 1939~1940년에 '원산'의 대륙공론사에서 발행한 문예잡지 『초원』에 시를 발표하고 있는데, 이는 석왕사 시절에 맺었던 문학적·인적 네트워크의 영향이라고 할 수 있다.

31 동해북부선은 안변으로부터 1929년 9월 11일 흡곡 사이 개통을 시작으로, 1931년 7월 20일 통

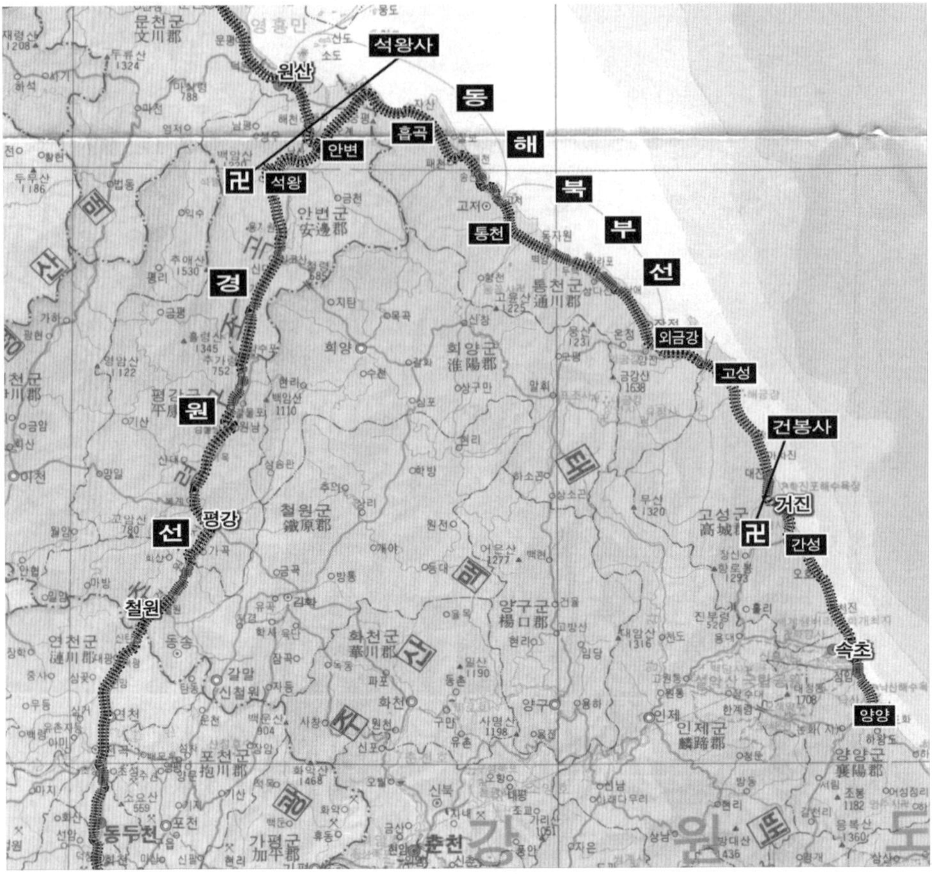

〈석왕사-건봉사〉[31]

있다. 시에 등장하는 '북행열차', '북국', '바다', '항구' '해변' 등은 그의 신체의 한 부분으로서 장소성을 바탕으로 한 언어들이다. 북간도 행의 경원선이 지나가던 함경남도 안변의 석왕사, 만해의 아우라가 있으며 문화적으로 융성했던 강원도 고성의 건봉사, 그리고 그 주변은 조영출의 삶과 문학의 기반을 형성하는 중요한 장소들이다.

천까지, 1932년 9월 16일 외금강까지, 1932년 11월 1일 고성까지, 1935년 11월 1일 간성까지, 1938년 봄에 양양까지 개통되었다.

3. 학승 조중련과 시인 조영출

1930~34년까지 조영출은 건봉사 소속 학승으로서 건봉사 장학금을 받아 보성고보에 다니게 되었다.[32] 그가 보성고보에 입학하게 된 것은 보성고보가 당시 불교재단이었기 때문이다. 보성고보는, 조선불교중앙교무원이 1924년 1월 천도교로부터 인계받아 경영하고 있었다. 보성고보가 1927년에 수송동에서 혜화동으로 이전했기 때문에, 조영출은 혜화동 교사에서 학교를 다녔다. 조영출의 보성고보 학적부를 열람하면, 가족으로 어머니와 형이 한 명 있고, 입학 때 신장은 157cm, 체중 48.5kg이었다가 졸업할 때는 신장 160.6cm, 체중 55.5kg이 되었다. '성행(性行)'은 온순·영리하고 '면학 상황'은 근면하여 우등생이었으며 매 학년 급장을 맡았다. 특히 언어와 가창에 특장을 보였고 취미는 문학, 운동은 축구라고 기재되어 있다.

보성고보에 입학하기 전에 이미 조영출은 『회광』 창간호에 시 「가을」을 발표하였다. 「가을」은 지금까지 확인된 바, 처음 활자화된 조영출의 작품이다.

뜰앞에 해죽해죽 九秋月 누른菊花
바람에 간들간들 고흔香氣 흣날려라
우리도 알뜰한님뫼시고 이盛饌을 맞고지고

떠러지는 잎새마다 가을빛 무르녹고
춤추는 가지마다 自然味 노래하니
夕陽에 재넘는가마귀 제흥오 읊어를

—「가을」 전문

32 건봉사의 '교육사업 상황'의 '피교육자 현황'에 보성고보 재학생 조중연(趙重蓮)이 포함되어 있다(「사원 상황 조사 보고」, 『불청운동』, 조선불교청년총동맹, 1932.10, 45쪽).

「가을」은 시조의 외재적 형식과 선경후정(先景後情)의 심상 전개, 관습적인 시어와 자연과 조화를 추구하는 미의식 등 습작기 문학청년의 전형을 보여준다. 이 시가 실린 『회광』은 조선불교학인연맹에서 발간하는 기관지이다. 조영출은 상경하기 전부터 조선불교학인연맹에 참여하고 있었다. 1928년 3월 14~17일 각황사에서 46명의 개혁적인 학승들이 참가하여 '조선불교학인대회'를 개최하고 그 기관지로 『회광』을 발간하였다. 조영출은 건봉사의 도반 김병규(조선불교학인대회의 사찰(査察)로 활동)와 관계로 조선불교학인연맹에 참여한 것으로 보이며, 그 인연으로 『회광』 창간호에 시를 발표한 것 같다. 또 1930년 4월 1일 보성고보 입학 직후에는 조선불교청년총동맹 맹원으로 활동한 것으로 보인다. 조선불교청년총동맹의 기관지 『불청운동』(제7·8호, 1932.10.25)에 '趙重連(조중련)'이란 법명으로 수필 「海濱(해빈)의 斷想(단상)」을 발표하고, 『불청운동』(제9·10호, 1933.2)의 '佛青詩壇(불청시단)'에 '조영출'이란 이름으로 시 「낡은 해골을 혀집으며—피식은 노래 불으는 자여」와 「북국의 눈벌에」를 발표하였다.

조영출은 보성고보 재학시절에 『신여성』의 '애독자 투고란—시가편'에 「님오라 불으네」(『신여성』, 1932.2)를 투고하여 발표하였다. 그해 5월 4일자 『조선일보』 '학생란'에 '보성고보 조영출'의 이름으로 시 「밤」을 투고하였다. 그 후 『신여성』 1932년 11월호에 '趙靈出 作'으로 「어머니여 눈물을 씃치소서」(詩)를 발표하였는데, 공교롭게도 이 잡지는 "이상의 원고는 부득이한 사정으로 인하야 실지 못하엿습니다. 삼가 이 뜻을 필자와 독자 여러분께 謝해 마지 안는 동시에 압흐로 전조선적으로 이 문제를 게속 연재하려 하엿든 편집의도도 그만 중지하지 안을 수 업시 되엿습니다"[33]는 공지와 함께 발간되지 못하였다.

조영출의 시가 실린 잡지가 검열로 발매금지된 또 다른 사례로 『비판』

33 『신여성』, 1932.11, 68쪽. 이 잡지에는 조영출의 시 외에 백철, 이동규, 권한, 송계월 등의 벽소설, 시, 평설, 평론 등이 수록되어 있었다.

1933년 4월호가 있다. 이 잡지의 광고 목차에 "조영출, 「봄하늘에 들니는 소리개의 소리」"가 있는데 실제로 『비판』 1933년 4월호는 발행되지 못했다. 그 후 출간된 『비판』 1933년 6월호에서 「무엇이 『비판』 4·5월호를 발행하지 못하게 하였는가」를 통해 "지난 4·5월호에 있어서는 운신에 시석(矢石)을 맞아 선혈이 임임(淋淋)한 우리라 지궁책진도 물론이거니와 호흡마저 끊어질 지경이라"고 호소하였다. 검열로 인한 부분 삭제가 아니라 잡지 자체가 발매금지 처분을 당했기 때문이다. 그 결과 이 잡지에 실렸던 조영출의 작품도 함께 소실되었다. 같은 해에 조영출은 『신여성』에 「눈물의 부두」와 「전원풍조」(『신여성』, 1933.9), 「국경의 소야곡」과 「짓밟힌여인의 비애」(『신여성』, 1933.10), 「고민」(『신여성』, 1933.11), 「봄ㅅ비」(『신여성』, 1934.4) 등 7편의 작품을 발표하면서 시단에 이름을 알렸다.

조영출은 1935년 3월 보성고보를 졸업하였다. 그는 졸업할 당시의 심경을 쓴 시 「항로—혜화 성림을 떠나며」(『동아일보』, 1935.3.5)를 발표하였다.

안개에 취한 南山은 잠들고
惠化聖林에 追憶은 깊다
붉고푸른 수만흔 집웅알에
人間의꿈은 흔이 幻滅에 잠기우건만
젊은 마음의 旗幅들은
世紀의 變節을 議論하며 펄 펄펄 날은다.

동무여 떠나자
젊은 世紀의 港口와 港口에로…….
希望의 꽃다발을 안고 나의窓門을 두다리는者여
먼 航路에 오로지 나의 안해가 되여저라

—「항로—혜화 성림을 떠나며」 부분

보성고보를 졸업한 직후, "동무여 떠나라 / 젊은 세기의 항구와 항구에로……"라고 노래한 것처럼 조영출은 1935년 4월에 와세다 제2고등학원에 입학하여 1937년 3월 수료하였다. 그리고 1938년 4월 와세다대학교 문학부(불문학 전공)에 입학하여 1941년 3월에 졸업한 것으로 와세다대학교가 발급한 학적부에 기록되어 있다.[34]

조영출이 유학하는 동안, 일본 동경에는 조선불교동경유학생회가 조직되어 기관지 『金剛杵(금강저)』[35]를 발행하고 있었다. 조영출은 조선불교동경유학생회 회원으로 활동하며 『금강저』 23호(1939.1.15)에 폴·베르렌느의 시 「내마음엔 눈물이 날여」를 번역·게재했다. 만해(卍海)도 『금강저』 23호 「권두언」을 통해 "수고중생을 위하야 본무를 다할진저"라며 유학생들의 권학과 단련을 독려하였다. 『금강저』 23호에는 '조선불교동경유학생 회원 일람'표(95쪽)가 실렸는데, 유학생의 '소속 사원'도 표시되어 있다. 36명의 회원 중 4명의 유학생이 건봉사 소속인데 "早稲田大學 佛文學部 趙靈出"도 포함되어 있다. 건봉사에서 이들의 유학 비용을 지원하고 있었던 듯하다. 앞서 박설산의 회고을 참고하면, 조영출은 동경 유학 중에도 방학이면 귀국하여 건봉사를 비롯하여 국내 사찰에 머물렀다.

승려로서 조영출의 삶은 그의 창작과 문학 활동에도 직·간접으로 영향을 미쳤다. 우선 그가 창작활동 초기에 글을 발표한 지면들이 대부분 불교 관련 잡지들이었다. 조선불교학인연맹 기관지 『회광』에 처음으로 시를 발표했으며, 조선불교청년총동맹 기관지 『불청운동』, 불교사에서 발행하는 『불교』, 조선불교동경유학생회 기관지 『금강저』 등에 시와 소곡, 수필, 기행문, 번역시 등을 발표하면서 시인으로 이름을 알렸다. 와세다대학에 유학 중이었던 1930년대 후반에는 산사에 머물며 많은 시를 창작했다.

34 미군 공습으로 학적부 원본이 소실되었기 때문에 와세다대학교 측에서 조사결과 보고서 형식으로 발급한 서류이다. 2002년 딸 조혜령이 요청한 서류와 오무라 마스오 교수가 가지고 있는 조영출 학적부가 있다.

35 『금강저』는 1924년에 창간되어 매년 1회 발행했다.

1937년 "六, 二〇, 오대산"에서 지었다고 부기한 「꽃알범」(상)(『조선일보』, 1937.7.6), "오대산 상원에서" 썼다는 「적멸보궁」(『초원』 제1집, 대륙공론사, 1939.9), "내금강 고암자에서" 지었다는 「청풍의 상자」(『인문평론』, 1939.12), 「유리의 방」(『인문평론』, 1940.5), "승방에서" 지었다는 「백촉의 심야」(『인문평론』, 1940.8) 등이 있다. 산사에서 지은 작품들에는 불교적 아우라가 강하게 투영되어 있는 것이 특징이다.

그 외에도 불교적 상상력이나 이미지, 불교적 언어와 제재를 사용한 시들이 많이 나타난다. 대표적인 작품으로 『초원』 3집(1940.3)에 발표한 「유언서」를 들 수 있다.

> 幻滅의 촉臺에서 무수히 흩어진 胡蝶의꿈
> 胡蝶의꿈은 밤으로 꿔어들고 三十三天을 올으날이다
>
> 철늦인 貨幣처럼 쓸데없는 希望의喪章
> 깊은 가을의가슴을 휩쓰는 落葉의꿈은 二十八宿을거처오고
>
> 임이 사람은 없어지고 남은것은 한켜레 구두
>
> —「유언서」 부분

이 시는 불교의 우주관과 언어를 바탕으로 세상과 인간사를 표현한다. '28계 33천(天)'의 세계에서 28계는 우주의 일월성신 이십팔수, 즉 28별자리(宿)로 이루어진 세계이며, 33天은 도의천 곧 불교의 수호신 제석천이 이끄는 하늘의 삼십삼천으로 이상세계를 뜻한다. 시인은 '28숙 33천'에 대비된 인간사에 시적 주체를 배치하여 유언서를 쓰게 한다. "화폐처럼 쓸데없는 희망"에 휩쓸린 인생은 "상장" 곧 죽음의 표징일 뿐이며, 이를 추구하다 "남은 것은 한 켤레 구두"에 불과하다고 고백한다.

흥미롭게도 이 시를 창작할 당시 조영출은 와세다대학교 유학생이자 이미 대중들의 인기를 받는 대중가요 작사가로 유명한 상태였다. 그에 따른 경제적 풍요함도 누릴 수 있었다.[36] 그런 조영출로 하여금 '유언서'를 쓰게 한 것은 내면의 심리적 갈등과 분열 때문이다. 그의 사유와 감성의 근원지를 떠나있음에서 발생하는 결핍과 분열이 시 「유언서」로 표현된 것이다. 이 시가 실린 잡지 『초원』은 대륙공론사에서 발행한 것으로, 발행소가 함경남도 "元山府 中里四洞 三一"로 기록되어 있다. 이곳은 바로 그의 '고향'이나 다름없는 안변 석왕사의 영향권역에 있다. 이처럼 대중가요계의 총아로 대중적 인기를 누리는 삶의 한편에서 학승이자 시인으로서 불교적 사유와 감성을 추구하는 조영출의 모습은, 그의 복합적인 자아 정체성을 보여준다.

4. 조영출의 시세계[37]

조영출이 『신여성』에 발표한 초기시들은 시조 형식, 관습적인 시어와 미의식이 주조를 이룬다.

> 풀냄새 그윽한 잔듸에 누어
> 흰구름 흘으는 하늘을 보며
> 　　님오라 휫파람 애닯이 부노니
> 　　님이여 이소리 듯는가 — 마는가

36 이 시기 조영출은 오케레코드사의 전속 작가이자 데이코쿠(제국)축음기주식회사 문예부 소속이었다.

37 4~6절은 필자의 논문 「조영출과 그의 시문학 연구」(『국제어문』 제58집, 국제어문학회, 2013.8)를 해제 형식으로 재구성한 것이다.

—「님오라불으네」(『신여성』, 1932.2) 1연

이 시는 조영출이 보성고보에 입학하고 서울에 와서 처음 발표한 것이다. 부재하는 님을 향한 갈망을 "풀 냄새 그윽한 잔디", "흰구름 흘으는 하늘", '애달프게 부는 휘파람' 등의 자연물을 통해 표현하고 있다. 시의 형태적 안정을 조율하는 외재적 형식과 관습화된 시적 기제는 시적 주체의 정서와 감각을 통제함으로써 원만하고 안정된 미의식을 구축하고 있다.

시조 형식에 대한 조영출의 관심은 사찰 학승이라는 신분과 관련이 깊다. 1930년대 중반 건봉사의 학예 및 문화 활동의 중심에 조영출이 있었다. 등단법무와 사월초파일 기념일에 하는 연극과 가장행렬에서 조영출의 활약[38]이 두드러졌고, 조영출 등이 주축이 되어 토요일마다 토론회, 동화대회, 강연회를 시작[39]하였다. 당시 독서회의 활동을 보면,

> 우리가 독서회를 했는데 만해 스님의 『님의 침묵』을 교과서로 하면서 책을 거의 다 외웠어요. 그리고 시조 외우기 대회를 해서 한 100수를 다 외웠어요. 그 다음에 우리들이 시, 동요, 수필 등을 써서 한 달에 한 번씩 회지를 내고 다른 사람들에게도 보여주었죠.[40]

설산 스님이 조영출 등에게 문예지도를 받은 내용이다. 학승들의 정신수련과 감성 단련에 시조 같이 외형률과 단아한 미의식이 적합했던 것 같다. 세상의 복잡다단한 현상을 안정된 미적 체계로 조율하는 방식이 사찰의 풍류이자 도이고, 조영출은 일찍이 이런 문화미학적 장에서 수련하며 성장했던 것이다.

---

38 박설산, 앞의 책, 65쪽.

39 위의 책, 96쪽.

40 한국불교근현대사연구회, 「설산 스님 대담록」, 『22인의 증언을 통해 본 근현대 불교사』, 선우도량출판사, 2002, 99쪽.

이러한 정형적 형식과 관련하여, 조영출이 이 당시 「눈물의 부두」와 「전원풍조」를 『신여성』에 발표하면서 이 작품들을 '소곡(小曲)'이라고 규정해 놓은 점이 주목된다. 당시 일본의 시 이론서들은 '小曲[쇼쿄쿠]'을, '근대시'의 한 갈래로서 다이쇼 시대 구어자유시의 한계를 반성하는 가운데 민요의 리듬에 근간한 정형률로 즉흥적인 정서를 표현하기 위해 고안한 형식이라고 설명하고 있다. '노래하는 시'라고도 한다.[41] 그런 점에서 '소곡'은 조영출의 양식 선택에서 시와 대중가요의 중간적 양식으로서 의의가 있다. 즉, 소곡 창작을 매개로 하여 대중가요 작사가로 이행하였다고 볼 수 있다. 조영출이 창작한 대중가요 가사는 소곡의 형식적 특성뿐 아니라 정서적 특성, 미의식과도 연결되어 있기 때문이다.

한편 비슷한 시기에 산문시 형식을 동시에 발표하고 있는 것은 문제적인 현상이다.

밤! 밤이란來日의黎明을 準備하는偉大한때이다 人間의 安息의복음자리인것이다

누구는폭은한寢臺에누어자고 그누구는길가 쓸어기통압헤서 쉄을맛는다고하는 머리압흔矛盾덩어리의話題는 덥허놋코밤이란 人間으로하야금 싸홈을中止함은 聖스러운刹那의延長이라고보고십다

그러나그것은 子正을넘은三四時頃인새벽머리의 짤은時間에局限된것이다 초저녁부터밤중까지의사히는人間으로서 가장잘人間性을 發揮하는때이다 二十世紀의 機械文明을 自慢하는都市의에로景은 電光이눈을쓰는때로부터開幕이된다 '네온싸인'이 머리를 헤트리고잇는 '애스팰트'우으로 小市民의令孃들의굽놉흔신이뒷둑거리며지내가고 짝을지어가지고단니는젊은사람들의크림냄새가풍긴다 카페에선 째즈가흘어나오고 '웨트레스'의음탕한 노래가

41 구인모, 「시인의 길과 직인의 길 사이에서」, 『한국 근대문학 연구』 24, 한국근대문학회, 2011, 251쪽 참고.

흘러나온다

都大體 에로그로에都城

이조그만한 長安을통트러보면얼마나만흔犯罪의물결이犯濫하랴

그러고이검은밤에도 雙色의굵은線이對峙하고 잇슴을볼것이다 룸팬의慘憺한場面도이밤이래야 비로소열리는것이다

오호 밤의複雜함이여!

밤이여! 어서물러가라 그리하야來日의黎明을가저오라

—「밤」(『조선일보』, 1932.5.4)[42] 전문

이 시는 산사에 머물던 학승 조중연이 유학을 와서 접촉한 1930년대 '경성'에 대한 인상기이다. 그가 경험한 산사의 시간과 경성의 시간은 너무도 이질적이었다. 그에게 경성은 낯설고 이질적이며 그로테스크("에로그로")[43] 하게 다가왔다. 이러한 '비동시성의 동시성'이 던져준 깊고 큰 충격을 안정적인 시어와 형식의 정형률로 표현하는 것은 불가능한 일이었다. 따라서 「밤」의 요설체와 산문시 형식은, 걷잡을 수 없이 육박해오는 도시의 모더니티 표상들 앞에서 통어되지 않은 시적 주체의 의식과 감각의 직정적 발화이다.

이후 조영출의 시세계는 산사의 삶에 근거하여 자연의 리듬과 시원의 심상을 외재적 형식과 관습적인 미의식으로 표현한 계열과, 근대 문명의 만화경을 텍스트로 재창조하여 그 어둠의 속성을 탐색한 계열로 이중화된다. 마치 이질적인 두 개의 풍경과 질서가 공존하는 "밤의 複雜함"처럼

42 「밤」은 형식상 수필이나 산문으로 볼 여지도 있지만, 도시에 접속한 주체의 주정적 토로가 주조를 이루고 있다는 점에서 '산문적인 시'로 보는 것이 합당하겠다. 전반부는 태도의 피력, 중반부는 풍경의 관찰, "도대체" 아래의 주정적 집약 등 구성으로 보아 시라고 판단된다. 「밤」 다음에 발표한 「마도의 창궁에」, 「낡은 해골을 허집으며」, 「응시」, 「탄식하는 가로수」 등도 「밤」과 같은 계열의 시이다. 다만 「밤」이 행갈이가 불분명하고 비유가 덜 활성화했다는 점에서 산문적이라고 할 수 있겠다.

43 "에로그로"는 erotic과 grotesque를 합한 조어.

그의 시세계도 시의 언어와 형식, 미의식에서 두 개의 극단이 공존하고 있는 것이다.

시인으로서 조영출은 1930년대의 대표적인 모더니스트로 평가받았다. 그의 도시 시들은 「밤」에서 표상된 것처럼, 도시가 뿜어내는 "전광"과 소음과 냄새, 촉감 등에 온몸의 감각으로 반응한다. 그리고 이러한 도시의 현상들을 텍스트로 재창조하고, 문명의 외부인이자 타자로서 느낀 불안과 공포와 유혹을 정면으로 되비춘다. 시적 주체에게 도시의 '밤'은 네온사인, 굽 높은 구두를 신고 크림냄새를 풍기며 짝을 지어 다니는 젊은이들의 시각적 풍경(風景, landscape), 카페의 재즈음악과 웨이트리스가 부르는 음탕한 노래의 음경(音景, sound-scape)과 에로景(erotic scape)으로 각인되었다. 산사의 절제된 생활에 익숙한 시인에게 도시는 욕망과 범죄가 부란(腐爛)하는 시·공간이며, 낯선 설렘이자 유혹이고 공포로 다가왔다. 그에게 경성은 마귀의 도시, '魔都(마도)'였다.

倫落의 거리—
魔都의 蒼穹에 흘어가는 朔月이어
世紀의 복장을치며 서드르는 이거리의 電光에 짱을 파뒤집어도 시원치안을 嫉視를 흘이는구나
온갓 罪惡의 魔都
廢墟의 이슬에 피어난 한송이꼿이언만
치는 颱風에 거듭 거듭 시들어 가느니
날카로운 魔都의神經은 녹쓴칼날에 앙바듬치는구나
魔都의 蒼穹에 흘어가는 朔月이어
太陽을기다리는 초조스런운 마음에 구름을 것엇차는 朔月이어

—「魔都의 蒼穹에 흘러가는朔月이어」(『全線』, 1933.2) 부분

이 시에서 '경성'은 한 마디로 "윤락의 거리", "마도", "온갖 죄악의 마도"로 규정된다. 그리고 "마도의 창궁에 흘어가는 삭월"로 표상된 시적 주체는 윤락과 죄악으로 가득 찬 마귀의 도시에 "쌍을 파뒤집어도 시원치안을 질시"를 보낸다. 도시 모더니티의 외부자·타자의 시선으로 번화한 도시의 표면을 관찰하며 그 이면에 감추어진 죄악과 마성(魔性)을 "파뒤집어"낸다. 이러한 관찰자의 시선, 타자로서의 응시(凝視)와 질시(嫉視)는 근대 도시문명을 형상화하는 조영출 시의 특징이다.

> 무거운 沈默우에 고요히흘러가는 凝視
> 뭇빗이 날쒸는 現實의 관역판을 쑤러지게보는 凝視
> 성낸 獅子의 눈瞳子가티 불이이는 凝視
> 幻虛에 우줄거리는 봄의멜로듸를 뭇질으는 凝視
>
> 아 — 새벽한울을 박차고 달려드는 젊은 이날의 凝視를 ……
> 五月의 勇躍을 안고
> 뭇 憤怒의 불길로
> 病든 「밤」의 自畵像을 불살러 벌일
> 칼날가티 빗나는 이 凝視를 보는가.
>
> —「凝視」(『全線』, 1933.5) 부분

"幻虛"(환영·환상·허구)에 사로잡혀 우쭐거리는 봄의 멜로디를 무찌르는 응시, 도시 문명이 만들어 낸 "병든 「밤」의 자화상을 불살러" 버릴 응시, 이러한 시적 주체의 시선은 1930년대 모더니스트들이 보여준 산책자로서의 시선과 분명 다르다. 도시에서 태어나 도시의 사유와 감성을 신체화한 모더니스트들과 조영출은 다르다. 신의 시간, 자연의 리듬 속에서 생성된 사유·감성·시선으로 도시에 접속하여 생성한 '미학적 모더니티'는 그 언어와 표상체계가 다를 수밖에 없다.

당시 김기림은 조영출의 시가 도시를 전유하는 방법의 새로움에 주목하고 있다.

> 朝鮮에 잇서서는 都市 그것을 完全히 그 詩 속에 消化한 詩人은 나오지 안엇다. 그런데 우리는 趙靈出 씨에게서 都會詩人으로서의 非凡한 素質을 發見하엿다. (…중략…) 그러함으로 우리의 詩의 視野는 더 넓은 領土를 가질 수 잇기 째문이다. 趙靈出 씨의 詩 속에서 쏘한 남달리 빗나는 것은 '윗트'(機智)의 片鱗이다. 그런데 '윗트'는 실로 '새로운 詩'의 큰 特徵의 하나다.[44](띄어쓰기와 마침표 — 인용자)

김기림은 조영출에게서 "도회시인으로서의 비범한 소질을 발견"하였다. 또한 조영출의 시에서 남달리 빛나는 새로움으로 '위트(wit)'를 지목하였다. 김기림이 말한 '위트'는, 1930년대 근대도시 경성의 본질로 육박해 들어가서 그 복잡상과 모순을 단번에 드러내는 시적 주체의 시선과 전략, 그리고 그것이 빚어내는 극적 긴장감과 개성적인 미의식으로 설명할 수 있다.

5. 대중가요 작사가 조명암의 감성 코드

조영출은 1934년 1월 『동아일보』 '신춘현상문예' '신시' 부문에 「동방의 태양을 쏘라」와 '유행가' 부문에 〈서울노래〉를 응모하여 '신시'는 당선되고 '유행가'는 가작 당선되었다. 이미 여러 신문과 잡지에 시를 투고 발표

44 김기림, 「1933년의 시단의 회고와 전망(五)」, 『조선일보』, 1933.12.12.

하면서 시인으로 활동하고 있던 조영출이 굳이 『동아일보』 '신춘현상문예' '신시' 부문에 응모한 것은, 문단의 권위 또는 시인으로서 인정 욕망에서 비롯된 것이었다. 시는 리터러시(literacy)로 소통·실현되는 장르이자 텍스트이다. 리터러시에 기반한 시는 지식의 권위와 권력에 대한 신뢰를 바탕으로 한다.

한편 '유행가' 부문에 응모한 것은 대중과 직접적으로 소통하는 또 다른 주체를 열망했기 때문으로 보인다. "문학장을 넘어선 곳에서 자신의 영역을 창출하고 자신의 대중을 직접적으로 확인하고자 하는, 요컨대 미디어적 실천"[45]을 기획했던 것이다. 이것은 시가 지닌 장르적 제한성, 즉 시는 정통 지식 체계를 통한 세계의 해석에 참여하고 관여하는 장르이기 때문에 사변적이며, 개인의 자의식에 의한 독백적 형식이어서 비대중적이고 소통이 제한적이라는 점 때문에 이를 넘어서기 위한 방법으로 대중가요에 주목한 것이다. 시와 달리 리터러시를 거치지 않는 대중가요는 그 물질성과 직접성 때문에 대중적 파급력이 매우 크다. 대중의 환호와 더불어 자본의 지원[46]도 상당하였다. 대중가요는 첨단의 모던한 장르이자 미디어로서, 음악·문학·테크놀로지·미디어 등이 결합된 복합 양식이다.[47]

이후 조영출은 신시와 유행가의 두 장르에서 활동하였다.[48] 신시는 '조영출'이란 본명으로 발표하고, 대중가요 가사를 발표할 때는 주로 조명암, 이가실, 금운탄, '김다인' 등의 필명을 사용했다. 이는 조영출이 시인과 작사가로서 자신의 정체성을 구분하고 있었음을 말해준다.

시와 대중가요는 장르의 체계와 작동 원리가 다르기 때문에 단순 비교

---

45 이혜령, 「『동아일보』와 외국문학, 해외문학파와 미디어」, 『한국문학 연구』 34, 2008.6, 360쪽.

46 당시 유행가 한 곡 작사료는 10원이었다. 월급은 신문기자 50원, 은행원 70원, 교원 45원, 노동자 일당 50전이었다(「도시의 생활전선」, 『제일선』, 1932.7).

47 대중가요의 존재방식을 규명하기 위해서는 대중문화 시스템, 작동 원리, 미디어-극장, 유성기, 방송국, 가수, 레코드 회사, 대중, 저널리즘, 체제 및 국가 등에 대한 전체적인 고찰이 필요하다.

48 『조선문예연감』(인문사, 1939)에 조영출은 '시인'이면서 '경성부 남대문통 OK레코드회사 소속'으로 등재.

하는 것은 무리가 따른다. 더군다나 대중가요 가사를 리터러시에 기반하여 분석·비교하는 것은 한계가 있다. 그럼에도 불구하고 〈서울노래〉는 리터러시에 기반해 발표되어, 가요로 변개되는 과정을 거쳤기에 비교 분석 대상이 될 수 있다. 〈서울노래〉를 중심으로 작사가로서 조명암의 의식과 감성을 살펴보자.

漢陽城 옛터전 / 옛날이 그리워라
無窮花 가지마다 / 꽃닢이 집니다
漢江물 푸른줄기 / 五百年 꿈이자네
앞南山 烽火불도 / 꺼진지 오랩니다
(二行畧)

鍾소리 슬어진밤 / 나그네가 웁니다
밤거리 서울거리 / 네온이 아름답네
街路樹 푸른닢에 / 노래도 아리랑 —
사롱 레스토랑 / 술盞에 띠운 꽃닢
옛날도 꿈이어라 / 追憶도 쓰립니다
꽃피는 三千里 / 잎트는 三千里
亞細亞의 바람아 / 서울의 꿈을깨라

— 〈서울노래〉(『동아일보』, 1934.1.3) 전문

이 가사에서 '서울'은 더 이상 '신시'가 표상한 "에로그로"의 만화경이나 "魔都(마도)"가 아니다. 서울 밤거리의 네온과 살롱 레스토랑의 술잔은 도시의 "에로그로"적 욕망과 퇴폐가 아니라 아름다운 풍경, 옛 추억을 불러내는 매개가 된다. 꽃피고 잎 트는 삼천리도, 근대 문명의 질서가 아니라, 자연의 시간과 리듬에 의해 조율된 공간으로 표상되었다.

대중가요 작사가로서 조명암은 상상력을 통해 욕망을 재배치하고 새로운 심미적 세계를 창조하고자 하였다. 그것은 이질적이고 모순적인 것들을 동일화하고 낭만화함으로써 대중의 기호와 체제·자본에 조응하는 대중가요의 메커니즘을 실현하는 것이었다. 대중가요에서 이러한 낭만화는 결국 대중화, 통속화, 상업화와 연결된다. 이 지점에서, 시인으로서 조영출의 정체성과 대중가요 작사가로서 조명암의 정체성이 분할되는 것이다.

〈서울노래〉는 개작을 통해 1934년 4월 19일경 일본 콜롬비아음반주식회사 음반번호 40508A로 취입되었다.

> 한양성 옛터전에 종소리 슴여들어 / 나그네 가슴에도 놀애가 설입니다
> 한강물 풀은줄기 말업시 흘리가네 / 친만년 두고흘을 서울의 쑴이런가
> 밤거리 서울거리 네온이 아름답네 / 가로수 풀은닙에 놀애도 아리랑!
> 쏫피는 한양성 닙트는 서울거리 / 압남산 피는구름 서울의 넉이런가
>
> — 〈서울노래〉[49] 전문

개작과정에서, 원래 가사의 "옛터전 / 옛날이 그리워라", "무궁화", "오백년 꿈", "꽃피는 삼천리 / 잎트는 삼천리", "서울의 꿈을깨라" 등이 불온하고 선동적으로 비쳐질 것을 염려하여, 가사를 대폭 순화하였다. 그런 자기 검열에도 불구하고 이 레코드는 '총독부 레코드 검열계'에 의해 '치안방해'로 발매 금지 처분을 받았다.[50] 짐작하건대 검열당국은 "한양성" "옛터전" "서울의 넋"을 "가슴에"다 품은 "나그네"의 심사와 내적 서사를 불온하게 보았던 것 같다.

대중가요는 대중들과 코드를 공유해야 하기 때문에 일정한 문법이 있다. 대중가요의 장르적 문법이 어떻게 실현되는지 보자.

---

49 안일파 작곡, 채규엽 노래에 '동아일보 당선 가사'라는 타이틀을 달고 발매되었다.
50 「엇더한 '레코-드'가 금지를 당하나」, 『삼천리』, 1936.4, 268~275쪽.

진달래꽃 흩날리는 봄도 저문다 / 애태운 옛사랑도 호사랍니다
한 세상에 기다린 꿈 잊을 길 없어 / 낯설은 타향천리 울며 떠도네

* * *

황야에도 해가 지면 황혼이 오네 / 눈물 뒤에 이별도 아득하구나
생각사록 꿈결같은 사랑이언만 / 못 잊어 애태우는 나그네 설움

* * *

물결 따라 흘러가면 타향이라네 / 이 내 몸 부평같이 흘러가리라
까마귀가 띄워보낸 청춘이어니 / 설움에 타향천리 울며 가리라

— 〈무정곡(無情曲)〉[51] 전문

조명암이 작사한 유행가의 주체는 대개 나그네이다. 나그네는 낭만적으로 이분화된 세계 안에서 타향(↔ 고향), 이별(↔ 사랑), 황혼(↔ 청춘)의 처지에 놓인다. 유행가의 시간은 '궂은 비', '저무는 봄', '황야', '황혼'이며, 장소는 선창, 항구, 돛대, 수평선, 정거장, 연락선, 열차 등의 유동하는 기제들로서 이별, 흘러간 청춘, 옛사랑, 부평 같은 신세라는 상황을 조성한다. 흘러간 세월과 "띄워보낸 청춘"이 안타깝고, 이별한 사랑, 떠나온 고향을 그리워한다. "부평 같은 내 신세 흘러가는 내 팔자에 / 인정도 없고 돈도 없고 사랑도 없다"(〈기로의 황혼〉).[52] "타향살이 설움 속에 세월이 갔소 / 내 고향 무정천리 길이 멀어"(〈무정천리〉).[53] 여기에 가끔 로망을 첨가한다. "어서 가자 가자 바다로 가자 / (…중략…) 안타까운 젊은 날의 로맨스를 찾아서"(〈바다의 교향시〉)[54]와 같이 청춘과 로맨스를 결합시켜 낭만의 세계를 만든다. "사랑하는 까닭에 / 버린 내 사랑 / 약속한 추억만이 괴롭습니다"(〈남행열차〉)[55] "그대와 둘이서 꽃씨를 심던 그날도 / 지금은 어데로 갔나 찬비

51 〈무정곡〉, 조명암 작사, 박시춘 작곡, 장세정 노래, 오케 1998, 1937.5.
52 〈기로의 황혼〉(유행가), 조명암 작사, 박시춘 작곡, 남인수 노래, 오케 12175, 1938.10.
53 〈무정천리〉(유행가), 조명암 작사, 박시춘 작곡, 남인수 노래, 오케 31039, 1941.
54 〈바다의 교향시〉(유행가), 조명암 작사, 손목인 작곡, 김정구 노래, 오케 12140, 1938.7.

만 나린다"(〈선창〉).[56]

대중가요 가사는 누구에게나 공통적으로 있었던 시간과 장소, "청춘"과 "고향", 그리고 "사랑"을 제재로 삼기 때문에 대중적이다. 그리고 지금 여기에서 이 가치들은 훼손된 상태로 상정된다. 지금 여기는 결핍이고, 미래는 불안정하다. 따라서 대중가요의 감성은 오직 '추억'을 낭만화하고 심미화하는 데 집중된다. 대부분의 유행가는 상황과 언어를 달리하여 이러한 형식과 문법을 반복하는 구조를 가지고 있다.

6. 1940년대 조영출의 활동과 문학

조영출이 1930년대 초반에 시를 발표할 당시, 그의 의식은 기존의 낡은 시와 예술혼에 대한 강렬한 부정과 비판으로 가득 차 있었다.

> 아하 어리석은 그대들이여!
>
> 검정 구름ㅅ장은 西北한울에서 散兵線을치고 颱風은 南쪽바다끝에서 進軍을 始作햇다
>
> 넋잃고 낡은 骸骨을 헤집으며 피식은노래불으는者여!
>
> 어서 옷자락에 받어안은 낡은 藝術의魂을 내던지고
>
> 그대들의 피식은 노래를 이地軸에서 걷어가거라
>
> 어서 곰팽이쓴譜表를 찢어버리고
>
> 일어서가거라 — 물러서 가거라
>
> 오오 가엽슨 存在들이여!
>
> —「낡은骸骨을 헤집으며—피식은 노래 불으는 者여」(『불청운동』, 1933.2) 부분

55 〈남행열차〉(유행가), 조명암 작사, 박시춘 작곡, 이난영 노래, 오케 12247, 1939.6.
56 〈선창〉(유행가), 조명암 작사, 김해송 작곡, 고운봉 노래, 오케 31055, 1941.7.

시적 주체는 낡은 전통에 사로잡힌 예술과 시를 향해 "낡은 해골을 헤집으며 부르는 피 식은 노래"라고 혹평하며, "낡은 예술의 혼"을 내던지고 '곰팡이 쓴 낡은 악보를 찢어버리'라고 호소한다. 바야흐로 새로운 예술의 시대가 오고 있으니, "검정 구름ㅅ장은 서북 한울에서 散兵線(산병선)을 치고 태풍은 남쪽바다 끝에서 진군을 시작했다." 이처럼 새로운 예술과 새로운 시를 향한 강렬한 열망과 자부가 조영출 초기 시의 한 줄기를 형성하고 있었다.

김기림이 높이 평가했던 조영출의 도시 시들은, 시적 주체가 '지금-여기' 디스토피아의 도시 문명을 직시하고 있을 때 빛을 발한다. 그런데 모더니티에 오염되지 않은 순결한 세계인 자연과 신화적 시원의 시·공간을 피안으로 구축할 때 '지금-여기'의 현실은 지연되거나 유보되고 또는 회피되거나 배제되어 시적 긴장감이 약화된다.

너는 얼마나 詩에서 네純感을 구지사양햇더뇨

(中略)[57]

아아 나는 내過去아페 무릅을꿀코안저 뉘우친다

아라스카의 處女여 네乳房의□[觸, 線-인용자]과가튼 깨끗한 純感에로 함께 돌아가자

네 머리숙인 高潔한 默禱의 王國에로 함께 돌아가자

—「默禱」(『조선중앙일보』, 1934.5.17) 부분

거대한 빙하와 자연림으로 뒤덮인 알래스카(Alaska)는 문명의 손길이 미치지 않은 원시(原始)의 시공간이다. 시적 주체는 시원(始原)의 순결함을 상

57 원문의 표기 그대로임.

징하는 "아라스카의 처녀(성)"를 호명한다. 그리고 "시에서 네 純感(순감)"을 사양했던 과거를 무릎 꿇고 뉘우치며 "깨끗한 순감" "고결한 默禱(묵도)의 왕국"으로 함께 돌아가자고 호소한다. 시적 주체는 돌아온 탕자가 되어 회개하고, 기도의 왕국에 들어가는 구원의 서사를 재현하고 있는 것이다. 이때의 시가 구상하거나 상상하는 세계는 균질적이고 완전한 피안의 시·공간으로서 이상화된다. 반면에 '지금-여기'의 현실은 상실, 결여, 유랑, 불안 등으로 인하여 상징화되거나 생략 또는 배제된다. '지금-여기'의 현실과 '영원-시원의 세계'라는 이원적 시공간의 위계화가 생성되었다.

1930년대 말부터 조영출의 시들은 '지금-여기'에서 탈주(「보헤미안」, 「노스텔지어」, 「항로」, 「북행열차」 등)하거나 불교적 세계관으로 귀의(「적멸보궁」, 「칡넝넝」, 「유언서」 등)하는 경향, 그리고 민족의 시원으로서 전통세계를 탐색하는 경향(「붉은날개의전설」, 「남사당편」, 국민문학 등)을 나타낸다.

優曇婆羅華 하늘가득히 쏘다질날은 언제이뇨
世紀는 지극히 騷亂하다 暴風이부나보다

紅寶石 森林의廢墟
붉은 希望의族屬들이 날개를 치는곳
날개야 人魚의가슴을 차고 날개를처라
흩어진 新羅의꽃을 한닢두닢 물어오너라

世紀의 騷亂한 길과길은
生活과 平和와 愛慾에 疲困했다
붉은날개들 날기에 疲困할때면
黃金層階瞑想—의故鄕으로날개를 접으러가자

—「붉은날개의傳說」(『조광』, 1937.5) 부분

이 시에서 '지금-여기'의 현실 표상은, "세기는 지극히 소란하다 폭풍이 부나보다"라고 하여, 마치 전해들은 다른 세상의 소문처럼 처리된다. 시적 주체에게 '세상의 소란'은 이제 접속하면 "피곤"한 언어가 되어 버렸다. 이 시의 중심어는 "우담바라화", "홍보석", "신라의 꽃", "황금층계명상-의 고향"이다. 시적 주체가 "생활"과 "애욕" 등으로 소란하고 피곤한 세기를 초월하여 초월적이고 완미한 섭리의 언어들이 구성하는 세계, 절대적인 시간과 공간으로서 역사("신라의 꽃"), 초시간적인 신의 차원으로 귀의하는 구도가 설정되었다. 초월과 절대, 순수의 시간이 시를 조율하게 된 것이다.

1940년대 초반 『국민문학』에 발표한 시에서도 유사한 시법(詩法)이 나타난다.

> 이 始原, 신의 자취 깃든 곳
> 아득히 자욱한 보랏빛 연기
>
> 바람은 나뭇가지 끝을 정처 없이 스쳐가고
>
> (…중략…)
>
> 활 높이 치켜들고 강림하시는
> 신화의 대장부는 길을 떠났다
>
> 그 어머니처럼
> 그 아내처럼
>
> 꽃도
> 풀도

물도

순백의 돌도

모두 신의 뜻 받은

그것은 사랑스러운 기원의 모습 되어라

나 떠날 테다 홀로 기도하지 않으랴

산수의 내음 뛰는 가슴 어찌하랴

—「산수의 내음」(『국민문학』, 1944.2)[58] 부분

『국민문학』에 발표된 이 시의 배경을 고려할 때, "신의 자취"로서 "시원"이나 "신의 뜻"이 군국시가로 읽힐 여지가 있어 보인다. "시원"과 "신의 자취", "어머니"(母性)가 동일한 상상계열에 위치함으로써, "길을 떠나"는 "신화의 대장부"는 출정하는 '황군'의 표상이 되고 그의 결행은 천지자연의 섭리이자 신탁(神託)의 현현이라는 숭고함을 부여받는다. '신', '진리', '시원' 등을 '천황', '국가' 체제와 동일시하게 되면 그 상황은 더욱 심각해진다. 서영희는 이 시기 조영출의 시에 대해 "숲을 산책하며 자신도 모르게 군가를 흥얼거리는 모습과 꽃이나 풀, 돌과 같은 자연에조차도 깊이 스미어 있는 애국의 모습을 시인은 포착해낸다. (…중략…) 그의 시가 진지한 애국심을 보여주는 단계에 이르고 있음을 알 수 있는 대목이다"[59]라고 보았다.

조영출은 일제 말기에 신민과 국민으로서 국가에 충성해야 하는 의무

58 조영출, 「山水の匂ひ」, 『국민문학』, 1944.2. 일본어 시 번역은 성균관대의 권정희 선생이 해 주었다.

59 서영희, 『조명암 시 연구』, 영남대 대학원 박사논문, 2007, 125쪽. 또 "신의 진리의 계단을 / 향하여 배회하는 / 신의 자식들 // 신으로서 / 신의 마음은 오직 한 마음 / 꺼려도 물러서지 않는 / 추한 그림이여 // (…중략…) 지금이로다 / 바로 이제 황군(皇軍)의 / 전장에 용감하게 / 떠날 때이다 // 그대여 그대여 / 배움의 울타리 너머 양 날개로 비상하여 / 총포 아득한 하늘 / 자, 출정이다"(조영출, 「學びの窓巾」, 『조광』, 1943.12. 일본어 시 번역은 권정희.)

를 모성의 발원, 세계 진리, 시원에의 귀의, 신의 뜻과 연계시키는 노래를 짓기도 했다.

> 어머님 전에 이 글월을 쓰옵노니
> 병정이 되 온 것도 어머님 은혜
> 나라에 밧친 목숨 환고향 하올 적엔
> 쏘다지는 적탄 알에 죽어서 가오리다
>
> — 〈아들의 혈서〉[60] 1절

이 노래가사는 국민으로서 나라에 목숨을 바치는 의무와 영광이 바로 어머니의 기원이라고 설득한다. 황군으로 목숨 걸고 싸우는 전쟁터에서 어머니를 호명하는 작가의 전언과 배치가 정서적 호소력을 강화시키고 있다.

그런 와중에 해방이 되었다. 해방된 조국에서 조영출은 이제 '인민'으로서 '나'와 '삼천만'을 호명한다.

> 오 동무여 조선인민이여 // 우리는 설흔여섯 해 동안 / 가진 모욕과 가진 구박에서 살아왔고
>
> (…중략…)
>
> 그러나 강물은 / 이 시각에도 흘은다 바다로 바다로 / 오호 동무여 조선인민이여 / 우리도 흘으자 강물처럼 / 모든 흥분과 당파적인 싸홈을 참고 / 역사의 지리(地理)를 딸아 / 조선 건국과 새 조선의 행복이 물결치는 / 바다로 향해

60 〈아들의 혈서〉, 박시춘 작곡, 백년설 노래, 오케 31093, 1942.

/ 흘러라 // 종로 한복판에 나서 불으짖는 그 혼돈의 / 웅변을 멈추고 / 강물이 되어 / 나가자 / 흘으자 // 오호 삼천만 인민아 모든 / 강물아 / 바다로 흘러라

—「모든 강물은 바다로 흘은다」[61](『신문예』, 1945.12) 부분(띄어쓰기 — 인용자)

이 시는 "동무", "조선인민"을 호명하고 이를 "우리"로 통합하는 발화법을 활용하고 있다. 일제 치하의 서른여섯 해 동안 갖은 모욕과 구박을 받으며 살았던 "우리"는 이제 해방된 조국에서 "조선 건국과 새 조선"의 통합 주체인 "조선인민", "삼천만 인민"으로 재탄생한다. "동무", "우리"라는 호칭은, 시적 주체 역시 식민지의 고난을 받았던 백성이자 해방된 조선 건국의 주역으로 동일화하는 의식을 드러낸다. 또한 이 시의 제목 '모든 강물은 바다로 흐른다'는 현재 조선 인민들 사이에 존재하는 모든 차이, 과거 행적으로 인한 대립과 갈등, "흥분"과 "당파"를 소거하고, "행복이 물결치는 바다"라는 융합의 세계에서 새로운 미래를 향해 함께 나가자는 메시지를 전달하고 있다.

해방 직후 1945년 8월 18일 조영출은 조선문화건설중앙협의회 산하 조선연극건설본부 극작부 집행위원이 되었다. 이어 9월 30일 결성된 조선프롤레타리아예술동맹의 동맹원으로 참가하였다. 조선프로예맹은, 문화통일전선을 주장했던 조선문화건설중앙협의회에 대응하여, 공식적으로 식민지시대 카프(KAPF)를 계승한 단체로서 새로운 민족예술 건설의 주체로 노동자·농민·진보적 지식계급을 내세웠다. 이 단체에서 조영출은 프롤레타리아 연극동맹 위원으로 활동했는데, 프롤레타리아 독재의 예술을 강조하였다기보다 대중성이나 인민성을 기반으로 한 예술을 지향하였다. 당시에 그가 쓴 글을 보면, '반제국주의', '자주독립', '반상업주의', '반봉건·반자본주의', '민주주의 민족 문화·예술', '대중예술' 등을 키워드로 삼아

61 이 작품은 유열 편, 『중등 국문 독본』(한얼몯음, 1946.5.26)에 수록되었다. 한얼몯음 학생동무사는 부산시 본정 3의 1에 주소지를 두고 있다.

예술론과 창작활동을 전개했음을 알 수 있다. 12월 25일 조선연극건설본부와 조선프롤레타리아연극동맹이 결합해 조선연극동맹을 결성하였는데, 조영출은 거기에 참여했다.

해방기에 조영출이 주로 활약했던 부문은 연극, 가극, 악극, 가요 등 공연 장르였다. 특히 연극을 통해 열정적으로 "민족이며 예술이며"를 논하며 새로운 '공화국' 건설을 꿈꾸었다.

> 별아래 길이 있고 / 길 있으면 갈만두 할께다 / 그래서 劇場손님이 돌아간 / 빈 골목에서 별을보구 섰었구나 // 우리는 술 마시던 그밤 / 책상을 치며 힘줄을 세우던 손과 / 民族이며 藝術이며 / 그것을 論하며 불 타던 눈과 / 오오 너 떠난 그곳에 // 지금쯤 木花가 피였으리라 / 내일쯤 / 솜눈이 나릴께다
>
> ―「파랑새나 보내주렴」(『독립신보』, 1946.11.13) 부분

그가 꿈꾸었던 나라는 인민공화국이었다. 조영출은 '인민'을 '민주적' '대중' 정도로 이해했던 것 같다. 그가 지향했던 새나라는 프롤레타리아 독재에 입각한 사회라기보다는 막연한 반자본주의적 민주주의 민족 공동체였다. 이러한 그의 기획은 남한사회에서 탄압받고 체포되고 투옥되었다. 해방과 함께 인민 대중의 "눈부신 공화국"이 건설될 줄 알았는데, 그렇지 못한 현실 속에서 통곡과 격분만이 쌓여갔다.

> 慟哭을 참는 골목이 여기 있다 / 성난 뺄들이 여기 있다 / 別館앞에 이슬 맞으며 파수 보는 / 여윈 꽃 하나 / 너와 함께 저 소요한 가랑닢속에 격분을 이기지못하는 民族이 여기 있다 // (…중략…) 이번에야 / 눈부신 共和國의 기빨이 설줄 알았더니 ……
>
> ―「공화국」(『연간 조선시집 1946년판』, 아문각, 1947.3) 부분

해방기의 정치적 현실이 기대했던 것과 다르게 진행되고 있음에도 불구하고, 조영출은 다양한 예술활동을 통해 자신의 뜻을 펼치고 시대에 대응하였다. 1947년 1월 31일 치안당국은 문화활동에서 정치성을 박탈하는 고시문을 발표하였다. 이에 조선문학가동맹과 조선문화단체총연맹은 '문화옹호 남조선문화인예술가총궐기대회'(2월 13일)를 개최하고 더욱 적극적으로 민주적 문화운동과 대중화 정책을 실천해나갔다. 그 연장선에서 조선문화단체총연맹과 조선연극동맹이 공동 주최한 1947년 '3·1기념연극제'에 조영출의 작품 〈위대한 사랑〉이 공연되었다. 6월에서 8월 사이에는 조선문학가동맹에서 '문화공작대'를 조직하여 경기, 충청, 경상, 강원 지역으로 파견하였는데, 조영출의 연극 〈위대한 사랑〉이 문화공작대의 중요한 공연 작품이었다. 당시 조영출은 조선문학가동맹의 연극동맹 이사로서 '민주주의 민족 연극'을 수립하기 위한 실천방법으로 「연극의 대중화」(『자유신문』, 1947.1.4)를 설파하였다.

해방기에 조영출은 활발하게 공연하였다. 광고에 의하면, 조명암 작 겸 연출로 '가극(歌劇)' 〈가면무도회〉가 국도극장에서 막을 올렸다.[62] 악극(樂劇), "조명암 씨의 회심작 서정음악극 〈청사초롱〉"이 "조선악극단 15주년 기념 공연"으로 국도극장에서 개막된다는 기사도 확인할 수 있다.[63] 「조선악극계의 회고」(김다인, 『영화시대』, 1947.11)에서는 자신을 '악극작가'로 지칭한 바 있다. 또한 가극단과 악극단의 협의체인 조선가극협의회를 주도하기도 하였다.[64] 뿐만 아니라 조영출은 서울에서 불교(인)와 예술을 결합하는 불교예술동맹을 조직하고 그 위원장이 되었다. 불교예술동맹은 산

62 광고 「가극 가면무도회」, 『동아일보』, 1946.5.27.
63 「악극 중견 총동-'청사초롱' 공연」, 『경향신문』, 1947.4.6.
64 이러한 해방기의 활동경험을 바탕으로 조영출은 북한에서 '창극'에 주목하여 「창극을 발전시키는 길에서」(『문학신문』, 1958.1.23)를 집필하였다. 이 글에서 북한의 예술인들은 집체적으로 '종래의 가극과 완전히 새로운 가극' '혁명가극'을 창조하고, 〈고난의 행군〉·〈압록강반의 홰불〉과 같은 '음악무용서사시극', 〈낙원의 노래〉와 같은 '음악무용이야기' 등 새로운 혁명적 예술형식을 창조하였다고 자부하였다.

하에 극단 '예우극장'과 '밀양불교영화사'를 두고 있었다.[65]

단독정부 수립 이후 조영출은 월북하였다. 그의 월북시기는 정확하게 알려져 있지 않다. 시 「북조선으로!」는 월북하는 정황과 심정을 표현한 작품이다.

> 우리는 지금 / 38선 패말이 섰는 / 황폐한 산협의 길을 뛴다 / (…중략…) 이리떼 몰려드는 / 야만의 거리에서 / 한 마디의 구호 때문에 / 죽음의 고문실로 / 영영 끌려간 동무들이여 / (…중략…) 북조선 민주 건설의 3년이 / 키워온 이들의 눈방울 / 슬기로운 보석의 전진이여 / (…중략…) 조국은 이제 / 그 이름 자랑스러운 / 조선 민주주의 인민 공화국
>
> —「북조선으로!」[66] 부분

이 시에서 조영출은 탄압과 고문, 죽음과 야만을 피해 자유를 찾아 38선을 넘어 조선민주주의인민공화국에 귀환했다고 밝혔다. 작품 말미에 창작 시점을 "1948.12"이라고 표기했다. 『현대조선문학선집』 11권(조선작가동맹출판사, 1960.3)의 '작가 약력'란에는 "1948년부터 북반부에서 창작 활동"을 했다고 나와 있다. 그리고 『조광』 1949년 정월호(1948.12.25 발행)에 조영출의 「극장의 문화적 사명」이라는 글이 발표되었던 사실을 종합해 보면, 그의 월북시점은 1948년 후반기로 추정할 수 있다.

7. 북한에서 조영출의 시문학

1957년 북한에서 『조령출 시선집』(조선작가동맹출판사)이 출간되었다. 「서문」에서 그는 "시를 배우며, 쓰며 발표한 지 25성상"이라고 하여, 1932년부

---

65 「불교예술동맹 결성」, 『경향신문』, 1947.8.1.

66 엄호석 편, 『서정시 선집』, 조선작가동맹출판사, 1956.

터 시 「님 오라 불으네」, 「밤」 등을 발표한 것을 기억하고 있었다. 조영출은 그간 자신의 시문학의 흐름을 "나의 사고 모색의 력사이며, 나의 사상 발전의 로정이며, 나의 생활의 기록"의 반영이라고 규정했다. 그리고 자신의 시세계를 "해방 전 시기와 해방 후 첫 시기", "전쟁 시기", "전후 시기"의 네 시기로 구분하였다. 시집의 편제는 5개의 장으로 구성되어 있다. '북조선으로'에는 "해방 후 첫 시기"의 작품 4편을 실었고, '나의 편지'에는 "전쟁 시기"의 종군시와 위문시 등을 엮었다. '탄의 노래'에는 전후 복구 및 사회주의 건설기의 시를 모으고, 1955년 5월 동독을 방문하여 쓴 시들은 '독일 방문 시초'에 실었으며, "해방 전 시기"의 작품들은 '목련화'에 추려 실었다. 참고로 이 시집의 장정은 청전(靑田) 이상범의 아들 리건영이 맡았다.

1950년부터 1952년까지 전쟁 시기에, 조영출은 종군작가로 참전하여 경북 대구 지역까지 진출했었다. "종군작가로 락동강을 건너 현풍에까지 나아갔다."[67] 1950년 9월 '락동강변에서' 썼다는 「락동강 전선」 같은 시들이 있다. 북한에서 유명한 〈조국보위의 노래〉를 이때 썼다고 한다.

> 가슴에 끓는 피를 조국에 바치니 / 영예로운 별빛이 머리 우에 빛난다
> 나가자 인민군대 용감한 전사들아 / 인민의 조국을 지키자 목숨으로 지키자

'탄의 노래'에 실린 시들은 1953, 1956, 1957년에 쓴 작품들이다. 1953년 7월 정전협정이 조인되면서 전쟁은 멈추었다. 이후 북한의 "문학예술인들은 교주주의와 사대주의, 민족허무주의적 경향을 극복하고 주체를 세우기 위한 투쟁, 부르주아적이거나 종파주의적인 경향을 청산하는 투쟁"[68]에 적극 나섰다. 조영출도 "로동의 행복과 사랑을 잡고"(「탄부와 신부」) "지상의 락원"을 건설한다는 자긍심에 고무되어 있었다. 전후 복구와 사회주의 건설

---

67 조령출, 「승리의 신심 드높이」, 『조선예술』, 1985.8. 현풍은 대구시 달성군 현풍면을 말한다.
68 김성보, 『북한의 역사 1 — 건국과 인민민주주의의 경험 1945~1960』, 역사비평사, 2011, 237쪽.

기의 낭만주의 시대가 형성되었던 것이다. 1956년에 시인은 자발적으로 탄광촌을 찾아 인민의 노동과 생활 속에서 문학의 제재를 탐구하고 문학예술인이 자기 갱생을 통해 사회주의 문학예술인으로 재탄생하는 과정을 보여주고자 하였다. 그때 창작한 시들이 '탄의 노래'에 수록되어 있다.

> 내 마음 이렇게 황홀해짐은 / 어디를 가나 항시 그리운 이 하늘이 있기에 / 이 하늘이 주는 광명이 좋기에 / 이 하늘과 더불어 나는 산다. // 행복한 땅우에 사랑을 맺어 / 살어리 살어리 / 나의 정열과 땀과 지혜를 아낌이 없이 / 이 하늘, 조국의 품에 // 순결한 사람아 / 어서 나의 곁으로 오너라.
>
> —「푸른 하늘에 취해 보자」(1957) 부분

조영출의 문예론과 정론을 시기적으로 배열·독해하면 한국전쟁 이후 북한 내에서 문학장이 형성되는 과정과 그 성격을 알 수 있다. 전쟁 직후 사회주의 건설기에는 식민지·반봉건·자본주의 문학예술을 청산하고 '새로운 경지'의 문예를 창조한다는 자부와 긍지, 그 주역으로서의 사명감과 의지가 나타나 있다. "오늘 우리의 시대는 새 것의 발전이 천리마를 탄 기세로 상징되는 시대이다. 이 위대성, 이 장엄성, 이 약진성……"[69]이라는 발언은, 동원된 언어라기보다 시인의 자발적 감격의 발로이다. '독일 방문 시초'에 실린 시들은, 조영출이 제국주의 전쟁에서 자유와 평화를 지키고 새로운 사회주의 조국을 건설하고 있는 북한의 문학예술 대표로서의 자긍과 포부를 세계 예술인들 앞에서 당당하고 영웅적으로 표현하고 있다. '목련화'에 실린 "해방 전 시기"의 시들은 얼마간 개작과정을 거쳤다.[70]

1950년대 후반부터 조영출의 글쓰기 서두는 국가, 당, 지도자의 문예 방침이 차지하기 시작했다.

---

69 조령출, 「새로운 경지」, 『조선문학』, 1958.11.

70 전영주, 「조명암의 개작 시 연구」, 『한국시학연구』 24호, 한국시학회, 2009.4 참조.

우리 당은 일찌기 우리의 문화와 예술은 인민의 것으로 되어야 한다고 교시하였다.[71]

우리의 경애하는 수령 김일성 동지께서는 대중이 리해하기 쉬운 인민적인 조선어를 사용할 데 대하여 여러 번 말씀하시였다.[72]

이때부터 예술가로서 "나의 소견"은 "당의 교시"를 바탕으로 객체화되기 시작했다. 당과 지도자의 교시·말씀이 인민성 앞에 자리하게 되었다. 마침내 "어버이 수령님의 혁명위업을 빛나게 꽃피워나가는 우리 당의 문예방침"(「은혜로운 당에 영광을」, 『조선예술』, 1980.10)이 곧 자신의 문예방침을 대체하게 된다. 이와 함께 해방기부터 조영출이 지향했던 인민과 개인의 창조적 자발성은 주체가 되지 못하고 고정화되어 갔다. 조영출 문학의 성취와 운명도 같은 길을 걷게 된다.

8. 조영출의 산문들

1) 식민지 시대의 산문

식민지 시대 조영출의 산문은 현재까지 세 편이 발견되었다. 먼저 보성고보 재학 때 써서 발표한 수필 「해빈의 단상」과 기행문 「경주순례기」, 와세다대학 유학시절에 발표한 시론 「서사」가 있다.

「海濱(해빈)의 단상」은 조선불교청년총동맹 기관지 『불청운동』(7·8호, 1932.10.25)에 학승 '조중련'이란 법명으로 발표한 것이다. '수필'이란 양식의 서사적 주체는 "배움의 길을 밟는 자"로서 소명을 무겁게 의식하며, 그

71 조령출, 「가요 창작에 대한 나의 소견」, 『문학신문』, 1959.5.31.
72 조령출, 「언어의 세련성」, 『문학신문』, 1962.7.24.

를 성장시킨 동해 바다 "양양한 滄海(창해)의 바람"을 가슴에 안고, "해빈에서서" 스스로에게 다짐한다. "큰 진리 앞에 거짓 없는 신앙의 힘으로써 이 사회 이 집단의 행복된 운명을 빚으라"고.

조영출은 보성고보 수학여행의 기록인 「경주순례기—옛달울을 찾아서」를 3회에 걸쳐 불교사에서 발행하는 『불교』 106호(1933.4), 107호(1933.6), 108호(1933.7) '독자문단'에 연재하였다. 보성고보 3학년 때인 1932년 10월 3일 오전 7시 40분 경성역발 부산행 기차를 타고 꼬박 12시간을 달려 저녁 7시 30분에 고도 경주에 도착하여 순례가 시작되었다. 10월 4일엔 고적진열관-분황사-황룡사지-안압지-석빙고-첨성대-계림-포석정-봉황대 등을 둘러보았다. 10월 5일엔 불국사와 석굴암을 순례하였다. 10월 6일엔 무열왕릉과 김유신 장군묘를 보고 오후 4시 32분 경주를 출발하였다. 그는 학생이자 승려의 입장에서 경주를 수학 혹은 순례하고 '찬란한 불교문화국가로서 신라'를 발견하는 한편, 불토국 사상으로 현재 이곳의 '황폐한 폐허'를 재건하려는 염원을 표현하였다. 나아가 "신라 예술의 최고봉이요 조선문화의 대표적 걸작"이며 "성결한 신라 호흡"인 석굴암을 "질식된 현실"에서 벗어날 수 있는 진리와 구원의 성소로 표상하는 시를 기행문에 삽입했는데, 이 시는 「이 동굴 안을 거니는 자여—경주 석굴암」이란 제목으로 『신동아』 26호(1932.12)에 발표하였다.

조영출은 와세다대학교 불문학과 재학 중인 1939년에 와세다대학(早稲田大學)우리동창회 『회지』 제3호에 「序詞(서사)」를 발표하였다. 조영출은 「서사」에서 불교 경전 「반야경」과 「금강경」, 불교의 선문념송집(禪門拈頌集)인 「죽암규(竹庵珪)」, 발레리의 시 「해변의 묘지」와 시론인 「시학서설」 등을 거론하며 자신의 시론을 기술하고 있다. 이글은 불교 사상과 발레리 시론을 바탕으로 시적 탐구의 대상, 시인의 정신, 시인의 사명, 시의 언어, 시의 가치 등을 폭넓게 다루고 있다.[73]

2) 해방기의 산문

해방기에는 주로 연극과 악극, 그리고 공연에 대한 산문을 발표했다. 『자유신문』(1947.1.4)에 발표한 「연극의 대중화」는 민주주의 민족연극 수립의 구체적인 실천방법으로서 인민대중을 위한 연극대중화 문제를 제기하고 있다. 당면한 연극대중화란 연극을 노동자, 농민, 학생, 소시민 속으로 침투시켜 공장극, 농민극, 학생극 기타 직장의 자립극을 활성화하는 것이다. 이를 위해 극작가, 장치가, 조명기술자, 배우, 연출가는 대중의 속으로 들어가서 그들의 요구를 파악하고 올바르게 지도해야 한다. 이러한 연극 대중화는 민주주의 민족국가 수립의 기틀이 될 것이다.

김다인이라는 필명으로 발표한 「조선악극계의 회고」(『영화시대』, 1947.11)는 '악극예술운동계의 일원'으로서 1947년의 악극계를 회고한 글이다. 악극은 대중예술인데, 상업주의적인 악질적 흥행과 공리주의적 경향으로 말미암아 침체와 부패에 빠져들었다고 진단한다. 이렇게 된 데는 악극계 내부의 문제도 있지만, 외부적 탄압과 경제적 문제, 극장 문제 등이 있다. 그럼에도 1947년도 민족악극에 값할 수 있는 작품은 김해송 작 연출의 〈천리춘색〉과 〈세월은 간다〉 정도라고 평한다. 악극이라는 대중예술을 민족문화예술로 승화시키는데 힘써야 한다는 점을 강조하고 있다.

「극장의 문화적 사명」은 조영출('조선연극동맹 이사')이 월북한 뒤에 『조광』 1949년 정월호(1948.12.25 발행)에 발표되었다. 아마 편집인 김광현(金光現)의 주선으로 실린 듯하다. 극장은 극문화 창조 실현의 핵심 요소이다. 때문에 극장은 자본가가 아니라 극단, 작가, 연출가, 배우에 의해 일원적으로 기획, 운영되어야 한다. 극장이 자본에 의해 이윤 창출 목적으로 운영되면 극장은 상품시장이 되고 연극은 비속주의로 타락할 것이며, 예술은 일부 특권계급과 외래침략세력의 전유물이 되고 말 것이다. 민족과 인민의 복리

---

73 염철, 「조영출 시론 「서사」에 대하여」, 『근대서지』 4호, 근대서지학회, 2011.12 참조.

를 위한 민주주의적 민족문화를 건설하기 위하여 극장은 국가관리형태로 전환하고, 실제 운영은 극예술전문가들이 맡아야 한다는 주장이다. 결국 민족문화건설은 경제적·정치적·사회적 민주주의 확립과 함께 성취되는 것이기 때문에 예술인의 문화적 사명이 크다고 주장하였다.

3)북한에서 쓴 산문

북한에서 조영출은 다양한 문예론과 정론을 발표하였다. 그의 글을 시계열적으로 배열하고 독해하면 한국전쟁 이후 북한 내에서 문예의 장이 형성되고 변화하는 양상을 엿볼 수 있다. 나아가 북한의 문예 형식과 창작 방법이 변화하고 혁명 가극이 창안되고, 주체문예가 형성·정착되는 과정을 탐구해 볼 수 있다. 실제로 조영출은 북한에서 시와 가요, 연극, 창극, 무용, 혁명가극 등의 장르를 횡단하며 문예정책에 관여했다. 월북 이전부터 시와 대중가요, 연극, 악극, 창극 등을 가로지르며 활발한 창작활동을 했던 다채널적 경험과 능력이 북한의 종합예술적 집체창작과 혁명가극 창안에 적합하였던 것이다. 이에 그는 북한문예 정책 창안의 중심인물이 되었다.

북한에서 조영출의 글쓰기는 체제와 궤를 같이 하며 전개되었다. 「새로운 경지」(『조선문학』, 1958.11)는 전후 복구를 달성하고 한 단계 발전된 새로운 시대적 과업을 맞이하는 문학예술의 전망을 그리고 있다. 1950년대 전후 복구를 통해 반(半)봉건·식민지 문학예술과 자본주의 문학예술을 청산·지양하고 이제 '새로운 경지'의 문예를 창조한다는 자부와 긍지, 그리고 그 주역으로서의 사명감과 의지가 팽배해 있는 글이다. 공화국 창건 10주년에 사회주의 건설의 일대 고조기에 달한 이 시대의 내용을 형상하는 문학예술 형식과 방법을 제시하며, 당대에 산출된 작품들을 개괄하고 있다. 노동계급의 위력, 사회주의 건설의 위업 달성, 공민적 빠포스, 사회주의적 애국주의 사상 등을 키워드로 하는 '새로운 공화국'의 천리마 운동은 '약진성'과 '장엄성'을 담보하는 형식으로서 장편서사시를 요구한다는 것이다.

이 시기를 전후로 인민성에 기반한 민족형식 탐구와 사실주의적 창작방법에 관한 논의가 활발하게 이루어졌다. 이러한 기조는 시대의 흐름에 맞추어 개진되고 전개되었다. 제2차 작가대회를 앞두고 제기한 「시 형식의 다양성」(『조선문학』, 1956.8), 「연암의 위대한 작가 정신」(『문학신문』, 1957.2.28)과 「연암의 사실주의적 형상력」(『조선문학』, 1957.3), 「창극을 발전시키는 길에서」(『문학신문』, 1958.1.23)와 무용극 〈옥란지의 전설〉에 대한 비평 「무용 예술의 새로운 성과」(『문학신문』, 1958.5.1) 등이 인민성과 사실주의에 입각한 민족형식의 창안에 관한 글들이다. 「서로 만나자」(『조선문학』, 1956.9)에서 통일에 대한 염원을 호소하는 논리도 역시 단일 민족 — 단일한 언어, 단일한 문화 전통, 단일한 풍속, 단일한 지역 — 에게 조국은 하나라는 것이다.

북한은 중국과의 예술 교류를 통해 친선을 공고히 했다. 상해 월극단이 상연한 대본 〈홍루몽〉을 기초로 하여 북한의 민족예술극장이 이를 창극화하여 공연함으로써 조·중 양국 인민의 프롤레타리아 국제주의 정신을 구현했다고 자평하였다(「창극 〈홍루몽〉 창조에서 얻은 경험」, 『문학신문』, 1962.12.21). 또 중국 연극 〈네온등 밑의 초병〉이 국립연극극장에서 상연되기도 하였다. 이 작품의 결말은 중국의 초병이 '항미원조'의 길을 떠나는 것으로 되어 있다는 점에서 조·중 연대와 국제주의가 깊다고 평가하고 있다(극 예술 발전과 친선의 공고화—연극 〈네온등 밑의 초병〉을 보고」, 『문학신문』, 1963.10.25).

'사회주의 사실주의 창작방법에 의거한 인민적인 민족예술'의 구현인 음악무용서사시 〈영광스러운 우리 조국〉은 작가·작곡·안무·연출·지휘·무대미술 등 50여 명의 창조집단과 3천명의 출연자가 집단의 정치사상적 단결을 강화하고 당문예정책에 일치하여 북한의 혁명전통을 형상화한 기념비적 작품이라고 특필하였다(「영웅적 시대가 낳은 위대한 예술」, 『조선예술』, 1960.10). 이 글은 조영출이 '교육문화성 부상'이라는 위치에서 쓴 글이다. 〈영광스런 우리 조국〉은 집체창작 혁명 가극의 시발이 되었으며 이에 참여한 자로서의 자부를 표현하고 있다.

「은혜로운 당에 영광을」(『조선예술』, 1980.10)은 조선노동당 제6차 대회를 맞아 주체사상의 혁명 위업을 찬양하며 주체예술의 총화로서 혁명가극의 탄생 역사와 위업을 개괄하고 있다. 이 글에서 음악무용서사시 〈영광스런 우리 조국〉이 창조되어 보충되다 마침내 〈피바다〉식 혁명가극이 탄생하게 된 과정을 조망하였다. 〈피바다〉식 혁명가극은 사회주의적사실주의 가극의 모범이고 주체문예의 규범이라고 규정한다. 〈피바다〉식 혁명가극의 탄생은 〈성황당〉식 혁명연극의 탄생을 열어주었다. 나아가 음악무용이야기, 혁명소설, 혁명영화의 기념비적 작품들이 계속 창조되고 있으니, 실로 주체예술의 승리라는 것이다. 「〈피바다〉식 혁명가극의 탄생」(『조선예술』, 1978.9)에서 밝힌 바, 기념비적 혁명가극에는 〈꽃파는 처녀〉, 〈한 자위단원의 운명〉, 〈당의 참된 딸〉, 〈밀림아 이야기하라〉, 〈금강산의 노래〉 등이 있다. 이 혁명가극의 탄생은 주체사상과 주체문예이론의 위대한 승리라고 평가한다. 「조선의 별, 위대한 태양을 우러러」(『조선예술』, 1981.4)는 김일성을 조선의 별이자 민족의 태양으로 우러러 부른 노래, 불멸의 혁명송가 〈조선의 별〉에 대한 글이다.

한편 조영출은 문화외교 사절단으로서 여러 나라를 방문하였다. 1958년 교육문화성 예술국장으로 북한 예술단 대표가 되어 김일성의 중국 방문을 수행하고 1982년에는 조선문학예술총동맹 대표단으로 중국 베이징과 시안을 방문하였다. 그 방문기가 「친선의 나라 중국을 찾아서」(『조선예술』, 1983.10)이다.

주목되는 글은 재일조총련 기관지 『조선신보』(1988.3.18~4.4)에 연재된 「민족의 력사와 대중가요-잊을 수 없는 가요들에 대한 범죄적 위조 행위」이다. 이 글은 조영출이 작사한 대중가요들이 남한에서 금지곡 또는 왜곡되거나 다른 사람의 명의로 둔갑해서 불리는 '범죄적 위조행위'를 고발하는 글이다. 이 글에는 조영출에 대한 전기적 사실이나 가단·극단·문단에 대한 사실들이 밝혀져 있다. 자신의 필명과 작품, 고향과 성장과정, 수학 상황 등을 밝히고 있어 그의 생애를 고찰하는 데 중요한 정보가 된다. 또 정지용이 1950년 가을에 북행하다가 미군기의 폭격을 맞고 사망했다는 중요한 증언도 있다.

이하 '관련자료'에는 조영출에 대한 글이나 정보를 제시하여 놓았다.

9. 맺음말

조영출은 약 150여 편의 시와 550여 곡의 대중가요를 발표한 시인이자 작사가이며, 극작가·연출가이다. 조영출의 시세계는, 일찍이 김기림이 1930년대를 대표하는 '도회의 시인'으로 높이 평가한 이후, 모더니즘 시인 또는 모더니즘에서 리얼리즘으로 전환한 시인이라는 관점에서 주로 연구되어 왔다.

본고는 먼저, 조영출의 문화지리적 장소성에 주목하였다. '만해문단'의 일원으로서뿐만 아니라, 조영출의 개성적인 장소성을 함경남도 안변·원산 석왕사와 강원도 금강산 건봉사를 잇는 권역으로 설정해 보았다. 그의 시세계는 학승이라는 신분이 미친 영향을 통해 파악해 보고자 하였다. 불교 계통 잡지와 여성 잡지에 주로 발표한 조영출의 초기 시들은, 산사에서 단련된 외재적 정형률을 바탕으로 규율적이고 원만한 미의식을 표현하고 있다. 다른 한편으로, 산사를 떠나 경성에 유학 와서 그는 근대 도시문명의 복잡상과 "에로그로"경에 심한 충격을 받았다. 이러한 의식적·정서적 체험은 도시의 근대적 기제와 기호들을 텍스트로 삼아 근대문명의 복잡상과 모순, 어둠을 탐색한 산문시와 자유시들을 창작하였다. 해방 이전까지 조영출의 시세계는, 시의 형식과 미의식, 시적 주체의 존재방식이 두 계열로 분화되는 양상을 보인다. 즉, 산사의 삶에 근거하여 자연의 리듬과 시원의 심상을 외재적 형식과 관습적인 미의식으로 표현한 계열과, 근대 문명의 만화경을 텍스트로 재창조하여 그 어둠의 속성을 탐색한 계열로 나누어진다. 그리고 조율된 외적 리듬과 형식, 안정적인 언어와 미의식의 시 계열은 이후 대중가요 가사의 장르적 특징으로 연결되었다. 조영출이 창작한 대중가요 가사들은 고향/타향, 사랑/이별, 청춘/황혼 등으로 이분화된 세계에서 방황하는 나그네를 주체로 하여 '추억'을 낭만화하고 심미화하는 데 집중된다.

1930년대 조영출 시의 핵심은, 근대도시 경성을 통해 체험한 모더니티의 기호와 기제들을 시적 주체가 접속하는 방법, 그리고 그 기호들을 배열하는 시적 주체의 고유한 존재방식에 있었다. 시적 주체는 타자의 시선으로, 번화한 도시 문명의 기호와 표상들을 응시하고, 극적인 긴장감 속에서 근대 문명의 모순과 마성(魔性)을 들추어낸다. 김기림이 조영출 시의 새로운 방법으로 지목했던 '위트'가 바로 이것이다. 반면 도시 문명의 타자를 자임하는 시적 주체의 내면에는 자연과 신화적 시원의 시·공간이 존재한다. 이러한 두 세계의 긴장과 맞섬이 조영출 도시시의 특징이다. 그런데 모더니티에 오염되지 않은 순결한 세계인 자연과 신화적 시원의 시·공간을 피안에 구축할 때, 즉 두 개의 시·공간에서 위계가 생성되고 시적 주체가 초월과 절대, 순수의 시·공간으로 귀의할 때, 시적 긴장감은 약화되고 '지금-여기'의 현실은 유보되거나 배제되는 양상이 나타난다.

해방 이후 조영출은 조선문화건설중앙협의회의 조선연극건설본부 극작부 집행위원이 되고, 곧이어 조선프롤레타리아예술동맹의 연극동맹 위원이 되었다가, 두 단체의 결합체인 조선연극동맹 위원으로 활동했다. 이 시기에 그는 연극, 가극, 악극, 가요 등 대중적인 장르에 집중하면서 시를 발표했다. 불교예술동맹을 조직해 스스로 위원장이 되기도 하였다. 그는 '민족 예술'을 통해 '인민공화국'을 건설하는 기치에 동참하며 다양한 활동을 펼쳤다. 그러나 그러한 기획이 탄압받고 체포되고 투옥되는 현실 속에서 통곡과 격분을 쌓아가다가 1948년 말 월북하였다.

1950년부터 1952년까지 전쟁 시기에 조영출은 종군작가로 참전하여 종군시와 위문시 및 가요를 창작했다. 이때 〈조국보위의 노래〉를 썼다. 전쟁 직후 사회주의 건설기에는 식민지·반봉건·자본주의 문학예술을 청산하고 '새로운 경지'의 문예를 창조한다는 자부와 긍지를 바탕으로 전형 형상 창조에 집중했다. 1955년 5월에는 동독을 방문하고 기행시를 쓰기도 하였다. 1957년 그의 시를 총정리한 『조령출 시선집』(조선작가동맹출판사)이 출간되었다. 이후로도 간헐적이나마 꾸준히 시를 발표하는데, 주로 송시이거나 행사시, 체제 찬양시의 성격이 중심을 이루었다. 조영출은 북한에서 시와 가요, 연극, 창극, 무용, 혁명가극 등의 장르를 횡단하며 문예정책에 관여했다. 월북 이전부터 시와 대중가요, 연극, 악극, 창극 등을 가로지르며 활발한 창작활동을 했던 다채널적 경험과 능력이 북한의 종합예술적 집체창작과 혁명가극 창안에 적합하였던 것이다. 이에 그는 북한 문예와 정책 창안의 중심인물이 되었다.

1913 11월 10일 충청남도 아산군(牙山郡) 탕정면(湯井面) 매곡리(梅谷里) 643번지에서 한약방을 운영하던 아버지 조경희(趙慶熙 : 본관 楊州)와 어머니 조희정(趙熙定) 사이에서 출생. 보성고보 학적부 '가정란'에 "母, 兄一"이라 기재되어 있음. '영인산(靈仁山)' 밑에서 출생했다고 하여 '영출(靈出)'이라 작명.

1917(4세) 고향을 떠나 서울로 이주.

1921(8세) 서울에서 1년 반 동안 서당 수준의 보통학교를 다님.

1922(9세) 부친 별세. 이후 가세가 기울어 "남의 집 고용살이 하는 홀어머니를 따라 전전하는 눈물겨운 생활"을 하다가 함경도 안변 석왕사에 의탁. 사립 석왕사보통학교를 다님(석왕사보통학교를 다닌 시기는 정확치 않음). 석왕사학교 시절부터 문학에 관심을 가지고 습작함. 일설에는 건봉사 부설 봉명학교를 다니며 만해 스님의 영향을 받았다고도 함.

1924(11세) 대륜(大輪, 高致祚) 스님으로부터 '중련(重連)'이란 법명을 받아 건봉사로 출가. 건봉사 '萬化堂大禪師 碑銘(만화당대선사 비명)'(1924)에 '重連(중련)'이란 법명이 등재되어 있음.

1929(16세) 조선불교학인연맹 기관지 『回光(회광)』 창간호에 시 「가을」 발표.

1930(17세) 건봉사 장학생으로 서울의 보성고등보통학교 입학. 보성고보 학생회 '而習會(이습회)' 가입 활동. 조선불교청년총동맹 가입 활동.

1932(19세) 시 「님 오라 부르네」를 『신여성』(2월)에, 산문시 계열의 「밤」을 『조선일보』(5.4)에 발표. 중련이란 법명으로 조선불교청년총동맹이 발행하는 『불청운동』(10.25)에 수필 「해빈의 단상」 발표.

1934(21세) 1월 『동아일보』 신춘현상문에 '신시' 부문(당선작 「東方(동방)의 太陽(태양)을 쏘라」)과 '유행가' 부문(가작 당선작 〈서울노래〉)에 동시 입상. 유행가 〈서울노래〉(음반번호 40508A)가 일본 콜롬비아음반주식회사에서 발매되어 작사가로 데뷔.

4월 『별건곤』이 주최한 '신유행소곡 대현상모집'에서 〈청춘곡—젊엇슬 때여〉(입선 제2석)와 〈고구려애상곡〉(선외가작) 두 편 입상. 경주 수학여행 기행문 「경주순례기」를 『불교』(4·6·7월)의 독자문단에 연재함.

1935(22세) 3월 보성고보 졸업에 즈음한 시 「항로—혜화성림을 떠나며」를 발표. 이 작품은 『을해명시선집』(오일도 편, 시원사, 1936.3.27)에 재수록되었으며, 『대한현대시영역대조집』(정인섭 편, 문화당, 1948.8.15)에 영역되어 소개됨. 졸업 당시 주소는 신교동(新橋洞) 58번지.

4월 와세다 제2고등학원에 입학.

조영출과 금운탄, 조명암이라는 예명으로 포리돌과 오케 등에서 대중가요 작사. 1930년대와 1940년대에 발표한 대표적인 대중가요 작품으로 〈알뜰한 당신〉, 〈선창〉, 〈낙화유수〉, 〈낙화삼천〉, 〈서귀포 칠십리〉, 〈진주라 천리 길〉, 〈고구려애상곡〉, 〈처녀총각〉, 〈꼴망태총각〉, 〈울며 헤진 부산항〉, 〈어머님 前 上白〉, 〈코스모스 탄식〉, 〈화류춘몽〉, 〈꼬집힌 풋사랑〉, 〈꿈꾸는 백마강〉 등이 있음.

1937(24세) 3월 일본 와세다[早稻田] 제2고등학원 수료.

1938(25세) 4월 와세다대학 문학부 불문학 전공에 입학. 같은 학교 영문과 수학 중인 황순원(1936 입학~1939 졸업) 등과 교류.

1939(26세) 시론 「序詞(서사)」를 와세다대학우리동창회 『회지』(3호)에 발표. 조선불교동경유학생회원으로 활동하며 기관지 『금강저』 23호(1939.1.15)에 폴·베르레—느 원작 「내 마음엔 눈물이 날여」 번역 발표. 『조선문예년감』에 조영출은 '시인'이면서 '경성부 남대문통 OK레코드회사 소속'으로 소개됨.

1940(27세) 함경도 원산에서 발행한 문예잡지 『초원』에 참여.

1941(28세) 3월 와세다대학 문학부(불문학 전공) 졸업. 악극 〈추석제〉 공연. 〈지원병의 어머니〉 등 군국가요 작사.

1942(29세) 가요비극 〈남매〉, 군국가요 〈아들의 혈서〉 등 오케레코드에서 출반.

1943(30세) 2월 8일 장연옥과 혼인. 장녀 용희 출생. 당시 주소가 경성부 숭인정 16 고대륜 방으로 되어 있음.

악극 〈阿片の港〉 공연. 김다인이라는 필명으로 방송극 〈殉愛系圖(순애계도)〉 발표(김다인이라는 필명이 조영출의 것인지 박영호의 것인지에 대해서는 재검토의 여지가 있음). 학도병 지원을 옹호하는 시 「學びの窓巾」(『조광』 12월) 발표.

1944(31세) 『국민문학』(2월)에 시 「山水の匂ひ」 발표. 방송극 〈人情(인정)〉(『방송지우』 12월호) 발표. 악극 〈노예선〉, 〈熱砂の花園〉 공연.

1945(32세) 2월 17일부터 제3회 연극경연대회 참가 작품으로 학도병 지원을 옹호하는 희곡 〈현해탄〉 공연. 악극 〈도화만리〉, 〈목련화〉, 〈맹강녀〉, 〈유충렬〉 등 공연.

11월 17일부터 톨스토이의 소설 「부활」을 가극 〈카츄우샤〉로 번역 연출하여 동양극장에서 공연. 12월 24일부터 30일까지 서울예술극장 창립 기념으로 동양극장에서 연극 〈남부전선〉(콘스탄친 시모노프 작, 조영출 번역) 공연.

8월 18일 조선문화건설중앙협의회 산하 조선연극건설본부 극작부 집행위원으로 선출. 9월 17일 조선프롤레타리아예술동맹에 가입. 12월 25일 함세덕과 공동으로 조선연극동맹 부위원장. 조선문학가동맹 시부 위원. 시 「모든 강물은 바다로 흘은다」를 『신문예』 창간호(12월)에 발표하는데, 이 작품은 이후 『국문독본』 상(유열 편, 한얼몯음학생동무사, 1946.5.26)에 수록됨. 시 「슬픈 역사의 밤은 새다」를 『예술운동』 창간호(12월)에 발표함. 이 작품은 해방 기념 13인 공동시집 『횃불』(우리문학사, 1946)에 재수록됨.

1946(33세) '제1회 3·1 기념 연극대회' 참가 작품으로 〈독립군〉 공연.

8월 10일 조선문학가동맹 서울지부 부위원장. 조선가극협의회 심의위원.

악극 〈사랑의 곡〉, 〈낙랑공주와 호동왕자〉, 〈항우와 우미인〉, 〈가면무도회〉, 〈천안삼거리〉, 〈월광곡〉, 〈산유화〉, 〈낙화유정〉, 〈공주와 산적〉 등 공연. 『시가집 아름다운 강산』(정태진 편, 신흥국어연구회, 1946.12)에 「포석정에서」(「경주순례기」 소재)가 재수록됨.

차녀 민희(혜령) 출생.

1947(34세) 평론 「연극의 대중화」 발표. 조선문화단체총연맹과 조선연극동맹이

공동 주최한 '제2회 3·1기념연극대회'에서 〈위대한 사랑〉 공연. 연극동맹에서 '미소공위 축하공연'으로 채만식의 소설을 조영출이 각색한 〈미스터 방〉 공연. 조선문학가동맹 시부위원회에서 편집, 발행한 『1946년판 연간 조선시집』(1947.3.20)에 「공화국」이 수록됨.

악극 〈청사초롱〉, 〈낙화십년〉, 〈봄타령〉, 〈인도의 달〉 등 공연. 7월 30일 불교예술동맹을 조직하고 위원장에 취임.

1948(36세) 〈미스터 방〉이 『소인극 교정』(조선연극동맹 편, 아문각)에 실림.

월북함. 북의 기록은 "1948년 8월 조선민주주의인민공화국을 수립하는 력사적인 최고인민회의 제1차회의에 남조선대표로 선출되어 38도선을 넘어 평양으로 왔다"고 기술(김성희, 「그가 찾은 영생의 노래」, 『운명의 선택』 1권, 평양출판사, 2012, 210쪽). 38선을 넘던 소감을 쓴 시 「북조선으로」의 창작일이 '1948.12'로 명시되어 있고, 남쪽의 매체 『조광』 1949년 1월호에 글이 발표된 것으로 보아, 1948년 하반기에 월북했을 것으로 추정됨.

월북 후 북한 문화선전성 창작위원회 위원으로 활동. 국악인 김관보와 재혼하여 세 아들을 낳음.

1949(36세) 삼녀 수호 출생. 「극장의 문화적 사명」이 『조광』 1949년 정월호(1948.12.25 발행)에 발표됨. 〈도라지〉, 〈양산도〉, 〈모란봉〉을 개사하는 등 민요개사운동을 전개.

1950(37세) 6·25전쟁 중 종군작가로 낙동강 전선까지 남하. 전쟁가요 〈조국보위의 노래〉, 〈어머니 우리 당이 바란다면〉 등을 작사함.

1951(38세) 남쪽의 부인 장연옥이 두 자녀(용희, 수호)를 데리고 조영출을 찾아 월북.

1953(40세) 작가동맹중앙상무위원회 후보위원으로 선출.

1955(42세) 5월 동독을 방문하여 쉴러문학제 참가.

1956(43세) 작가동맹중앙위원에 선출. 희곡집 『열두 삼천릿벌』 발간.

1957(44세) 국립민족예술극장 총장 취임. 영화문학창작사 초대 주필. 『조령출 시선집』(조선작가동맹출판사, 1957.6) 발간.

1958(45세) 교육문화성예술국장으로서 예술단을 이끌고 김일성의 중국 방문 수행.

1960(47세) 교육문화성 부상. 작가·작곡·안무·연출·지휘·무대미술 등 50여 명의 창조집단과 3천 명의 출연진이 만든 음악무용서사시 〈영광스러운 우리 조국〉 공연. 이 서사시는 집체창작 혁명가극의 모태가 됨. 조영출은 이후 〈피바다〉식 혁명가극 〈꽃 파는 처녀〉, 〈한 자위단의 운명〉, 〈밀림아 이야기하라〉 등의 창작책임자로 활동함.

1961(48세) 〈량반전〉, 〈선화공주〉, 〈리순신 장군〉 등이 수록된 『조령출 희곡집』을 조선작가동맹출판사에서 간행함.

1962(49세) 예술총동맹중앙위원회 부위원장.

1966(53세) 평양가무단 단장으로서 버마 방문.

1968(55세) 『사성기봉』(공저) 출판. 6월에 평양대극장에서 가극 〈해빛을 안고〉 공연.

1977(64세) 평양학생소년예술단장으로 버마와 불가리아 방문 공연.

1982(69세) '김일성상 계관인' 칭호와 국기훈장 제1급을 받음. 조중친선협회 부위원장으로 중국 방문.

1988(75세) 남한에서 조영출 작사의 대중가요가 다른 사람의 명의로 도용되어 유통되는 것을 범죄 행위로 규정하고 고발하는 글 「잊을 수 없는 가요들에 대한 범죄적 위조 행위」를 7차에 걸쳐 『조선신보』(재일조총련 기관지)에 연재. 〈춘향전〉을 평양예술단 공연 작품으로 제작. 시집 『밝은 태양 아래』를 출간함.

1992(79세) 《레코드로 듣는 한국가요사》(킹레코드사) 발매에 즈음하여 문공부에 제출한 '월북작가 조명암의 일제시대 작사에 대한 해금 청원서'가 받아들여져 대중가요 61편이 해금됨.

1993(80세) 5월 8일 평양 자택에서 사망.

1996 대중가요 〈알뜰한 당신〉, 〈선창〉, 〈고향초〉, 〈꿈꾸는 백마강〉 등의 대표작들이 분단 이후 작사가가 왜곡되어 전해져 왔으나, 남한의 유일한 혈육인 차녀 혜령 부부의 노력에 의해 서울지방법원 최종 판결(4월 9일)로 저작권을 회복함. 2013년 현재 한국저작권협회에 등록된 조영출 대중가요의 분량은 대략 550여

곡이며, 이를 필명별로 분류하면 조영출 명의로 6곡, 조명암 명의로 397곡, 금운탄 명의로 25곡, 이가실 명의로 36곡, 김다인 명의로 92곡이 등록되어 있음.

2000 1월 1일 강원도 건봉사 불이문 앞에 조영출 시비가 건립됨.

2003 『조명암 시전집』(이동순 편, 선)이 간행됨.

2013 『조영출 전집』(조명암의 대중가요 · 시와 산문 · 희곡 전3권, 소명출판)이 간행됨.

근대문학

한국 근대문학과 민족 -국가 담론-한국 근현대문학 담론에 나타난 민족이념의 변모양상과 국가주의에 관한 연구 서울시립대학교 인문과학연구소 | 신국판 반양장 | 17,000원
근대의 어둠을 응시하는 고양이의 시선 정선태 | 신국판 반양장 | 18,000원
근대계몽기 지식의 발견과 사유 지평의 확대 이화여대 한국문화연구원 | 변형신국판 양장 | 17,000원
한국의 근대신문과 근대소설-1. 대한매일신보 김영민 | 신국판 양장 | 28,000원
근대를 넘어서려는 모험들-일제 말기의 문학사상 연구 홍기돈 | 신국판 양장 | 17,000원
한국소설과 골상학적 타자들 이혜령 | 신국판 반양장 | 21,000원
근대계몽기 지식의 굴절과 현실적 심화 이화여대 한국문화연구원 | 변형신국판 양장 | 16,000원
'조선적인 것'의 형성과 근대문화담론 민족문학사연구소 기초학문연구단 | 신국판 양장 | 15,000원
모더니티의 이면 고봉준 | 신국판 양장 | 16,000원
백철 연구-한없이 지루한 글쓰기, 참을 수 없이 조급한 글쓰기 김윤식 | 신국판 양장 | 32,000원
낭만적 망명-권성우 비평집 권성우 | 신국판 양장 | 20,000원
다른 목소리들-고봉준 평론집 고봉준 | 신국판 양장 | 20,000원
한국 근대문화와 박경리의 『토지』 최유찬 외 | 신국판 양장 | 20,000원
김유정 문학의 재조명 김유정문학촌 | 신국판 양장 | 17,000원
한국의 웃음문화 김유정탄생100주년기념사업추진위원회 | 신국판 양장 | 31,000원
채만식 중·장편소설 연구 군산대학교 채만식연구센터 편 | 신국판 양장 | 19,000원
윤동주 시 깊이 읽기 권오만 | 신국판 양장 | 27,000원
현대소설사와 근대성의 아포리아 강진호 | 신국판 양장 | 22,000원
현대소설과 분단의 트라우마 강진호 | 신국판 양장 | 34,000원
한국 현대시어의 탄생 김용희 | 신국판 양장 | 20,000원
임화문학연구 1, 2, 3 임화문학연구회 | 신국변형판 양장 | 18,000원, 28,000원, 20,000원
근대문학의 장(場)과 시인의 선택 김진희 | 신국판 양장 | 25,000원
한국소설 텍스트의 시학 박상준 | 신국판 양장 | 22,000원
한설야와 이데올로기의 서사학 이경재 | 신국판 양장 | 22,000원
일제 말기 국책과 체제 순응의 문학 조진기 | 신국판 양장 | 25,000원
한국 근대소설의 이면 최미진 | 신국판 양장 | 25,000원
번역과 한국의 근대 김욱동 | 신국판 양장 | 23,000원
신문관 번역 소설 전집 박진영 | 신국판 양장 | 45,000원
좌담회로 읽는 『국민문학』 문경연 서승희 양승모 이경미 이종호 임미진 전지니 정실비 최정옥 역 | 신국판 양장 | 41,000원
식민지 극장의 연기된 모더니티 이상우 | 신국판 양장 | 23,000원
김동리 연구 홍기돈 | 신국판 양장 | 25,000원
식민지 검열 : 제도·실천·텍스트 검열연구회 | 신국판 양장 | 45,000원
사상과 성찰-한국 근대문학의 언어·주체·이데올로기 한수영 | 신국판 양장 | 31,000원
한국문학의 근대와 근대 극복 문학과사상연구회 | 신국판 양장 | 28,000원
일제말 친일목적극의 형성과 전개 이재명 | 신국판 양장 | 37,000원
재일 디아스포라 시문학의 역사적 이해 하상일 | 신국판 양장 | 22,000원
아첨의 영웅주의: 최남선과 이광수 서영채 | 신국판 양장 | 26,000원
조선 여행에 떠도는 제국 서기재 | 신국판 양장 | 25,000원
근대 한국인의 탄생-근대 한·중·일 조선민족성 담론의 실제 이선이 외 편 | 신국판 반양장 | 28,000원
비화해적 가상의 두 양태-김수영과 김춘수의 시학 연구 조강석 | 신국판 양장 | 17,000원
김내성 연구 이영미 외8 | 신국판 양장 | 23,000원
조선의 탐정을 탐정하다 최애순 | 신국판 양장 | 21,000원
김유정의 귀환 김동환 외 11 | 신국판 양장 | 22,000원
식민지 문학을 읽다 윤대석 | 신국판 양장 | 22,000원
신채호문학연구초 김주현 | 신국판 양장 | 48,000원
냉전과 혁명의 시대 그리고 사상계 사상계연구팀 | 신국판 양장 | 28,000원